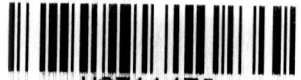

21世纪高等学校经济管理类规划教材

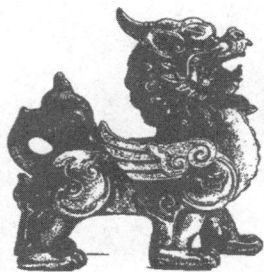

经济法概论
JINGJIFA GAILUN
（第二版）

主　编◎侯丽艳　梁　平　张文镔

副主编◎高海荣　付立华　安　群

撰稿人◎（以撰写章节先后为序）

侯丽艳　许彩云　梁　平

张　园　历建明　付立华

张文镔　安　群　赵同娜

葛丽明　王卓亚　高海荣

郜　庆　王育红　唐　芳

王晓云　贺季敏

中国政法大学出版社

2014·北京

21世纪高等学校法学规划教材

经济法概论

JINGJIFA GAILUN

（第二版）

中国政法大学出版社

第二版说明

　　本教材自出版以来，承蒙全国各高校广大读者的厚爱，已多次印刷，这给作者以莫大的鼓励。近期，随着经济法律制度的不断完善，我国对多部法律进行了修订。为适应法制建设的要求，更加准确地阐释我国经济法律制度，我们在广泛吸纳经济法学领域最新研究成果的基础上，对本书进行了修订。

　　本次修订，我们以我国最新修订的《公司法》、《消费者权益保护法》、《商标法》、《证券投资基金法》为依据，主要对第三章"公司法"、第十章"消费者权益保护法"、第十一章"商标法"、第十四章"证券法"分别进行了认真的修改和完善。同时，根据经济法学理论的发展，还对全书作了相应的修订。

　　本书的再版，得到了中国政法大学出版社程传省编辑的大力支持，在此致以最诚挚的感谢！

主编

2014 年 4 月

序 言

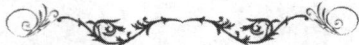

PREFACE

　　法治社会的建设，需要全民法律意识、法律素质的提高。法律不仅是人民权利的保障书，更是具有国家强制力、约束力的社会规范，约束规范着社会成员的言行。经济管理类各专业人才担当着社会经济活动的组织与管理之责，经济法律素质的培养是高等教育应当承担的重要责任。

　　关于法学专业经济法课的内容体系，教育部高等教育司下发的《全国高等学校法学专业核心课程教学基本要求》中作了明确界定，学界也达成了共识。但是，对于非法学专业经济法课的结构体系、内容范围等问题，在认识上仍然存在诸多分歧。为满足教学需要，我们在多年经济法课程教学研究与改革的基础上，汲取了同仁们的宝贵经验，形成了本书的体例。为突出其适用性的特点，本书在重点论述经济法律制度的基础上，介绍了商法及相关的民事法律制度，形成了概论式的结构体系。在内容上，以我国最新颁行的法律、法规为依据，吸纳了国内外经济法学领域的最新研究成果，并结合司法实践工作经验，力图体现法的精神和内容，展示成熟的理论成果，明晰司法实践的方法与技巧，将学术性、可读性、实用性有机地结合起来。

　　本书由侯丽艳、梁平、张文镔任主编，高海荣、付立华、安群任副主编。各章节撰写人（以撰写章节先后为序）分别是：侯丽艳（石家庄经济学院）第一章、第八章；许彩云（石家庄经济学院）第二章；梁平（华北电力大学）、张园（石家庄经济学院）第三章；梁平（华北电力大学）第四章、第五章；历建明（石家庄经济学院）第六章；付立华（石家庄经济学院）第七章；张文镔（石家庄经济学院）、安群（中共安徽省委党校）第九章、第十八章；赵同娜（石家庄经济学院）第十章；葛丽明（石家庄经济学院）第十一章；王卓亚（上海立达职业技术学院）第十二章；高海荣（石家庄经济学院）第十三章、第十六章；邰庆（华北电力大学）第十四章；王育红（石家庄经济学院）第十五章；唐芳（石家庄经济学院）第十七章；王晓云（石家庄铁道大学）第十九章；贺季敏（石家庄经济学院）第二十章。

　　本书在编写过程中，参考和借鉴了众多专家、学者的学术观点，参阅了大量的文献，在此一并表示感谢。同时，也欢迎广大读者批评指正。

编　者
2011 年 9 月

内容简介

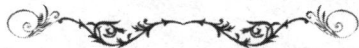

　　本书是针对全国高等院校经济管理类各专业编写的经济法教材，根据非法学专业经济法课程教学的基本要求，紧密结合高等院校经济管理类各专业应用型人才培养定位需要编写而成。全书共五编二十章，主要按照经济法导论、市场主体、市场规制、宏观调控、程序保障的编排体例，全面介绍了经济法概述、相关的民事法律制度、公司法、个人独资企业法、合伙企业法、外商投资企业法、破产法、合同法、质量管理法、消费者权益保护法、商标法、专利法、竞争法、证券法、票据法、劳动与社会保障法、国有资产管理法、税法、金融法、经济仲裁与经济诉讼等内容。每一章中我们还精心编写了学习目的与要求、本章练习题，以有效引导教学活动的开展。

　　本书不仅是高等院校经济管理类各专业学生学习经济法课程的教材，也是企事业单位管理人员处理经济法律事务的重要参考书。

目 录

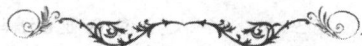

CONTENTS

第一编 经济法导论

第二编 市场主体法律制度

第三编 市场规制法律制度

第四编　宏观调控法律制度

第五编　程序保障法律制度

第一编　经济法导论

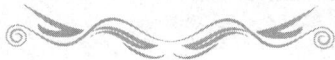

第一章　经济法概述

学习目的与要求

　　本章的内容为基础理论知识。通过本章学习，要求学生了解经济法的产生和发展、经济法的渊源、法律责任，全面理解经济法的概念和调整对象、经济法的基本原则，重点掌握经济法律关系，为后续各部分法律制度的学习和运用打下良好的理论基础。

第一节　经济法的产生和发展

一、"经济法"一词的由来

　　经济法，这个名词最早出现在 1755 年，法国著名的空想社会主义者摩莱里（Morelly）在他的专著《自然法典》中首次提出了"经济法"这个概念，书中编制了"分配法或经济法"这样一个单行的法律草案，共 12 条，用以规定社会产品的分配制度。摩莱里所称的分配法或经济法虽然未对经济法作出明确的界定，但是通过对摩莱里所提出的分配法或经济法草案的全部内容进行研究后，不难发现摩莱里所称的分配法或经济法已蕴含了现代经济法的最基本特征，即国家对社会经济进行干预的意思。1842 年法国著名的空想社会主义者德萨米（Dezamy）在他的专著《公有法典》一书中也使用了"经济法"这个概念，书中第三章称之为"分配法和经济法"，论述了社会产品的平均分配和良好的经济管理是最理想和最节约的制度。德萨米的观点不仅很大程度上继承了摩莱里的经济法律思想，而且还在许多方面发展了摩莱里的经济法律思想，提出了自己的见解，并对未来的经济法作了设计。1906 年德国学者莱特（Ritter）在《世界经济年鉴》一书中正式使用了"经济法"（Wirtschaftsrecht）一词，借此说明有关世界经济的法规概况[1]。但是，应当明确的是，上述学者所言"经济法"，并非于

---

　　〔1〕〔日〕金泽良雄：《经济法概论》，满达人译，甘肃人民出版社 1985 年版，第 2 页。

法律或者法规意义上使用，而是用于表述他们所设想的理想社会的分配法则，同时，其所言"经济法"仅限于对经济法规的说明，与现代意义上的经济法并不是同一概念，也未形成严格的科学定义。

1865 年法国小资产阶级激进派代表人物蒲鲁东（Proudhon）在《工人阶级的政治能力》一书中，提出了要以经济法来调整特定的社会经济关系。他认为，社会生活中出现了一种传统的民法和政治法所无法调整的经济关系，迫切需要一种能够体现国家政治权力和经济自由相结合的法律制度——经济法来调整这类社会关系。蒲鲁东所使用的"经济法"在内涵上接近现代意义上的经济法。

进入 20 世纪以后，不仅在法国、德国、日本，而且在苏联、南斯拉夫、罗马尼亚、捷克和斯洛伐克等许多国家的法学著作甚至颁布的法律中都先后使用了"经济法"这一概念，经济法的概念得到了较快的发展并有了完整的含义。

二、经济法的产生

任何法律的产生与发展都是与经济基础密切联系着的。恩格斯在《再论蒲鲁东和住宅问题》一文中指出："在社会发展某个很早的阶段，产生了这样一种需要：把每天重复着的生产、分配和交换产品的行为用一个共同规则概括起来，设法使个人服从生产交换的一般条件。这个规则首先表现为习惯，后来便成了法律。"[1] 作为调整经济关系的法律规范，与其他的法律规范一样，是随着私有制、阶级、国家的出现而出现，随着商品经济的发展而发展的。

调整经济关系的法律规范在人类早期的法律规范中就已经存在了。如在公元前 18 世纪，古巴比伦王国的《汉穆拉比法典》中不仅明确规定了奴隶主的财产权、契约、借贷制度，而且对果园经营、商业贸易、耕牛租赁、劳动力雇佣等都作了专门规定。公元前 5 世纪中叶，古罗马颁布的《十二铜表法》有了专门的债务法、获得法、占有权法、土地权利法等规定。公元 6 世纪~12 世纪，东罗马帝国编纂成集的《国法大全》等古老的法典中，集罗马法之大成，对所有权、役权、永佃权、契约等制度都作了较为详细的规定。

人类历史早期的奴隶社会虽然有了调整经济关系的法律规范，但是此时经济法并未作为一个独立的法律部门而存在，直到封建社会，法律都是以一种诸法合体的形式而存在的。资本主义社会初期，随着生产关系的不断复杂化，单行的经济法律、法规开始出现。在资本主义发展的上升阶段，企业往往是由单个资本家有序地经营着，而整个社会则是无政府状态，主要靠价值规律起作用，自发地调节着商品生产和交换。这种经济活动和经济关系反映到上层建筑领域，就是除了制定单行经济法律、法规以外，主要由民法、商法调整社会经济关系。19 世纪末叶~20 世纪初，随着自由资本主义向垄断资本主义的过渡，垄断逐步代替自由竞争，资本主义开始进入帝国主义阶段，现代资本主义经济法便应运而生了。

---

〔1〕《马克思恩格斯选集》（第 2 卷），人民出版社 1995 年版，第 211 页。

垄断的出现，使生产资料越来越集中在少数垄断寡头手中，从而加深了资本主义社会的各种矛盾，也大大加深了资本主义经济危机。垄断的不断发展，威胁到了资本主义国家的利益，资产阶级的总体利益亦受到严重威胁。为了缓和社会矛盾，保护资产阶级的利益，资本主义国家放弃了对经济活动的放任原则，开始考虑借助一定的力量来适当地干预经济，即通过制定经济政策和经济法律、法规来干预经济，规范社会经济活动和经济关系，巩固和维护垄断资本主义社会的经济秩序。这些大量涌现出来的调整一定范围的经济关系的法律规范，完全突破了传统民法、商法的范畴，意味着经济法作为一个独立的法律部门产生了。由于各国经济基础的不同，加之在上层建筑等方面的差异，各国经济法的产生及发展情况也有着很大差异。

19 世纪中后期，美国托拉斯垄断组织开始出现并遍及全国，同时，工业寡头与金融寡头密切结合，形成了掌握国家经济命脉的垄断寡头，由此导致垄断寡头对国家政权的控制，各种矛盾、经济危机日益加剧。于是 1890 年美国国会通过了第一个《谢尔曼反托拉斯法案》，禁止以托拉斯或者其他联合形式串通起来控制州际贸易。这个法案的出现是垄断资本主义国家开始运用经济法干预经济的重要标志，虽然该法案未冠以"经济法"的名称，但是这部法案的通过则象征着现代意义上的资本主义经济法的产生。

德国在第一次世界大战前就加强了经济立法以调整社会经济。世界大战期间，为了聚敛战时物资，德国实行了内容广泛的经济统制，先后颁布了《确保战时国民粮食措施令》（1916 年）、《卡特尔规章》、《煤炭经济法》、《钾盐经济法》（1919 年）、《防止滥用经济权力法令》等一系列经济统制法，通过立法，对国内经济活动和经济关系进行直接干预和限制。其中，德国于 1919 年颁布的《煤炭经济法》是世界上第一部以"经济法"命名的经济法规，它开创了把"经济法"概念明确用于立法中的先河。

德国率先确立了经济法这一法律部门后，深深影响了其他资本主义国家的法律体系。例如，日本、法国等国家为了规范竞争秩序、缓解经济危机，纷纷效仿德国，颁布、实施了一系列经济法律和法规。

第二次世界大战后，各资本主义国家无论是战胜国还是战败国均面临着恢复和振兴经济的局面，出于国家管理、组织、干预经济的需要，为经济法的快速兴起与发展提供了有力的契机，经济法律、法规数量大大增加。例如，这一时期德国制定了两千多个经济法律、法规。日本亦制定了几百个经济法律、法规，使日本的经济在第二次世界大战后得到了迅速的发展。

苏联和许多社会主义国家也很重视经济法制建设。1975 年苏联通过了《关于进一步完善经济立法的措施》。1964 年前捷克斯洛伐克颁布了《经济法典》，其明确区分了经济法的调整对象与民法的调整对象（这是到目前为止世界上唯一的一部经济法典）。1967 年罗马尼亚围绕经济改革，也先后制定了《经济合同法》、《税收法》、《国民经济计划发展法》等一系列经济法规。前南斯拉夫在十分重视经济立法的同时，亦十分重视经济司法工作，其成立了专门的经济法院，专门审理经济纠纷案件和经济犯罪案件。

从世界范围来看，由于各国社会制度的不同，生产力发展水平的差异，加之各国对经济法律制度的理解及适用要求存在差别，因此，客观上造成了各国经济法的产生及发展不一致的情况。这是我们在研究经济法律发展史时应当认识到并值得注意的一个问题。

三、我国社会主义经济法的产生和发展

我国早在远古时期就有了以土地制度和赋税、徭役制度为中心的关于调整经济关系的法律规定，例如，商周奴隶制国家的土地归王所有的制度、秦代的《秦律》、唐代的《唐律》、明代的《大明律》等都有相当数量的调整经济关系的法律规定。到了民主革命时期，根据地政府围绕着土地法和劳动法这两个核心也颁布实施了大量的经济法规。但是中国经济法的真正产生与发展应该说还是在新中国成立后。

新中国成立后，我国即废除了国民党政府的旧法统，开始了创建和发展社会主义法制的新时期，进行了大量的经济法制建设工作。纵观新中国经济法制建设的发展历史，我国经济法的产生和发展与我国的社会经济形势是密切联系的，其一般分为四个时期：

（一）国民经济恢复和社会主义改造时期

新中国成立后，我国即进入了国民经济恢复和社会主义改造时期。为了恢复和管理国民经济，完成对资本主义工商业、农业和手工业的社会主义改造，实现社会主义工业化，进行有计划的社会主义建设，我国颁布了大量调整经济关系和经济活动的法律和法规。例如，中央人民政府于1950年颁布了《土地改革法》，又先后颁布了《私营企业暂行条例》、《预算决算暂行条例》、《基本建设工作暂行办法》、《矿业暂行条例》、《关于统一国家财政经济工作的决定》、《机关、国营企业、合作社签订合同契约暂行办法》、《对外贸易管理暂行条例》、《货币管理办法》等。据统计，我国在此时期共颁布的10 110多件法规中，经济法规就有8017多件，占79.3%。这些法规以实现社会主义工业化为中心，涉及计划、合同、工业、农业、商业、基建、交通、金融、税收、海关等国民经济的各个领域、各个方面，其对我国恢复和发展国民经济，顺利完成社会主义改造，促进社会主义建设发挥了极其重要的作用。

（二）全面的社会主义建设时期

社会主义改造任务完成后，我国进入了全面的社会主义建设新时期。这一时期，由于极"左"思想的不断干扰，经济法制建设工作经历了一些曲折。从1957年开始，我国政治生活和经济建设工作受到极"左"思想的影响，不仅经济立法工作受到了严重破坏，而且已经制定的经济法规也难以实施，经济工作处在一种无章可循的状态。

1961年，我国开始贯彻"调整、巩固、充实、提高"的八字方针，在原有经济法规的基础上，进一步加强了经济立法工作。例如，1961年9月16日颁布了《国营工业企业工作条例（草案）》。在其他方面，中共中央也制定了一些工作条例和经济法规，因此，此时经济法制建设在曲折中也得到了一定程度的发展。但是，随之1964年开始了"四清"运动，继而又是1966年至1976年的十年"文革"动乱阶段，受法律虚无主义的影响，我国的经济立法工作被迫中止或搁浅，包括经济法在内的整个社会主义法制建设遭到了严重破坏。

（三）建设社会主义有计划的商品经济时期

粉碎"四人帮"，特别是党的十一届三中全会以后，随着工作重点的转移，我国确立了"健全社会主义民主，加强社会主义法制"，"对内搞活，对外开放"的基本方针，在依法治国方针的指导下，经济立法工作受到了党和国家的高度重视，经济法制建设出现了前所未有的好形势。1979年，在第五届全国人民代表大会第二次会议文件中，首次正式提出了"经济法"这一概念，1980年，国务院成立了经济法规研究中心，1984年，经国务院批准，我国又成立了中国经济法研究会。为建设社会主义有计划的商品经济，这一时期我国制定了大量的经济法律和法规，这些法律、法规涉及工业、农业、商业、交通运输、金融保险、计划、财政、物资、基建、价格、工业产权、产品质量、消费者权益、海关、对外贸易等国民经济的各个行业、各个部门。如1979年颁布了《中外合资经营企业法》、1980年颁布了《个人所得税法》、1981年颁布了《经济合同法》、1982年颁布了《商标法》、1985年颁布了《涉外经济合同法》、1988年颁布了《全民所有制工业企业法》等。经济法框架体系逐渐显现，并逐步完善，使我国的经济关系和经济活动基本上做到了有法可依。

（四）确立和发展社会主义市场经济时期

1992年12月，中国共产党的第十四次全国代表大会作出了建立社会主义市场经济体制的决策，法制已被提到与市场经济成败攸关的高度，市场经济就是法治经济得以明确。为实现"加强经济立法、完善宏观调控"的宪法任务，我国开始了社会主义市场经济法制建设的新时期，使我国的经济法制建设工作取得了举世瞩目的成就。一方面，我国颁布了大量的新的经济法律、法规，如1993年颁布了《反不正当竞争法》、《公司法》、《产品质量法》、1993～1994年颁布了一整套新型税收法律制度、1995年颁布了《票据法》、1997年颁布了《合伙企业法》、1998年颁布了《证券法》、1999年颁布了《合同法》和《个人独资企业法》、2007年颁布了《反垄断法》等。另一方面，为不断适应市场经济发展的需要，加强国际合作与交流，我国对原有的经济法律制度又进行了多次重新修订。如修订了《公司法》、《合伙企业法》、《企业破产法》、《商标法》、《专利法》、《产品质量法》、《证券法》、《个人所得税法》、《税收征收管理法》、《消费者权益保护法》、《证券投资基金法》等。截至目前，一个立足中国国情和实际、适应改革开放和社会主义现代化建设需要、集中体现党和人民意志的，以宪法为统帅，以宪法相关法、民法商法等多个法律部门的法律为主干，由法律、行政法规、地方性法规等多个层次的法律规范构成的中国特色社会主义法律体系已经形成，涵盖社会经济关系各个方面的法律部门已经齐全，经济法体系中基本的、主要的法律已经制定，相应的行政法规和地方性法规也比较完备，法律体系内部总体做到了科学、和谐、统一。

中国特色社会主义经济法律体系是发展中国特色社会主义市场经济的法制根基，

是中国特色社会主义市场经济创新实践的法制体现，是中国特色社会主义市场经济兴旺发达的法制保障。

<h2 style="text-align:center">第二节　经济法的概念和调整对象</h2>

一、经济法的概念

揭示和界定经济法的概念，是研究经济法学的起点。在我国，经济法学界对经济法的概念至今尚未形成统一认识，众说纷纭，莫衷一是。有学者认为，"经济法是国家为了克服市场失灵而制定的，调整需要由国家干预的、具有全局性和社会公共性的经济关系的法律规范的总称"[1]。有学者认为，"经济法是调整国家在协调经济运行过程中发生的经济关系的法律规范的总称"[2]。有学者认为，"经济法是调整经济管理关系、维护公平竞争关系、组织管理性的流转和协作关系的法"[3]。也有学者认为，"经济法是调整国家为了促进社会、经济发展，对经济生活进行干预、参与和管理过程中及协调经济运行活动中所发生的经济关系的法律规范的总称"[4]。

上述观点分别从不同角度、用不同方法界定了经济法的内涵。尽管在表述方式上存在着一定的差异，但是各种观点中都一致地认为，经济法的本质特征在于国家对经济关系的调控。因此，各种观点没有本质上的分歧。我们认为，经济法是调整国家在经济调控和协调发展经济活动过程中所产生的经济关系的法律规范的总称。对这一概念的理解，应当准确把握下列涵义：

1. 经济法的本质特征在于国家对经济活动的调控。对任何一个处于现代市场经济中的国家，完全忽视国家对经济生活的介入、对经济运行的参与都是不客观的。社会经济活动需要国家的适当"介入"、"调节"、"协调"、"调控"和"管理"，这种国家意志对经济活动的渗透，在国际上约定俗成为"调控"。经济法即是国家调控经济活动的工具和手段。

2. 经济法并不调整所有的经济关系，而仅调整国家在经济调控和协调发展经济活动过程中所产生的经济关系。从经济法的本质与功能考虑，经济法是以社会利益为本位的。只有需要国家调控或者协调的，具有全局性的、社会公共性的经济关系才由经济法调整。此乃经济法与以国家为本位的行政法、与以个体为本位的民商法的本质区别。

二、经济法的调整对象

任何法律规范都是调整一定社会关系的。经济法的调整对象是指经济法调整的社会关系的范围。

---

〔1〕　李昌麒主编：《经济法学》，中国政法大学出版社2002年版，第40页。
〔2〕　杨紫烜主编：《经济法》，北京大学出版社、高等教育出版社1995年版，第35页。
〔3〕　潘静成、刘文华主编：《经济法》，中国人民大学出版社1999年版，第55页。
〔4〕　刘文华、肖乾刚主编：《经济法律通论》，高等教育出版社2000年版，第98页。

　　社会关系是社会活动中所产生的人与人之间的关系，其受多个法律部门调整。经济法调整的对象既不是全部社会关系，也不是全部经济关系，而是特定的经济关系，即国家在经济调控和协调发展经济活动过程中所发生的经济关系。根据其涉及的范围，主要包括以下三个方面的经济关系：

　　（一）经济调控关系

　　经济调控关系是指国家在调控经济活动过程中所形成的经济关系。在社会主义市场经济条件下，要充分发挥市场机制的作用，但同时国家对经济的宏观调控也是十分必要、不可缺少的。经济调控主要体现在国家对宏观经济的调控和微观经济的调控两方面。

　　宏观经济调控关系是指国家对关系到国计民生的重大经济因素，实行全局性的调控过程中与其他社会组织所发生的关系。其一般包括国家在计划与产业政策的制订和实施，经济预算及其投资引导，税收、金融、物价调节，土地利用规划，标准化管理等活动中所产生的经济关系。为保持国家经济总量的基本平衡，促进经济结构的优化，引导国民经济持续、快速、健康发展，推进社会全面进步，建立和谐社会，宏观经济调控关系纳入经济法的调整范围已经成为一个没有争议的问题。

　　微观经济调控关系主要是指国家为维护社会公共利益，在对具体的市场主体的组织和行为进行监管过程中所发生的经济关系。微观的经济调控主要体现在两个方面：①国家从外部事务上对市场主体的调控或监管，其主要包括对市场准入、企业形态设定、设权、税收征管、金融证券监管、贸易管制、物价监督、利润分配等进行调控或监管。②从内部事务上对市场主体的间接调控或者监管，其主要包括市场主体在其内部治理、计划、生产、质量、财务会计、劳动用工等方面应当渗透国家意志，由国家进行间接调控。国家对微观经济活动进行适度调控，是许多国家的共同选择，是市场主体谋求发展的内在要求，这部分关系由经济法调整也就成为必然。

　　在实践中，宏观经济调控关系和微观经济调控关系往往是交织在一起的。

　　（二）市场运行中的协调关系

　　建立和发展社会主义市场经济，必须建立统一、开放的市场体系，建立健康、良性的市场秩序，以促进各种生产要素的合理流动，实现市场资源的有效配置，充分发挥市场竞争机制的作用。在市场经济运行中必然会发生大量的协调关系，它主要包括经济联合关系、经济协作关系和经济竞争关系。经济联合关系主要指公司、企业等经济组织之间在联营、合并、兼并、收购、改组等过程中所发生的经济关系。经济法对经济联合关系的规范、调整，对于维护社会经济秩序是一分必要的。经济协作关系是指在生产经营过程中社会组织之间发生的经济关系。市场经济的发展使得社会化大生产发展的程度越来越高，企业等社会组织之间的协作关系越来越广泛、越来越细密。维护交易安全、建立良好的社会秩序是经济法对经济协作关系进行调整的目的所在。市场经济是竞争经济，市场竞争要求平等竞争、正当竞争、合法竞争，但是，妨碍市场经济健康发展的不正当竞争和垄断又往往是伴生的。这就必须通过经济法律、法规对市场经济关系加以协调，以完善市场规则，有效地反对垄断，制止不正当竞争，维护市场公平、自由竞争的经济秩序，促进市场体系的健康有序发展。

（三）社会保障关系

社会经济保障关系是指在社会保障过程中发生的经济关系。建立多层次的社会保障体系，使社会成员在遇到风险后得到基本生活保障是社会主义市场经济发展的必然选择。这一保障体系主要包括养老、失业、工伤、医疗、生育等保障系统的建立与健全，这些仅靠市场本身是无法实现的，其需要国家和全社会的共同支持，需要国家通过宏观调控，建立一套强有力的、互济互助的、社会化管理的社会保障机制。社会保障关系渗透了国家意志，体现了社会整体利益，具有明显的经济法的特征。社会保障关系由经济法加以规范和调整，对于充分开发和合理利用劳动力资源，明确经济组织对社会和公众的责任，保障社会成员的基本权利是十分必要的。

总之，上述三个方面的经济关系构成了我国经济法调整对象的主要范围。彼此之间既有区别，又相互联系，形成密不可分的统一整体，共同构成了我国经济法的调整对象。

三、经济法与相邻法律部门的关系

经济法作为一个独立的法律部门，必然涉及其与相邻法律部门的关系问题。这里主要介绍经济法与民法、商法、行政法的联系和区别。

（一）经济法与民法的关系

民法是指调整平等民事主体的人身关系、财产关系的法律规范的总称。

经济法与民法的联系，主要表现在以下两个方面：

1. 经济法是在民法的基础上发展起来的，因此，经济法与民法有许多相同的法律制度，特别是民法所确立的一些基本原则和基本制度也为经济法所适用。如民法中的法人制度、代理制度、时效制度、物权制度、债权制度及民事责任制度等，均可直接为经济法所适用。

2. 两者均承担着调整市场经济关系的任务，均为民事主体参与市场活动和市场竞争提供了必要的法律保障。因此，两者的目标是一致的，两者的作用也是密切关联的。

经济法与民法的区别，主要表现在以下五个方面：

1. 调整对象不同。民法调整的是平等主体之间的人身关系和财产关系；而经济法调整的是国家在经济调控和协调发展经济活动过程中所发生的经济关系。两者的调整对象都涉及经济关系，但是这两种经济关系的性质是截然不同的，是不能混淆的。这一点是经济法与民法的最根本区别，也是经济法作为独立法律部门的根本所在。

2. 法律主体不同。首先，从主体范围上看，民事法律主体仅限于公民和法人，而经济法律主体除公民和法人外，还有经济组织的内部机构、个体工商户、农村承包经营户等主体。其次，从主体之间关系上看，民事法律主体之间的地位是平等的，而经济法律主体之间的地位则不一定平等。

3. 功能不同。民法是以个人权利为本位的，强调当事人的意思自治，突出个体利益的保护，因此，民事法律关系是在当事人意思表示一致基础上才产生、变更、终止的，民法属于私法的范畴；而经济法则以社会利益为本位，强调社会利益的保护，当事人的意志只有在服从、符合社会意志的前提下才能引起经济法律关系的产生、变更和终止。因此，经济法所体现的是国家对社会经济活动的调控或者管理，经济法属于公法的范畴。

4. 调整方法不同。民法从其调整方法上看，主要是采用自愿、平等、诚实信用等原则调整经济关系；而经济法的调整方法除采用命令与服从的方法调整经济关系外，还采用命令与平等相结合的方法调整经济关系，但总的来讲，其体现了经济法对当事人"意思自治"的限制。

5. 制裁方法不同。民法只适用民事制裁的责任方式，其责任主体仅限于当事人本人；而经济法则适用经济制裁、行政制裁、刑事制裁相结合的责任方式，其责任主体以当事人为主，有时也涉及其他直接责任者。

（二）经济法与商法的关系

商法是调整商事关系的法律规范的总称。

经济法与商法的关系长期以来是一个理论难题。在计划经济条件下，商法一直被经济法所兼容和取代。商法是商品经济条件下随着商事交易的频繁，由于商事关系的特殊性而在经济法的基础上裂变并发展起来的。因此，经济法与商法都承担着调整社会经济关系的任务，都是以维护社会经济秩序为宗旨的，两者在很多制度上是相同或者互补的。

经济法与商法的主要区别，主要体现在以下三个方面：

1. 调整对象不同。经济法调整的对象是国家在经济调控和协调发展经济活动过程中所发生的经济关系，商法主要调整平等主体之间的商事交易关系。

2. 调整方法不同。经济法信守国家调控或者监管的原则；商法注重维护私法中传统的意思自治和诚实信用原则。

3. 法律属性不同。经济法是以社会利益为本位的，以强制性规范为主，属于公法的范畴；商法是以平等的商事主体利益为本位的，以任意性规范为主，属于私法的范畴。

（三）经济法与行政法的关系

行政法是指调整行政关系的法律规范的总称。

经济法与行政法的联系，主要体现在以下三个方面：

1. 它们都直接体现了国家对社会生活的干预或监管，都能有效地体现国家的职能。

2. 在调整方法上，两者均采用行政命令与强制性手段。

3. 在调整对象上，两者均调整具有隶属性质的社会关系。

经济法与行政法的区别，主要体现在以下四个方面：

1. 调整对象不同。经济法的调整对象是国家在经济调控和协调发展经济活动过程中所发生的经济关系，具有明确的经济内容；而行政法的调整对象则是以行政隶属性为特征的行政关系，不含经济性。

2. 法律主体不同。首先，在主体类别上，行政法主体包括国家机关、企事业单位、个体工商户、公民等，而经济法主体除以上外，还可以是经济组织的内部机构、职能部门等；其次，在行政法律关系中，至少有一方主体必须是国家机关，而经济法律关系中则无此限制。

3. 调整方法不同。行政法调整行政关系主要采用单纯的行政手段，即命令与服从的方法，而经济法对特定的经济关系的调整则综合运用了经济手段、法律化的行政手段等，经济手段是其主要的调整方法。

4. 目标不同。行政法强调国家利益优先，其宗旨是规范行政机关系统的行政管理行为，依法行政，保障国家机器的协调运转，建立和维护良好的、法治化的政治秩序。经济法强调国家利益、社会利益和个体利益的协调与和谐，其宗旨在于通过对经济活动的调控，建立和维护健康、有序的市场经济秩序。

第三节　经济法的基本原则

经济法的基本原则，是指能够体现经济法的本质和特征，适用于经济立法、经济司法和经济法学研究中的指导思想和准则。因此，经济法的基本原则，不仅规制经济立法活动，确定经济法律制度的基本内容，指导经济司法、经济执法活动，是司法机关、行政机关的行为准则，同时，也是进行经济法学研究的灵魂。

我国目前尚未制定统一的经济法典，对经济法的基本原则法无明文规定。我们根据经济法的本质和特征，通过对我国已经颁布实施的经济法律、法规的系统研究，结合社会主义市场经济对经济法的内在要求，将经济法的基本原则概括为：国家适度调控的原则、以社会利益为本位的原则和维护公平竞争的原则。

一、国家适度调控的原则

从现代经济法产生背景上看，经济法是基于国家干预经济活动的需要而产生的，这也是经济法的基本特征之一。国家对社会经济的适度调控，同样也是我国经济法的一个基本任务。因此，国家适度调控的原则充分体现了经济法的本质和特征。

社会主义市场经济条件下，市场机制的作用是不容置疑的，运用市场的供求关系来调节生产和服务，对于促进资源的优化配置，提高社会劳动生产率，推动社会经济发展是十分必要的。但是，市场机制作用的发挥，必须以良好的市场秩序为前提条件，否则，人们所追求的资源配置优化目标则难以实现。而良好的市场秩序仅依靠市场主体的自我调控与自我约束是无法保证的，对市场不进行适度调控，就有可能造成社会财产的极大浪费，甚至出现社会经济的无政府状态。因此，必须借助外部调控力量，由国家对国民经济总体活动进行适度的调节和控制，通过这种调控，来控制经济总量和重大生产与消费比例关系的大体平衡，这对于促进经济结构的优化，引导国民经济的持续、快速、健康发展，防止经济运行出现波动，保证社会经济总量的基本平衡有着非常重要的作用。国家对市场经济进行适度调控，既不同于我国过去对经济活动的直接干预、过度干预，也有别于完全放弃对经济活动的干预。这里所说的适度，既包括调控的领域要适度，又包括调控的方式、方法、程度等要适度。经济法作为调整经济管理关系和市场运行关系的重要法律，必然将国家适度调控作为其一项基本原则。

根据该原则，经济法首先应当在其制度中对国家宏观调控的性质、内容、范围、手段、程度等加以制度化、法制化，通过立法的形式确立国家适度调控的法律制度；其次，对国家机关及其工作人员的具体调控行为加以规范化，以避免调控行为的随意性、盲目性。现有的经济法体系中，可以通过计划法明确国家计划的法律地位，来保证国家对整个社会经济的计划管理，保证国民经济和社会发展的总体平衡；可以通过制定、实施财政法、税收法、国有资产管理法、投资法、金融法等来进行社会产品的分配和社会财产的合理使用；可以通过制定、实施反不正当竞争法、反垄断法、价格法、产业法、公司法、银行法等来规范市场经济秩序；可以通过制定、实施会计法、审计法、统计法等以实现对整个经济活动的监督。

二、以社会利益为本位的原则

这一原则实际是经济法的定位问题。法律部门在对社会关系进行调整时，所涉及的利益主要有三种：国家利益、社会利益和个体利益。一个具体的法律部门究竟以保护哪一种或哪几种利益为主，是由其自身的性质、调整范畴等所决定的。以社会利益为本位的原则，是经济法的一项基本原则。

社会利益，是指能为广大社会公众所享受的利益，是一种整体利益。国家利益、社会利益和个体利益三者既有联系，又有区别，彼此相辅相成，又不能互相代替。个体利益，也即"个人利益"、"个体本位"，是以维护当事人利益为主导的民商法的本位思想。在我国，国家利益和社会利益很难作出区分，它们在根本上是一致的。但是，两者还是有区别的，有时甚至是有矛盾的，如加重税赋、扩大积累、增加货币发行对国家利益有益，但会影响社会利益。而在以国家利益为本位的行政法中、以个体利益为本位的民法中，如果把社会利益作为本位进行法律保护，都是与法的性质不符的，而只能由承担着国家调控经济职能的经济法来调节。在整个经济活动中，社会利益与个体利益是有密切联系的。社会利益的实现依赖于个体利益，即社会利益最终是代表和体现大多数人的个体利益的。市场主体参与经济活动的根本目的在于实现其自身的经济利益，但是，市场主体参与的经济活动是融于社会活动之中的，经济法主体自身利益的实现往往与他方利益、与社会公共利益是息息相关的。因此，个体利益必须服从社会利益，个体利益的实现不得违背或损害社会公共利益，否则无效。社会利益是前提、是根本。

我国现行的经济法体系中，在对计划与产业政策的制订和实施，经济预算及其投资引导，税收、金融证券、物价调节，土地利用规划，标准化管理，以及市场准入，企业形态设定、设权，贸易管制等进行调控时，都必须以社会利益为本位。经济法主要通过《环境保护法》、《消费者权益保护法》、《产品质量法》、《反垄断法》、《反不正当竞争法》、《公司法》、《证券法》、《保险法》等法律的颁布、实施，充分体现保护社会公共利益，社会公共利益优先的原则。

三、维护公平竞争的原则

维护公平竞争，是经济法反映社会主义市场经济客观要求的一项基本原则。市场经济就是竞争经济，就要通过竞争达到优胜劣汰、优化经济结构、合理配置资源、完善市场体系的目的。但是，从市场经济的运行来看，公平竞争与不正当竞争、垄断是伴生的，是无法避免的。公平竞争是市场主体运用合法手段，在平等的市场条件和法律环境下进行竞争性活动，以获取更大经济利益的行为，其遵守了公认的商业道德和商业惯例，是市场经济发展的客观要求，也符合法律的要求。垄断、不正当竞争行为，往往是采取各种欺诈、胁迫等手段违反法律和商业道德的行为，其损害了国家、社会和竞争对手的利益，扰乱了社会经济秩序，是阻碍市场经济发展的大敌，必须予以反对和禁止。经济法作为国家调控经济的基本法律，则应当承担起此任务，以建立起公平竞争的市场经济秩序。

维护公平竞争的原则，要求经济法首先必须遵从和保护市场公平竞争的客观法则，同时围绕公平竞争问题，在市场主体、市场行为乃至市场管理上作出必要的规范，充分发挥经济法在维护市场经济及其在公平竞争秩序建立过程中的积极能动作用。在我国的经济法体系中，公平竞争环境的维护主要是依赖反对不正当竞争行为，禁止垄断行为来实现的，为此，已经颁布实施的《反不正当竞争法》、《反垄断法》中直接把反垄断、反不正当竞争作为其基本任务。同时，也通过颁布实施《商标法》、《专利法》、《技术进步法》、《合同法》、《消费者权益保护法》、《产品质量法》、《价格法》等积极创造公平、自由的竞争环境，维护公平竞争的市场经济秩序，保证公平竞争最大范围、最大限度的实现。

第四节　经济法律关系

一、经济法律关系的概念

法律关系是一种社会关系。但是，并非一切社会关系都是法律关系，只有受法律规范所确认和调整的特定的社会关系方能上升为法律关系。因此，法律关系是指特定的社会关系为法律所调整而形成的权利义务关系。

经济法律关系是指国家在经济调控和协调发展经济活动过程中所发生的经济关系为经济法所调整而形成的权利义务关系。其主要特征在于：

1. 经济法律关系是发生在经济领域中的意志关系。这一特点是由经济法的调整对象所决定的。经济法调整的社会关系是国家在经济调控和协调发展经济活动过程中所发生的经济关系，是特定的经济关系，这部分关系基于经济法的调整，便形成了经济法律关系。经济法律关系还必须符合国家的意志，体现当事人的意志，才能得到法律的认可与保护。

2. 经济法律关系是由经济法调整形成的。任何法律关系都是由法律调整一定的社会关系而形成的，不同的社会关系受不同的法律部门调整即形成不同性质的法律关系。经济法律关系便是基于经济法对特定经济关系的调整而形成的，没有经济法的调整，经济法律关系无法形成。当然，从另一方面来看，经济法律关系也是经济法调整经济关系的必然结果。

3. 经济法律关系是一种具有经济内容的权利义务关系。权利、义务是法律关系的核心内容，是法律关系区别于其他社会关系的根本特征。经济法律关系所体现的权利义务具有经济内容，即是为了实现一定的经济目的或完成一定经济任务而设置的权利、义务。对此，在经济法学理论上也直接把这种权利、义务称为经济权利、经济义务。这也是经济法律关系与其他法律关系的根本区别。

4. 经济法律关系是以国家强制力为依托的。经济法律关系与其他社会关系的根本区别即在于其是以权利、义务为内容的。其权利义务一旦形成，即受国家强制力保护，任何一方当事人都不得违背。否则，将遭受经济法的制裁；任何一方的权利受到侵害都可请求法律的保护。

二、经济法律关系的构成要素

经济法律关系的构成要素，是指构成经济法律关系不可缺少的组成部分。任何法律关系都是由主体、客体和内容三个基本要素构成，经济法律关系作为法律关系的一种，同样也是由主体、客体和内容构成，这三个基本要素同时具备，缺一不可。

（一）经济法律关系的主体

1. 经济法律关系主体的概念。经济法律关系主体，是指参加经济法律关系，享有经济权利和承担经济义务的当事人，又称经济法主体。在经济法律关系中，必须有两个以上的主体，其中享有权利的当事人称为权利主体，承担义务的当事人称为义务主体。但是，在许多经济法律关系中，经济法主体往往是在享有经济权利的同时，又承担经济义务，此时，经济法主体是集权利和义务两重主体身份于一身的。在经济法律关系中，如果没有经济法律关系主体，经济权利便无人享有，经济义务也无人承担，具体的经济法律关系也无从形成。因此，经济法律关系主体是经济法律关系不可缺少的构成要素之一。

参加经济法律关系的当事人必须具备一定的主体资格。主体资格是指当事人参加经济法律关系，享有经济权利和承担经济义务的资格或能力。只有具备一定经济法主体资格的当事人，才能参与经济法律关系，享有经济权利和承担经济义务。同时，具备主体资格的经济法律关系主体也只能在法定的或认可的范围内参加经济法律关系，超越法定的或认可的范围的，则不再具有参加经济法律关系的主体资格。

2. 经济法律关系主体的种类。在我国经济法主体范围是十分广泛的，主要包括：

（1）国家机关。国家机关是指行使国家职能的各种机关，其主要包括国家权力机关、国家行政机关、检察机关、审判机关等。国家机关是经济法律关系中最重要的主体，其中，行政机关担负着国家组织管理和协调经济的主要职能，所以，作为经济管理机关的行政机关是这类经济法律关系主体中最主要的类型。

（2）社会组织。社会组织是指依法成立的拥有独立财产或经费，具有一定组织机构的组织体。主要包括企业、事业单位、社会团体等，其可以是法人组织，也可以是非法人组织。其中，经济组织特别是企业，是经济法律关系中最广泛、最普遍的主体类别。

（3）经济组织的内部机构。经济组织的内部机构是指隶属于经济组织，担负着一定生产经营职能的分支机构、管理机构等。如分公司、公司内部的董事会、董事、监事会、监事等。根据法律规定，这些内部机构除广泛参加经济组织内部的经济法律关系外，还可以在法定条件下参与经济组织外部的经济法律关系，从而成为经济法律关系的主体。

（4）个体工商户、农村承包经营户。依法申请取得营业执照，从事工商业经营的个体工商户，以及在农村，按照承包合同从事商品生产或经营的农村集体经济组织成员，他们在法律规定的范围内从事个体经营活动，从而成为经济法律关系的主体。

（5）公民。公民是当然的民事法律关系主体，但也可以成为经济法律关系主体。如个人所得税法律关系中的纳税人，公司法律关系中的股东、注册商标的所有权人等。

此外，国家也是一种特殊的主体。如国家在发行政府债券、对国有财产行使所有权时，依法也可能成为经济法律关系的主体。

（二）经济法律关系的内容

1. 经济法律关系内容的概念。经济法律关系内容是指经济法主体享有的经济权利和承担的经济义务。在经济法律关系主体之间，是通过经济权利与经济义务使其联系起来并使他们之间的法律关系得以明确的，没有经济法律关系的内容，就缺乏了主体之间联系的桥梁，缺少了主体与客体联系的纽带。因此，经济法律关系的内容是经济法律关系的核心，经济法律关系的实质即权利义务关系，经济法律关系的内容同样是经济法律关系不可缺少的构成要素之一。

经济权利和经济义务在经济法律关系中是相互依存的，没有经济权利，就不会有经济义务；没有经济义务，也谈不上经济权利。经济权利的实现依赖于经济义务的履行，反之，经济义务的履行则是为了满足经济权利的实现。

2. 经济权利。经济权利是指经济法主体依法具有自己为或不为一定行为或者要求他人为或不为一定行为的资格。经济权利的具体涵义包括以下几个方面：

（1）在经济法规定的范围内，享有经济权利的主体，有权根据自己的意志作出一定行为或者不作出一定行为，以实现其自身的利益。如企业有权自行编制自己的生产经营计划等。

（2）在经济法规定的范围内，享有经济权利的主体，有权依法要求义务主体作出或不作出一定的行为，以保证权利主体权利的实现。如税务机关依法有权要求纳税人缴纳税款、买方有权要求卖方按照合同约定交货等。

（3）享有经济权利的主体在其合法权利受到侵害或不能实现时，有权依法请求国家有关机关给予强制性保护。

根据法律规定，经济法主体在经济法律关系中主要享有以下经济权利：

（1）经济职权。经济职权是指国家机关依法行使经济管理职能时所享有的权利。它是基于国家调控社会经济需要而设置的专属于国家机关的经济权利，其具有明显的命令与服从、管理与被管理的隶属性质。经济职权的产生往往基于法律的直接规定或者国家授权，因此，对于国家机关来讲，这种职权既是其所享有的权利，又是其应承担的义务或职责，二者是统一的，必须依法行使，不得随意放弃、抛弃或转让。

经济职权的内容具体包括：①经济立法权。这是国家机关根据宪法的规定，制定、修正和废止经济法律、法规的权力，它是国家进行宏观调控的主要形式。②经济决策权。这是指国家机关对未来经济发展目标及方案等进行选择和决定的权力。这种决策既可以是长期决策，也可以是中短期或者是临时性决策，这些决策对于经济活动具有直接的指导作用。③经济命令权。这是指国家机关要求相对人为特定的行为和不为特定行为的权力。这是国家机关单方面的意思表示，不需要相对人的同意，相对人必须服从遵守，具有明显的强制性。④经济批准权。这是国家机关依法同意特定人取得某种法律资格或实施某种行为的权力，是国家机关对特定人实施的具体的经济职权，以使特定人的资格或行为具有合法性。⑤经济确认权。这是指国家机关对有争议的特定法律事实或法律关系依法确认其效力的权力。⑥经济协调权。这是指国家机关协调地区、部门、企业之间经济关系的权力。它能够有效地促进宏观经济以及具体经济活动的协调、健康发展。⑦经济监督权。这是国家机关对经济活动的监察和督导的权力。监督的范围十分广泛，包括计划、财政、税务、会计、审计、物价、质量、计量、金融等方面。此外，国家机关的经济职权还包括经济禁止权、经济许可权、经济撤销权、经济审核权、经济免除权等。

（2）物权。物权是指经济法依法对特定的物享有直接支配和排他的权利。物权可分为自物权和他物权。自物权即所有权，是指权利人依法对自己之物享有的权利。他物权是指权利人依法对他人之物享有的权利，主要包括用益物权和担保物权。

在经济法法律关系中，所有权为最重要的物权，是经济法主体进行活动的前提和目的。所有权，是指经济法主体对自己的物依法享有占有、使用、收益和处分的权利。

第一，财产所有权的权能。财产所有权的权能主要体现为占有权、使用权、收益权和处分权四个方面。占有权，是指经济法主体对财产在事实上具体控制的权利。例如，企业对其企业财产的实际控制权。使用权，是指经济法主体对财产根据其性能、用途加以利用的权利。例如，企业利用其机器设备生产产品的权利。收益权，是指经济法主体基于对物的占有、使用而取得的经济收入或利益的权利，这项权能是经济法主体占有、使用财产的目的。处分权，是指经济法主体在事实上和法律上决定财产命运的权利。例如，企业生产资料在生产中被消耗，转让固定资产等权利。处分权是财产所有权四项权能中最重要、也是最高的权利，大量经济活动往往是通过经济法主体具体处分财产而产生的。

财产所有权的四项权能共同构成财产所有权的内容，一般来说财产所有权的权能由所有权人直接行使。但是，在经济活动中，其中一项、二项，甚至三项或四项权能，也可能依法同所有权人适当分离，由非所有权人来行使。这种分离往往是局部的、暂时的，所有权人通过这种分离、回复，也增加了其实现所有权的途径和方式，更大地发挥财产的经济效益和社会效益。

第二，所有权派生的权利——经营权。在所有权派生的权利中，对经济法最具重要意义的是经营权。中共中央《关于经济体制改革的决定》指出："根据马克思主义的理论和社会主义的实践，所有权同经营权是可以适当分开的。"经营权是指企业对国家授予其经营管理的财产享有占有、使用和依法处分的权利。在我国其具体表现为国有企业的经营权。国有企业的经营权，其法律特征主要表现在以下几个方面：首先，国有企业的经营权是国有财产所有权的派生权利。没有国有财产所有权就没有国家授予其经营管理这一说法。国有企业的经营权与财产所有权是不同的，财产所有权是指所有权人依法对其财产享有占有、使用、收益、处分的权利，这四项权能对于所有者而言可以依法自由行使。而国有企业的经营权只包括占有、使用和依法处分权，一方面其不包括收益权，企业的经营所得最终归国家；另一方面经营权的三项权能是有限制的，其并不能像所有权人那样随意行使。例如，国有企业一些财产的转让必须依法经过评估、确认后方可进行，这里特别强调的是依法处分，而不能是任意处分。其次，国有企业经营权的客体是国家授权其经营管理的财产。这种财产是指国有企业的整体财产，而非某项财产或部分财产。同时，国有企业经营管理的财产是国家授予的。最后，国有企业经营权是一种企业管理综合权利，它既包括了各种财产经营权，也包括了企业行政管理权等。

企业经营管理权主要包括：①经营方式选择权。企业在服从国家管理的前提下，有权根据市场的需求，从本企业的实际出发，选择本企业的经营方式。②生产计划权。企业作为独立的生产者或经营者，有权对本企业的生产作出计划，以适应社会对其产品的需求。③物资采购权。为了完成生产任务，对于生产过程中所需要的能源和原材料等物资，企业有权自行选购。④产品销售权。企业有权销售自己的产品，并且有权在国家允许的范围内自行确定产品价格、劳务价格。⑤劳动管理权。企业有权根据需要招聘技术人员、管理人员，择优录用职工。有权确定本企业的工资形式，有权按照国家规定，对职工实行奖励与惩罚。⑥资金支配权。企业在资金支配上拥有独立的权利。⑦物资管理权。企业对于自己经营管理的物资，依法享有占有、使用和依法处分的权利。⑧人事管理权。企业有权在其内部对职工进行具体的管理，对职工的行为进行具体的管理。

（3）知识产权。知识产权是指人们对于自己的智力活动创造的成果和经营管理活动中的标记、信誉依法享有的权利。知识产权是一种无形财产权，它与有形财产一样，具有价值和使用价值，都受到国家法律的保护。知识产权包括两类：一类是版权，是指著作权人对其文学作品享有的署名、发表、使用以及许可他人使用和获得报酬等权利；另一类是工业产权，包括专利、商标、服务标记、厂商名称、货源名称或原产地名称等的独占权利。

（4）请求权。请求权是指经济法主体，当自己的经济权利受到侵害或产生经济纠纷时，要求侵权行为人停止侵权或要求有关机关维护其合法权益的权利。这是一种补救性的权利，通常在对方主体不履行义务或职责时发生，它是经济法主体为使自己的合法权益得以实现必备的权利。经济法主体能够行使请求权的主要方式有请求赔偿权、请求调解权、申请仲裁权、经济诉讼权等。

以上是经济法主体参与经济法律关系所必备的几项主要权利。此外，经济法主体还享有人身权、债权、承包经营权等多项权利。

3. 经济义务。经济义务是指经济法主体依法必须为一定行为或不为一定行为的责任。经济义务是相对经济权利而存在的，是法律对义务主体行为的限制和约束。经济义务包括以下几个方面的基本涵义：

（1）义务主体必须作出或者不作出一定行为，以保证权利主体经济权利的实现，满足权利主体的利益需要。

（2）义务主体实施的义务行为是在法定的或约定的范围内进行的。超越法定的或约定的限度，义务主体则不受限制和约束。

（3）义务主体应当自觉地履行自己承担的经济义务。经济义务具有强制性，如果不履行或不当履行，义务主体就应承担相应的法律责任，受到法律的制裁。

在我国，经济法主体依法应当履行的经济义务主要有：

（1）贯彻执行国家的方针、政策，遵守法律、法规的义务。方针、政策是经济法主体行动的指南，法律、法规是经济法主体行动的规则，这是经济法主体行为合法、有效的前提条件，也是任何经济法主体都必须履行的基本义务。经济法主体只有履行这一义务，其行为才能得到国家的承认、保护，才能实现其参与经济活动的目的。

（2）正确行使经济权利的义务。经济法在赋予经济法主体以广泛的经济权利的同时，也要求经济法主体必须依法正确行使这些经济权利。这项义务对不同的义务主体有不同的要求，例如，经济职权对国家机关既是权利，也是义务，国家机关必须行使经济职权，不得放弃、抛弃或转让，同时，国家机关也应当正确行使职权，不得滥用职权、不适当行使职权。现实生活中，这是国家机关在行使职权时，应当特别注意的问题。当这类行为给国家、社会、个体利益造成侵害时，被侵权人可以通过行政的或司法的途径来保护其权益。

其他经济法主体的经济权利同样也应当正确行使，例如，国有企业的经营权，它是国有企业的权利，同时企业也必须行使好经营权，管理好企业，从这一方面讲，这是国有企业对国家应尽的义务。

（3）接受经济管理的义务。在我国，国家有权依法对宏观经济进行组织管理，企业有权依法对其自身经营活动进行组织、管理。因此，在经济管理活动中，被管理者必须服从管理，这是由对国民经济进行宏观调控的必要性所决定的。例如，企业必须接受工商行政管理机关、税务机关等有关机关的监督。

（4）缴纳税金和其他费用的义务。税收是国家财政收入的主要来源，经济法主体必须依法缴纳税金，这是所有纳税人应尽的法定义务。除此之外，凡国家规定必须缴纳的费用也必须缴纳。漏税、欠税、偷税、抗税等都是违法行为，要受到相应的法律制裁。

（5）承担经济法律责任的义务。经济法律责任是对违法行为的一种制裁，也是对被侵权人权益的一种补救。经济法主体依法应承担的法律责任必须自觉履行，否则，司法机关可以强制其履行。

此外，经济法主体还应当承担防止环境污染、保证产品质量、不得侵犯其他经济法主体的合法权益等义务。

（三）经济法律关系的客体

1. 经济法律关系客体的概念。经济法律关系的客体是指经济法律关系主体的权利义务所共同指向的事物，也是权利义务关系最终所指向的目标和所要达到的目的，借以说明权利与义务的具体内容和性质。经济法律关系的客体在经济法律关系中占有重要地位。如果在经济法律关系中没有客体，权利义务就会失去了依附的目标和载体，也不可能发生经济权利和义务，因此，客体是经济法律关系不可缺少的构成要素之一。

2. 经济法律关系客体的种类。由于经济法律关系主体的权利与义务的要求不同，因此其客体十分广泛，概括起来主要包括以下几种类别：

（1）物。物是指能为人们所支配，并且具有一定经济价值的客观实体，亦称"有体物"。作为经济法律关系客体的物与物理学、哲学等学科领域中的"物"是有区别的，凡不能为人们所支配，或虽能为人们所支配但是没有经济价值的物，都不能作为经济法律关系的客体。

物是经济法律关系客体中最普遍的类型，在法律上，从不同角度可以对物作不同分类，例如根据相对关系可将物分为：生产资料与生活资料、固定资产与流动资产、流通物与限制流通物、种类物与特定物、动产与不动产、可分物与不可分物、主物与从物、原物与孳息物等。对物的种类作出正确划分，具有非常重要的法律意义。

（2）经济行为。经济行为是指经济法主体为实现一定经济目的所实施的行为。主要包括经济管理行为、完成一定工作的行为、履行一定劳务的行为。经济管理行为是指经济法主体行使经济组织管理权和经营管理权所实施的行为。如经济决策行为、税收征收管理行为等。完成一定工作的行为是指经济法主体一方利用自己的资金和技术、设备为对方完成一定的工作任务，而由对方支付报酬的行为。如建筑安装行为、加工承揽行为等。履行一定劳务的行为是指经济法主体一方为对方提供一定劳务或者服务，由对方提供一定酬金的行为。如仓储行为、保管行为、货物运输行为等。

（3）智力成果。亦称非物质财富，是指人们脑力劳动创造的成果。例如，发明创造、实用新型、外观设计、商标、专有技术等都可以成为经济法律关系的客体。智力成果虽然不表现为物质，但它可以为人们掌握和利用，直接转化为社会生产力，创造出能满足人们需要的物质财富，因此，智力成果具有较高的经济价值。随着社会的进步和科技的发展，智力成果已成为社会财富的重要组成部分，是经济法律关系客体不可或缺的一个类别。

此外，在有些经济法律关系中，经济权利也可能成为经济法律关系的客体。一般讲，经济权利本来是经济法律关系的内容，但是在某些经济法律关系中亦可能成为其客体。如，专利权在专利权法律关系中是其内容，但是在专利权的许可使用、转让法律关系中其则转换为了客体；土地使用权是土地使用权法律关系的内容，但在土地使用权转让法律关系中则成为其客体。

三、经济法律关系的产生、变更与终止

（一）经济法律关系的产生、变更与终止的概念

经济法律关系的产生，是指在经济法律关系主体之间形成一定的经济权利和经济义务关系。

经济法律关系的变更，是指经济法律关系的主体、客体或者内容发生变化。

经济法律关系的终止，是指经济法律关系主体之间的经济权利和经济义务归于消灭。

经济法律关系的产生、变更与终止，都要基于一定的法律事实。法律事实是指为经济法所规定的，能够引起法律关系产生、变更、终止的事物。

在社会经济活动中，经济法律规范本身不能产生、变更或者终止经济法律关系，只有通过法律事实，才能引进经济法律关系的发生、变更与终止。但也并不是所有的事物都是法律事实，只有被经济法律规范规定的事物才能成为法律事实。

（二）法律事实的分类

法律事实一般可以分为行为和事件两大类。

1. 行为。行为是指经济法主体有意识的、能够引起经济法律关系产生、变更和终止的活动。法学上，行为通常有合法行为与违法行为两种形式。

（1）合法行为。合法行为是指符合国家法律规定的行为。通过合法的行为，能够产生经济法主体所预期的法律后果。合法行为是具有法律效力的法律行为，国家予以承认并保护。按其性质，合法行为可分为行政性行为、司法行为、经济法律行为。

行政性行为是指国家机关依法行使经济管理职能时，所实施的具有强制性的行为。例如工商登记行为、税务机关下达税收命令的行为等。

司法行为是指司法机关在司法活动中所实施的行为。例如法院的判决或裁定、公证机关的公证行为等。

经济法律行为是指经济法主体实施的，从其内容到形式均符合国家法律规定的行为。经济法律行为是有效的法律行为，受到国家法律的承认与保护，它能够引起经济法律关系的产生、变更与终止。例如依法订立合同的行为、依法签发票据的行为等。

（2）违法行为。违法行为是指经济法主体违反经济法律规定的行为。违法行为往往会侵害国家和社会公共利益或其他经济法主体的合法权益，给他人造成损失。因此，

违法行为人对此要承担相应的法律责任，由此便引起经济法律关系的产生、变更与终止。例如不正当竞争行为、违约行为等。

2. 事件。事件是指不以经济法主体意志为转移的，能够引起经济法律关系产生、变更和终止的客观现象。这种客观现象虽然不以经济法主体的主观意志为转移，但这种客观现象发生后，会导致经济法律关系的产生、变更或终止。事件可分为自然事件和社会事件两种。

（1）自然事件。自然事件是由于客观现象引起的客观事实。如火灾、地震、水灾、运输中断等。自然事件的发生多会引起经济法律关系的变更和终止，有时也会引起经济法律关系的产生。

（2）社会事件。社会事件是指由于社会发生各种难以预料的重大变动所造成的客观事实。如战争、社会动乱、罢工等，它们都可以引起经济法律关系的产生、变更或终止。

第五节　经济法的渊源和体系

一、经济法的渊源

经济法的渊源，即经济法的存在或者表现形式。大致分为制定法（即成文法）、判例、司法解释、习惯、政策等。一般地说，制定法是现代国家主要的法的渊源，我国经济法也不例外。具体讲，经济法的渊源主要包括以下几种：

（一）宪法

我国现行宪法是于 1982 年 12 月 4 日第五届全国人民代表大会第五次会议通过的、后又经四次修正的《中华人民共和国宪法》。宪法规定了国家的根本制度和根本任务，是国家的根本法，具有最高的法律效力，是我国经济法渊源的核心。

（二）法律

在经济法的渊源中，仅次于宪法的是狭义的法律。其包括全国人民代表大会制定的法律即基本法律，以及全国人民代表大会常务委员会制定的法律，即基本法律以外的其他法律。全国人民代表大会及其常务委员会作出的规范性的决议、决定，也属于狭义的法律的范畴。例如，1988 年 4 月 13 日第七届全国人民代表大会第一次会议通过的《中华人民共和国全民所有制工业企业法》、1998 年 12 月 29 日第九届全国人民代表大会常务委员会第六次会议通过、2005 年 10 月 27 日第十届全国人民代表大会常务委员会第十八次会议修订的《中华人民共和国证券法》、1999 年 3 月 15 日第九届全国人民代表大会第二次会议通过的《中华人民共和国合同法》、2009 年 2 月 28 日第十一届全国人民代表大会常务委员会第七次会议通过的《中华人民共和国食品安全法》等。

法律是我国经济法体系中非常重要的组成部分，我国绝大多数经济活动都是靠法律来规范、调整的。

（三）行政法规

国务院可以根据宪法和法律规定或全国人民代表大会及其常务委员会授权制定行政法规。其主要表现形式有：决定、命令、条例、细则、规定、办法、通知等。例如，1992年7月23日国务院发布的《全民所有制工业企业转换经营机制条例》、1993年12月13日国务院发布的《增值税暂行条例》、2003年5月27日国务院发布的《企业国有资产监督管理暂行条例》等。

行政法规的地位和效力仅次于宪法和法律，不得与宪法和法律相抵触，否则无效。行政法规具有较强的灵活性、针对性，其在我国经济法律制度尚不健全的时期发挥着非常重要的作用，同时也为我国经济立法提供了很好的理论基础和实践基础，它在我国经济法律体系中占有非常重要的地位。

（四）部委规章和其他有关规范性文件

国务院有关部、委、局在各自权限内发布的规章、命令、指示等，也是经济法的渊源之一。例如，在我国1993~1994年税制改革中，财政部、国家税务总局等先后发布的三十多个有关规章，以及1997年9月19日中国人民银行发布的《支付结算办法》等。

（五）地方性法规

根据宪法和有关法律规定，省、自治区、直辖市以及省级人民政府所在地的市和经国务院批准的较大的市的人民代表大会及其常务委员会有权制定地方性法规。地方性法规不得与宪法、法律、行政法规相抵触，否则无效。地方性法规仅在本行政区域内具有法律约束力，其在地方经济建设工作中具有十分重要的作用，在经济法的渊源中是不可缺少的组成部分。

（六）其他经济法渊源

除此之外，最高人民法院有关经济案件审理的指导性意见和法律解释、中国缔结或参加的有关国际公约或者协定以及国家有关经济政策等，也属于经济法的渊源。

二、经济法的体系

经济法的体系，是指经济法作为一个独立的法律部门，由具有内部逻辑联系的各项经济法律制度所组成的系统结构。

在不同的国家和不同的法系以及不同的历史时期，经济法的体系不尽相同。我国现阶段经济法体系主要包括以下内容：

（一）经济法主体制度

这部分是关于各类经济法主体的相关法律制度，其主要包括：公司法、国有企业法、集体企业法、个人独资企业法、合伙企业法、外商投资企业法、企业破产法等内容。明确各类主体的性质、地位、设立、组织、行为及其解散等，是这部分制度的主要任务。

（二）市场规制法律制度

市场规制法包括国家对市场行为、市场秩序进行规范、监管等方面的相关法律制度。其主要包括：质量管理法、消费者权益保护法、商标法、专利法、竞争法、证券法、票据法、劳动与社会保障法等内容。通过对各类市场行为的规范与约束，维护市场经济秩序，是这部分制度的主要任务。

（三）宏观调控法律制度

宏观调控法包括国家对经济活动进行调节和控制等方面的相关法律制度。其主要包括：计划法、国有资产管理法、财政法、税收法、金融法、价格法、对外贸易法等内容。运用法律手段实现对宏观经济的调控，是这部分制度的主要任务。

综上，新的经济法体系在构成上与传统经济法有很大区别，除保留了经济法体系中固有的制度外，其结构将越来越丰富。

第六节　法律责任

一、法律责任的概念

经济法对经济法律关系的保护，从消极意义上讲，最终将表现为对违法行为人依法追究法律责任。法律责任是指违法行为人因其行为违法应当承担的法定或者约定的、具有强制性的义务，是对违法行为人的法律制裁。

二、法律责任的种类

通常，在经济法中法律责任一般分为民事责任、行政责任和刑事责任三种。

（一）民事责任

在经济法律、法规中规定民事责任，这是我国立法体系的一大特色。经济法中的民事责任是指经济法主体因违反经济法律、法规，不履行、不适当履行经济义务，或者基于法律上的其他原因所应承担的民事责任。

在经济法中经济权利和经济义务是经济法律关系的重要内容，从根本上讲，经济权利和经济义务分别具有民事权利和民事义务的性质，与此相适应，其责任制度也适用民事责任制度。我国《民法通则》专章规定了民事责任制度，其主要责任形式包括：停止侵害，排除妨碍，消除危险，返还财产，恢复原状，修理、重作、更换，赔偿损失，支付违约金，消除影响，恢复名誉，赔礼道歉等。

（二）行政责任

在经济法中，行政责任是国家行政机关对违反经济法律、法规的单位和个人依法给予的行政制裁。其包括行政处罚和行政处分。行政处罚是行政机关依法对违法单位和个人给予的行政制裁。其主要方式有警告、加收滞纳金、罚款、没收非法所得、限期整顿、吊销营业执照等。行政处分是行政机关对违法个人所给予的一种纪律处分。其主要方式有警告、记过、记大过、降级、降职、撤职、留用察看、开除等。

（三）刑事责任

刑事责任是指人民法院对违反经济法律、法规，并已触犯刑律的单位和个人依法给予的刑事制裁。刑事责任是法律责任中最严厉的责任形式。在我国，经济法主体应当承担的刑事责任主要是在《刑法》中作出了明确规定，另外在部分经济法律、法规中也以重申适用《刑法》的相关规定或具体条款的方式作了更为细致的规定。

刑事责任分为主刑和附加刑两大类。主刑有管制、拘役、有期徒刑、无期徒刑、死刑（含死刑缓期二年执行）等。附加刑包括罚金、没收财产、剥夺政治权利、驱逐出境等。该种责任方式中，主刑与附加刑可以同时适用，也可以单独适用。

本章练习题

1. 简述我国经济法的产生和发展概况。
2. 经济法的概念及其调整对象有哪些？
3. 简述经济法的基本原则。
4. 经济法律关系主体的概念及其主要种类有哪些？
5. 什么是经济权利？其包括哪些主要内容？
6. 经济法主体依法承担的经济义务有哪些？
7. 简述经济法律关系客体的概念及其主要类别。
8. 简述法律事实的概念及主要类型。
9. 简述法律责任的概念及其主要类别。
10. 我国经济法的渊源有哪些？

第二章 相关的民事法律制度

学习目的与要求

　　本章要求学生通过对本章的学习了解民法中的法人、代理、物权、债权、诉讼时效等基本民事法律制度，以期为经济法律制度的学习和理解打下良好的知识基础。

第一节 法 人

一、法人的概念和特征

（一）法人的概念

法人是与自然人相对应的另一类民事主体，根据《民法通则》第 36 条规定，法人是具有民事权利能力和民事行为能力，依法独立享有民事权利和承担民事义务的组织。法人制度萌芽于罗马法中的团体概念，在 1896 年公布的《德国民法典》中得以确立。

（二）法人的特征

1. 法人是社会组织。所谓社会组织是指按照一定的宗旨和条件建立起来的具有明确的活动目的和内容，有一定组织机构的有机整体。法人必须以社会组织的存在为前提才能作为民事主体，区别于以自然人生命的存在为前提的民事主体。

2. 法人是具有民事权利能力和民事行为能力的社会组织。法人是社会组织，但是并不是所有的社会组织都是法人，只有具备了法人的成立条件，具有民事权利能力和民事行为能力的社会组织才能取得法人资格，才能以法人的名义进行民事活动。

3. 法人是依法独立享有民事权利和承担民事义务的组织。这是法人与非法人组织的根本区别。其主要表现在：法人是独立的组织；法人有独立的财产；法人独立承担民事责任。

二、法人应具备的条件

根据我国《民法通则》第 37 条的规定，法人应当具备的基本条件为：

1. 依法成立。依法成立是指依照法律的规定而成立。首先，法人的设立合法，即其设立的目的、宗旨要符合国家利益和社会公共利益，其组织机构、设立方式、经营范围、经营方式等要符合法律的规定；其次，法人的设立程序必须合法。

2. 有必要的财产或者经费。法人作为民事主体，要进行各种民事活动，独立承担民事责任，必须要有相应的财产和必要的经费。所谓"必要的财产和经费"是指法人进行民事活动必须有与法人的性质、规模相适应的财产和经费。法人的财产和经费是法人独立承担民事责任的前提。

3. 有自己的名称、组织机构和场所。首先，法人必须有自己的名称，才能与其他法人或非法人组织相区别。根据《企业名称登记管理规定》对企业名称的组成、使用的规定，企业的名称应由企业所在地行政区划名称、字号、行业或者经营特点、组织形式组成。其次，法人必须有组织机构。法人的意思表示必须依法由组织机构来完成，没有组织机构就不能成为法人。法人的组织机构根据法人的性质和规模设定，包括法人的决策机构、执行机构和监督机构。最后，法人应当有自己的场所。法人的场所包括法人的住所和其他经营处所，《民法通则》第39条规定："法人以它的主要办事机构所在地为住所。"确立法人的场所主要是为了保障交易安全和便于国家主管机关的监督。

4. 能够独立承担民事责任。任何民事主体在独立享有民事权利、承担民事义务的情况下，均应依法承担民事责任。作为社会组织的法人，其财产及责任均与其成员的财产和责任相独立。法人成员依法履行出资义务后，即不再对出资财产享有所有权，仅以出资财产为限对法人承担有限责任。法人应以其全部财产对外独立承担民事责任。

三、法人的成立、变更和终止

1. 法人的成立。法人的成立是法人取得民事权利能力和民事行为能力的法律事实，类似于自然人的出生。法人的成立须经法人的设立和法人资格的取得两个阶段。法人的设立是指创办法人组织，使其具有民事主体资格而进行多种连续的准备行为，是法人成立的准备阶段。法人设立后取得法人资格才为法人的成立。

2. 法人的变更。法人的变更是指法人在存续期内，法人组织的分立、合并以及在活动宗旨、活动范围上的变化。法人的变更的类型有法人的合并、法人的分立、法人组织形式的变更和法人其他重要事项的变更。

3. 法人的终止。法人的终止是指法人丧失民事主体资格，其民事权利能力和民事行为能力终止，即法人的消灭。依据《民法通则》的规定，法人终止的原因有依法被撤销、自行解散、依法被宣告破产或其他原因。法人终止应对法人进行清算，法人清算是清理将终止的法人的财产，了结其法律关系，使其归于消灭的必经程序。清算终结，应由清算人向登记机关办理注销登记并公告，法人即告消灭。

第二节　代　理

一、代理的概念和特征

（一）代理的概念

代理是指代理人在代理权范围内，以被代理人名义与第三人实施民事行为，所产生的法律后果直接归属于被代理人的法律制度。代理是一种法律关系，在代理关系中，有代理人、被代理人和第三人三方当事人。依据代理权代替他人实施民事行为的人，称为代理人；由他人代替实施民事行为，承担民事行为后果的人，称为被代理人，也称本人；与代理人实施民事行为的人，称为第三人，也称相对人。

（二）代理的特征

1. 代理人应在代理权限范围内实施代理行为。代理人进行代理活动的依据为代理权，所以代理人首先必须有代理权，其次是代理人必须在代理权限内实施代理行为。但是代理人实施代理行为时有独立为意思表示的权利。

2. 代理人以被代理人的名义实施代理行为。根据《民法通则》的规定，代理人应以被代理人的名义实施代理行为。代理人以自己的名义实施的行为不属于代理，法律后果由其自己承担。

3. 代理行为是具有法律意义的行为。所谓具有法律意义的行为，是指能为被代理人取得权利和设定义务的行为。如果代理人实施的行为不具有法律意义，就不是代理行为。

4. 代理行为的法律后果直接归属于被代理人。代理是代理人代被代理人进行民事行为，为被代理人设定民事权利和民事义务，因此，其法律效果直接归属于被代理人。该后果既包括对被代理人有利的后果，也包括对被代理人不利的后果。

二、代理的种类

根据不同标准，代理可以作多种分类。其主要的种类有：

（一）委托代理、法定代理和指定代理

以代理权产生的根据为标准，可以将代理分为委托代理、法定代理和指定代理。

1. 委托代理。委托代理又称为意定代理，是基于被代理人的委托授权所发生的代理。即委托代理的代理权产生于被代理人的授权行为。委托授权行为是被代理人将代理权授予代理人的行为，是委托代理产生的直接根据。

2. 法定代理。法定代理是指基于法律的直接规定而发生的代理。在法定代理中，代理权的授予基于法律的直接规定。法定代理主要适用于被代理人为无行为能力人或限制行为能力人的情况。

3. 指定代理。指定代理是指基于法院或有关机关的指定行为发生的代理。"有关机关"指依法对被代理人的合法权益负有保护义务的组织，如未成年人所在地的居民委员会、村民委员会等。

委托代理人按照被代理人的委托行使代理权，法定代理人依照法律的规定行使代理权，指定代理人按照法院或者指定单位的指定行使代理权。

（二）本代理和复代理

以代理人代理权来源为标准，可以将代理分为本代理和复代理。

1. 本代理。本代理是代理人的代理权来源于被代理人直接授予代理权的行为，或来源于法律的规定以及有关机关的指定的代理。

2. 复代理。复代理又称再代理，是代理人为了实施代理权限内的全部或部分行为，以自己的名义选定他人担任被代理人的代理人而进行的代理。复代理人是被代理人的代理人，而不是代理人的代理人，因此，他只能以被代理人的名义为民事行为，其行为的法律效果直接归属于被代理人。复代理应当严格遵守法律的有关规定。

三、代理权的行使

（一）代理权行使的要求

1. 亲自行使代理权。被代理人之所以委托特定的代理人为自己服务，是基于对该代理人知识、技能、信用的信赖。因此，代理人必须亲自实施代理行为，才合乎被代理人的愿望。除非经被代理人同意或有"紧急情况"发生，代理人不得将代理事务转委托他人处理。

2. 谨慎、勤勉、忠实地行使代理权。代理制度为被代理人的利益而设，被代理人设立代理的目的，是为了利用代理人的知识和技能为自己服务，代理人的活动是为了实现被代理人的利益。因此，代理人行使代理权，应从被代理人的利益出发，而不是从他自己的利益出发，谨慎、勤勉、忠实地处理好代理事务。代理人不履行勤勉义务，使被代理人遭受损失的，由代理人予以赔偿。代理人与第三人恶意串通，损害被代理人利益，被代理人由此受到损失的，由代理人和第三人负连带赔偿责任。

（二）滥用代理权的禁止

滥用代理权，是指代理人行使代理权时，违背代理权的设定宗旨和代理行为的基本准则，有损被代理人利益的行为。滥用代理权的行为是违背诚实信用原则的行为，各国法律一般予以禁止。滥用代理权包括以下三种类型：

1. 自己代理。自己代理是指代理人在代理权限内与自己为民事行为。在这种情况下，代理人同时为代理关系中的代理人和第三人，交易双方的交易行为实际上只由一个人实施。由于交易皆是以对方利益为代价追求自身利益的最大化，很难避免代理人为自己的利益而牺牲被代理人利益，因此，自己代理除非事前得到被代理人的同意或事后得到其追认，否则属于滥用代理权，为无效代理。

2. 双方代理。双方代理是指一个代理人同时代理双方当事人为民事行为的情况。在交易中，当事人双方的利益总是互相冲突的，通过讨价还价，才能使双方的利益达到平衡。而由一个人同时代表两种利益，难免顾此失彼，因此，对于双方代理，除非事先得到过双方当事人的同意或事后得到其追认，否则属于滥用代理权，为无效代理。

3. 恶意串通的代理。恶意串通的代理是指代理人与第三人恶意串通，损害被代理人利益的代理。由于其侵害了被代理人的利益，违反了代理权行使的原则，因此，属于滥用代理权，为无效代理。

（三）代理权的终止

1. 委托代理终止的原因。根据《民法通则》第69条规定，在下列情形下委托代理关系终止：①代理期间届满或代理事务完成；②被代理人取消委托或代理人辞去委托；③代理人死亡；④代理人丧失民事行为能力；⑤作为被代理人或代理人的法人终止。

2. 法定代理和指定代理终止的原因。根据《民法通则》第70条规定，在下列情形下法定代理或指定代理关系终止：①被代理人取得或恢复行为能力，使代理成为不必要；②被代理人或者代理人死亡；③代理人丧失行为能力；④指定代理的人民法院或指定单位取消指定；⑤由其他原因引起的被代理人和代理人之间的监护关系消灭。

代理权终止，代理人不得再以代理人的身份进行活动，否则即为无权代理。代理权终止后，代理人在必要和可能的情况下，应向被代理人或其继承人、遗嘱执行人、清算人、新代理人等，就其代理事务及有关财产事宜作出报告并移交。委托代理人应向被代理人交回代理证书及其他证明代理权的凭证。

四、无权代理

（一）无权代理的概念和类型

无权代理，是指不具有代理权的当事人所实施的代理行为。无权代理是否有效，不仅要考虑本人的利益，还要考虑善意相对人的利益。所以将无权代理区分为表见代理与狭义无权代理。对于表见代理，趋向于保护相对人，定为有权代理；对表见代理以外的狭义无权代理，赋予被代理人追认权，故狭义无权代理属于效力未定之行为。

（二）狭义无权代理

1. 狭义无权代理的概念和类型。所谓狭义无权代理，是指行为人不仅没有代理权，也没有使第三人信其有代理权的表征，而以被代理人的名义所为的代理。狭义无权代理的类型有：

（1）未经授权的代理。即当事人实施代理行为，根本未获得被代理人的授权。

（2）超越代理权的代理。即代理人虽然获得了被代理人的授权，但他实施的代理行为，不在被代理人的授权范围之内。就其超越代理权限所实施的代理行为属无权代理。

（3）代理权终止后的代理。即代理人获得了被代理人的授权，但在代理权终止后，继续实施代理行为，该代理行为属无权代理。

2. 狭义无权代理的法律效果。

（1）被代理人行使追认权和拒绝权。被代理人通过行使追认权，可使无权代理行为中所欠缺的代理权得到补足，转化为有权代理，发生与有权代理同样的法律效果。被代理人追认权的行使，有明示和默示两种方式，可以向交易相对人作出，也可以向无权代理人作出。被代理人一经追认，无权代理行为即获得如同有权代理行为同样的法律效力，此时的无权代理转为有权代理，被代理人应接受因此所产生的法律效果。被代理人追认权的行使，受到了交易相对人催告权的限制。合同法规定，相对人可以催告被代理人在1个月内予以追认。被代理人未作表示的，视为拒绝追认。

当然，被代理人对无权代理行为可以拒绝追认或者明确表示拒绝，从而使该无权代理行为无效。

（2）相对人行使撤销权。为衡平当事人之间的利益，与被代理人享有追认权相对应，与无权代理人进行民事行为时，不知也不应知其为无权代理的善意交易相对人享有撤销权。交易相对人行使撤销权的，该无权代理行为自始无效。

（三）表见代理

1. 表见代理的概念及构成要件。表见代理是无权代理的一种，是指行为人无代理权，但交易相对人有理由相信行为人有代理权的无权代理。此时，该无权代理可发生与有权代理同样的法律效果。我国《合同法》第49条规定："行为人没有代理权、超越代理权或者代理权终止后以被代理人名义订立合同，相对人有理由相信行为人有代理权的，该代理行为有效。"

表见代理的构成要件：①行为人以被代理人的名义为民事法律行为；②行为人无代理权；③须有使相对人信其有代理权的表征；④须相对人为善意。

2. 表见代理的发生原因。

（1）被代理人以书面或口头形式直接或间接地向第三人表示以他人为自己的代理人，而事实上其并未对该他人进行授权，第三人信赖被代理人的表示而与该他人为交易。

（2）被代理人与代理人之间的委托合同不成立、无效或被撤销，但尚未收回代理证书，交易相对人基于对代理证书的信赖，与行为人进行交易。

（3）代理关系终止后被代理人未采取必要措施，公示代理关系终止的事实并收回代理人持有的代理证书，造成第三人不知代理关系终止而仍与代理人为交易。

3. 表见代理的法律效果。

（1）发生有权代理的效果。即表见代理人实施的法律行为的后果直接归属于被代理人，被代理人不得行使拒绝权。

（2）相对人有撤销权。表见代理旨在保护相对人的利益，相对人对于表见代理应享有选择权。既可以按狭义无权代理，享有撤销权；也可按表见代理，发生有权代理的效果。

第三节　物　权

一、物权概述

（一）物权的概念

物权是指权利人依法对特定的物享有直接支配和排他的权利。与债权等其他权利相比较，物权的基本特征包括：①物权是对物权，它表示的是人对物的支配关系，其本质是人对物的支配权，与债权所表示的人对人的请求关系有明显的区分。②物权的实现仅仅依据权利人自己的意思，而不必依靠他人的意思。而债权的实现必须借助于他人的意思，必须得到他人的协助。③物权的本质是排他权，物权不仅不依靠他人的意思，而且排斥他人的意思，才能实现权利人的全部利益。我国《物权法》规定的物权包括所有权、用益物权和担保物权。

（二）物权的分类

1. 自物权和他物权。以权利人是对自有物还是他有物享有物权为标准，分为自物权和他物权。自物权即所有权，是指权利人依法对自己之物享有的权利。他物权是指权利人依法对他人之物享有的权利，其主要包括用益物权和担保物权。区分自物权和他物权的意义在于两者的性质和内容不同：自物权为完全物权，他物权为限制物权。

2. 用益物权和担保物权。以设立物权的目的为标准，分为用益物权和担保物权。用益物权是指以实现对物的使用和收益为目的而在他人之物上设立的物权，其主要包括地上权、地役权、典权等。担保物权是指为担保债务履行而在他人之物上设立的物权，其主要包括抵押权、质权、留置权等。区分用益物权和担保物权的意义在于用益物权重视物的使用价值，无使用价值之物上不能设立用益物权；担保物权重视物的交换价值，无交换价值之物上不能设立担保物权。

3. 动产物权和不动产物权。以物权的客体为标准，分为动产物权和不动产物权。动产物权是指以动产为客体的物权，不动产物权是指以不动产为客体的物权。区分二者的意义在于动产物权与不动产物权的取得方法、成立要件、公示方式等不同。

4. 主物权和从物权。以物权是否具有独立性为标准，分为主物权和从物权。主物权是指能够独立存在的物权，如所有权、地上权等。从物权则指必须依附于其他权利而存在的物权，如抵押权、质权、留置权是为担保债权的实现而设定的。主物权和从物权区分的意义在于，物权的取得、变更、丧失等不同。

上述各种物权均为典型物权。除此之外，物权理论中还有一些非典型物权，如先买权、采矿权、捕捞权等。

（三）物权的效力

物权的效力是指物权作为支配权所应有的法律之力。物权的效力表现在：

1. 物权的优先效力。物权的优先效力，即物权的优先权，是指同一标的物上有数个利益相互矛盾、冲突的权利存在时，具有较强效力的权利排斥具有较弱效力的权利的实现。其主要表现为：

（1）物权相互之间的优先效力。当同一标的物上并存两种以上内容不相冲突的物权时，除法律另有规定外，先设立的物权优先于后设立的物权。

（2）物权优先于债权的效力。当同一标的物上物权与债权并存时，除法律另有规定外（如合同法规定的"买卖不破租赁"），物权均优先于债权。

2. 物权的排他效力。物权的排他效力，是指在同一标的物上不能同时并存两种以上内容和性质完全相同的物权。其主要表现为：

（1）在同一标的物上不能同时并存两个以上的所有权。

（2）在同一标的物上不能同时并存两种以上以占有为内容的他物权。如除地役权外的其他用益物权，不能同时并存于同一标的物之上。除此之外，自物权与他物权可以并存；以占有为内容的他物权与非以占有为内容的他物权可以并存；数个以非占有为内容的他物权也可以并存。

3. 物上请求权效力。物上请求权是物权中包含的救济权效力，是指当物权被他人侵害或有侵害之虞时，物权人有权排除妨害、请求救济的效力。它是物权的一种重要效力，是由物权的性质决定的。它赋予物权人各种请求权，以排除物权的享有和行使过程中的各种妨碍，从而恢复物权人对其标的物的原有支配状态。其主要包括：原物返还请求权、恢复原状请求权、排除妨害请求权、停止侵害请求权、妨害防止请求权等。

（四）物权的变动

1. 物权变动的含义。物权变动，就物权本身而言，是指物权关系的发生、变更和消灭。就权利主体本身而言，即物权的取得、变更和丧失。[1] 物权的发生，即物权的取得，是指物权人取得了物权。其包括原始取得和继受取得两种方式：前者是指不以他人的权利及意思为依据，而是依据法律规定直接取得物权，如先占取得；后者是指依他人的权利及意思取得物权，如通过交易行为取得。物权的变更，有广义和狭义之分，广义的物权变更，包含物权主体的变更、客体的变更和内容的变更。狭义的物权变更仅指物权客体和内容的变更。主体的变更通常为物权的转让，客体的变更通常为标的物量的增减，内容的变更通常表现为权限或期限的变化等。物权的消灭，即物权的丧失。其可能是物权的绝对消灭，如标的物灭失；也可能是物权的相对消灭，如标的物转让。

2. 物权变动的原则和方式。物权是对物进行直接支配的权利，具有优先效力、排他效力和物上请求权效力。基于物权这样的性质，如果不以一定的可以从外部查知的方式表现物权的产生、变更和消灭，必然引起纠纷，难以保证交易安全。因此，民法上对于物权的变动，就需要有物权变动的原则——公示原则和公信原则。其目的是从动态上明晰产权，确保交易安全，维护社会经济秩序。

物权变动的方式是指物权变动应当采用的法定形式。根据物权变动的公示和公信原则，物权变动必须采用法定方式。动产物权的变动以交付为法定方式，未经交付，动产物权不发生变更。不动产物权的变动以登记为法定方式，未经登记，不产生物权变动的效力。

二、所有权

（一）所有权概述

1. 所有权的概念。所有权，是指所有权人对自己的不动产或者动产，依法享有占有、使用、收益和处分的权利。与债权相比，具有以下特征：

（1）所有权是绝对权。所有权与债权不同，债权的实现，必须依靠债务人履行债务的行为；而所有权则不需要他人的积极行为，只要他人不加干预，所有权人便能实现其所有权。

（2）所有权具有排他性。所有权人有权排除他人对于其物的干涉，并且同一物上

---

〔1〕　梁慧星主编：《中国物权法研究》，法律出版社1998年版，第196页。

只能有一个所有权存在。

（3）所有权是一种最完全的权利，包括了占有、使用、收益、处分四项物权的权能。因此，所有权是一种完全物权，是他物权的权源。

（4）所有权具有弹力性。其各项权能均可与所有人分离，但期限届满后都能自然恢复其完满状态。

（5）所有权具有永续性。只要标的物不灭失、权利人不转让或抛弃其权利，所有权将永续存在，不受任何期间限制。

2. 所有权的内容。所有权的内容是指所有人在法律规定的范围内，对其所有的财产可以行使的占有、使用、收益、处分的权能。

（1）占有。占有是指所有权人对财产实际控制、管领的一种事实状态。财产可以由所有人自己占有，也可以由非所有人占有。所有人的占有，是指所有人自己在事实上控制属于自己所有的财产，直接行使占有权能。非所有人的占有，是指他人对于财产的事实上的控制。这种占有分为合法占有和非法占有。合法占有指非所有人依据法律或合同规定而占有他人的财产。非法占有则是指非所有人没有法律或合同依据而占有他人的财产。非法占有分为善意占有和恶意占有，善意占有受法律保护而恶意占有不受法律保护。

（2）使用。使用是指按照物的性能和用途对物予以合理利用的行为。使用是为了实现物的使用价值，满足人们的需要。使用权一般由所有人自己行使，所有人也可将其使用权让渡给他人，并以此实现其应得的利益。但是，他人非法占有、使用所有人的财产，所有人依法可以要求其返还并赔偿损失。

（3）收益。收益是指权利人依法收取所有物所生的利益，包括孳息和利润。孳息分为自然孳息和法定孳息。自然孳息是指果实、动物的产物以及其他依物的利用收取的利益。法定孳息，即原物依法所生之收益，如存款利息等。收益还包括收取物的利润，即把物投入社会生产、流通过程所取得的利益。

（4）处分。处分是指权利人依法对物进行的事实上或法律上的处置。这是所有权四项权能的核心，是决定该权利命运和归属的重要权能。处分分为事实处分和法律处分。事实处分指在生产和生活中使物的物质形态发生变更或消灭，如拆除房屋、毁损物品等；法律处分指依照所有权人的意志，通过法律行为对标的物进行处置，如转让权利、抛弃权利等。两者的主要区别在于：前者系事实行为，且主要是对物本身的处置；后者则多系法律行为，且主要是对权利的处置。

3. 所有权的分类。

（1）国家所有权和集体所有权、私人所有权。依所有权主体的不同，可将其分为国家所有权和集体所有权、私人所有权。国家所有权是指国家对国有财产依法享有的占有、使用、收益和处分的权利。集体所有权是指集体组织对该集体所有的财产依法享有的占有、使用、收益和处分的权利。私人所有权是指私人对其私有财产依法享有的占有、使用、收益和处分的权利。

（2）动产所有权和不动产所有权。依所有权客体的不同，可将其分为动产所有权和不动产所有权。动产所有权是指以动产为客体的所有权，不动产所有权则是指以不动产为客体的所有权。动产所有权与不动产所有权最主要的区别是公示方式不同。动产所有权以占有为权利公示；不动产所有权则以登记为权利公示。

（3）单一所有权、共有所有权和建筑物区分所有权。依所有权内容的不同，可将其分为单一所有权、共有所有权和建筑物区分所有权。单一所有权是指权利主体单一，权利内容不涉及内部关系的所有权。共有所有权是指两个以上的民事主体对同一项财产共同享有所有权。其内容不仅包括所有权对外的排他关系，而且包括共有人之间的内部关系。其可为按份共有，亦可为共同共有。建筑物区分所有权是指同一建筑物中的各个所有权人由区分所有建筑物专有部分的单独所有权、共有部分的所有权以及因区分共同关系所生的成员权三部分组合而形成的一种复合所有权。

4. 所有权的取得。所有权的取得是指民事主体依据一定法律事实获得某物所有权的一种法律现象。所有权的取得可以分为原始取得和继受取得两种。原始取得是指不以原所有权人的权利和意志为依据，直接依据法律规定而取得所有权。继受取得是指以原所有权人的权利和意志为依据，通过法律行为或法定事件而取得所有权。继受取得的方式主要包括买卖、赠与、互易、继承、接受遗赠等。二者的主要区别是：原始取得为最初取得，其既不以原所有权合法为前提，也不依原所有人的意志为转移，但其取得所有权必须有法定依据；继受取得为传来取得，其须以原所有权合法为前提，且须依原所有权人的意志为转移，故其所有权的取得通常应有合同依据。

（二）共有

1. 共有的概念。共有是指两个或两个以上的民事主体对同一项财产共同享有所有权。共有具有以下特征：

（1）主体具有复合性。共有的主体不是单一的，而是两个或者两个以上的民事主体。但是，共有人无论有几个，仍然是只能共同享有一个所有权。

（2）客体须为同一项财产。共有的客体必须是同一项尚未分割的财产，共有物在共有关系存续期间，不能分割为各个部分由各个共有人分别享有所有权。无论该财产是单一物、合成物还是集合物，也无论是按份共有还是共同共有，共有人都对该项财产的整体享有共有权。

（3）共有人对共有物或者按照各自的份额或者平等地享有权利。但是共有人对于自己权利的行使，并不是完全独立的，在许多情况下要体现全体共有人的意志，要受其他共有人的利益的制约。

2. 共有的分类。共有分为按份共有和共同共有。按份共有是指两个或两个以上的人对同一项财产按照各自份额享受权利、负担义务的共有。共同共有是指两个或两个以上的人基于共同关系，对同一财产平等地享受权利、负担义务的共有。按份共有与共同共有的主要区别有：

（1）产生原因不同。按份共有均因共有人按份投资而产生，共有权产生时即有明确的份额划分。共同共有均基于共同关系而产生，共有权产生时没有明确的份额划分。

（2）权利义务不同。共有人的共有权虽然均应及于共有物的整体，但就其内部关系而言，权利义务则不尽相同。按份共有人对共有财产应按份享有权利、负担义务；共同共有人对共有财产则是平等享受权利、负担义务。

（3）转让限制不同。由于按份共有产生时即有明确的份额划分，所以按份共有人在共有期间可依法转让其应有的份额。只是当其转让应有份额时，其他共有人在同等条件下享有优先购买权。由于共同共有人在共有期间对其共有财产没有明确份额划分，只有在共有关系终止时才能确定其应有份额，所以共同共有人在共有期间不能转让其应有份额。可见，共同共有比按份共有具有更强的人身依附性。

（4）分割原则不同。当共有关系终止时，按份共有人通常应按照其共有份额或者合同约定分割共有财产；共同共有人原则上应平等分割共有财产，但在特殊情况下还应适当考察共有人对共有财产保值、增值的贡献大小和共有人生产、生活的实际需要。

3. 共有财产的分割。共有关系终止时，共有人应依法分割共有财产。一般情况下，共同共有财产应依照法律的规定分割；按份共有财产则应依照合同的约定分割。在具体分割时，应当平等协商、公平合理并根据共有物的性质和共有人的实际需要进行分割。分割共有财产的具体方法通常有三种：①实物分割，其适用于可分物；②变价分割，当共有财产为不可分物时，可将其出卖后分割其价款；③作价补偿，即将共有物折价后归部分共有人所有，由其以价款补偿其他共有人应得的份额。

（三）相邻关系

1. 相邻关系的概念和特征。相邻关系，是指两个以上不动产相互毗邻的所有人或使用人在各自行使自己的合法权利时，都要尊重他方所有人或使用人的权利，相互间应给予一定便利或者接受一定限制而发生的权利义务关系。相邻关系，从本质上讲是一方所有人或使用人的财产权利的延伸，同时又是对他方所有人或使用人的财产权利的限制。其目的在于协调产权人之间的相互关系，尽可能充分发挥物的效益，促进社会经济的稳定和发展。相邻关系具有下述基本特征：

（1）相邻关系发生在两个或者两个以上的不动产相互毗邻的所有人或使用人之间。即相邻关系的主体具有特定的范围，应限于不动产的所有人或使用人。

（2）相邻关系的发生常与不动产的自然条件有关，即两个或两个以上所有人或使用人的财产应当是相互毗邻的。

（3）相邻关系的客体并不是财产本身，而是行使所有权或使用权时所引起的和相邻人有关的经济利益或其他利益。相邻关系的客体并不是相邻的不动产，而是因相邻人行使其不动产物权时所涉及的相邻人的人身或财产利益。因此，相邻关系纠纷不是相邻人对不动产权属的争议。

（4）相邻关系的内容为相邻权利和相邻义务。相邻权利，指相邻人一方行使其不动产物权需要另一方提供方便时，依法有权要求另一方给其提供必要的方便。相邻义务，指相邻人一方因对方行使不动产物权需要其提供方便时，依法有义务为对方提供一定的方便。

2. 处理相邻关系的原则。

（1）有利生产、方便生活的原则。对任何相邻关系的处理，都必须从有利于生产需要和方便生活需要为基本出发点，唯有如此，才能充分发挥物的效益，既有利于当事人的利益，也有利于社会的秩序。

（2）团结互助、公平合理的原则。在处理相邻关系时，当事人一定要本着团结互助的精神，相互协作、彼此照顾，对一方权利的扩展和另一方权利的限制均应以公平合理为限。

3. 相邻关系的基本类型。相邻关系的范围很广，情况也很复杂。这里列举如下三种类型：

（1）相邻使用关系。相邻使用关系是指相邻人一方为了生产、生活的实际需要，必须由另一方提供方便时，另一方应依法给予便利，如果因此造成了不应有的损失，受益人应当给予补偿的关系。此类相邻关系主要包括因用地而发生的相邻通行关系、管线设置关系、施工占地关系，因用水而发生的相邻汲水关系、相邻排水关系等。

（2）相邻妨害关系。相邻妨害关系是指相邻人行使自己的不动产物权时，均应注意环境保护、防止危险，如果因此造成对方损失，应依法予以赔偿的关系。此类相邻关系主要包括因建筑物及其他设施而引起的相邻通风采光关系、相邻环境保护关系和相邻危险防范关系等。

（3）相邻共用关系。相邻共用关系主要包括两种：①对自然形成的公共水流、通道等，相邻人均不得擅自改变，如因人为改变而造成其他相邻人损失的，行为人应负赔偿责任。②对历史上形成的公共水流、通道、堤坝、桥梁等，相邻人均有使用的权利和养护的义务。任何人不得将其据为己有，或者只享权利不负义务。

三、用益物权

（一）用益物权的概念和特征

用益物权是指用益物权人对他人所有的不动产或者动产，依法享有占有、使用和收益的权利。用益物权有下列主要特征：

1. 用益物权以对标的物的使用、收益为其主要内容，并以对物的占有为前提。用益物权是对标的物的有形支配，它的内容在于取得物的使用价值。与担保物权不同，担保物权的内容在于取得物的交换价值，因而可不必对物进行有形支配。

2. 用益物权是他物权、限制物权和有期限物权。用益物权是在他人所有物上设定的物权，是非所有人根据法律的规定或者当事人的约定对他人的所有物享有的使用、收益的权利。因而从性质上讲，用益物权属于他物权。

（二）我国《物权法》规定的几种用益物权

1. 土地承包经营权。土地承包经营权是指土地承包经营权人依法对其承包经营的耕地、林地、草地等享有占有、使用和收益的权利。在承包期限内，土地承包经营权人有权从事种植业、林业、畜牧业等农业生产。土地承包经营权人依照农村土地承包法的规定，有权将土地承包经营权采取转包、互换、转让等方式流转。流转的期限不得超过承包期的剩余期限。未经依法批准，不得将承包地用于非农建设。

2. 建设用地使用权。建设用地使用权是指建设用地使用权人依法对国家所有的土地享有占有、使用和收益的权利。建设用地使用权人有权利用该土地建造建筑物、构筑物及其附属设施。但是，建设用地使用权人应当合理利用土地，不得改变土地用途；需要改变土地用途的，应当依法经有关行政主管部门批准。

3. 宅基地使用权。宅基地使用权，是指宅基地使用权人依法对集体所有的土地享有占有和使用的权利。宅基地使用权人有权依法利用该土地建造住宅及其附属设施。宅基地使用权的取得、行使和转让，适用土地管理法等法律和国家有关规定。

4. 地役权。地役权是地役权人有权按照合同约定，利用他人的不动产，以提高自己的不动产的效益。其中他人的不动产为供役地，自己的不动产为需役地。供役地权利人应当按照合同约定，允许地役权人利用其土地，不得妨害地役权人行使权利。

四、担保物权

（一）担保物权的概念和特征

担保物权，是指为确保债权的实现而设定的，以直接取得或者支配特定财产的交换价值为内容的权利。担保物权的特征为：

1. 担保物权以确保债务的履行为目的。担保物权的设立，是为了保证主债务的履行，使得债权人对于担保财产享有优先受偿权，所以，它是对主债务效力的加强和补充。

2. 担保物权是在债务人或者第三人的特定财产上设定的权利。担保物权的标的物必须是特定的物，否则就无从由其价值中优先受偿。

3. 担保物权以支配担保物的价值为内容。担保物权是物权的一种，是以标的物的价值确保债权的清偿为目的，以就标的物取得一定的价值为内容。

4. 担保物权具有从属性和不可分性。所谓从属性，是指以主债务的成立为前提，随主债务的转移而转移，并随主债务的消灭而消灭。

（二）担保物权的种类

担保物权一般包括抵押权、质权、留置权。有关具体制度，详见本书第八章第七节"合同的担保"。

第四节 债 权

一、债的概述

（一）债的概念和特征

《民法通则》第 84 条第 1 款规定："债是按照合同的约定或者依照法律的规定，在当事人之间产生的特定的权利和义务关系……"其中，一方依法要求另一方为一定行为的权利称为债权，享有债权的人即为债权人；为满足债权人要求应为特定行为的义务称为债务，负有债务的人即为债务人。债即债权人与债务人之间的权利义务关系。债的关系属于财产性民事法律关系，债具有下列基本特征：

1. 债反映财产流转关系。财产关系依其形态分为财产归属关系和财产流转关系。前者反映的是一种静态财产关系，后者反映的是一种动态财产关系。物权关系反映财产的归属和利用关系，其目的是保护财产的静态的安全；债的关系反映的是财产利益从一个主体移转到另一个主体的财产流转关系，其目的在于保护财产的动态安全。

2. 债为特定主体之间的法律关系。物权关系的权利主体是特定的，义务主体则是不特定的，因此其表现为一种绝对权和对世权。债的权利主体和义务主体均是特定的。换言之，债权人只能向特定的债务人主张权利，债务人也只能向特定的债权人承担义务，因此其表现为一种相对权和对人权。

3. 债的客体是债务人的特定行为。债的客体是债务人应为的一定行为（作为或不作为），通称为给付。而财物、智力成果、劳务等则是给付的标的。而物权关系的客体只能是特定物。

4. 债的目的须通过债务人的特定行为实现。债的目的是一方从另一方取得一定的财产利益，其只能通过债务人的给付才能达到，即债权人只能请求债务人为特定的给付行为，不能直接支配权利客体。物权关系的权利主体可以直接支配权利客体，无须义务主体的积极协助就能实现其目的。

5. 债的发生具有任意性。按照物权法定原则，物权的产生仅以法定方式为限。债的产生则既可依据法律，亦可依据合同。实践中，合同约定之债也多于法定之债。

（二）债的分类

根据不同标准，可以将债作不同的分类。

1. 法定之债和约定之债。根据债发生的根据不同，分为法定之债和约定之债。法定之债是指直接根据法律规定而产生的债权债务关系。其主要包括不当得利之债、无因管理之债、侵权行为之债等，法定之债的内容由法律直接予以规定。约定之债是指根据当事人约定而产生的债权债务关系。其主要是指合同之债，约定之债的内容则由当事人自己约定。

2. 按份之债和连带之债。首先根据债的主体不同，可将其分为单一之债和多数人之债。单一之债是指债权人和债务人均为单一主体的债。多数人之债是指债权人和债务人一方或者双方为两个以上民事主体的债。

在多数人之债中，根据当事人的权利义务关系不同，又分为按份之债和连带之债。按份之债是指数个债权人或债务人均各自按照其确定的份额享受债权、负担债务的多数人之债。其中，数个债权人各自就其应有债权份额享受债权的，称为按份债权；数个债务人各自对其应负债务份额负担债务的，称为按份债务。连带之债是指数个债权人各自均可请求债务人履行全部债务、数个债务人各自均应对全部债务负清偿义务的多数人之债。其中，各债权人均对全部债务享有债权的，称为连带债权；各债务人均对全部债权负担清偿义务的，称为连带债务。连带之债均因部分债权人获得全部清偿或者部分债务人履行了全部清偿义务后即行消灭，随之转化为债权人或者债务人内部的按份之债。获得全部清偿的债权人，有义务将其获得的超出其应有份额的部分返还给其他债权人；清偿了全部债务的债务人，有权利要求其他债务人偿付其应负的债务份额。

3. 特定之债和种类之债。根据债的标的物不同，分为特定之债和种类之债。特定之债又称特定物之债，是指以特定物为标的物的债。种类之债又称种类物之债，是指以种类物为标的物的债。在特定之债中，由于债的标的物具有特定性，如标的物意外损毁灭失，其风险应由债权人负担；在种类之债中，因债的标的物不具有特定性，标的物在未交付前如意外损毁灭失，其风险应由债务人负担。

（三）债的发生根据

债的发生根据是指能够引起债权债务关系发生的法律事实。该法律事实主要包括：

1. 合同。合同是民事主体之间设立、变更、终止民事权利义务关系的协议。合同依法成立后，即在当事人之间确立了一种债权债务关系。合同是债发生的主要根据。

2. 不当得利。不当得利是指当事人没有合法根据取得不当利益，并造成他人损失的一种法律事实。法律规定，不当得利人应将其取得的不当利益返还给受损失的人；受害人亦有权要求不当得利人返还其不当得利。故不当得利是债发生的一种法定原因。

3. 无因管理。无因管理是指没有法定或者约定的义务，为避免他人利益受损失而主动为他人进行管理或者服务的事实行为。法律规定，无因管理人有权要求受益人（即事务被管理人）偿付由此而支付的必要费用；受益人则负有偿还义务。故其为债发生的根据。

4. 侵权行为。侵权行为是指不法侵害他人的合法权益，给他人造成损害的行为。因法律规定，侵权行为人有义务赔偿受害人的损失；受害人亦有权要求侵权行为人赔偿损失。故其为债发生的法定原因。

5. 其他法律事实。除上述原因外，单方允诺（如悬赏广告、设立幸运奖）、救助行为（如见义勇为行为）、拾得遗失物的行为、缔约过失行为等，依法也可成为债的发生根据。

（四）债的效力

债的效力，是指债成立后，法律赋予债权人应有的法律权利和对于债务人的强制约束力。债的效力分为债的对内效力和债的对外效力。

1. 债的对内效力。债的对内效力指债及于债权人和债务人的效力。其包括如下两个方面：

（1）对于债权人的效力。债依法成立后，对债权人产生三种主要效力：①债的请求效力，即债权人可请求债务人履行债务的效力；②债的执行效力，即债权人可请求法院依执行程序强制债务人履行债务的效力；③债的保持效力，或称受领给付的保持力，即债权人永远保有其利益被给付的受领力。债的上述三种效力通常依次发生。如请求效力已使债权实现，执行效力则无需发生；如请求效力未使债权实现，执行效力即随之发生。如果债因时效届满而无法产生执行效力，债的保持效力便会发生。无论债务人何时履行，债权人均保有受领的权利。

（2）对于债务人的效力。债依法成立后，对于债务人产生两种主要效力：①给付义务的负担，即债务人依法负有为特定给付行为的义务。这是债及于债务人的主要效力。②随附义务的负担，即给付义务之外依诚实信用原则而发生的义务。其主要包括注意义务、告知义务、照顾义务、保密义务等。随附义务虽非债的具体内容、亦非自始确定，但其却为债的固有效力。债务人不履行随附义务造成债权人损害的，亦应负赔偿责任。

2. 债的对外效力。债的对外效力是指债及于当事人之外第三人的效力。该效力系债权效力的扩张，其主要包括下述三种：①代位权效力，即当债务人怠于行使其到期债权危及债权人利益时，债权人为保全其债权不受侵害，得以自己名义代债务人向债务人的债务人行使债权；②撤销权效力，即当债务人以积极行为（如抛弃债权、无偿或以明显低价转让财产）危害到债权人的利益时，债权人为保全其债权不受侵害，可申请法院依法撤销债务人与第三人的行为；③债的不可侵犯性，即第三人故意以损害债权为目的，妨碍或侵害债权人的债权时，债权人可对该侵权行为人提起损害赔偿之诉，依法追究其侵权责任。

二、债权

（一）债权的含义

债权，是债权人享有的请求债务人为特定行为（给付）的权利。债权具有以下特征：

1. 债权为请求权。民事权利依其内容和效力不同，可分为支配权、请求权、抗辩权、形成权等类型。债权是典型的请求权，债权人取得权利，只能通过请求债务人给付来完成。

2. 债权为相对权。债是特定主体之间的法律关系，债权人只能向特定的债务人主张权利，即请求特定债务人为给付；对于债务人以外的第三人，债权人不得主张权利。

3. 债权具有相容性和平等性。债权的相容性和平等性，是指同一标的物上可以成立内容相同的数个债权，并且其相互间是平等的，在效力上不存在排他性和优先性。

4. 债权为有期限权。一方面，债权多具有请求期限，在请求期限到来之前，债权人不能随时请求债务人履行债务，债务人也不负履行债务的义务；另一方面，债权有一定的存续期限，期限届满，债权即归于消灭。

（二）债权的权能

债权的权能指债权人依其债权得为的行为。债权的基本权能包括：

1. 给付请求权。债的关系有效成立后，债权人享有请求债务人按照债权的内容给付的权利。即债权人欲实现其利益，必先向债务人请求给付。因此，给付请求权是债权的第一权能，从债权的效力的角度来看，为债权的请求力。

2. 给付受领权。债务人履行债务时，债权人有权予以接受，并永久保持债务人的履行所得的利益。这是债权的本质所在，也是债权人所追求的结果。此权能体现在债的效力上，为债权的保持力。

3. 保护请求权。债务人不履行债务时，债权人可请求有关国家机关予以保护，强制债务人履行债务。此权能在债的效力上表现为债权的强制执行力。

第五节　诉讼时效

一、诉讼时效的概念

（一）时效与诉讼时效的概念

时效，是指一定的事实状态持续地到达一定期间而产生一定法律后果的法律制度。时效是一种期间，该期间是法定的。时效依其适用的权利和法律效果区分，可分为取得时效和消灭时效。取得时效也称占有时效，是指占有他人财产的事实状态持续法定时间后，占有人即依法取得该财产所有权的一种时效制度。消灭时效也称诉讼时效，是债权人怠于行使权利持续到达法定期间，其公力救济归于消灭的时效。我国法律规定的时效为消灭时效。

（二）诉讼时效的特征

1. 诉讼时效属于法律事实。就时效对民事法律关系的效果而言，时效能导致权利的消灭，应属于法律事实。因时效期间的经过不受当事人意志控制，时效属于事件性质的法律事实。

2. 诉讼时效属于强制期间。诉讼时效期间由法律规定，当事人不得约定更改或预先抛弃，诉讼时效期间属于法定期间。

3. 诉讼时效的效果是期间与事实的结合。诉讼时效期间与一定的事实状态结合才发生一定的效果，无一定事实状态与之结合，无时效效果的存在。

4. 诉讼时效仅适用于请求权。法律基于不同的价值取向，对不同类型的权利规定了不同的法定期间，如适用于支配权的取得时效，适用于形成权的除斥期间等，而适用于请求权的是诉讼时效。请求权须义务人给付才能实现，如请求权人长期不行使权利，使法律关系处于不稳定状态，诉讼时效就有督促请求权人及时行使权利的功能。

二、诉讼时效的种类

1. 普通诉讼时效。是指适用于一般民事权利的诉讼时效期间。凡是法律未特别规定的民事权利，均适用于普通诉讼时效，该期间为 2 年。

2. 特殊诉讼时效。是指法律特别规定的适用于特定民事权利的诉讼时效。此类诉讼时效仅以法律的特别规定为限。该期间一般长于或短于 2 年的普通诉讼时效期间。如我国《民法通则》第 136 条规定，下列的诉讼时效期间为 1 年：①身体受到伤害要求赔偿的；②出售质量不合格的商品未声明的；③延付或者拒付租金的；④寄存财物被丢失或者损毁的。

3. 最长诉讼时效。是指人民法院保护当事人请求权的最长诉讼时效期间。该诉讼时效与普通诉讼时效和特殊诉讼时效不同。最长诉讼时效的期间为自权利被侵害之日起20年，且不能中止、中断，只能在特殊情况下适当延长。

三、诉讼时效的起算

《民法通则》第137条规定，诉讼时效期间从知道或者应当知道权利被侵害时起计算。但是，从权利被侵害之日起超过20年的，人民法院不予保护。从该法律规定看，诉讼时效的期间的计算有两种：①从已知或者应知权利被侵害时开始计算；②从权利被侵害时开始计算。

四、诉讼时效的中止、中断和延长

（一）诉讼时效的中止

诉讼时效的中止，是指在诉讼时效期间的最后6个月，因法定事由而使权利人不能行使请求权的，诉讼时效期间的计算暂时停止，待中止时效的事由消除后，诉讼时效期间再继续计算的制度。该制度的目的在于避免因不可归责于权利人的原因造成的诉讼时效期间届满而产生的不利后果。诉讼时效的中止必须发生诉讼时效中止的法定事由，而且诉讼时效中止的法定事由必须发生在诉讼时效期间的最后6个月内，或法定事由发生于6个月前但持续至6个月内的，才发生诉讼时效中止的法律效果。该法定事由有两个：①不可抗力，如地震、洪水等；②其他障碍，如法定代理人、监护人、继承人等未确定的情况。

诉讼时效中止是时效进行中的暂时性障碍。因此，自中止之日起时效期间暂时停止计算，以前已经经过的时效期间仍然有效，待引起中止的事由消除后，时效期间应继续进行。诉讼时效中止适用于普通诉讼时效和特殊诉讼时效，不适用于最长诉讼时效。

（二）诉讼时效中断

诉讼时效中断，是指在诉讼时效期间内，因当事人提起诉讼、提出请求或者同意履行债务而使经过的时效期间失去效力，而重新计算时效期间的制度。《民法通则》第140条规定，诉讼时效因提起诉讼、当事人一方提出要求或者同意履行义务而中断。从中断时起，诉讼时效期间重新计算。诉讼时效以权利人消极不行使权利为前提条件，若此状态不存在，诉讼时效即因欠缺要件，其已进行的时效期间应归于无效。诉讼时效中断可以多次发生，但不能超过20年的最长诉讼时效期间。

（三）诉讼时效的延长

诉讼时效的延长，是指因特殊情况，人民法院对已经完成的诉讼时效期间给予延展的制度。时效期间的延长与中止、中断不同，它只适用于诉讼时效期间已经完成的情形。当事人无权决定其诉讼时效是否延长，而且人民法院也只能在特殊情况下依法适当延长时效期间。可见，诉讼时效的延长，是中止、中断以外保留的对当事人权利的救济空间。

本章练习题

1. 简述法人的概念及特征。
2. 简述法人的成立条件。
3. 简述代理的概念和特征。
4. 简述代理的分类。
5. 什么是复代理?
6. 什么是代理权? 代理权如何行使?
7. 滥用代理权的类型有哪些?
8. 什么是无权代理? 什么是表见代理?
9. 物权的概念和特征是什么?
10. 简述物权的效力。
11. 简述物权变动的原则及物权变动的公示方式。
12. 简述所有权的概念和特征。
13. 什么是债? 什么是债权?
14. 债的发生根据有哪些?
15. 简述债的效力。
16. 诉讼时效的概念和特征是什么?
17. 简述诉讼时效的中止、中断和延长。

第二编 市场主体法律制度

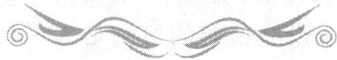

第三章 公司法

　　公司法是现代企业制度中的重要内容。作为目前我国企业设立的重要形式，公司法律制度具有极高的实用性。通过本章的学习要求学生了解公司的基本概念、公司的财务会计制度、公司的变更与终止程序以及外国公司的分支机构等相关规定，掌握有限责任公司和股份有限公司的设立、组织机构，掌握一人有限责任公司、国有独资公司、上市公司的特别制度，并能够运用相关制度处理公司实务。

第一节 公司法概述

一、公司的概念与特征

（一）公司的概念

　　由于各国立法对公司组织形式及适用上的规定不同，不同类型的公司具有的法律特征并不相同，即使是类型相同的公司在不同国家、地区的法律中具体规定也会有一定差异，所以，关于公司的概念各国立法表述很难统一，学者也有各自不同的解释。

　　我国《公司法》并未直接给公司下定义，而是在有关条款中揭示了公司的一些本质特征。如《公司法》第2条规定："本法所称公司是指依照本法在中国境内设立的有限责任公司和股份有限公司。"第3条第1款规定："公司是企业法人，有独立的法人财产，享有法人财产权。公司以其全部财产对公司的债务承担责任。"根据我国立法的原则规定，公司是指依法设立的，以营利为目的的企业法人。

　　（二）公司的特征

　　从法律上讲，公司的主要特征有以下几个方面：

　　1. 合法性。公司必须依照法定的设立条件及程序设立，并依法行为。具体而言，公司的章程、资本、组织结构、活动原则等必须合法；公司设立需要经过法定程序进行工商登记。任何非法设立或貌似"公司"的组织，不仅不会受到法律的保护，有关主体还会被依法追究相关的法律责任。

2. 营利性。营利性是公司的标志性特征，是公司存在和从事经营活动的源动力和目的。以营利为目的，是指股东设立公司的目的是为了公司的营利，并从公司经营中取得利润。因此，不直接从事营利活动的党政机关及各类事业法人不是公司，某些具有营利活动的组织，如果其利润不分配给股东，而是用于社会公益等其他目的，不具有营利性，也不是公司。

3. 独立性。独立性是指公司具有独立的法律人格。从内容上讲，公司不但享有由股权形成的全部法人财产权，而且依法自主经营，自负盈亏，独立承担民事责任。从主体方面看，公司不仅独立于其他经济组织，而且与其投资人及经营者在权利、义务及责任上也相互独立。

4. 社团性。社团性亦称联合性，是指公司一般由两个以上的股东组成。虽然我国《公司法》在 2005 年修订后，允许设立一人有限责任公司，但是对于股东人数的规定，还是以两人以上为常态，以一人为特例。

二、公司的分类

随着公司在现代社会生活中的地位越来越重要，公司的组织形式也日益多样化。根据不同的划分标准，公司可以作很多种分类，主要包括以下几种分类方式：

（一）以股东对公司所负的责任为标准，公司分为无限责任公司、有限责任公司、股份有限公司及两合公司

无限责任公司，又称无限公司，是指全体股东对公司的债务承担无限连带责任的公司。

有限责任公司，又称有限公司，是股东以其认缴的出资额为限对公司承担责任，公司以其全部财产对公司债务承担责任的公司。

股份有限公司，又称股份公司，是将其全部资本分为等额股份，股东以其认购的股份为限对公司承担责任，公司以其全部财产对公司债务承担责任的公司。

两合公司，是指由负无限责任的股东和负有限责任的股东组成，无限责任股东对公司债务负无限连带责任，有限责任股东仅就其认缴的出资额为限对公司承担责任的公司。其中，无限责任股东主持公司营业，有限责任股东不能参与公司的经营管理。

（二）以公司对外信用基础为标准，公司可分为人合公司、资合公司及人合兼资合公司

人合公司，是指以股东个人的财力、能力和信誉作为信用基础的公司。人合公司的财产及责任与股东的财产及责任没有完全分离，股东可以用劳务、信用和其他权利出资，股东对公司债务承担无限连带责任，企业的所有权和经营权一般也不分离。人合公司的运作主要依赖于股东的名望、地位和信用状况，与公司的资本多寡无密切关系，法律上也不规定设立公司的最低资本额。无限责任公司是最典型的人合公司。

资合公司，是指以资本的结合作为信用基础的公司。在资合公司中，公司的信用来源于公司资本的实力，股东个人是否有财产、能力或信誉与公司无关，股东对公司

债务承担独立、有限的责任。因此，资合公司通常具有健全的制度与法人治理机制，借此保障相关利害关系人的利益。股份有限公司为典型的资合公司，有限责任公司也在一定程度上具有资合公司的特点。

人合兼资合的公司，是指同时以公司资本和股东个人信用作为公司信用基础的公司。两合公司即属于人合兼资合公司。一般认为，有限公司中具有家族性或规模较小者也具有人合性质。

（三）以公司与公司之间的控制与依附关系为标准，公司可分为母公司和子公司

母公司，又称控股公司，是指拥有另一公司相对多数股份并实际控制其经营活动的公司。母公司最基本的特征不在于是否持有子公司的股份，而在于是否能够控制子公司业务的经营，是否能够控制子公司的人事、财务等。

子公司，又称被控股公司，是指股份被另一公司持有并受其控制的公司。涉及公司利益的重大决策或重大人事安排，需要由母公司作出决定。但子公司具有独立企业法人资格，有自己的财产、名称、章程、董事会，能够独立对外开展业务，并依法独立承担民事责任。《公司法》第14条第2款规定："公司可以设立子公司，子公司具有法人资格，依法独立承担民事责任。"

（四）以公司的管辖关系为标准，可以分为总公司和分公司

总公司，又称本公司，是指在组织上、业务上管辖其他公司的总机构，其具有法人资格。总公司在公司内部管辖系统中处于领导、支配地位。

分公司，是指在组织上、业务上受总公司管辖的分支机构。其不具有法人资格，其经营活动有赖于总公司的意志，也不能独立承担民事责任。《公司法》第14条第1款规定："公司可以设立分公司。设立分公司，应当向公司登记机关申请登记，领取营业执照。分公司不具有法人资格，其民事责任由公司承担。"

（五）以公司的国籍为标准，公司可分为本国公司、外国公司和跨国公司

本国公司和外国公司，各国确定公司国籍的标准不尽相同，有的以公司登记注册地为标准，有的以公司住所地为标准，有的以股东国籍地为标准，有的以控制人国籍为标准，有的以设立依据法律地为标准，还有的综合采用几种标准。根据《公司法》的规定，我国采用注册地和准据法相结合标准确定公司的国籍。所有依我国法律在中国境内设立的公司，都属于中国公司，即本国公司。凡依据外国法律在中国境外登记设立的公司，都属于外国公司。

跨国公司，又称多国公司，是指具有不同国籍的数个公司混合组成的公司，其分支机构、子公司跨越国界。

另外，还可以公司资本的构成为标准，将公司分为国有公司、私有公司和混合所有制公司；以股份有限公司的股份是否上市流通为标准，将公司分为上市公司和非上市公司等。

三、公司法的概念和特征

（一）公司法的概念

公司法，是指为了规范公司的组织和行为，调整公司在设立、变更、终止以及其他对内对外活动中所发生的社会关系的法律规范的总称。公司法有广义和狭义之分。广义的公司法，即实质意义上的公司法，是指除包括专门的公司法外，还包括其他法律、行政法规中有关公司组织和行为的立法。狭义的公司法，即形式意义上的公司法，仅指专门调整公司组织和行为的法典，如《公司法》。

新中国的公司立法始于 20 世纪 50 年代。1950 年政务院公布了《私营企业暂行条例》，次年政务院财经委员会公布了《私营企业暂行条例实施办法》，肯定了公司可以作为私营企业的主要组织形式，并确认了 5 种公司类型，该法规因资本主义工商业在我国社会主义改造的完成被不宣而废。

20 世纪 90 年代以来，围绕着增强国有大中型企业活力的企业经济体制改革和股份制试点逐渐推广，1992 年 5 月 15 日国家体改委颁布了《有限责任公司规范意见》、《股份有限公司规范意见》。社会主义市场经济体制确立后，为推进现代企业制度的建立，1993 年 12 月 29 日第八届全国人大常委会第五次会议通过了《公司法》，自 1994 年 7 月 1 日起施行；此后，《公司法》于 1999 年、2004 年进行了两次较小的修订；2005 年 10 月 27 日第十届全国人大常委会第十八次会议对《公司法》进行了大规模的第三次修订，2013 年 12 月 28 日第十二届全国人大常委会第六次会议主要围绕公司注册资本问题作了第四次修订，于 2014 年 3 月 1 日起施行。新《公司法》共 13 章 218 条。新《公司法》实现了所有企业平等对待，全面贯彻了契约自由和公司自治的立法理念，更适应市场经济发展之需要。其对鼓励投资、简化程序、提高效率，对进一步完善公司治理结构，对规范公司的组织和行为，保护公司、股东和债权人的合法权益，维护社会经济秩序，促进社会主义市场经济的发展提供了制度保障。

（二）公司法的特征

公司法的特征主要表现在以下几方面：

1. 公司法是组织法。公司作为一种企业形式，规范公司的公司法有相当内容是规定公司的组织行为，其内容涉及公司的设立、变更、解散，公司组织机构的组建及各种机构之间的关系，公司的法律地位等各方面。

2. 公司法是调整公司自身活动的行为准则。公司法不仅具有组织调整功能，而且还具备行为规范职能。公司作为从事经营活动的法律主体，其生产经营活动的规则需要由法律加以规定。公司的活动范围广泛，一般包括两大类：一类是与公司组织特点直接相关的商事活动，如股票的发行、债权的转让等；另一类是与公司组织特点无关的商事活动，如买卖合同等。公司法只调整前一类活动，后一类活动由相关的法律法规予以调整。

3. 公司法既强调股东自治，也保障社会利益。公司法鼓励投资，强化当事人意思自治，为促进投资、激发经济活力，公司法允许公司在法律规定范围内，自主选择确定公司章程具体内容等。同时，为确保交易安全，维持正常的交易秩序，公司法对大股东权利的行使作出了一定的限制性规定。

第二节 有限责任公司制度

一、有限责任公司的概念与特征

从公司类型发展的历史沿袭来看，有限责任公司在公司立法史上属于出现最晚的一种公司类型，起源于 19 世纪末的德国。德国在 1982 年制定了世界上最早的《有限责任公司法》，此后，法国、日本、比利时、奥地利等大陆法系国家也相继制定了相关的法律。

有限责任公司是我国《公司法》确立的公司基本形式之一。有限责任公司，简称有限公司，是指股东以其出资额为限对公司承担责任，公司以其全部资产对公司债务承担责任的企业法人。

根据《公司法》规定，我国有限责任公司具有以下法律特征：

（一）股东人数的限制性

对有限责任公司的股东人数，许多国家的公司法都有上限和下限的规定。例如西班牙、法国、韩国等国家规定股东人数为 2 人以上、50 人以下。我国台湾地区的"公司法"规定，有限公司股东应有 5 人以上、21 人以下。我国《公司法》第 24 条规定："有限责任公司由 50 个以下股东出资设立。"我国新《公司法》摒弃了原来至少两个股东的限制，承认一人有限公司的合法性。

（二）股东承担责任的有限性

有限责任公司的股东仅以出资额为限对公司承担责任，股东的个人财产与公司债务无关，不能用来清偿公司的债务。有限责任公司的股东仅对公司负责，不对公司的债权人负责，公司的债权人只能要求公司清偿债务，不能要求股东个人清偿债务。

（三）公司性质的人资两合性

有限责任公司的性质介于股份有限公司与无限责任公司之间，既有资合公司的特点，又有人合公司的色彩。有限责任公司的资合性表现在：每个股东都必须出资，不出资的人不能成为公司股东，公司以其全部资产为限对公司债务承担责任，股东以其出资额为限对公司负责。有限责任公司的人合性表现在：股东之间的相互信任及良好的关系是公司得以成立的重要前提。人资两合性事实上成为有限责任公司最为本质的法律特征。

（四）公司运作的封闭性

有限责任公司在美国被称为"封闭公司"，在英国被称为"少数人公司"。有限责任公司的封闭性主要表现在：①股东人数具有封闭性，我国《公司法》对有限责任公司股东人数采用上限限制法，由 50 个以下的股东出资设立；②设立方式具有封闭性，有限责任公司只能采用发起设立的方式，而不能采用募集设立方式，其资本只能由发起人筹集，而不能面向社会公众募集；③股权转让具有封闭性，有限责任公司的股东于公司成立后领取出资证明，只能在小范围内依法定程序转让，而不能像开放型股份公司的股东那样，通过证券交易市场公开、自由地转让股份；④经营管理具有封闭性，公司股东的有限性与相对稳定性，使得公司的财务会计资料及其他信息也无需向社会公众公开。

（五）公司组织机构设置的灵活性

有限责任公司的性质决定了其多属于中小型企业，从而使其内部组织机构的设置，无论在立法上还是公司实务上，都呈现出一定的灵活性。主要表现在：权力机构、决策机构及监督机构的设置及职权的行使，可由公司依其规模及实际需要而灵活决定。

二、有限责任公司的设立

（一）有限责任公司的设立条件

根据《公司法》第23条规定，设立有限责任公司，应当具备下列条件：

1. 股东符合法定人数。《公司法》规定，有限责任公司由50个以下股东出资设立。

2. 有符合公司章程规定的全体股东认缴的出资额。股东出资形成公司的注册资本。公司注册资本是公司开展经营活动的物质基础。《公司法》第26条规定："有限责任公司的注册资本为在公司登记机关登记的全体股东认缴的出资额。法律、行政法规以及国务院决定对有限责任公司注册资本实缴、注册资本最低限额另有规定的，从其规定。"新《公司法》取消了关于有限责任公司注册资本最低限额、股东出资比例及出资期限的限制性规定。

3. 股东共同制定公司章程。公司章程是记载公司组织及其活动基本准则的公开性法律文件。设立有限责任公司的章程必须由全体股东共同依法制定，股东应当在公司章程上签名、盖章。公司章程对公司、股东、董事、监事、高级管理人员具有约束力。根据公司立法的不同要求，通常将公司章程记载内容分为三类，即绝对必要记载事项、相对必要记载事项、选择性记载事项或任意记载事项。绝对必要记载事项，是公司立法规定章程必须具备的内容，如有缺少便导致章程无效。相对必要记载事项，是公司立法规定应当在章程中载明的内容，但如未加载明，可由法律规定推定其内容，不影响整个章程的效力。选择性记载事项或任意记载事项，是公司立法无强制记载规定，股东认为应当记载于章程之中的内容。

根据《公司法》规定，有限责任公司章程应当载明下列事项：①公司名称和住所；②公司经营范围；③公司注册资本；④股东的姓名或者名称；⑤股东的出资方式、出资额和出资时间；⑥公司的机构及其产生办法、职权、议事规则；⑦公司法定代表人；⑧股东会会议认为需要规定的其他事项。

4. 有公司名称，建立符合有限责任公司要求的组织机构。公司名称是公司的标志，也是一公司区别于另一公司的特定标志。有限责任公司的名称除应该遵守《公司登记管理条例》外，还应当在其名称中标明"有限责任公司"的字样，并应通过公司登记机关的预先核准。有限责任公司还应当按照《公司法》的有关规定建立组织机构，即股东会、董事会或者执行董事、监事会或者执行监事以及经营管理机构等。

5. 有公司住所。任何公司都必须有其固定的住所，不允许设立无住所的公司。从法律上确定公司的住所具有重要意义。我国《公司法》第 10 条规定："公司以其主要办事机构所在地为住所。"

（二）有限责任公司的设立程序

1. 订立公司章程和协议。股东设立公司必须先订立公司章程和协议，以明确将要设立公司的基本情况以及各方的权利义务。这样既便于公司的规范运作，也有利于有关部门的审查批准和登记。

2. 审批。这一程序并非是所有有限责任公司的设立都必须经过的程序，一般情况下，只要不涉及法律、法规的特别要求，其设立直接登记注册即可。但是根据《公司法》规定，法律、行政法规规定设立公司必须报经批准的，应当在公司登记前依法办理批准手续。

3. 缴纳出资。股东应当按期足额缴纳公司章程中规定的各自所认缴的出资额。股东以货币出资的，应当将货币出资足额存入有限责任公司在银行开设的账户；以非货币财产出资的，应当依法办理其财产权的转移手续。股东未按期足额缴纳公司章程中规定的各自所认缴出资额的，除应当向公司足额缴纳外，还应当向已按期足额缴纳出资的股东承担违约责任。

4. 办理设立登记。股东认缴公司章程规定的出资后，由全体股东指定的代表或者共同委托的代理人向公司登记机关报送公司登记申请书、公司章程等文件，申请设立登记。需要审批的，还须提交有关部门的批准文件等。登记机关经审核符合《公司法》规定的设立条件的，登记为有限责任公司，发给公司营业执照。公司营业执照签发日期为公司成立日期。

三、有限责任公司股东的出资与股权转让

（一）有限责任公司股东的出资

公司章程制定后，股东应当按期足额缴纳公司章程中规定的各自所认缴的出资额。

1. 出资方式。股东的出资形式既可以是货币，也可以是实物、知识产权、土地使用权等可以用货币估价并可以依法转让的非货币财产作价出资，但是法律、行政法规规定不得作为出资的财产除外。对作为出资的非货币财产应当评估作价，核实财产，不得高估或者低估作价。法律、行政法规对评估作价有规定的，从其规定。

2. 出资期限。新《公司法》取消了对股东出资期限的限制，要求股东应当按期足额缴纳公司章程中规定的各自所认缴的出资额。股东以货币出资的，应当将货币出资足额存入有限责任公司在银行开设的账户；以非货币财产出资的，应当依法办理其财产权的转移手续。股东不按照前款规定缴纳出资的，除应当向公司足额缴纳外，还应当向已按期足额缴纳出资的股东承担违约责任。

3. 出资证明书。有限责任公司成立后，应当向股东签发出资证明书。出资证明书应当载明下列事项：①公司名称；②公司成立日期；③公司注册资本；④股东的姓名或者名称、缴纳的出资额和出资日期；⑤出资证明书的编号和核发日期。出资证明书由公司盖章。

（二）有限责任公司股东的股权转让

1. 股权转让的一般规定。有限责任公司的股东之间可以相互转让其全部或者部分股权。有限责任公司的股东向股东以外的人转让股权，应当经其他股东过半数同意。股东应就其股权转让事项书面通知其他股东征求同意，其他股东自接到书面通知之日起满30日未答复的，视为同意转让。其他股东半数以上不同意转让的，不同意的股东应当购买该转让的股权；不购买的，视为同意转让。

经股东同意转让的股权，在同等条件下，其他股东有优先购买权。两个以上股东主张行使优先购买权的，协商确定各自的购买比例；协商不成的，按照转让时各自的出资比例行使优先购买权。

2. 股权转让的强制规定。人民法院依照法律规定的强制执行程序转让股东的股权时，应当通知公司及全体股东，其他股东在同等条件下有优先购买权。其他股东自人民法院通知之日起满20日不行使优先购买权的，视为放弃优先购买权。

3. 股东股权回购请求权。有下列情形之一的，对股东会该项决议投反对票的股东可以请求公司按照合理的价格收购其股权：①公司连续5年不向股东分配利润，而该公司5年连续盈利，并且符合本法规定的分配利润条件的；②公司合并、分立、转让主要财产的；③公司章程规定的营业期限届满或者章程规定的其他解散事由出现，股东会会议通过决议修改章程使公司存续的。

自股东会会议决议通过之日起60日内，股东与公司不能达成股权收购协议的，股东可以自股东会会议决议通过之日起90日内向人民法院提起诉讼。

4. 股权的继承。自然人股东死亡后，其合法继承人可以继承股东资格；但是，公司章程另有规定的除外。

四、有限责任公司的组织机构

公司组织机构又称公司机关，是指公司的权力机关、执行机关和监督机关等机构的总称。有限责任公司组织机构的设置因公司股东人数多少、规模大小而有所不同。一般来说，有限责任公司的组织机构包括股东会、董事会、监事会及高级管理人员。

（一）股东会

1. 股东会的性质及职权。有限责任公司股东会由全体股东组成，是公司的最高权力机构。根据《公司法》第37条规定，股东会主要行使下列职权：①决定公司的经营方针和投资计划；②选举和更换非由职工代表担任的董事、监事，决定有关董事、监事的报酬事项；③审议批准董事会的报告；④审议批准监事会或者监事的报告；⑤审议批准公司的年度财务预算方案、决算方案；⑥审议批准公司的利润分配方案和弥补亏损方案；⑦对公司增加或者减少注册资本作出决议；⑧对发行公司债券作出决议；⑨对公司合并、分立、变更公司形式、解散和清算等事项作出决议；⑩修改公司章程；⑪公司章程规定的其他职权。对上述事项股东以书面形式一致表示同意的，可以不召开股东会会议，直接作出决定，并由全体股东在决定文件上签名、盖章。

2. 股东会的会议形式。股东会并非有限责任公司的常设机构，其职权的行使主要是通过召开股东会会议来实现。股东会会议分为定期会议和临时会议。定期会议应当按照公司章程的规定按时召开。代表 1/10 以上表决权的股东，1/3 以上的董事，监事会或者不设监事会的公司的监事提议召开临时会议的，应当召开临时会议。

首次股东会会议由出资最多的股东召集和主持，依法行使职权。以后的股东会会议，公司设立董事会的，由董事会召集，董事长主持；董事长不能或者不履行职务的，由副董事长主持；副董事长不能或者不履行职务的，由半数以上董事共同推举 1 名董事主持。公司不设董事会的，股东会会议由执行董事召集和主持。董事会或者执行董事不能或者不履行召集股东会会议职责的，由监事会或者不设监事会的公司的监事召集和主持；监事会或者监事不召集和主持的，代表 1/10 以上表决权的股东可以自行召集和主持。

召开股东会会议，应当于会议召开 15 日以前通知全体股东，但公司章程另有规定或者全体股东另有约定的除外。股东会应当将所议事项的决定作成会议记录，出席会议的股东应当在会议记录上签名。

3. 股东会决议。股东会会议由股东按照出资比例行使表决权，但公司章程另有规定的除外。股东会的议事方式和表决程序，除《公司法》有规定的外，由公司章程规定。

股东会会议作出修改公司章程、增加或者减少注册资本的决议，以及公司合并、分立、解散或者变更公司形式的决议，必须经代表 2/3 以上表决权的股东通过。

（二）董事会

1. 董事会的性质及组成。有限责任公司设董事会是根据《公司法》和公司章程规定设立的，由董事组成公司的经营决策和业务执行机构。董事会是有限责任公司的常设机构（依法不设董事会者除外），其成员为 3～13 人。董事会设董事长 1 人，可以设副董事长。董事长、副董事长的产生办法由公司章程规定。董事长可以依法成为公司的法定代表人。两个以上的国有企业或者其他两个以上的国有投资主体投资设立的有限责任公司，其董事会成员中应当有公司职工代表；其他有限责任公司董事会成员中也可以有公司职工代表。董事会中的职工代表由公司职工通过职工代表大会、职工大会或者其他形式民主选举产生。

股东人数较少或者规模较小的有限责任公司，可以设一名执行董事，不设立董事会。执行董事的职权由公司章程规定。

董事任期由公司章程规定，但每届任期不得超过 3 年。董事任期届满，连选可以连任。董事任期届满未及时改选，或者董事在任期内辞职导致董事会成员低于法定人数的，在改选出的董事就任前，原董事仍应当依照法律、行政法规和公司章程的规定，履行董事职务。

2. 董事会的职权。董事会对股东会负责，行使下列职权：①召集股东会会议，并向股东会报告工作；②执行股东会的决议；③决定公司的经营计划和投资方案；④制订公司的年度财务预算方案、决算方案；⑤制订公司的利润分配方案和弥补亏损方案；⑥制订公司增加或者减少注册资本以及发行公司债券的方案；⑦制订公司合并、分立、变更公司形式、解散的方案；⑧决定公司内部管理机构的设置；⑨决定聘任或者解聘公司经理及其报酬事项，并根据经理的提名决定聘任或者解聘公司副经理、财务负责人及其报酬事项；⑩制定公司的基本管理制度；⑪公司章程规定的其他职权。

3. 董事会会议。董事会会议由董事长召集和主持；董事长不能或者不履行职务的，由副董事长召集和主持；副董事长不能或者不履行职务的，由半数以上董事共同推举1名董事召集和主持。

董事会会议按照章程规定的期限召开，1/3以上的董事可以提议召开董事会临时会议。召开董事会会议，应当于会议召开10日以前通知全体董事。董事会的议事方式和表决程序，除《公司法》有规定的外，由公司章程规定。

董事会决议的表决，实行一人一票。董事会应当将所议事项的决定作成会议记录，出席会议的董事应当在会议记录上签名。

4. 经理。有限责任公司的经理，是指负责公司日常经营管理事务的高级管理人员。《公司法》第49条第1款规定："有限责任公司可以设经理，由董事会决定聘任或者解聘……"据此规定，在有限责任公司中，经理不再是必设机构而成为选设机构。公司章程可以规定不设经理，而设总裁、首席执行官等职务，行使公司的管理职权。

《公司法》规定，在公司设经理时，经理对董事会负责，行使下列职权：①主持公司的生产经营管理工作，组织实施董事会决议；②组织实施公司年度经营计划和投资方案；③拟订公司内部管理机构设置方案；④拟订公司的基本管理制度；⑤制定公司的具体规章；⑥提请聘任或者解聘公司副经理、财务负责人；⑦决定聘任或者解聘除应由董事会决定聘任或者解聘以外的负责管理人员；⑧董事会授予的其他职权。公司章程对经理职权另有规定的，从其规定。经理列席董事会会议。

（三）监事会

1. 监事会的性质及组成。有限责任公司监事会是公司的内部监督机构。有限责任公司设立监事会，其成员不得少于3人。股东人数较少或者规模较小的有限责任公司，可以设1~2名监事，不设立监事会。监事会应当包括股东代表和适当比例的公司职工代表，其中职工代表的比例不得低于1/3，具体比例由公司章程规定。监事会中的职工代表由公司职工通过职工代表大会、职工大会或者其他形式民主选举产生。监事会设主席1人，由全体监事过半数选举产生。监事会主席召集和主持监事会会议；监事会主席不能或者不履行职务的，由半数以上监事共同推举一名监事召集和主持监事会会议。董事、高级管理人员不得兼任监事。

监事的任期每届为3年。监事任期届满，连选可以连任。监事任期届满未及时改选，或者监事在任期内辞职导致监事会成员低于法定人数的，在改选出的监事就任前，原监事仍应当依照法律、行政法规和公司章程的规定，履行监事职务。

2. 监事会的职权。监事会、不设监事会的公司的监事行使下列职权：①检查公司财务；②对董事、高级管理人员执行公司职务的行为进行监督，对违反法律、行政法规、公司章程或者股东会决议的董事、高级管理人员提出罢免的建议；③当董事、高级管理人员的行为损害公司的利益时，要求董事、高级管理人员予以纠正；④提议召开临时股东会会议，在董事会不履行本法规定的召集和主持股东会会议职责时召集和主持股东会会议；⑤向股东会会议提出提案；⑥依照《公司法》第152条的规定，对董事、高级管理人员提起诉讼；⑦公司章程规定的其他职权。监事可以列席董事会会议，并对董事会决议事项提出质询或者建议。监事会、不设监事会的公司的监事行使职权所必需的费用，由公司承担。

监事会、不设监事会的公司的监事发现公司经营情况异常，可以进行调查；必要时，可以聘请会计师事务所等协助其工作，费用由公司承担。

3. 监事会会议。监事会每年度至少召开一次会议，监事可以提议召开临时监事会会议。监事会的议事方式和表决程序，除《公司法》有规定的外，由公司章程规定。监事会决议应当经半数以上监事通过。监事会应当将所议事项的决定作成会议记录，出席会议的监事应当在会议记录上签名。

（四）董事、监事、高级管理人员的任职资格及义务

1. 董事、监事、高级管理人员的任职资格。公司的董事、监事、高级管理人员处于公司的重要地位并且具有法定职权，为保障其正确履行职责，《公司法》对其任职资格作出了必要限制。

根据《公司法》第146条规定，有下列情形之一的，不得担任公司的董事、监事、高级管理人员：

（1）无民事行为能力或者限制民事行为能力。无民事行为能力的人是指10周岁以下的未成年人和不能辨认自己行为的精神病人。限制民事行为能力的人是指10周岁以上的未成年人和不能完全辨认自己行为的精神病人。

（2）因犯有贪污、贿赂、侵占财产、挪用财产罪或者破坏社会主义市场经济秩序罪，被判处刑罚，执行期满未逾5年，或者因犯罪被剥夺政治权利，执行期满未逾5年。

（3）担任破产清算的公司、企业的董事或者厂长、经理，并对该公司、企业的破产负有个人责任的，自该公司、企业破产清算完结之日起未逾3年。

（4）担任因违法被吊销营业执照的公司、企业的法定代表人，并负有个人责任的，自该公司、企业被吊销营业执照之日起未逾3年。

（5）个人所负数额较大的债务到期未清偿。

公司违反前款规定选举、委派董事、监事或者聘任高级管理人员的，该选举、委派或者聘任无效；董事、监事、高级管理人员在任职之间出现前列情形的，公司应当解除其职务。

此外，国家公务员不得兼任公司的董事、监事和经理。

2. 董事、监事、高级管理人员的义务。《公司法》第 147 条规定："董事、监事、高级管理人员应当遵守法律、行政法规和公司章程，对公司负有忠实义务和勤勉义务。董事、监事、高级管理人员不得利用职权收受贿赂或者其他非法收入，不得侵占公司的财产。"

根据《公司法》第 148 条规定，公司董事、高级管理人员不得有下列行为：①挪用公司资金；②将公司资金以其个人名义或者以其他个人名义开立账户存储；③违反公司章程的规定，未经股东会、股东大会或者董事会同意，将公司资金借贷给他人或者以公司财产为他人提供担保；④违反公司章程的规定或者未经股东会、股东大会同意，与本公司订立合同或者进行交易；⑤未经股东会或者股东大会同意，利用职务便利为自己或者他人谋取属于公司的商业机会，自营或者为他人经营与所任职公司同类的业务；⑥接受他人与公司交易的佣金归为己有；⑦擅自披露公司秘密；⑧违反对公司忠实义务的其他行为。

公司董事、高级管理人员违反上述规定所得的收入应当归公司所有。公司董事、监事、高级管理人员执行公司职务时违反法律、行政法规或者公司章程的规定，给公司造成损失的，应当承担赔偿责任。

公司股东会或者股东大会要求董事、监事、高级管理人员列席会议的，董事、监事、高级管理人员应当列席并接受股东的质询。董事、高级管理人员应当如实向公司监事会或者不设监事会的有限责任公司的监事提供有关情况和资料，不得妨碍监事会或者监事行使职权。

董事、监事、高级管理人员执行公司职务时违反法律、行政法规或者公司章程的行为给公司造成损失，公司拒绝或者怠于向该违法行为人请求损害赔偿时，具备法定资格的股东有权代表其他股东，代替公司提起诉讼，请求违法行为人赔偿公司的损失。董事、监事、高级管理人员违反法律、行政法规或者公司章程的规定，损害股东利益的，股东可以向人民法院提起诉讼。

五、一人有限责任公司的特别规定

为满足现实经济活动的需要，我国《公司法》在有限责任公司股东人数上有重大突破，允许设立一人有限责任公司。

（一）一人有限责任公司的概念和特征

一人有限责任公司，是指只有一个自然人股东或者一个法人股东的有限责任公司。一人有限责任公司作为有限责任公司的一种特殊表现形式，具有如下特征：

1. 股东为 1 人，可以是自然人，也可以是法人。而一般的有限责任公司股东一般在 2 人以上。

2. 股东对公司债务承担有限责任。当公司财产不足以清偿其债务时，股东不负连带责任，这是它与个人独资企业的根本区别。

3. 组织机构简单。由于只有一个股东，一人公司可以不设置董事会、监事会及股东会。

（二）一人有限责任公司的特别规定

根据《公司法》规定，一人有限责任公司的注册资本最低限额为人民币 10 万元，股东应当一次足额缴纳公司章程规定的出资额，不允许分期缴付出资。

一个自然人只能投资设立一个一人有限责任公司，禁止其设立多个一人有限责任公司。该一人有限责任公司不能投资设立新的一人有限责任公司。

一人有限责任公司应当在公司登记中注明自然人独资或者法人独资，并在公司营业执照中载明。一人有限责任公司不设股东会，其公司章程由股东制定。法律规定的股东会职权由股东行使，当股东行使相应职权作出决定时，应当采用书面形式，并由股东签字后置备于公司。一人有限责任公司应当在每一会计年度终了时编制财务会计报告，并经会计师事务所审计。

为防止一人有限责任公司的股东滥用公司法人人格与有限责任制度，将公司财产混同于个人财产，抽逃资产，损害债权人的利益，《公司法》规定，一人有限责任公司的股东不能证明公司财产独立于股东自己财产的，应当对公司债务承担连带责任。

但是，一人有限责任公司仍然属于有限责任公司的范畴，《公司法》对其没有特别规定的，应当适用关于有限责任公司的一般规定。

六、国有独资公司的特别规定

（一）国有独资公司的概念和特征

国有独资公司，是指国家单独出资、由国务院或者地方人民政府授权本级人民政府国有资产监督管理机构履行出资人职责的有限责任公司。国有独资公司具有如下特征：

1. 公司股东为 1 人，而一般的有限责任公司股东一般在 2 人以上 50 人以下。

2. 股东的法定性。国有独资公司的股东是法定的、特定的。当前制度下，由各级人民政府授权国有资产监督管理机构代表国家行使出资人职责。

3. 股东责任的有限性。国有独资公司属于有限责任公司的一种，因而股东以其出资额为限对公司负责。

（二）国有独资公司的特别规定

国有独资公司章程由国有资产监督管理机构制定，或者由董事会制订报国有资产监督管理机构批准。

1. 国有独资公司不设股东会，由国有资产监督管理机构行使股东会职权。国有资产监督管理机构可以授权公司董事会行使股东会的部分职权，决定公司的重大事项，但公司的合并、分立、解散、增减注册资本和发行公司债券，必须由国有资产监督管理机构决定；其中，国务院有关规定确定的重要国有独资公司的合并、分立、解散、申请破产，应当由国有资产监督管理机构审核后，报本级人民政府批准。

2. 国有独资公司设立董事会，依照法律规定的有限责任公司董事会的职权和国有资产监督管理机构的授权行使职权。董事每届任期不得超过 3 年，董事会成员中应当有公司职工代表。董事会成员由国有资产监督管理机构委派；但是，董事会成员中的职工代表由公司职工代表大会选举产生。董事会设董事长 1 人，可以设副董事长。董事长、副董事长由国有资产监督管理机构从董事会成员中指定。

3. 国有独资公司设经理，由董事会聘任或者解聘。国有独资公司经理的职权与普通有限责任公司相同。经国有资产监督管理机构同意，董事会成员可以兼任经理。

4. 国有独资公司的董事长、副董事长、董事、高级管理人员，未经国有资产监督管理机构同意，不得在其他有限责任公司、股份有限公司或者其他经济组织兼职。

5. 国有独资公司监事会成员不得少于 5 人，其中职工代表的比例不得低于 1/3，具体比例由公司章程规定。监事会成员由国有资产监督管理机构委派；但是，监事会中的职工代表由公司职工代表大会选举产生。监事会主席由国有资产监督管理机构从监事会成员中指定。国有独资公司监事会的职权范围小于普通有限责任公司的监事会，包括：检查公司财务；对董事、高级管理人员执行公司职务的行为进行监督，对违反法律、行政法规、公司章程或者股东会决议的董事、高级管理人员提出罢免的建议；当董事、高级管理人员的行为损害公司的利益时，要求董事、高级管理人员予以纠正；以及国务院规定的其他职权。

第三节　股份有限公司制度

一、股份有限公司的概念与特征

股份有限公司，简称股份公司，是指其全部资本分成等额股份，股东以其所持股份为限对公司承担责任，公司以其全部资产为限对公司的债务承担责任的企业法人。

根据《公司法》规定，我国股份有限公司具有以下法律特征：

1. 股东责任的有限性。股份有限公司的股东仅以其所持股份为限对公司承担责任，此外，股东对公司的债务不再承担责任，公司的债权人也不得就公司的债务直接追究股东的责任。

2. 公司资本的股份化。资本的股份化、资本金额的均等化，是股份有限公司区别于其他各种公司的最突出的特点。股份有限公司将资本总额划分为若干等额的股份，每股面值金额与股份数的乘积即为股本总额。股份作为等额单位，各股所拥有的股权是平等的。

3. 公司经营的开放性。股份有限公司的股东人数多、流动频繁，决定了公司经营的开放性，其具体表现在以下几个方面：①股份有限公司可以通过对外公开发行股票，向社会募集资金；②股份有限公司的股份依法可以自由转让，上市公司的股份可以在证券交易所上市流通；③股份有限公司的生产经营以及财务状况应当向社会公开。

二、股份有限公司的设立

（一）股份有限公司设立条件

1. 发起人符合法定人数。股份有限公司发起人是承办公司筹建事务，并对公司出资的人。

设立股份有限公司，应当有 2 人以上 200 人以下的发起人，其中须有半数以上的发起人在中国境内有住所。

2. 有符合公司章程规定的全体发起人认购的股本总额或者募集的实收股本总额。

股份有限公司采取发起设立方式设立的，注册资本为在公司登记机关登记的全体发起人认购的股本总额。在发起人认购的股份缴足前，不得向他人募集股份。股份有限公司发起人的出资方式与有限责任公司股东相同。

股份有限公司采取募集方式设立的，注册资本为在公司登记机关登记的实收股本总额。法律、行政法规以及国务院决定对股份有限公司注册资本实缴、注册资本最低限额另有规定的，从其规定。

新《公司法》取消了关于股份有限公司注册资本的最低限额、股东出资比例及出资期限的限制性规定。

3. 股份发行、筹办事项符合法律规定。发起人为设立股份有限公司而发行股份时，以及在进行其他的筹办事项时，必须符合法定的条件和程序。

4. 发起人制订公司章程，采用募集方式设立的须经创立大会通过。对于以发起方式设立的股份有限公司，由全体发起人制订公司章程；对于募集方式设立的股份有限公司，发起人制订章程，还应当经创立大会通过。

股份有限公司章程应当载明下列事项：①公司名称和住所；②公司经营范围；③公司设立方式；④公司股份总数、每股金额和注册资本；⑤发起人的姓名或者名称、认购的股份数、出资方式和出资时间；⑥董事会的组成、职权、任期和议事规则；⑦公司法定代表人；⑧监事会的组成、职权、任期和议事规则；⑨公司利润分配办法；⑩公司的解散事由与清算办法；⑪公司的通知和公告办法；⑫股东大会会议认为需要规定的其他事项。

5. 有公司名称，建立符合股份有限公司要求的组织机构。股份有限公司的名称除应该遵守《公司登记管理条例》外，还应当在其名称中标明"股份有限公司"的字样，并应通过公司登记机关的预先核准。股份有限公司还应当按照《公司法》的有关规定建立组织机构，即股东大会、董事会、监事会等。

6. 有公司住所。公司以其主要办事机构所在地为住所。公司的主要办事机构所在地，一般是指公司组织机构及法定代表人办公所在地。公司章程中应当载明公司住所的地址。

（二）股份有限公司的设立程序

股份有限公司的设立，可以采取发起设立或者募集设立的方式。发起设立，是指由发起人认购公司应发行的全部股份而设立公司。募集设立，是指由发起人认购公司应发行股份的一部分，其余股份向社会公开募集或者向特定对象募集而设立公司。

1. 发起设立方式的设立程序。

（1）发起人签订发起人协议。股份有限公司的发起人承担公司的筹办事务，应当签订发起人协议，并在协议中明确各自在公司设立中的权利和义务。

（2）发起人制订公司章程。股份有限公司的发起人应当依照公司法的规定，共同制定公司章程。

（3）发起人认购公司应发行的全部股份。发起人应当以书面形式认足公司章程规定的应当认购的股份，所有发起人承诺认购的股份数之和应当等于公司应发行的全部股份。

（4）发起人缴纳股款。发起人应当按照公司章程规定缴纳出资。以非货币财产出资的，应当依法办理其财产权的转移手续。发起人不按照规定缴纳出资的，应当按照发起人协议承担违约责任。

（5）发起人选举董事会和监事会。发起人认足公司章程规定的出资后，应当选举董事会和监事会。

（6）董事会申请设立登记。由董事会向公司登记机关报送公司章程以及法律、行政法规规定的其他文件，申请设立登记。公司登记机关自接到设立申请登记之日起 30 日内作出是否予以登记的决定。登记机关签发营业执照之日，公司依法成立。

2. 募集设立的程序。

（1）发起人签订发起人协议。

（2）发起人制订公司章程，并经创立大会通过。

（3）发起人认购法定数额的股份。以募集设立方式设立股份有限公司的，发起人认购的股份不得少于公司股份总数的 35%；但法律、行政法规另有规定的，从其规定。

（4）发起人公开或定向募集股份。发起人向社会公开募集股份，必须公告招股说明书，并制作认股书。

（5）认股人缴纳股款。发起人向社会公开募集股份，应当由依法设立的证券公司承销，签订承销协议，应当同银行签订代收股款协议。代收股款的银行应当按照协议代收和保存股款，向缴纳股款的认股人出具收款单据，并负有向有关部门出具收款证明的义务。

（6）发起人验资并主持召开创立大会。发行股份的股款缴足后，必须经依法设立的验资机构验资并出具证明。发起人应当自股款缴足之日起 30 日内主持召开公司创立大会。创立大会由发起人、认股人组成。发行的股份超过招股说明书规定的截止期限尚未募足的，或者发行股份的股款缴足后，发起人在 30 日内未召开创立大会的，认股人可以按照所缴股款并加算银行同期存款利息，要求发起人返还。

发起人应当在创立大会召开 15 日前将会议日期通知各认股人或者予以公告。创立大会应有代表股份总数过半数的发起人、认股人出席，方可举行。创立大会行使下列职权，包括：审议发起人关于公司筹办情况的报告；通过公司章程；选举董事会成员；选举监事会成员；对公司的设立费用进行审核；对发起人用于抵作股款的财产的作价进行审核；发生不可抗力或者经营条件发生重大变化直接影响公司设立的，可以作出不设立公司的决议。创立大会对上述事项作出决议，必须经出席会议的认股人所持表决权过半数通过。发起人、认股人缴纳股款或者交付抵作股款的出资后，除未按期募足股份、发起人未按期召开创立大会或者创立大会决议不设立公司的情形外，不得抽回其股本。

（7）董事会申请设立登记。董事会应于创立大会结束后 30 日内，依法向公司登记机关申请设立登记。登记机关签发营业执照之日，公司依法成立。

三、股份有限公司的组织机构

（一）股东大会

1. 股东大会的性质与职权。股份有限公司股东大会由全体股东组成。股东大会是公司的权力机构，依法行使职权，其职权范围与有限责任公司股东会相同。

2. 股东大会的会议。股东大会分为年会与临时大会。股东大会年会应当每年召开一次。有下列情形之一的，应当在 2 个月内召开临时股东大会：①董事人数不足《公司法》规定人数或者公司章程所定人数的 2/3 时；②公司未弥补的亏损达实收股本总额 1/3 时；③单独或者合计持有公司 10% 以上股份的股东请求时；④董事会认为必要时；⑤监事会提议召开时；⑥公司章程规定的其他情形。

股东大会会议由董事会召集，董事长主持；董事长不能或者不履行职务的，由副董事长主持；副董事长不能或者不履行职务的，由半数以上董事共同推举 1 名董事主持。董事会不能或者不履行召集股东大会会议职责的，监事会应当及时召集和主持；监事会不召集和主持的，连续 90 日以上单独或者合计持有公司 10% 以上股份的股东可以自行召集和主持。

召开股东大会会议，应当将会议召开的时间、地点和审议的事项于会议召开 20 日前通知各股东；临时股东大会应当于会议召开 15 日前通知各股东；发行无记名股票的，应当于会议召开 30 日前公告会议召开的时间、地点和审议事项。

单独或者合计持有公司 3% 以上股份的股东，可以在股东大会召开 10 日前提出临时提案并书面提交董事会；董事会应当在收到提案后 2 日内通知其他股东，并将该临时提案提交股东大会审议。临时提案的内容应当属于股东大会职权范围，并有明确议题和具体决议事项。股东大会不得对向股东发出的通知中未列明的事项作出决议。无记名股票持有人出席股东大会会议的，应当于会议召开 5 日前至股东大会闭会时将股票交存于公司。

3. 股东大会的决议。股东出席股东大会会议，所持每一股份有一表决权。股东可以委托代理人出席股东大会会议，代理人应当向公司提交股东授权委托书，并在授权范围内行使表决权。公司持有的本公司股份没有表决权。

股东大会决议的事项分为普通事项与特别事项两类。股东大会对普通事项作出决议，必须经出席会议的股东所持表决权的过半数通过。但是，股东大会对修改公司章程、增加或者减少注册资本，以及公司合并、分立、解散或者变更公司形式的特别事项作出决议，必须经出席会议的股东所持表决权的 2/3 以上通过。

股东大会应当将所议事项的决定作成会议记录，主持人、出席会议的董事应当在会议记录上签名。会议记录应当与出席股东的签名册及代理出席的代理人的委托书一并保存。

（二）董事会

1. 董事会的性质及组成。股份有限公司的董事会由董事组成，对股东大会负责，是公司的经营决策和业务执行机构。股份有限公司设董事会，其成员为 5～19 人。董事会成员中可以有公司职工代表。董事会中的职工代表由公司职工通过职工代表大会、职工大会或者其他形式民主选举产生。股份有限公司董事的任期、董事会的职权与有限责任公司相同。

董事会设董事长 1 人，可以设副董事长。董事长和副董事长由董事会以全体董事的过半数选举产生。董事长召集和主持董事会会议；董事长不能或者不履行职务的，由副董事长履行职务；副董事长不能或者不履行职务的。由半数以上董事共同推举 1 名董事履行职务。

2. 董事会的召开。股份有限公司的董事会有普通会议和临时会议两种。董事会每年度至少召开两次会议，每次会议应当于会议召开 10 日前通知全体董事和监事，普通会议是在章程规定的固定时间召开例会。代表 1/10 以上表决权的股东、1/3 以上董事或者监事会，可以提议召开董事会临时会议。董事长应当自接到提议后 10 日内，召集和主持董事会会议。董事会召开临时会议，可以另定召集董事会的通知方式和通知时限。

3. 董事会的决议。董事会会议应有过半数的董事出席方可举行。董事会作出决议必须经全体董事的过半数通过。董事会决议的表决实行一人一票。董事会会议应由董事本人出席，董事因故不能出席，可以书面委托其他董事代为出席，委托书中应载明授权范围。

董事会应当将会议所议事项的决定作成会议记录，出席会议的董事应当在会议记录上签名。董事应当对董事会的决议承担责任。董事会的决议违反法律、行政法规或者公司章程、股东大会决议，致使公司遭受严重损失的，参与决议的董事对公司负赔偿责任。但经证明在表决时曾表明异议并记载于会议记录的，该董事可以免除责任。

4. 经理。股份有限公司设经理，由董事会决定聘任或者解聘，其职权与有限责任公司经理相同。公司董事会可以决定由董事会成员兼任经理。

（三）监事会

1. 监事会的性质和职权。股份有限公司设立监事会，其成员不得少于 3 人。监事会应当包括股东代表和适当比例的公司职工代表，其中职工代表的比例不得低于 1/3，具体比例由公司章程规定。监事会中的职工代表由公司职工通过职工代表大会、职工大会或者其他形式民主选举产生。董事、高级管理人员不得兼任监事。

监事会设主席 1 人，可以设副主席。监事会主席和副主席由全体监事过半数选举产生。监事会主席召集和主持监事会会议；监事会主席不能或者不履行职务的，由监事会副主席召集和主持监事会会议；监事会副主席不能或者不履行职务的，由半数以上监事共同推举 1 名监事召集和主持监事会会议。

股份有限公司监事的任期、监事会的职权与有限责任公司相同。

2. 监事会的召开。监事会每 6 个月至少召开一次会议。监事可以提议召开临时监事会会议。监事会的议事方式和表决程序，除法律有规定的外，由公司章程规定。监事会应当将所议事项的决定作成会议记录，出席会议的监事应当在会议记录上签名。

（四）董事、监事、高级管理人员的任职资格及义务

股份有限公司的董事、监事、高级管理人员的任职资格及义务与有限责任公司的董事、监事、高级管理人员的任职资格及义务相同。

四、上市公司组织机构的特别规定

上市公司，是指所发行的股票经国务院或者国务院授权证券管理部门批准在证券交易所上市交易的股份有限公司。《公司法》对上市公司组织机构与活动原则的特别规定主要有以下几项：

1. 增加股东大会特别决议事项。上市公司在一年内购买、出售重大资产或者担保金额超过公司资产总额30%的，应当由股东大会作出决议，并经出席会议的股东所持表决权的 2/3 以上通过。

2. 上市公司设立独立董事。独立董事，是指不在公司担任除董事外的其他职务，并与其所受聘的上市公司及其主要股东不存在可能妨碍其进行独立客观判断的关系的董事。独立董事除了应履行董事的一般职责外，主要职责在于对控股股东及其选任的上市公司的董事、高级管理人员，以及其与公司进行的关联交易等进行监督。

3. 上市公司设立董事会秘书。上市公司董事会秘书，是上市公司的高级管理人员，负责公司股东大会和董事会会议的筹备、文件保管以及公司股权管理，办理信息披露事务等事宜。

4. 增设关联关系董事的表决权排除制度。上市公司董事与董事会会议决议事项所涉及的企业有关联关系的，不得对该项决议行使表决权，也不得代理其他董事行使表决权。该董事会会议由过半数的无关联关系董事出席即可举行，董事会会议所作决议须经无关联关系董事过半数通过。出席董事会的无关联关系董事人数不足 3 人的，应将该事项提交上市公司股东大会审议。

第四节 公司的财务与会计

公司应当依法建立本公司的财务、会计制度。健全的财务、会计制度能够全面、准确地记录和反映公司的经营状况，有利于保护投资者和债权人的利益，实现政府的宏观管理。

一、公司财务会计报告制度

1. 公司应当依法编制财务会计报告。公司应当在每一会计年度终了时编制财务会计报告，并依法经会计师事务所审计。公司财务会计报告主要包括：资产负债表、损益表（利润表）、财务状况变动表（现金流量表）、财务情况说明书、利润分配表。公

司财务会计报告应当依照《会计法》、《企业财务会计报告条例》等法律、行政法规和国务院财政部门的规定制作。

2. 公司应当依法披露有关财务、会计资料。有限责任公司应当按照公司章程规定的期限将财务会计报告送交各股东。股份有限公司的财务会计报告应当在召开股东大会年会的 20 日前置备于本公司，供股东查阅；公开发行股票的股份有限公司必须公告其财务会计报告。

3. 公司除法定的会计账簿外，不得另立会计账簿。对公司资产，不得以任何个人名义开立账户存储。

4. 公司应当依法聘用会计师事务所对财务会计报告审查验证。公司聘用、解聘承办公司审计业务的会计师事务所，依照公司章程的规定，由股东会、股东大会或者董事会决定。公司股东会、股东大会或者董事会就解聘会计师事务所进行表决时，应当允许会计师事务所陈述意见。公司应当向聘用的会计师事务所提供真实、完整的会计凭证、会计账簿、财务会计报告及其他会计资料，不得拒绝、隐匿、谎报。

二、公司利润分配

（一）公司利润分配的顺序

公司利润是指公司在一定时期（一个会计年度）内从事生产经营活动的财务成果，包括营业利润、投资净收益以及营业外收支净额。

公司应当按照如下顺序进行利润分配：①弥补以前年度的亏损，但不得超过税法规定的弥补期限；②缴纳所得税；③弥补在税前利润弥补亏损之后仍存在的亏损；④提取法定公积金；⑤提取任意公积金；⑥向股东分配利润。

公司弥补亏损和提取公积金后所余税后利润，有限责任公司按照股东实缴的出资比例分配，但全体股东约定不按照出资比例分配的除外；股份有限公司按照股东持有的股份比例分配，但股份有限公司章程规定不按持股比例分配的除外。

公司股东会、股东大会或者董事会违反规定，在公司弥补亏损和提取法定公积金之前向股东分配利润的，股东必须将违反规定分配的利润退还公司。公司持有的本公司股份不得分配利润。

（二）公积金

公积金是公司在资本之外所保留的资金金额，又称为附加资本或准备金。公积金制度是各国公司法通常采用的一项强制性制度。

公积金分为盈余公积金和资本公积金两类。盈余公积金是从公司税后利润中提取的公积金，分为法定公积金和任意公积金两种。法定公积金按照公司税后利润的 10% 提取，当公司法定公积金累计额为公司注册资本的 50% 以上时，可以不再提取。公司的法定公积金不足以弥补以前年度亏损的，在依照规定提取法定公积金之前，应当先用当年利润弥补亏损。任意公积金按照公司股东会或者股东大会决议，从公司税后利润中提取。资本公积金是直接由资本原因形成的公积金，股份有限公司以超过股票票面金额的发行价格发行股份所得的溢价款以及国务院财政部门规定列入资本公积金的其他收入（如法定财产重估增值、接受捐赠的资产价值等），应当列为公司资本公积金。

公积金应当按照规定的用途使用，其用途主要如下：

（1）弥补公司亏损。公司的亏损按照国家税法规定可以用缴纳所得税前的利润弥补，超过用所得税前利润弥补期限仍未补足的亏损，可以用公司税后利润弥补；发生特大亏损，税后利润仍不足以弥补的，可以用公司的公积金弥补。但是，资本公积金不得用于弥补公司的亏损。

（2）扩大公司生产经营。公司可以根据生产经营的需要，用公积金来扩大生产经营规模。

（3）转增公司资本。公司为了实现增加资本的目的，可以将一部分公积金转为资本。对用任意公积金转增资本的，法律没有限制，但用法定公积金转增资本时，《公司法》规定，转增后所留存的该项公积金不得少于转增前公司注册资本的25%。

第五节　公司的变更与终止

一、公司的变更

（一）公司合并

1. 公司合并的概念与形式。公司合并是指两个以上的公司依照法定程序变为一个公司的行为。其形式有两种：一是吸收合并；二是新设合并。吸收合并是指两个或两个以上的公司合并后，其中一个公司（吸收方）存续，而其余公司（被吸收方）均归于消灭的法律行为。新设合并是指两个以上的公司合并设立一个新的公司，原合并各方归于消灭的法律行为。

2. 公司合并的程序。根据《公司法》规定，公司合并应当按照下列程序进行：

（1）签订合并协议。公司合并，参加合并的各公司首先应在平等自愿的基础上就合并的有关事项签订合并协议。合并协议应当包括以下主要内容：合并各方的名称、住所；合并后存续公司或新设公司的名称、住所；合并各方的债权债务处理办法；合并各方的资产状况及其处理办法；存续公司或新设公司匠合并而增资所发行的股份总额、种类和数量；合并各方认为需要载明的其他事项。

（2）编制资产负债表及财产清单。各方都应按照规定编制资产负债表和财产清单。

（3）作出合并决议。公司在签订合并协议并编制资产负债表及财产清单后，应当就公司合并的有关事项作出合并决议。公司合并需要经过股东（大）会特别决议通过，有限责任公司股东会对公司合并作出决议，须经代表2/3以上有表决权的股东通过；国有独资公司的合并，应当由国有资产监督管理机构决定；股份有限公司股东大会对公司合并作出决议，须经出席股东大会的代表所持表决权约2/3以上通过。

（4）通知和公告债权人。公司应当自作出合并决议之日起10日内通知债权人，并于30日内在报纸上公告。债权人自接到通知书之日起30日内，未接到通知书的自公告之日起45日内，可以要求公司清偿债务或者提供相应的担保。

（5）依法进行登记。因合并、分立而存续的公司，登记事项发生变更的，应当申请变更登记；因合并、分立而解散的公司，应当申请注销登记；因合并、分立而新设的公司，应当申请设立登记。公司合并、分立的，应当自公告之日起45日后申请登记。

3. 公司合并各方的债权、债务。公司合并时，合并各方的债权、债务，应当由合并后存续的公司或者新设的公司承继。

（二）公司分立

1. 公司分立的概念和形式。公司分立是指一个公司依法分为两个或两个以上公司的法律行为。公司分立的形式有两种：①公司以其部分财产另设一个或数个新的公司，原公司存续；②公司以其全部财产分别归入两个以上的新设公司，原公司解散。

2. 公司分立的程序。公司分立的程序与公司合并的程序基本一样，要签订分立协议，编制资产负债表及财产清单，作出分立决议，通知债权人，办理工商变更登记等。

3. 公司分立前的债务承担。公司分立前的债务由分立后的公司承担连带责任。但是，公司在分立前与债权人就债务清偿达成的书面协议另有约定的除外。

（三）公司注册资本的增加和减少

1. 公司注册资本的增加。公司增加注册资本的，应当由股东（大）会作出决议，并对公司章程作出相应修改，依法向公司登记机关办理变更登记。

有限责任公司增加注册资本时，股东认缴新增资本的出资，依照《公司法》设立有限责任公司缴纳出资的有关规定执行。股份有限公司为增加注册资本发行新股时，股东认购新股，依照《公司法》设立股份有限公司缴纳股款的有关规定执行。

2. 公司注册资本的减少。公司减少注册资本的，应当由股东（大）会作出决议，并对公司章程作出相应修改，依法向公司登记机关办理变更登记。

公司需要减少注册资本时，必须编制资产负债表及财产清单。

公司减少注册资本时，应当自作出减少注册资本决议之日起10日内通知债权人，并于30日内在报纸上公告。债权人自接到通知书之日起30日内，未接到通知书的自公告之日起45日内，有权要求公司清偿债务或者提供相应的担保。

二、公司的终止

（一）公司的解散

1. 公司解散的概念。公司解散是指公司发生章程规定或法定的除破产以外的解散事由而停止业务活动，并进入清算程序的过程。其特征为：首先，公司解散事由发生后，公司并未终止，仍然具有法人资格，可以以自己的名义开展与清算有关的活动，直到清算完毕并注销后法人主体资格才发生消灭。其次，公司解散必须经法定清算程序，除公司因合并或分立解散不必进行清算的除外。最后，公司解散的目的是终止法人资格。

2. 公司解散的原因。《公司法》规定，公司解散的原因有以下五种情形：①公司章程规定的营业期限届满或者公司章程规定的其他解散事由出现；②股东会或者股东大会决议解散；③因公司合并或者分立需要解散；④依法被吊销营业执照、责令关闭或者被撤销；⑤人民法院依法予以解散。

公司有"公司章程规定的营业期限届满或者公司章程规定的其他解散事由出现"情形的，可以通过修改公司章程而存续。

有下列事由之一的，公司继续存续会使股东利益受到重大损失，通过其他途径不能解决的，持有公司全部股东表决权10%以上的股东，可以请求人民法院解散公司：①公司持续2年以上无法召开股东会或股东大会，公司经营管理发生严重困难的；②股东表决时无法达到法定或者公司章程规定的比例，持续2年以上不能作出有效的股东会或者股东大会决议，公司经营管理发生严重困难的；③公司董事长期冲突，且无法通过股东会或者股东大会解决，公司经营管理发生严重困难的；④经营管理发生其他严重困难的，公司继续存续会使股东利益受到严重损失的情形。

股东以知情权、利润分配请求权等权益受到损害，或者公司亏损、财产不足以偿还全部债务，以及公司被吊销企业法人营业执照未进行清算等为由，提起解散公司诉讼的，人民法院不予受理。

（二）公司解散时的清算

1. 公司清算的概念。公司清算是指公司解散或被依法宣告破产后，依照一定的程序结束公司事务，收回债权，偿还债务，清理资产，并分配剩余财产，终止消灭公司的过程。公司被依法宣告破产的，依照有关企业破产的法律实施破产清算。

2. 清算组的组成。公司解散时，除因合并或者分立外，应当依法成立清算组进行清算。根据《公司法》的规定，公司应当在解散事由出现之日起15日内成立清算组，开始清算。有限责任公司的清算组由股东组成，股份有限公司的清算组由董事或者股东大会确定的人员组成。逾期不成立清算组进行清算的，债权人可以申请人民法院指定有关人员组成清算组进行清算。人民法院应当受理该申请，并及时组织清算组进行清算。

3. 清算组的职权和责任。根据《公司法》的规定，清算组在清算期间行使下列职权：①清理公司财产，分别编制资产负债表和财产清单；②通知、公告债权人；③处理与清算有关的公司未了结的业务；④清缴所欠税款以及清算过程中产生的税款；⑤清理债权、债务；⑥处理公司清偿债务后的剩余财产；⑦代表公司参与民事诉讼活动。

根据《公司法》规定，清算组成员应当忠于职守，依法履行清算义务。清算组成员不得利用职权收受贿赂或者其他非法收入，不得侵占公司财产。清算组成员因故意或者重大过失给公司或者债权人造成损失的，应当承担赔偿责任。

4. 清算的工作程序。

（1）通知并公告债权人。清算组应当自成立之日起10日内通知债权人，并于60日内在报纸上公告。

（2）登记债权。债权人应当自接到通知书之日起 30 日内，未接到通知书的自公告之日起 45 日内，向清算组申报其债权。债权人申报债权，应当说明债权的有关事项，并提供证明材料，清算组应当对债权进行登记。在申报债权期间，清算组不得对债权人进行清偿。

（3）清理公司财产，制订清算方案。清算组应当对公司财产进行清理，编制资产负债表和财产清单，制订清算方案，应当报股东会、股东大会或者人民法院确认。清算组在清理公司财产、编制资产负债表和财产清单后，发现公司财产不足以清偿债务的，应当依法向人民法院申请宣告破产。公司经人民法院裁定宣告破产后，清算组应当将清算事务移交给人民法院。

（4）清偿债务。根据《公司法》规定，公司财产在分别支付清算费用、职工的工资、社会保险费用和法定补偿金，缴纳所欠税款，清偿公司债务后的剩余财产，有限责任公司按照股东的出资比例分配，股份有限公司按照股东持有的股份比例分配。清算期间，公司存续，但不得开展与清算无关的经营活动。公司财产在未按上述规定清偿前，不得分配给股东。

（5）注销登记并公告。公司清算结束后，清算组应当制作清算报告，报股东会、股东大会或者人民法院确认，并向公司登记机关和税务机关办理注销登记事项，公告公司终止。

第六节　外国公司的分支机构

一、外国公司的分支机构的概念与特征

外国公司是指依照外国法律在中国境外设立的公司，属于外国法人。外国公司在中国境内设立的分支机构，是外国公司的一个组成部分，不具有中国法人资格。外国公司对其分支机构在中国境内进行经营活动承担民事责任。

外国公司的分支机构具有以下特征：

1. 隶属于外国公司。外国公司的分支机构由外国公司设立，并隶属于该外国公司。外国公司分支机构不能独立于外国公司而存在，如果外国公司不存在或曾经存在但其后归于消灭，则该外国公司分支机构亦不能设立或者继续存在。外国公司分支机构作为与外国公司在地域上相分离的一个组成部分，隶属于该外国公司。

2. 依照我国《公司法》规定设立。外国公司依其所属国法律而设立，但外国分支机构则须依所在国法律设立，这是国际上通行的一般规则。在一般情况下，基于本国公司与外国公司相一致的习惯做法，有关外国公司分支机构设立的规定，大体上采取了与本国公司基本相同的要求，并无更严格的特别规则。我国《公司法》规定了外国公司分支机构设立的程序、条件等，外国公司分支机构在设立时必须依照该规定进行。

3. 在我国境内从事生产经营活动。外国公司分支机构在我国境内设立，是指该外国分支机构须在我国境内有确定的住所，有确定的代表人或代理人，有相应的经营活

动资金，并开展连续的经营活动。外国公司设立分支机构的目的当然是扩大公司的生产经营活动范围。

4. 不具有独立法人资格。外国公司分支机构并非独立的法人，仅仅是法人的组成部分。因此，外国公司对其分支机构在中国境内的经营活动承担民事责任。

二、外国公司的分支机构的设立

（一）外国公司的分支机构的设立条件

外国公司在中国境内设立分支机构应当符合以下条件：

1. 必须在中国境内指定负责该分支机构的代表人或者代理人。

2. 必须向该分支机构拨付与其所从事的经营活动相适应的资金。对外国公司分支机构的经营资金需要规定最低限额的，由国务院另行规定。

（二）外国公司的分支机构的设立程序

外国公司在中国境内设立分支机构的主要程序是：

1. 提出申请。外国公司在中国境内设立分支机构，必须向中国主管机关提出申请，并提交其公司章程、所属国的公司登记证书等有关文件。

2. 进行工商登记。外国公司向中国主管机关提出在中国境内设立分支机构的申请经中国主管机关审查批准后，应当向中国的公司登记机关依法办理登记，领取营业执照。外国公司的分支机构在中国办理了工商登记并领取营业执照后，即可在中国境内从事生产经营活动。外国公司分支机构的审批办法由国务院另行规定。

三、外国公司的分支机构的权利义务

1. 外国公司的分支机构的权利。外国公司的分支机构的权利主要有：①依法从事生产经营活动；②合法权益受中国法律保护。

2. 外国公司的分支机构的义务。外国公司的分支机构的义务主要有：①必须遵守中国的法律，不得损害中国的社会公共利益。②应当在其名称中标明该外国公司的国籍及责任形式，在本机构中置备该外国公司章程。③外国公司撤销其在中国境内的分支机构时，必须依法清偿债务，依照《公司法》有关公司清算程序的规定进行清算。未清偿债务之前，外国公司不得将其分支机构的财产移至中国境外。

第七节　违反公司法的法律责任

一、公司发起人、股东的法律责任

《公司法》对发起人、股东的法律责任，主要规定在第 198～201 条等条文中。具体内容如下：

1. 违反《公司法》规定，虚报注册资本、提交虚假材料或者采取其他欺诈手段隐瞒重要事实取得公司登记的，由公司登记机关责令改正，对虚报注册资本的公司，处以虚报注册资本金额5%以上15%以下的罚款；对提交虚假材料或者采取其他欺诈手段隐瞒重要事实的公司，处以 5 万元以上 50 万元以下的罚款；情节严重的，撤销公司登记或者吊销营业执照。构成犯罪的，依法追究刑事责任：处3年以下有期徒刑或者拘役，并处或者单处虚报注册资本金额1%以上5%以下的罚金；单位犯此罪的，对单位处以罚金，并对其直接负责的主管人员和其他直接责任人员，处3年以下有期徒刑或者拘役。

2. 公司的发起人、股东虚假出资，未交付或者未按期交付作为出资的货币或者非货币财产的，由公司登记机关责令改正，处以虚假出资金额5%以上15%以下的罚款。构成犯罪的，依法追究刑事责任：处5年以下有期徒刑或者拘役，并处或者单处虚假出资金额2%以上10%以下的罚金；单位犯此罪的，对单位处以罚金，并对其直接负责的主管人员和其他直接责任人员，处5年以下有期徒刑或者拘役。

3. 公司的发起人、股东在公司成立后，抽逃其出资的，由公司登记机关责令改正，处以所抽逃出资金额5%以上15%以下的罚款。构成犯罪的，依法追究刑事责任：处5年以下有期徒刑或者拘役，并处或者单处抽逃出资金额2%以上10%以下的罚金；单位犯此罪的，对单位处以罚金，并对其直接负责的主管人员和其他直接责任人员，处5年以下有期徒刑或者拘役。

二、公司的法律责任

《公司法》对公司的法律责任，主要规定在第201～205、211、212、214条等条文中。具体内容如下：

（一）违反公司设立规定的法律责任

1. 办理公司登记时，虚报注册资本、提交虚假材料或者采取其他欺诈手段隐瞒重要事实取得公司登记的，由公司登记机关责令改正，对虚报注册资本的公司，处以虚报注册资本金额5%以上15%以下的罚款；对提交虚假材料或者采取其他欺诈手段隐瞒重要事实的公司，处以5万元以上50万元以下的罚款；情节严重的，撤销公司登记或者吊销营业执照。

2. 未依法登记为有限责任公司或者股份有限公司，而冒用有限责任公司或者股份有限公司名义的，或者未依法登记为有限责任公司或者股份有限公司的分公司，而冒用有限责任公司或者股份有限公司的分公司名义的，由公司登记机关责令改正或者予以取缔，可以并处10万元以下的罚款。

3. 公司成立后无正当理由超过6个月未开业的，或者开业后自行停业连续6个月以上的，可以由公司登记机关吊销营业执照。公司登记事项发生变更时，未依照本法规定办理有关变更登记的，由公司登记机关责令限期登记；逾期不登记的，处以1万元以上10万元以下的罚款。

4. 外国公司违反本法规定，擅自在中国境内设立分支机构的，由公司登记机关责令改正或者关闭，可以并处5万元以上20万元以下的罚款。

（二）违反资产评估、验资或者验证规定的法律责任

1. 承担资产评估、验资或者验证的机构提供虚假材料的，由公司登记机关没收违法所得，处以违法所得1倍以上5倍以下的罚款，并可以由有关主管部门依法责令该

机构停业、吊销直接责任人员的资格证书，吊销营业执照。

2. 承担资产评估、验资或者验证的机构因过失提供有重大遗漏的报告的，由公司登记机关责令改正，情节较重的，处以所得收入 1 倍以上 5 倍以下的罚款，并可以由有关主管部门依法责令该机构停业、吊销直接责任人员的资格证书，吊销营业执照。

3. 承担资产评估、验资或者验证的机构因其出具的评估结果、验资或者验证证明不实，给公司债权人造成损失的，除能够证明自己没有过错的外，在其评估或者证明不实的金额范围内承担赔偿责任。

（三）违反公司财务、会计规定的法律责任

1. 公司违反《公司法》规定，在法定的会计账簿以外另立会计账簿的，由县级以上人民政府财政部门责令改正，处以 5 万元以上 50 万元以下的罚款。构成犯罪的，依法追究刑事责任。

2. 公司在依法向有关主管部门提供的财务会计报告等材料上作虚假记载或者隐瞒重要事实的，由有关主管部门对直接负责的主管人员和其他直接责任人员处以 3 万元以上 30 万元以下的罚款。

3. 公司不依照《公司法》规定提取法定公积金的，由县级以上人民政府财政部门责令如数补足应当提取的金额，可以对公司处以 20 万元以下的罚款。

4. 公司向股东和社会公众提供虚假或者隐瞒重要事实的财务会计报告的，对直接负责的主管人员和其他直接负责人员处以罚款。构成犯罪的，追究刑事责任。

（四）违反公司合并、分立、清算规定的法律责任

1. 公司在合并、分立、减少注册资本或者进行清算时，不依照《公司法》规定通知或者公告债权人的，由公司登记机关责令改正，对公司处以 1 万元以上 10 万元以下的罚款。

2. 公司在进行清算时，隐匿财产，对资产负债表或者财产清单作虚假记载或者在未清偿债务前分配公司财产的，由公司登记机关责令改正，对公司处以隐匿财产或者未清偿债务前分配公司财产金额 5% 以上 10% 以下的罚款；对直接负责的主管人员和其他直接责任人员处以 1 万元以上 10 万元以下的罚款。构成犯罪的，依法追究刑事责任，对直接负责的主管人员和其他直接责任人员，处 5 年以下有期徒刑或者拘役，并处或者单处 2 万元以上 20 万元以下罚金。

3. 公司在清算期间开展与清算无关的经营活动的，由公司登记机关予以警告，没收违法所得。

4. 清算组不依照《公司法》规定向公司登记机关报送清算报告，或者报送清算报告隐瞒重要事实或者有重大遗漏的，由公司登记机关责令改正。清算组成员利用职权徇私舞弊、谋取非法收入或者侵占公司财产的，由公司登记机关责令退还公司财产，没收违法所得，并可以处以违法所得 1 倍以上 5 倍以下的罚款。

三、公司登记机关的法律责任

《公司法》对公司登记机关的法律责任，主要规定在第 208、209 条等条文中。具

体内容如下：

1. 公司登记机关对不符合《公司法》规定条件的登记申请予以登记，或者对符合《公司法》规定条件的登记申请不予登记的，对直接负责的主管人员和其他直接责任人员，依法给予行政处分。构成犯罪的，依法追究刑事责任。

2. 公司登记机关的上级部门强令公司登记机关对不符合《公司法》规定条件的登记申请予以登记，或者对符合《公司法》规定条件的登记申请不予登记的，或者对违法登记进行包庇的，对直接负责的主管人员和其他直接责任人员依法给予行政处分。构成犯罪的，依法追究刑事责任。

本章练习题

1. 简述公司的概念、分类及主要特征。
2. 简述有限责任公司的概念及特征。
3. 有限责任公司的设立条件有哪些？
4. 简述有限责任公司组织机构的设置制度。
5. 简述公司的董事、监事、高级管理人员的任职资格及义务。
6. 比较国有独资公司、一人有限责任公司与有限责任公司的异同。
7. 简述股份有限公司的概念与特征。
8. 股份有限公司的设立条件有哪些？
9. 简述股份有限公司组织机构的设置制度。
10. 比较股份有限公司与上市公司的异同。
11. 比较有限责任公司与股份有限公司的异同。
12. 简述公司的利润分配原则。
13. 简述公司的变更与终止程序。
14. 简述外国公司的分支机构的概念与特征。
15. 简述公司的清算制度。

第四章　个人独资企业法

个人独资企业是企业形态中最简单且最古老的种类，其普遍存在于中小企业之中。通过本章的学习，要求学生了解个人独资企业的概念、个人独资企业的权利及工商管理、违反个人独资企业法的法律责任，掌握个人独资企业的投资人、个人独资企业的设立条件、事务管理、个人独资企业的解散和清算等制度。

第一节　个人独资企业法概述

一、个人独资企业的概念和特征

个人独资企业，也称为独资企业、独资商号等，通常是指由一个自然人单独投资并经营，企业不取得法人资格，法律上不要求企业最低资本金，出资人对企业债务承担无限责任的企业。我国 1999 年颁布的《个人独资企业法》将其定义为：依照该法在中国境内设立，由一个自然人投资，财产为投资人个人所有，投资人以其个人财产对企业债务承担无限责任的经营实体。

在所有的企业形态中，个人独资企业最为古老和简单，应该说，它产生于人类社会的第一次分工时期，在任何社会都可以与社会化程度较低、规模较小的市场活动相适应，因而其仍然为现代社会的经济活动所采用，作为一种独立的企业形态而存在。在我国社会主义改造完成之后，个人独资企业几乎归于消失。随着改革开放政策的实行，个人独资企业这种企业形态得到恢复和发展。

个人独资企业在法律上具有以下特征：

1. 个人独资企业由一个自然人投资。这是个人独资企业在投资人方面的特征。根据《个人独资企业法》的规定，设立个人独资企业只能是一个自然人，国家机关、企业、事业单位等都不能作为个人独资企业的设立人。自然人本无国籍的含义，既包括中国公民，也应包括外国公民，但是《个人独资企业法》第 47 条规定，外商独资企业不适用本法。因此，《个人独资企业法》所指的自然人只能指中国公民。关于作为个人独资企业投资人的自然人是否应具备民事权利能力和民事行为能力的问题，各国规定不一。有的国家规定必须同时具备民事权利能力和民事行为能力，有的国家则规定只要具有民事权利能力就可以成为个人独资企业的出资人。我国《个人独资企业法》对此未作明确规定。个人独资企业的"独资"意味着没有资本的联合，企业发展的规模自然会受到相应的限制，因此，个人独资企业一般属于中小企业。

2. 个人独资企业的财产归投资者个人所有。这是个人独资企业在产权关系方面的特征。个人独资企业不是企业法人，不具有法人资格，因此企业财产归属于投资人所有。投资人所有的财产包括企业初始资产及企业在存续期间形成的所有财产。

3. 个人独资企业的内部机构设置简单，经营管理方式灵活。这是个人独资企业在组织管理方面的特征。投资人对个人独资企业具有完全的控制权，法律没有强制规定企业所有权与企业经营权分离的机制，投资人可以视企业的情况自主选择经营管理方式。因此，个人独资企业的投资人既是企业的所有者，又可以是企业的经营者。个人独资企业的内部机构的设置较为简单，决策程序也较为灵活。

4. 个人独资企业的投资人对企业的债务承担无限责任。这是个人独资企业在责任承担方面的特征。从权利和义务上看，出资人与企业是不可分割的。投资人以其个人的全部财产对企业的债务承担无限责任，即当企业的资产不足以清偿到期债务时，投资人应以自己个人的全部财产用于清偿企业债务。因此，个人独资企业的债权人的债权的实现在很大程度上依赖于投资人的信用和偿债能力。

5. 个人独资企业是非法人企业。这是个人独资企业在法律地位上的特征。个人独资企业虽然有自己的名称，并以企业名义领取营业执照和开展经营活动，甚至以企业名义进行诉讼活动，但它无独立的法人资格，企业只是自然人个人进行商业活动的特殊形态。在个人独资企业中，企业的财产即是投资人的财产，企业的责任即是投资人个人的责任，企业无独立承担民事责任的能力。

二、个人独资企业法概况

个人独资企业法有广义和狭义之分，广义的个人独资企业法，是指国家关于个人独资企业的各种法律规范的总称；狭义的个人独资企业法是指1999年8月30日第九届全国人民代表大会常务委员会第十一次会议通过的《个人独资企业法》，该法自2000年1月1日起施行，共6章48条。

《个人独资企业法》只适用该法规定的个人独资企业，不适用于具有独资特点的全民所有制企业，也不适用于国有独资公司及其他一人公司。根据《个人独资企业法》第47条规定，外商独资企业也不适用本法。

第二节　个人独资企业的设立

一、个人独资企业的设立条件

根据《个人独资企业法》规定，我国对个人独资企业的设立在立法上采取准则主义，即只要符合法律规定的设立条件，企业即可直接办理工商登记，一般无须经过有关部门的批准。如果个人独资企业拟从事法律、行政法规规定须经有关部门审批的业务，应当在申请设立登记时提交有关部门的批准文件。

根据《个人独资企业法》第 8 条规定，设立个人独资企业应当具备下列条件：

1. 投资人为一个自然人，且只能是中国公民。作为个人独资企业的投资人只能限于一个自然人，自然人之外的法人、其他组织都不能投资设立个人独资企业。各国独资企业的立法和司法实践也无一例外地将独资企业确认为自然人个人投资的一种法律形式。同时，个人独资企业的投资人仅限于中国公民，而且法律、行政法规禁止从事营利性活动的人，不得作为投资人申请设立个人独资企业。如国家公务员、党政机关领导干部、警官、法官、检察官、商业银行工作人员等人员，不得作为投资人申请设立个人独资企业。

2. 有合法的企业名称。企业名称是企业的标志和文字符号，企业必须有相应的名称，并应真实反映和体现企业的组织形式特征，符合法律、法规的要求。个人独资企业的名称应当符合国家关于企业名称登记管理的有关规定，企业名称应与其责任形式及从事的营业相符合，个人独资企业的名称中不得使用"有限"、"有限责任"或者"公司"字样，个人独资企业的名称可以叫厂、店、部、中心、工作室等。

3. 有投资人申报的出资。由于个人独资企业的投资人以其个人财产对企业债务承担无限责任，其无限责任的责任形式本身是对交易安全的一种保障，债权人可以通过追究个人独资企业投资人的财产责任来保障自己债权的实现。因此，《个人独资企业法》并没有对个人独资企业规定最低资本数额，只是要求投资人根据拟设立的个人独资企业的经营需要来申报出资。根据国家工商行政管理总局《关于贯彻实施〈个人独资企业登记管理办法〉有关问题的通知》的规定，设立个人独资企业可以用货币出资，也可以用实物、土地使用权、知识产权或者其他财产权利出资，采取实物、土地使用权、知识产权或者其他财产权利出资的，应将其折算成货币数额。投资人申报的出资额应当与企业的生产经营规模相适应。

投资人可以个人财产出资，也可以家庭共有财产作为个人出资。以家庭共有财产作为个人出资的，投资人应当在设立（变更）登记申请书上予以注明。个人独资企业投资人在申请企业设立登记时，明确以其家庭共有财产作为个人出资的，应当依法以家庭共有财产对企业债务承担无限责任。

4. 有固定的生产经营场所和必要的生产经营条件。生产经营场所包括企业的住所和与生产经营相适应的处所。住所是企业的主要办事机构所在地，是企业的法定地址。生产经营条件是企业开展经营活动所必需的设备、工具等设施，其种类、数量、规模因企业的不同而有所差异，但必须能够适应企业生产经营的需要。

5. 有必要的从业人员。从业人员是企业开展经营活动必不可少的人的要素和条件，关于从业人员的人数，法律并没有作出具体规定，视企业的具体经营情况而定。

二、个人独资企业的设立程序

个人独资企业的设立程序，是指为使个人独资企业成立而依法进行的一系列的法律行为及所经法律程序的总称。

（一）提出设立申请

申请设立个人独资企业，应当由投资人或者其委托的代理人向个人独资企业所在地的登记机关提出设立申请。投资人申请设立登记，应当向登记机关提交下列文件：

1. 投资人签署的个人独资企业设立申请书。设立申请书应当载明的事项有：企业的名称和住所、投资人的姓名和居所、投资人的出资额和出资方式、经营范围及方式。个人独资企业投资人以个人财产出资或者以其家庭共有财产作为个人出资的，应当在设立申请书中予以明确。

2. 投资人身份证明，主要是身份证和其他有关证明材料。

3. 企业住所证明和生产经营场所使用证明等文件，如土地使用证明、房屋产权证或租赁合同等。

4. 委托代理人申请设立登记的，应当提交投资人的委托书和代理人的身份证明或者资格证明。

5. 国家工商行政管理总局规定提交的其他文件。从事法律、行政法规规定须报经有关部门审批的业务的，应当提交有关部门的批准文件。

（二）核准登记

登记机关应当在收到设立申请文件之日起15日内，对符合《个人独资企业法》规定条件的予以登记，发给营业执照；对不符合《个人独资企业法》规定条件的，不予登记，并发给企业登记驳回通知书。个人独资企业营业执照的签发日期，为个人独资企业成立日期。在领取个人独资企业营业执照前，投资人不得以个人独资企业名义从事经营活动。

（三）设立分支机构的登记

个人独资企业设立分支机构，应当由投资人或者其委托的代理人向分支机构所在地的登记机关申请设立登记。分支机构的登记事项应当包括：分支机构的名称、经营场所、负责人姓名和居所、经营范围及方式。个人独资企业申请设立分支机构，应当向登记机关提交下列文件：①分支机构设立登记申请书；②登记机关加盖印章的个人独资企业营业执照复印件；③经营场所证明；④国家工商行政管理总局规定提交的其他文件。分支机构从事法律、行政法规规定须报经有关部门审批的业务，还应当提交有关部门的批准文件。个人独资企业投资人委派分支机构负责人的，应当提交投资人委派分支机构负责人的委托书及其身份证明。委托代理人申请分支机构设立登记的，应当提交投资人的委托书和代理人的身份证明或者资格证明。

登记机关应当在收到申请文件之日起15日内，作出核准登记或者不予登记的决定。核准登记的，发给营业执照；不予登记的，发给登记驳回通知书。个人独资企业分支机构申请变更登记、注销登记，比照个人独资企业申请变更登记、注销登记的有关规定办理。

个人独资企业应当在其分支机构经核准设立、变更或者注销登记后15日内，将登记情况报该分支机构隶属的个人独资企业的登记机关备案。分支机构的民事责任由设立该分支机构的个人独资企业承担。

第三节　个人独资企业的权利和工商管理

一、个人独资企业的权利

个人独资企业作为企业的一种具体类型，与其他企业一样依法享有自主从事经营活动的权利。个人独资企业的合法权益应当受到法律的保护，国家应当采取具体措施鼓励和扶持其发展。

根据《个人独资企业法》有关规定，个人独资企业享有以下权利：

1. 依法申请贷款。个人独资企业可以根据《商业银行法》、《合同法》和中国人民银行发布的《贷款通则》等一系列法律法规的规定申请贷款，以供企业生产经营之用。

2. 依法取得土地使用权。个人独资企业可根据《土地管理法》、《土地管理法实施细则》和《城镇国有土地使用权出让和转让暂行条例》等规定取得土地使用权。

3. 拒绝摊派权。摊派是指在法律、法规的规定之外，以任何方式要求企业提供财力、物力和人力的行为。摊派是一种违法行为，法律禁止任何国家机关、人民团体、部队、企业、事业单位和其他社会组织向企业摊派。《个人独资企业法》第 25 条规定："任何单位和个人不得违反法律、行政法规的规定，以任何方式强制个人独资企业提供财力、物力、人力；对于违法强制提供财力、物力、人力的行为，个人独资企业有权拒绝。"

4. 法律、行政法规规定的其他权利。个人独资企业除享有上述权利外，还依法享有十分广泛的权利，例如：企业可以取得专利权、可以取得商标权、可以依法取得外贸经营权，或根据业务需要委托具有外贸经营权的单位代为办理进出口业务等。

二、个人独资企业的工商管理

根据《个人独资企业登记管理办法》的规定，个人独资企业存续期间登记事项发生变更的，应当办理变更登记。个人独资企业存续期间登记事项发生变更的，应当在作出变更决定之日起的 15 日内依法向登记机关申请办理变更登记。个人独资企业变更企业名称、企业住所、经营范围及方式，应当在作出变更决定之日起 15 日内向原登记机关申请变更登记。个人独资企业变更投资人姓名和居所、出资额和出资方式，应当在变更事由发生之日起 15 日内向原登记机关申请变更登记。

个人独资企业申请变更登记，应当向登记机关提交下列文件：①投资人签署的变更登记申请书；②国家工商行政管理总局规定提交的其他文件。从事法律、行政法规规定须报经有关部门审批的业务的，应当提交有关部门的批准文件。委托代理人申请变更登记的，应当提交投资人的委托书和代理人的身份证明或者资格证明。

登记机关应当在收到按规定提交的全部文件之日起 15 日内，作出核准登记或者不予登记的决定。予以核准的，换发营业执照或者发给变更登记通知书；不予核准的，发给企业登记驳回通知书。个人独资企业变更住所跨登记机关辖区的，应当向迁入地登记机关申请变更登记。迁入地登记机关受理的，由原登记机关将企业档案移送迁入地登记机关。个人独资企业因转让或者继承致使投资人变更的，个人独资企业可向原登记机关提交转让协议书或者法定继承文件，申请变更登记。个人独资企业改变出资方式致使个人财产与家庭共有财产变更的，个人独资企业可向原登记机关提交改变出资方式文件，申请变更登记。

根据《个人独资企业登记管理办法》的规定，个人独资企业应当按照登记机关的要求，在规定的时间内接受年度检验。登记机关依法对个人独资企业进行审查，以确认个人独资企业继续经营的资格。个人独资企业营业执照分为正本和副本，正本和副本具有同等法律效力。个人独资企业根据业务需要，可以向登记机关申请核发若干营业执照副本。个人独资企业不得伪造、涂改、出租、转让营业执照。任何单位和个人不得承租、受让营业执照。

第四节　个人独资企业的事务管理

一、个人独资企业事务管理方式

根据《个人独资企业法》第19条的规定，个人独资企业投资人可以自行管理企业事务，也可以委托或者聘用其他具有民事行为能力的人负责企业的事务管理。因此，个人独资企业的事务有以下两种管理方式：

（一）投资人自行管理

个人独资企业的投资人，作为企业的投资人也是企业债务责任的承担者，有权对企业行使管理权。这是个人独资企业最基本的也是实践中最常见的管理方式。

（二）委托或者聘请他人管理

个人独资企业可以依法委托或者聘用其他具有完全民事行为能力的人负责企业的事务管理。投资人委托或者聘用他人管理个人独资企业事务，应当与受托人或者被聘用的人签订书面合同。合同应订明委托的具体内容、授予的权利范围、受托人或者被聘用的人应履行的义务、报酬和责任等。受托人或者被聘用的人员应当履行诚信、勤勉义务，以诚实信用的态度对待投资人、对待企业，尽其所能依法保障企业利益，按照与投资者签订的合同负责个人独资企业的事务管理。投资人委托或者聘用的管理人员违反双方订立的合同，给投资人造成损害的，应当承担民事赔偿责任。

投资人对受托人或者被聘用的人员职权的限制，不得对抗善意第三人。根据《个人独资企业法》规定，投资人委托或者聘用的管理个人独资企业事务的人员不得从事下列行为：①利用职务上的便利索取或者收受贿赂；②利用职务或者工作上的便利侵占企业财产；③挪用企业的资金归个人使用或者借贷给他人；④擅自将企业资金以个人名义或者以他人名义开立账户储存；⑤擅自以企业财产提供担保；⑥未经投资人同意，从事与本企业相竞争的业务；⑦未经投资人同意，同本企业订立合同或者进行交易；⑧未经投资人同意，擅自将企业商标或者其他知识产权转让给他人使用；⑨泄露本企业的商业秘密；⑩法律、行政法规禁止的其他行为。

二、个人独资企业事务管理的内容

1. 会计事务管理。个人独资企业应当依法设置会计账簿，进行会计核算。根据会计法的规定，应当按照国家统一会计制度的规定和会计业务的需要设置会计账簿。必须根据实际发生的经济业务事项进行会计核算，填制会计凭证，登记会计账簿，编制财务会计报告。任何单位不得以虚假的经济业务事项或者资料进行会计核算。

2. 用工事务管理。个人独资企业招用职工的，应当依法与职工签订劳动合同，保障职工的劳动安全，按时、足额发放职工工资。个人独资企业应当严格依照劳动法及有关规定招用职工，企业招用职工应当与职工签订劳动合同，劳动合同必须遵循平等自愿、协商一致的原则，并不得违反国家法律法规和有关政策的规定。

3. 社会保险事务管理。个人独资企业应当按照国家规定参加社会保险，为职工缴纳社会保险费。社会保险是指职工在年老、患病、丧失劳动能力、失业、工伤、生育等情况下有权获得物质帮助，使其基本生活得到保障的一种制度。社会保险基金由国家、企业和职工三者共同负担。

第五节　个人独资企业的解散和清算

一、个人独资企业的解散

个人独资企业的解散是指个人独资企业终止活动，使其民事主体资格消灭的行为。

根据《个人独资企业法》第26条的规定，个人独资企业有下列情形之一时，应当解散：①投资人决定解散；②投资人死亡或者被宣告死亡，无继承人或者继承人决定放弃继承；③被依法吊销营业执照；④法律、行政法规规定的其他情形。

二、个人独资企业的清算

个人独资企业解散时，应当进行清算。设立清算制度的目的是为了规范企业的清算行为，保护债权人、投资人和其他利害关系人的合法权益。因此，应当坚持公开、公正的原则进行清算。清算工作的主要内容包括：通知或者向债权人公告、接受债权人的债权申报、对债权进行审查、财产清理、财产分配等。

《个人独资企业法》对个人独资企业清算作了如下规定：

1. 通知和公告债权人。《个人独资企业法》第27条规定，个人独资企业解散，由投资人自行清算或者由债权人申请人民法院指定清算人进行清算。投资人自行清算的，应当在清算前15日内书面通知债权人，无法通知的，应当予以公告。债权人应当在接到通知之日起30日内，未接到通知的应当在公告之日起60日内，向投资人申报其债权。

2. 财产清偿顺序。《个人独资企业法》第29条规定，个人独资企业解散的，财产应当按照下列顺序清偿：①所欠职工工资和社会保险费用；②所欠税款；③其他债务。个人独资企业财产不足以清偿债务的，投资人应当以其个人的其他财产予以清偿。

3. 清算期间对投资人的要求。《个人独资企业法》第 30 条规定，清算期间，个人独资企业不得开展与清算目的无关的经营活动。在按前述财产清偿顺序清偿债务前，投资人不得转移、隐匿财产。

4. 投资人的持续偿债责任。《个人独资企业法》第 28 条规定，个人独资企业解散后，原投资人对个人独资企业存续期间的债务仍应承担偿还责任，但债权人在 5 年内未向债务人提出偿债请求的，该责任消灭。

5. 注销登记。个人独资企业清算结束后，投资人或者人民法院指定的清算人应当编制清算报告，并于清算结束之日起 15 日内向原登记机关申请注销登记。经登记机关注销登记，个人独资企业终止。个人独资企业办理注销登记时，应当交回营业执照。

第六节　违反个人独资企业法的法律责任

我国《个人独资企业法》和国家工商行政管理总局发布的《个人独资企业登记管理办法》对个人独资企业违反法律、法规的行为作出了相应的处罚规定。

一、投资人应承担的法律责任

1. 投资人提交虚假文件或采取其他欺骗手段，取得企业登记的，责令改正，处以 5000 元以下的罚款；情节严重的，并处吊销营业执照。

2. 个人独资企业使用的名称与其在登记机关登记的名称不相符合的，责令限期改正，处以 2000 元以下的罚款。

3. 涂改、出租、转让营业执照的，责令改正，没收违法所得，处以 3000 元以下的罚款；情节严重的，吊销营业执照。伪造营业执照的，责令停业，没收违法所得，处以 5000 元以下的罚款。构成犯罪的，依法追究刑事责任。

4. 个人独资企业成立后无正当理由超过 6 个月未开业的，或者开业后自行停业连续 6 个月以上的，吊销营业执照。

5. 未领取营业执照，以个人独资企业名义从事经营活动的，责令停止经营活动，处以 3000 元以下的罚款。个人独资企业登记事项发生变更时，未按相关规定办理有关变更登记的，责令限期办理变更登记；逾期不办理的，处以 2000 元以下的罚款。

6. 个人独资企业侵犯职工合法权益，未保障职工劳动安全，不缴纳社会保险费用的，按照有关法律、行政法规予以处罚，并追究有关责任人员的责任。

7. 在清算前或清算期间隐匿或转移财产，逃避债务的，依法追回其财产，并按照有关规定予以处罚；构成犯罪的，依法追究刑事责任。

8. 个人独资企业或投资人应当承担民事赔偿责任和缴纳罚款、罚金，其财产不足以支付的，或者被判处没收财产的，应当先承担民事赔偿责任。

二、投资人委托或者聘用的人员应承担的法律责任

1. 投资人委托或者聘用的人员管理个人独资企业事务时违反双方订立的合同，给投资人造成损害的，承担民事赔偿责任。

2. 投资人委托或者聘用的人员违反《个人独资企业法》第 20 条的规定，侵犯个人独资企业财产权益的，责令退还侵占的财产；给企业造成损失的，依法承担赔偿责任；有违法所得的，没收违法所得；构成犯罪的，依法追究刑事责任。

三、企业登记机关及其上级部门有关人员应承担的法律责任

1. 登记机关对不符合《个人独资企业法》规定条件的个人独资企业予以登记，或者对符合本法规定条件的企业不予登记的，对直接责任人员依法给予行政处分；构成犯罪的，依法追究刑事责任。

2. 登记机关的上级部门的有关主管人员强令登记机关对不符合《个人独资企业法》规定条件的企业予以登记，或者对符合《个人独资企业法》规定条件的企业不予登记的，或者对登记机关的违法登记行为进行包庇的，对直接责任人员依法给予行政处分；构成犯罪的，依法追究刑事责任。

登记机关对符合法定条件的申请不予登记或者超过法定时限不予答复的，当事人可依法申请行政复议或提起行政诉讼。

违反法律、行政法规的规定强制个人独资企业提供财力、物力、人力的，按照有关法律、行政法规予以处罚，并追究有关责任人员的责任。

本章练习题

1. 简述个人独资企业的概念与特征。
2. 个人独资企业的设立条件有哪些？
3. 简述个人独资企业的事务管理制度。
4. 简述个人独资企业的解散与清算。

第五章　合伙企业法

学习目的与要求

　　合伙企业是典型的人合型企业，具有极高的企业信誉度，其中有限合伙制度对风险投资事业发展有巨大的推动作用。通过本章的学习，要求学生了解合伙企业的基本概念、普通合伙人与有限合伙人的权利与义务、合伙企业的解散与清算，掌握普通合伙企业、有限合伙企业的设立条件、财产性质及转让、事务执行、损益分配、债务清偿、入伙与退伙等制度。

第一节　合伙企业法概述

一、合伙企业的概念和分类

　　合伙企业是合伙的一种形式，也是一种重要的企业组织形式。合伙企业，是指在我国境内设立的，由各合伙人订立合伙协议，共同出资、合伙经营、共享收益、共担风险，至少有一个合伙人对企业债务承担无限连带责任的营利性组织。

　　合伙企业分为普通合伙企业和有限合伙企业。普通合伙企业由普通合伙人组成，共同出资、共负盈亏，合伙人对合伙企业债务承担无限连带责任。《合伙企业法》对普通合伙人承担责任的形式有特别规定的，从其规定。有限合伙企业由普通合伙人和有限合伙人组成，普通合伙人对合伙企业债务承担无限连带责任，有限合伙人以其认缴的出资额为限对合伙企业承担责任。

二、合伙企业的特征

　　根据法律规定，合伙企业具有以下法律特征：

　　（一）必须由2个以上的合伙人组成

　　合伙企业必须由2个以上的合伙人组成，是多个人的联合。普通合伙企业规定有2个以上的合伙人，且合伙人为自然人，应当具备完全的民事行为能力。至于合伙人最高人数多少为宜，有些国家作出了限制性规定，但我国并未对此进行明确的规定。鉴于合伙企业的"人合性"特点，所以合伙企业的合伙人不宜过多，实践中，一般以不超过20人为宜。有限合伙企业由2个以上50个以下合伙人设立，但是法律另有规定的除外。有限合伙企业至少应当有一个普通合伙人。

（二）以合伙人共同订立的合伙协议为基础而建立

合伙协议是全体合伙人建立合伙关系，明确合伙人的权利和义务的协议。它是合伙企业得以设立和存在的前提和基础。合伙协议是合伙企业成立的法定必要条件，是调整合伙关系、处理合伙纠纷的重要法律文件。《合伙企业法》第9条第1款规定："申请设立合伙企业，应当向企业登记机关提交登记申请书、合伙协议书、合伙人身份证明等文件。"如果申请设立合伙企业时不能提供合伙协议，就不能形成合伙关系，合伙企业也就不能成立。

（三）合伙人之间为合伙关系

每个合伙人对合伙企业，都共同出资、合伙经营、共享收益、共担风险。合伙人按照合伙协议规定出资，履行出资义务，是设立合伙企业和顺利开展生产经营活动的基本物质条件；合伙人共同从事经营活动，以合伙为职业和谋生之本；合伙人对合伙企业生产经营过程中所获得的利润或形成的亏损，应根据合伙协议或其他法定的形式分配或负担，但是不得约定将全部利润分配给部分合伙人或由部分合伙人承担全部亏损。

（四）必须有合伙人（至少1人）对企业债务承担无限连带责任

任何类型的合伙企业，必须有至少一名普通合伙人对企业债务承担无限连带责任。当合伙企业的财产不足以清偿合伙企业债务时，普通合伙人还须以其他个人财产清偿债务，即承担无限连带责任。就合伙企业的债权人而言，既可以对某一个也可以对某几个或全体普通合伙人先后或同时提出履行全部或一部分债务的请求，对该请求普通合伙人不得拒绝。

（五）属于非法人企业

合伙企业是非法人企业，无独立承担民事责任的能力，企业的资产和负债在法律上都被视为合伙人的资产和负债。当合伙企业的财产不足以清偿合伙企业债务时，普通合伙人对企业的债务承担无限连带责任。

三、合伙企业立法概况

合伙企业法，是指调整合伙企业的设立、组织、活动和解散过程中发生的经济关系的法律规范的总称。合伙企业法是合伙企业的组织法、行为法，是合伙企业设立以及开展经营活动的法律依据。在外延上，合伙企业法有广义和狭义之分。狭义的合伙企业法仅指1997年2月23日第八届全国人民代表大会常务委员会第二十四次会议通过、2006年8月27日第十届全国人民代表大会常务委员会第二十三次会议修订的《合伙企业法》。广义的合伙企业法，则包括《合伙企业法》及所有法律、行政法规和规章中关于合伙企业的相关法律规范，如《合伙企业登记管理办法》、《关于鼓励支持和引导个体私营等非公有制经济发展的若干意见》等。这些法律、法规对大力发展和积极引导合伙企业，规范合伙企业的行为，保护合伙企业及其合伙人的合法权益，维护社会经济秩序，促进社会主义市场经济的发展发挥了重要的作用。

第二节　普通合伙企业制度

一、普通合伙企业的概念与特征

普通合伙企业，是指由普通合伙人组成，合伙人对合伙企业债务依照《合伙企业法》规定承担无限连带责任的一种合伙企业。

所谓普通合伙人，是指在合伙企业中对合伙企业的债务依法承担无限连带责任的自然人、法人和其他组织。

普通合伙企业中，合伙人对合伙企业债务依法承担无限连带责任，法律另有规定的除外。所谓无限连带责任，包括两个方面：①连带责任。即所有的合伙人对合伙企业的债务都有责任向债权人偿还，不管自己在合伙协议中所承担的比例如何。一个合伙人不能清偿对外债务的，其他合伙人都有清偿的责任。②无限责任。即所有的合伙人不仅以自己投入合伙企业的资金和合伙企业的其他资金对债权人承担清偿责任，而且在不够清偿时还要以合伙人自己所有的财产对债权人承担清偿责任。

二、普通合伙企业的设立

（一）合伙企业的设立条件

根据《合伙企业法》第14条的规定，设立合伙企业，应当具备下列条件：

1. 有两个以上合伙人，合伙人是自然人的，应当具有完全民事行为能力。合伙企业合伙人至少为两人以上。对于合伙企业合伙人数的最高限额，我国《合伙企业法》未作规定，完全由设立人根据所设企业的具体情况决定。在实践中，普通合伙企业一般按照最高不超过20人的标准进行掌握。

关于合伙人的资格，《合伙企业法》作了以下限制性规定：①合伙人是自然人的，应当具有完全民事行为能力。无民事行为能力人和限制民事行为能力人不得成为合伙企业的合伙人；②法律、法规禁止从事营利性活动的人，不能成为合伙企业的合伙人，如法官、检察官、公务员等；③国有独资公司、国有企业、上市公司以及公益性的事业单位、社会团体不得成为普通合伙人。

2. 有书面合伙协议。合伙协议应当依法由全体合伙人协商一致，以书面形式订立。合伙协议经全体合伙人签名、盖章后生效。合伙人依照合伙协议享有权利、履行义务。合伙协议应当载明下列事项：合伙企业的名称和主要经营场所的地点，合伙目的和合伙经营范围，合伙人的姓名或者名称、住所，合伙人的出资方式、数额和缴付期限，利润分配、亏损分担方式，合伙事务的执行，入伙与退伙，争议解决办法，合伙企业的解散与清算，违约责任等。

修改或者补充合伙协议，应当经全体合伙人一致同意；但是，合伙协议另有约定的除外。合伙协议未约定或者约定不明确的事项，由合伙人协商决定；协商不成的，依照《合伙企业法》和其他有关法律、行政法规的规定处理。

合伙人违反合伙协议的，应当依法承担违约责任。

3. 有合伙人认缴或者实际缴付的出资。合伙协议生效后，合伙人应当按照合伙协议的规定缴纳出资。合伙人可以用货币、实物、知识产权、土地使用权或者其他财产权利出资，也可以用劳务出资。合伙人以实物、知识产权、土地使用权或者其他财产权利出资，需要评估作价的，可以由全体合伙人协商确定，也可以由全体合伙人委托法定评估机构评估。合伙人以劳务出资的，其评估办法由全体合伙人协商确定，并在合伙协议中载明。合伙人应当按照合伙协议约定的出资方式、数额和缴付期限履行出资义务。以非货币财产出资的，依照法律、行政法规的规定需要办理财产权转移手续的，应当依法办理。

4. 有合伙企业的名称和生产经营场所。作为企业的象征，企业的名称应真实地反映公司的组织形式特征，因此，合伙企业的名称也应与其责任形式及所从事的营业相符合。普通合伙企业应当在其名称中标明"普通合伙"字样，其中，特殊的普通合伙企业，应当在其名称中标明"特殊普通合伙"字样。

合伙企业从事生产经营活动，也应当有生产经营场所。其生产经营场所由住所地和其他生产经营处所构成，其中，住所地为企业的法定地址。企业的生产经营场所应当与其生产经营规模相适应。

5. 法律、行政法规规定的其他条件。

（二）合伙企业的设立登记

根据《合伙企业法》和国务院发布的《合伙企业登记管理办法》的规定，合伙企业设立登记，应按如下程序进行：

1. 申请人向企业登记机关提交相关文件。申请设立合伙企业，应当由全体合伙人指定的代表或者共同委托的代理人向企业登记机关提交下列文件：全体合伙人签署的设立登记申请书，全体合伙人的身份证明，全体合伙人指定的代表或者共同委托代理人的委托书，合伙协议，出资权属证明，经营场所证明，国务院工商行政管理部门规定提交的其他文件。

法律、行政法规或者国务院规定设立合伙企业必须审批的，还应当提交有关批准文件。全体合伙人决定委托执行事务合伙人的，应当向企业登记机关提交全体合伙人的委托书。执行事务合伙人是法人或者其他组织的，还应当提交其委派代表的委托书和身份证明。以实物、知识产权、土地使用权或者其他财产权利出资，由全体合伙人协商作价的，应当向企业登记机关提交全体合伙人签署的协商作价确认书；由全体合伙人委托法定评估机构评估作价的，应当向企业登记机关提交法定评估机构出具的评估作价证明。

2. 企业登记机关核发营业执照。申请人提交的登记申请材料齐全、符合法定形式，企业登记机关能够当场登记的，应予当场登记，发给合伙企业营业执照。除此之外，企业登记机关应当自受理申请之日起20日内，作出是否登记的决定。对符合《合伙企业法》规定条件的，予以登记，发给合伙企业营业执照；对不符合规定条件的，不予登记，并应当给予书面答复，说明理由。

合伙企业设立分支机构，应当向分支机构所在地的企业登记机关申请设立登记，领取营业执照。分支机构的经营期限不得超过合伙企业的合伙期限。

合伙企业的营业执照签发日期，为合伙企业成立日期。合伙企业领取营业执照前，合伙人不得以合伙企业的名义从事合伙业务。合伙企业登记事项发生变更的，执行合伙事务的合伙人应当自作出变更决定或者发生变更事由之日起15日内，向企业登记机关申请办理变更登记。

三、合伙企业的财产

（一）合伙企业财产的构成

根据《合伙企业法》的规定，合伙企业财产由以下三部分构成：

1. 合伙人的出资。包括设立时合伙人认缴的出资和企业存续期间合伙人依照合伙协议的约定或者合伙人决定增加的对合伙企业的出资。

2. 以合伙企业名义取得的收益。合伙企业的收益在分配给合伙人之前，属于合伙企业的财产。以合伙企业名义取得的收益，主要包括合伙企业的经营收入，以合伙企业名义购置的动产和不动产，以合伙企业名义取得的专利权、商标权及其他财产权。

3. 依法取得的其他财产。即根据法律、行政法规的规定合法取得的其他财产，如合法受赠的财产、对企业的赔偿款等。

（二）合伙人财产份额的转让

合伙人财产份额的转让，是指合伙企业的合伙人向他人转让其在合伙企业中的全部或者部分财产份额的行为。《合伙企业法》对合伙人财产份额的转让作了以下限制性规定：

1. 除合伙协议另有约定外，合伙人向合伙人以外的人转让其在合伙企业中的全部或者部分财产份额时，须经其他合伙人一致同意。这一规定适用于合伙人财产份额的外部转让。

2. 合伙人之间转让在合伙企业中的全部或者部分财产份额时，应当通知其他合伙人。这一规定适用于合伙人财产份额的内部转让。

3. 合伙人向合伙人以外的人转让其在合伙企业中的财产份额的，在同等条件下，其他合伙人有优先购买权；但是，合伙协议另有约定的除外。

此外，《合伙企业法》规定，合伙人以其在合伙企业中的财产份额出质的，须经其他合伙人一致同意；未经其他合伙人一致同意，其行为无效，由此给善意第三人造成损失的，由行为人依法承担赔偿责任。合伙人财产份额的出质，是指合伙人将其在合伙企业中的财产份额作为质押物来担保债权人债权实现的行为。

四、合伙事务的执行

（一）合伙事务的执行方式

合伙企业事务的执行，是指为了实现合伙企业的目的而进行的各项活动，包括决策和具体执行两个方面。

根据《合伙企业法》的规定，合伙人执行合伙企业事务，可以有两种形式：

1. 全体合伙人共同执行合伙事务。这是合伙事务执行的基本形式，尤其是在合伙人人数较少的情况。合伙协议未约定或者全体合伙人未决定委托执行事务合伙人的，全体合伙人均为执行事务合伙人。各个合伙人都直接参与经营，处理合伙企业的事务，对外代表合伙企业。

2. 委托一个或数个合伙人执行合伙事务。该形式是在各合伙人共同执行合伙事务的基础上引申而来的。按照合伙协议的约定或者经全体合伙人决定，可以委托一个或者数个合伙人对外代表合伙企业执行合伙事务，其他未接受委托的合伙人不再执行合伙事务。

合伙人可以将合伙事务委托一个或者数个合伙人执行，但并非所有的合伙事务都可以委托给部分合伙人决定。根据《合伙企业法》第31条的规定，除合伙协议另有约定外，合伙企业的下列事项应当经全体合伙人一致同意：①改变合伙企业的名称；②改变合伙企业的经营范围、主要经营场所的地点；③处分合伙企业的不动产；④转让或者处分合伙企业的知识产权和其他财产权利；⑤以合伙企业名义为他人提供担保；⑥聘任合伙人以外的人担任合伙企业的经营管理人员。

（二）合伙人在执行合伙事务中的权利和义务

1. 合伙人在执行合伙事务中的权利。根据《合伙企业法》的规定，合伙人在执行合伙事务中的权利主要包括以下内容：

（1）决定权。普通合伙人对执行合伙事务享有同等的决定权，各合伙人无论其出资多少，都有权平等享有执行合伙企业事务的权利。

（2）对外代表权。执行合伙事务的合伙人对外代表合伙企业，以合伙企业事务执行人的身份组织实施企业的生产经营活动。考虑到法人和其他组织可以参与合伙，《合伙企业法》同时规定，作为合伙人的法人、其他组织执行合伙企业事务的，由其委托的代表执行。

（3）监督检查权。不执行合伙事务的合伙人有权监督执行事务合伙人执行合伙事务的情况。合伙人了解合伙企业经营状况和财务状况，有权查阅合伙企业会计账簿等财务资料。

（4）异议权和撤销委托权。合伙人分别执行合伙事务的，执行事务合伙人可以对其他合伙人执行的事务提出异议。提出异议时，应当暂停该项事务的执行。受委托执行合伙事务的合伙人不按照合伙协议或者全体合伙人的决定执行事务的，其他合伙人可以决定撤销该委托。

2. 合伙人在执行合伙事务中的义务。根据《合伙企业法》的规定，合伙人在执行合伙事务中的义务主要包括以下内容：

（1）合伙事务执行人向不参加执行事务的合伙人报告企业经营状况和财务状况。由一个或者数个合伙人执行合伙事务的，执行事务合伙人应当定期向其他合伙人报告事务执行情况以及合伙企业的经营和财务状况，其执行合伙事务所产生的收益归合伙企业，所产生的费用和亏损由合伙企业承担。

（2）合伙人不得自营或者同他人合作经营与本合伙企业相竞争的业务。如果某一合伙人自己又从事或者与他人合作从事与合伙企业相竞争的业务，势必影响合伙企业的利益，使合伙企业处于不利地位，损害其他合伙人的利益。因此，《合伙企业法》规定，合伙人不得自营或者同他人合作经营与本合伙企业相竞争的业务。

（3）合伙人不得同本合伙企业进行交易。《合伙企业法》规定，除合伙协议另有约定或者经全体合伙人一致同意外，合伙人不得同本合伙企业进行交易。

（4）合伙人不得从事损害本合伙企业利益的活动。合伙人在执行合伙事务过程中，不得为了自己的私利，损害其他合伙人利益，也不得与其他人恶意串通，损害合伙企业的利益。

（三）合伙事务执行的决策方式

根据《合伙企业法》规定，合伙人对合伙企业有关事项作出决议，按照合伙协议约定的表决办法办理。合伙协议未约定或者约定不明确的，实行合伙人一人一票并经全体合伙人过半数通过的表决办法。《合伙企业法》对合伙企业的表决办法另有规定的，从其规定。

（四）合伙企业的损益分配

1. 合伙损益。合伙损益包括两方面的内容：①合伙利润，即以合伙企业的名义所取得的经济利益，它反映了合伙企业在一定期间的经营成果；②合伙亏损，即以合伙企业的名义从事经营活动所形成的亏损。

2. 合伙损益分配原则。合伙损益分配原则的主要内容为：合伙企业的利润分配、亏损分担，按照合伙协议的约定办理；合伙协议未约定或者约定不明确的，由合伙人协商决定；协商不成的，由合伙人按照实缴出资比例分配、分担；无法确定出资比例的，由合伙人平均分配、分担。合伙协议不得约定将全部利润分配给部分合伙人或者由部分合伙人承担全部亏损。

（五）非合伙人参与经营管理

根据《合伙企业法》规定，除合伙协议另有约定外，经全体合伙人一致同意，可以聘任合伙人以外的人担任合伙企业的经营管理人员。被聘任的经营管理人员，仅是合伙企业的经营管理人员，不是合伙企业的合伙人，不具有合伙人的资格。

关于被聘任的经营管理人员的职责，《合伙企业法》规定，被聘任的合伙企业的经营管理人员应当在合伙企业授权范围内履行职务；被聘任的合伙企业的经营管理人员，超越合伙企业授权范围履行职务，或者在履行职务过程中因故意或者重大过失给合伙企业造成损失的，依法承担赔偿责任。

五、合伙企业与第三人的关系

合伙企业与第三人关系，是指有关合伙企业的对外关系。涉及合伙企业对外代表权的效力、合伙企业和合伙人的债务清偿等问题。

（一）合伙企业对外代表权的效力

1. 合伙事务执行中的对外代表权。可以取得合伙企业对外代表权的合伙人，主要有三种情况：①全体合伙人都取得了合伙企业的对外代表权；②受委托执行合伙企业事务的部分合伙人具有对外代表合伙企业的权利；③由于特别授权在单项合伙事务上有执行权的合伙人，依照授权范围可以对外代表合伙企业。执行合伙企业事务的合伙人在取得对外代表权后，即可以合伙企业的名义进行经营活动，在其授权的范围内作出法律行为。合伙人的这种代表行为，对全体合伙人发生法律效力，即其执行合伙事务所产生的收益归合伙企业，所产生的费用和亏损由合伙企业承担。

2. 合伙企业对外代表权的限制。合伙人执行合伙事务的权利和对外代表合伙企业的权利，都会受到一定的内部限制。但是，根据《合伙企业法》规定，合伙企业对合伙人执行合伙事务以及对外代表合伙企业权利的限制，不得对抗善意第三人。如果第三人与合伙企业事务执行人恶意串通、损害合伙企业利益，则不属善意的情形。

（二）合伙企业和合伙人的债务清偿

1. 合伙企业的债务清偿与合伙人的关系。

（1）合伙企业财产优先清偿。《合伙企业法》规定，合伙企业对其债务，应先以其全部财产进行清偿。即在合伙企业存在自己的财产时，合伙企业的债权人应首先从合伙企业的全部财产中求偿，而不应当向合伙人个人直接请求债权。

（2）合伙人的无限连带清偿责任。《合伙企业法》规定，合伙企业不能清偿到期债务的，合伙人承担无限连带责任。所谓合伙人的无限责任，是指当合伙企业的全部财产不足以偿付到期债务时，各个合伙人以其自有财产来清偿合伙企业的债务。所谓合伙人的连带责任，是指当合伙企业的全部财产不足以偿付到期债务时，合伙企业的债权人对合伙企业所负债务，可以向任何一个、数个或全部合伙人主张，该合伙人不得以其出资的份额大小、合伙协议有特别约定或者自己已偿付所承担份额的债务等理由来拒绝。

（3）合伙人之间的债务分担和追偿。《合伙企业法》规定，合伙人由于承担无限连带责任，清偿数额超过规定的亏损分担比例的，有权向其他合伙人追偿。

2. 合伙人的债务清偿与合伙企业的关系。在合伙企业存续期间，可能发生个别合伙人因不能偿还其私人债务而被追索的情况。为了保护合伙企业、其他合伙人及债权人的合法权益，《合伙企业法》作了如下规定：

（1）合伙人发生与合伙企业无关的债务，相关债权人不得以其债权抵销其对合伙企业的债务，也不得代位行使合伙人在合伙企业中的权利。

（2）合伙人的自有财产不足以清偿其与合伙企业无关的债务的，该合伙人可以以其从合伙企业中分取的收益用于清偿；债权人也可以依法请求人民法院强制执行该合伙人在合伙企业中的财产份额用于清偿。这既保护了债权人的清偿利益，也无损于全体合伙人的合法权益。

人民法院强制执行合伙人的财产份额时，应当通知全体合伙人，其他合伙人有优先购买权；其他合伙人未购买，又不同意将该财产份额转让给他人的，依照《合伙企业法》的规定为该合伙人办理退伙结算，或者办理削减该合伙人相应财产份额的结算。

六、入伙与退伙

（一）入伙

入伙，是指在合伙企业存续期间，原合伙人以外的第三人加入合伙，从而取得合伙人资格的法律行为。

1. 入伙的条件和程序。《合伙企业法》规定，新合伙人入伙，除合伙协议另有约定外，应当经全体合伙人一致同意，并依法订立书面入伙协议。订立入伙协议时，原合伙人应当向新合伙人如实告知原合伙企业的经营状况和财务状况。

2. 新合伙人的权利和责任。入伙的新合伙人与原合伙人享有同等权利，承担同等责任，入伙协议另行约定的除外。新合伙人对入伙前合伙企业的债务承担无限连带责任。

（二）退伙

退伙，是指合伙人退出合伙企业，从而丧失合伙人资格。

1. 退伙的类型。合伙人退伙一般有三种类型：一是自愿退伙；二是当然退伙；三是除名退伙。

（1）自愿退伙，是指合伙人基于自愿的意思表示而退伙。自愿退伙可以分为协议退伙和通知退伙两种。

协议退伙。根据《合伙企业法》第45条规定，合伙协议约定合伙期限的，在合伙企业存续期间，有下列情形之一时，合伙人可以退伙：①合伙协议约定的退伙事由出现；②经全体合伙人一致同意；③发生合伙人难以继续参加合伙企业的事由；④其他合伙人严重违反合伙协议约定的义务。合伙人违反上述规定退伙的，应当赔偿由此给合伙企业造成的损失。

通知退伙。合伙协议未约定合伙期限的，合伙人在不给合伙企业事务执行造成不利影响的情况下，可以退伙，但应当提前30日通知其他合伙人。

（2）当然退伙，是指合伙人因出现法律规定的事由而退伙。根据《合伙企业法》第48条的规定，合伙人有下列情形之一的，当然退伙：①作为合伙人的自然人死亡或者被依法宣告死亡；②个人丧失偿债能力；③作为合伙人的法人或者其他组织依法被吊销营业执照、责令关闭、撤销或者被宣告破产；④法律规定或者合伙协议约定合伙人必须具有相关资格而丧失该资格；⑤合伙人在合伙企业中的全部财产份额被人民法院强制执行。

此外，合伙人被依法认定为无民事行为能力人或者限制民事行为能力人的，经其他合伙人一致同意，可以依法转为有限合伙人，普通合伙企业依法转为有限合伙企业。其他合伙人未能一致同意的，该无民事行为能力或者限制民事行为能力的合伙人退伙。

当然退伙以退伙事由实际发生之日为退伙生效日。

（3）除名退伙，是指在法定条件下，经其他合伙人一致同意，合伙人被合伙企业除名而发生的退伙。根据《合伙企业法》第49条规定，合伙人有下列情形之一的，经其他合伙人一致同意，可以决议将其除名：①未履行出资义务；②因故意或者重大过失给合伙企业造成损失；③执行合伙事务时有不正当行为；④发生合伙协议约定的事由。

对合伙人的除名决议应当书面通知被除名人。被除名人接到除名通知之日，除名生效，被除名人退伙。被除名人对除名决议有异议的，可以自接到除名通知之日起 30 日内，向人民法院起诉。

2. 退伙的法律效力。

（1）财产继承。根据《合伙企业法》规定，合伙人死亡或者被依法宣告死亡的，对该合伙人在合伙企业中的财产份额享有合法继承权的继承人，按照合伙协议的约定或者经全体合伙人一致同意，从继承开始之日起，取得该合伙企业的合伙人资格。

但是，有下列情形之一的，合伙企业应当向合伙人的继承人退还被继承合伙人的财产份额：①继承人不愿意成为合伙人；②法律规定或者合伙协议约定合伙人必须具有相关资格，而该继承人未取得该资格；③合伙协议约定不能成为合伙人的其他情形。合伙人的继承人为无民事行为能力人或者限制民事行为能力人的，经全体合伙人一致同意，可以依法成为有限合伙人，普通合伙企业依法转为有限合伙企业。全体合伙人未能一致同意的，合伙企业应当将被继承合伙人的财产份额退还该继承人。

（2）退伙结算。合伙人退伙，其他合伙人应当与该退伙人按照退伙时的合伙企业财产状况进行结算，退还退伙人的财产份额。退伙人对给合伙企业造成的损失负有赔偿责任的，相应扣减其应当赔偿的数额。退伙时有未了结的合伙企业事务的，待该事务了结后进行结算。

退伙人在合伙企业中财产份额的退还办法，由合伙协议约定或者由全体合伙人决定，可以退还货币，也可以退还实物。

合伙人退伙时，合伙企业财产少于合伙企业债务的，退伙人应当依法分担亏损。退伙人对基于其退伙前的原因发生的合伙企业债务，承担无限连带责任。

七、特殊的普通合伙企业

（一）特殊的普通合伙企业的概念

特殊的普通合伙企业，又称为有限责任合伙企业，是指各合伙人在合伙债务承担无限责任的基本前提下，对因其他合伙人故意或重大过失造成的合伙债务承担不负无限连带责任的企业。特殊普通合伙企业多是以专业知识和专门技能为客户提供有偿服务的专业服务机构。特殊的普通合伙企业名称中应当标明"特殊普通合伙"字样。

（二）特殊的普通合伙企业的责任形式

1. 责任承担。《合伙企业法》规定，一个合伙人或者数个合伙人在执业活动中因故意或者重大过失造成合伙企业债务的，应当承担无限责任或者无限连带责任，其他合伙人以其在合伙企业中的财产份额为限承担责任。合伙人在执业活动中非因故意或者非因重大过失造成的合伙企业债务以及合伙企业的其他债务，由全体合伙人承担无限连带责任。

2. 责任追偿。《合伙企业法》规定，合伙人执业活动中因故意或者重大过失造成的合伙企业债务，以合伙企业财产对外承担责任后，该合伙人应当按照合伙协议的约定对给合伙企业造成的损失承担赔偿责任。

（三）特殊的普通合伙企业的执业风险防范

特殊的普通合伙企业应当建立执业风险基金、办理职业保险。

执业风险基金，主要是指为了化解经营风险，特殊的普通合伙企业从其经营收益中提取相应比例的资金留存或者根据相关规定上缴至指定机构所形成的资金。执业风险基金用于偿付合伙人执业活动造成的债务，应当单独立户管理。

职业保险，又称职业责任保险，是指承保各种专业技术人员因工作上的过失或者疏忽大意所造成的合同一方或者他人的人身伤害或者财产损失的经济赔偿责任的保险。

第三节　有限合伙企业制度

一、有限合伙企业的概念及法律适用

（一）有限合伙企业的概念和特征

有限合伙企业，是指由有限合伙人和普通合伙人共同组成，普通合伙人对合伙企业债务承担无限连带责任，有限合伙人以其认缴的出资额为限对合伙企业债务承担责任的合伙组织。

有限合伙企业与普通合伙企业相比较，具有以下显著特征：

1. 在经营管理上，普通合伙企业的合伙人，一般均可参与合伙企业的经营管理。而在有限合伙企业中，有限合伙人不执行合伙事务，而由普通合伙人进行具体的经营管理。

2. 在风险承担上，普通合伙企业的合伙人之间对合伙债务承担无限连带责任。而在有限合伙企业中，不同类型的合伙人所承担的责任则存在差异，其中有限合伙人以其各自的出资额为限承担有限责任，普通合伙人之间承担无限连带责任。

（二）有限合伙企业法律适用

在法律适用中，凡是《合伙企业法》中对有限合伙企业有特殊规定的，应当适用有关《合伙企业法》中对有限合伙企业的特殊规定；无特殊规定的，适用有关普通合伙企业及其合伙人的一般规定。

本部分主要介绍有限合伙企业的有关特殊规定。

二、有限合伙企业设立的特殊规定

1. 有限合伙企业人数。《合伙企业法》规定，有限合伙企业由 2 个以上 50 个以下合伙人设立；但是，法律另有规定的除外。有限合伙企业至少应当有 1 个普通合伙人。《合伙企业法》规定，有限合伙企业仅剩有限合伙人的，应当解散；有限合伙企业仅剩普通合伙人的，应当转为普通合伙企业。

2. 有限合伙企业名称。按照企业名称登记管理的有关规定，企业名称中应当含有企业的组织形式。《合伙企业法》规定，有限合伙企业名称中应当标明"有限合伙"

字样。

3. 有限合伙企业协议。有限合伙企业协议是有限合伙企业生产经营的重要法律文件。有限合伙企业协议除符合普通合伙企业合伙协议的规定外，还应当载明下列事项：①普通合伙人和有限合伙人的姓名或者名称、住所；②执行事务合伙人应具备的条件和选择程序；③执行事务合伙人权限与违约处理办法；④执行事务合伙人的除名条件和更换程序；⑤有限合伙人入伙、退伙的条件、程序以及相关责任；⑥有限合伙人和普通合伙人相互转变程序。

4. 有限合伙人出资形式。《合伙企业法》规定，有限合伙人可以用货币、实物、知识产权、土地使用权或者其他财产权利作价出资。有限合伙人不得以劳务出资。

5. 有限合伙人出资义务。《合伙企业法》规定，有限合伙人应当按照合伙协议的约定按期足额缴纳出资；未按期足额缴纳的，应当承担补缴义务，并对其他合伙人承担违约责任。

6. 有限合伙企业登记事项。《合伙企业法》规定，有限合伙企业登记事项中应当载明有限合伙人的姓名或者名称及认缴的出资数额。

三、有限合伙企业事务执行的特殊规定

1. 禁止有限合伙人执行合伙事务。《合伙企业法》规定，有限合伙人不执行合伙事务，不得对外代表有限合伙企业。有限合伙人的下列行为，不视为执行合伙事务：①参与决定普通合伙人入伙、退伙；②对企业的经营管理提出建议；③参与选择承办有限合伙企业审计业务的会计师事务所；④获取经审计的有限合伙企业财务会计报告；⑤对涉及自身利益的情况，查阅有限合伙企业财务会计账簿等财务资料；⑥在有限合伙企业中的利益受到侵害时，向有责任的合伙人主张权利或者提起诉讼；⑦执行事务合伙人怠于行使权利时，督促其行使权利或者为了本企业的利益以自己的名义提起诉讼；⑧依法为本企业提供担保。

此外，《合伙企业法》规定，第三人有理由相信有限合伙人为普通合伙人并与其交易的，该有限合伙人对该笔交易承担与普通合伙人同样的责任。有限合伙人未经授权以有限合伙企业名义与他人进行交易，给有限合伙企业或者其他合伙人造成损失的，该有限合伙人应当承担赔偿责任。

2. 有限合伙企业利润分配。《合伙企业法》规定，有限合伙企业不得将全部利润分配给部分合伙人；但是，合伙协议另有约定的除外。

3. 有限合伙人权利。

（1）有限合伙人可以同本企业进行交易。《合伙企业法》规定，有限合伙人可以同本有限合伙企业进行交易。但是，合伙协议另有约定的除外。

（2）有限合伙人可以经营与本企业相竞争的业务。《合伙企业法》规定，有限合伙人可以自营或者同他人合作经营与本有限合伙企业相竞争的业务；但是，合伙协议另有约定的除外。与普通合伙人不同，有限合伙人一般不承担竞业禁止义务。

四、有限合伙企业财产出质与转让的特殊规定

1. 有限合伙人财产份额出质。《合伙企业法》规定，有限合伙人可以将其在有限合伙企业中的财产份额出质，但是合伙协议另有约定的除外。

2. 有限合伙人财产份额转让。《合伙企业法》规定，有限合伙人可以按照合伙协议的约定向合伙人以外的人转让其在有限合伙企业中的财产份额，但应当提前30日通知其他合伙人。

五、有限合伙人债务清偿的特殊规定

《合伙企业法》规定，有限合伙人的自有财产不足以清偿其与合伙企业无关的债务的，该合伙人可以以其从有限合伙企业中分取的收益用于清偿；债权人也可以依法请求人民法院强制执行该合伙人在有限合伙企业中的财产份额用于清偿。人民法院强制执行有限合伙人的财产份额时，应当通知全体合伙人。在同等条件下，其他合伙人有优先购买权。

六、有限合伙企业入伙与退伙的特殊规定

（一）入伙

《合伙企业法》规定，新入伙的有限合伙人对入伙前有限合伙企业的债务，以其认缴的出资额为限承担责任。

（二）退伙

1. 有限合伙人当然退伙。《合伙企业法》规定，有限合伙人出现下列情形之一时当然退伙：①作为合伙人的自然人死亡或者被依法宣告死亡；②作为合伙人的法人或者其他组织依法被吊销营业执照、责令关闭、撤销，或者被宣告破产；③法律规定或者合伙协议约定合伙人必须具有相关资格而丧失该资格；④合伙人在合伙企业中的全部财产份额被人民法院强制执行。

2. 有限合伙人丧失民事行为能力的处理。《合伙企业法》规定，作为有限合伙人的自然人在有限合伙企业存续期间丧失民事行为能力的，其他合伙人不得因此要求其退伙。

3. 有限合伙人继承人的权利。《合伙企业法》规定，作为有限合伙人的自然人死亡、被依法宣告死亡或者作为有限合伙人的法人及其他组织终止时，其继承人或者权利承受人可以依法取得该有限合伙人在有限合伙企业中的资格。

4. 有限合伙人退伙后的责任承担。《合伙企业法》规定，有限合伙人退伙后，对基于其退伙前的原因发生的有限合伙企业债务，以其退伙时从有限合伙企业中取回的财产承担责任。

七、合伙人性质转变的特殊规定

《合伙企业法》规定，除合伙协议另有约定外，普通合伙人转变为有限合伙人，或者有限合伙人转变为普通合伙人，应当经全体合伙人一致同意。有限合伙人转变为普通合伙人的，对其作为有限合伙人期间有限合伙企业发生的债务承担无限连带责任。普通合伙人转变为有限合伙人的，对其作为普通合伙人期间合伙企业发生的债务承担

无限连带责任。

第四节　合伙企业解散和清算

一、合伙企业解散

合伙企业解散，是指因法定原因或约定原因而使得各合伙人解除合伙协议，合伙企业终止活动。

根据《合伙企业法》的规定，合伙企业有下列情形之一的，应当解散：①合伙期限届满，合伙人决定不再经营；②合伙协议约定的解散事由出现；③全体合伙人决定解散；④合伙人已不具备法定人数满30天；⑤合伙协议约定的合伙目的已经实现或者无法实现；⑥依法被吊销营业执照、责令关闭或者被撤销；⑦法律、行政法规规定的其他原因。

二、合伙企业清算

合伙企业解散后应当进行清算。清算是指清理合伙企业的债权债务，了结尚未完结事务的行为。《合伙企业法》对合伙企业清算作了以下几方面的规定：

（一）确定清算人

清算人是指负责企业清算事务的人。合伙企业解散，应当由清算人进行清算。清算人的法定产生方式有三种：①由全体合伙人担任；②经全体合伙人过半数同意，可以自合伙企业解散事由出现后15日内指定一个或者数个合伙人，或者委托第三人担任清算人；③自合伙企业解散事由出现之日起15日内未确定清算人的，合伙人或者其他利害关系人可以申请人民法院指定清算人。

（二）清算人的职责

清算人在清算期间执行下列事务：①清理合伙企业财产，分别编制资产负债表和财产清单；②处理与清算有关的合伙企业未了结事务；③清缴所欠税款；④清理债权、债务；⑤处理合伙企业清偿债务后的剩余财产；⑥代表合伙企业参加诉讼或者仲裁活动。

（三）通知和公告债权人

清算人自被确定之日起10日内将合伙企业解散事项通知债权人，并于60日内在报纸上公告。债权人应当自接到通知书之日起30日内，未接到通知书的自公告之日起45日内，向清算人申报债权。债权人申报债权，应当说明债权的有关事项，并提供证明材料。清算人应当对债权进行登记。清算期间，合伙企业存续，但不得开展与清算无关的经营活动。

（四）财产清偿顺序

合伙企业财产在支付清算费用和职工工资、社会保险费用、法定补偿金以及缴纳所欠税款、清偿债务后的剩余财产，依照《合伙企业法》关于利润分配和亏损分担的规定进行分配。

1. 合伙企业的财产首先用于支付合伙企业的清算费用。清算费用包括：管理合伙企业财产的费用，如仓储费、保管费、保险费等；处分合伙企业财产的费用，如聘任工作人员的费用等；清算过程中的其他费用，如通告债权人的费用、调查债权的费用、咨询费用、诉讼费用等。

2. 合伙企业的财产支付合伙企业的清算费用后的清偿顺序如下：合伙企业职工工资、社会保险费用、法定补偿金、缴纳所欠税款、清偿债务。其中，法定补偿金主要是指法律、行政法规和规章所规定的应当支付给职工的补偿金。

3. 分配财产。合伙企业财产依法清偿后仍有剩余时，对剩余财产依照《合伙企业法》的规定进行分配，即按照合伙协议的约定办理；合伙协议未约定或者约定不明确的，由合伙人协商决定；协商不成的，由合伙人按照实缴出资比例分配；无法确定出资比例的，由合伙人平均分配。

（五）注销登记

清算结束，清算人应当编制清算报告，经全体合伙人签名、盖章后，在 15 日内向企业登记机关报送清算报告，申请办理合伙企业注销登记。

合伙企业注销后，原普通合伙人对合伙企业存续期间的债务仍应承担无限连带责任。

合伙企业不能清偿到期债务的，债权人可以依法向人民法院提出破产清算申请，也可以要求普通合伙人清偿。合伙企业依法被宣告破产的，普通合伙人对合伙企业债务仍应承担无限连带责任。

第五节　违反合伙企业法的法律责任

一、合伙企业违法行为应承担的法律责任

1. 违反《合伙企业法》规定，提交虚假文件或者采取其他欺骗手段，取得合伙企业登记的，由企业登记机关责令改正，处以 5000 元以上 5 万元以下的罚款；情节严重的，撤销企业登记，并处以 5 万元以上 20 万元以下的罚款。

2. 违反《合伙企业法》规定，合伙企业未在其名称中标明"普通合伙"、"特殊普通合伙"或者"有限合伙"字样的，由企业登记机关责令限期改正，处以 2000 元以上 1 万元以下的罚款。

3. 违反《合伙企业法》规定，未领取营业执照，而以合伙企业或者合伙企业分支机构名义从事合伙业务的，由企业登记机关责令停止，处以 5000 元以上 5 万元以下的罚款。

4. 合伙企业登记事项发生变更时，未依照规定办理变更登记的，由企业登记机关责令限期登记；逾期不登记的，处以 2000 元以上 2 万元以下的罚款。合伙企业登记事项发生变更，执行合伙事务的合伙人未按期申请办理变更登记的，应当赔偿由此给合伙企业、其他合伙人或者善意第三人造成的损失。

二、合伙人违法行为应承担的法律责任

1. 合伙人执行合伙事务，或者合伙企业从业人员利用职务上的便利，将应当归合伙企业的利益据为己有的，或者采取其他手段侵占合伙企业财产的，应当将该利益和财产退还合伙企业；给合伙企业或者其他合伙人造成损失的，依法承担赔偿责任。

2. 合伙人对《合伙企业法》规定或者合伙协议约定必须经全体合伙人一致同意始得执行的事务擅自处理，给合伙企业或者其他合伙人造成损失的，依法承担赔偿责任。

3. 不具有事务执行权的合伙人擅自执行合伙事务，给合伙企业或者其他合伙人造成损失的，依法承担赔偿责任。

4. 合伙人违反《合伙企业法》规定或者合伙协议的约定，从事与本合伙企业相竞争的业务或者与本合伙企业进行交易的，该收益归合伙企业所有；给合伙企业或者其他合伙人造成损失的，依法承担赔偿责任。

5. 合伙人违反合伙协议的，应当依法承担违约责任。合伙人履行合伙协议发生争议的，合伙人可以通过协商或者调解解决。不愿通过协商、调解解决或者协商、调解不成的，可以按照合伙协议约定的仲裁条款或者事后达成的书面仲裁协议，向仲裁机构申请仲裁。合伙协议中未订立仲裁条款，事后又没有达成书面仲裁协议的，可以向人民法院起诉。

三、合伙企业清算人违法行为应承担的法律责任

1. 清算人未依照《合伙企业法》规定向企业登记机关报送清算报告，或者报送清算报告隐瞒重要事实，或者有重大遗漏的，由企业登记机关责令改正。由此产生的费用和损失，由清算人承担和赔偿。

2. 清算人执行清算事务，牟取非法收入或者侵占合伙企业财产的，应当将该收入和侵占的财产退还合伙企业；给合伙企业或者其他合伙人造成损失的，依法承担赔偿责任。

3. 清算人违反《合伙企业法》规定，隐匿、转移合伙企业财产，对资产负债表或者财产清单作虚假记载，或者在未清偿债务前分配财产，损害债权人利益的，依法承担赔偿责任。

4. 有关行政管理机关的工作人员违反规定，滥用职权、徇私舞弊、收受贿赂、侵占合伙企业合法权益的，依法给予行政处分。

另外，上述行为违反《合伙企业法》规定，构成犯罪的，依法追究刑事责任。违反《合伙企业法》规定，应当承担民事赔偿责任和缴纳罚款、罚金，其财产不足以同时支付的，先承担民事赔偿责任。

本章练习题

1. 简述普通合伙企业的概念和特征。

2. 简述普通合伙企业的设立条件。

3. 简述特殊普通合伙企业的概念和责任形式。

4. 简述有限合伙企业的概念和特征。

5. 比较普通合伙企业与有限合伙企业的异同。

6. 简述合伙企业的解散和清算制度。

第六章 外商投资企业法

学习目的与要求

　　吸引外商投资，是我国对外开放的主要途径之一。也是我国资本项目外汇收入的重要来源。通过本章的学习，要求学生在全面了解我国中外合资经营企业、中外合作经营企业和外资企业基本制度的基础上，重点掌握外商投资企业资本制度、内部管理形式等内容，并能够把握外商投资企业与内资企业、中外合资经营企业与中外合作经营企业之间的区别。

第一节 外商投资企业法概述

一、外商投资企业的概念

　　外商投资企业，是外国公司、企业、其他经济组织或者个人依据中国法律规定，经过中国政府批准，以私人直接投资方式在中国境内设立的各类企业的总称。外国投资者包括外国的公司、企业和其他经济组织或者个人，中国投资者包括中国的公司、企业或者其他经济组织，不包括个人。

　　外商投资企业具有以下法律特征：

　　1. 外商投资企业是吸引外国私人投资举办的企业。按照国际惯例，外商投资企业的投资仅限于私人投资，即以公司、企业、其他经济组织和个人的名义进行的投资。国际组织或者政府的对外援助等不属于此范畴。在参与程度上外商投资企业的资本既可能全部源于外国投资者，由其单独出资设立；也可能部分源于外国投资者，与中国投资者共同投资设立。

　　2. 外商投资企业是外国公司、企业和其他经济组织或者个人以直接投资方式设立的企业。即外国投资者直接将资金投入企业，并不同程度地参与企业的经营决策，通过企业盈利分配获得投资收益的投资方法，其相对于通过发放贷款或购买债券等间接投资方式更具有稳定性。

　　3. 外商投资企业是依照中国的法律和行政法规，经中国政府批准，在中国境内设立的企业。外商投资企业设立的法律依据是中国的法律和行政法规，区别于依照外国法律设立的外国企业在中国境内的分支机构。外商投资企业的住所必须设在中国境内，又区别于中国投资者和外国投资者在中国境外设立的企业。外商投资企业设立后，必须遵守中国的法律，同时也受中国法律的保护。

根据我国有关法律和行政法规的规定，我国目前的外商投资企业主要有中外合资经营企业、中外合作经营企业、外资企业、外商投资股份有限公司等几种形式。目前，对来自于我国台湾、香港、澳门地区的投资主体在内地投资的企业按外商投资企业管理。

为了保护外商投资企业的合法权益，合资企业法和外资企业法分别规定，国家对合营企业和外资企业不实行国有化和征收；在特殊情况下，根据社会公共利益的需要，对合营企业和外资企业可以依照法律程序实行征收，并给予相应的补偿。

二、我国外商投资企业法概述

外商投资企业法，是调整外商投资企业在设立、变更、终止以及组织管理和经营活动中发生的各种经济关系的法律规范的总称。

我国的外商投资企业法未采取统一立法形式，因此，我国的外商投资企业法是由各种专门立法及相关的法律、法规组成的一个法律体系。外商投资企业法律的主要内容包括外商投资企业的组织形式、设立与登记程序、法律地位、投资关系、法律文件、中外双方的权利义务、组织机构、经营管理、劳动关系、税收、外汇管理、解散与清算等。早在改革开放初期，为适应我国对外开放的需要，我国就相继颁布了一系列有关调整外商投资企业关系的法律、法规及规章。其中主要包括：1979 年 7 月 1 日第五届全国人民代表大会第二次会议通过，又于 1990 年 4 月 4 日、2001 年 3 月 15 日两次修改的《中华人民共和国中外合资经营企业法》（以下简称《合营企业法》）；1988 年4 月13 日第七届全国人民代表大会第一次会议通过、2000 年 10 月 31 日修改的《中华人民共和国中外合作经营企业法》（以下简称《合作企业法》）；1986 年 4 月 12 日第六届全国人民代表大会第四次会议通过、2000 年 10 月 31 日修改的《中华人民共和国外资企业法》（以下简称《外资企业法》）；以及与《合营企业法》、《合作企业法》、《外资企业法》配套的实施条例和实施细则，国务院及有关部委颁布的法规、规章等。在外商投资企业法与《公司法》的衔接适用上，公司法为一般法，外商投资企业法作为特别法，对外商投资企业应优先适用外商投资的相关法律，相关法律没有规定的适用公司法的规定。我国《公司法》第 217 条规定："外商投资的有限责任公司和股份有限公司适用本法；有关外商投资的法律另有规定的，适用其规定。"

这些法律、法规的颁布实施，为外商投资营造了公开透明的法律政策环境，对扩大我国对外经济合作和技术交流，吸收和利用外资，促进我国社会主义市场经济的发展产生了十分重要的作用。

第二节　中外合资经营企业法

一、中外合资经营企业的概念与特征

中外合资经营企业，简称为合营企业，是指外国公司、企业和其他经济组织或个人（以下简称"外国投资者"），按照平等互利的原则，经中国政府批准，在中华人民共和国境内，同中国的公司、企业或其他经济组织（以下简称"中国投资者"）共同投资、共同经营，按照各自的出资比例共担风险、共负盈亏的企业。合营企业具有以下法律特征：

1. 中外合资经营企业是中外投资者共同投资举办的企业。中外合资经营企业的一方为外国投资者，另一方为中国投资者。其中，中国投资者为中国的公司、企业和其他经济组织；而外国投资者可以是公司、企业、其他经济组织或者个人。

2. 中外合资经营企业是股权式企业。合营企业是中外合营者共同投资、共同经营，并按照出资比例共担风险、共负盈亏的企业。各方出资折算成一定的出资比例，外方的投资比例不得低于注册资本的25%。

3. 中外合资经营企业的组织形式是有限责任公司。中外投资者以其认缴的出资额为限对企业承担责任，合营企业以其全部资产对企业的债务承担责任，其组织形式为有限责任公司。

4. 中外合资经营企业是中国企业法人。合营企业是经中国政府批准，在中国境内设立的中国企业法人。合营企业必须遵守中国的法律、受中国法律管辖，同时其合法权益也受中国法律的保护。

二、中外合资经营企业的设立

（一）中外合资经营企业的设立条件

在中国境内设立中外合资经营企业，应当能够促进中国经济的发展和科学技术水平的提高，有利于社会主义现代化建设。国家鼓励、允许、限制或者禁止设立合营企业的行业，按照国家指导外商投资方向的规定及外商投资产业指导目录执行。

申请设立合营企业有下列情况之一的，不予批准：①有损中国主权的；②违反中国法律的；③不符合中国国民经济发展要求的；④造成环境污染的；⑤签订的协议、合同、章程显属不公平，损害合营一方权益的。

（二）中外合资经营企业的设立程序

根据《合营企业法》及有关规定，设立合营企业有以下几个步骤：

1. 由中外投资者向审批机关报送有关申请文件。申请设立合营企业，中外投资者共同向审批机关报送下列文件：设立合营企业的申请书；合营各方共同编制的可行性研究报告；由合营各方授权代表签署的合营企业协议、合司和章程；由合营各方委派的合营企业董事长、副董事长、董事人选名单；审批机关规定的其他文件。

2. 审批机关审批。设立合营企业的审批机关是国务院对外经济贸易主管部门。对

于投资总额在国务院规定的限额内，中国投资者的资金来源已落实的，并且不需要国家增拨原材料，不影响燃料、动力、交通运输、外贸出口配额等的全国平衡的，可由国务院授权的省、自治区、直辖市人民政府或国务院有关部委审批。受托机构批准设立合营企业后，报国务院对外经济贸易主管部门备案。

审批机关应当在收到全部申请文件之日起3个月内作出批准或不批准的决定。审批机关如发现申请文件有不足之处，应要求限期修改后，再行审批。经审查予以批准的，由审批机关发给批准证书。

3. 注册登记。合资企业应当自收到批准证书后一个月内，按照有关规定，向工商行政管理部门办理登记手续，领取营业执照，开始营业。合资企业营业执照签发日期，即为该合营企业的成立日期。

三、中外合资经营企业的注册资本和投资总额

（一）注册资本增加、减少和出资额转让

1. 中外合资经营企业的注册资本。合营企业的注册资本，是指为设立合营企业在登记管理机关登记的资本总额，应为合营各方认缴的出资额之和。合营企业的注册资本一般应当以人民币表示，也可以用合营各方约定的外币表示。合营企业的注册资本是企业赖以存在并进行生产经营活动的基本物质条件，也是合营企业承担风险责任的基础。

根据我国有关法律规定，合营企业的注册资本应符合下列要求：①在合营企业的注册资本中，外国投资者的出资比例一般不得低于25%；②合营企业的注册资本应符合《公司法》规定的有限责任公司注册资本的最低限额。

2. 中外合营企业注册资本的增加或者减少。合营企业在合营期限内，不得减少其注册资本，但因投资总额和生产经营规模等发生变化，确须减少注册资本的，须经审批机关批准。合营企业在合营期限内增加注册资本，法律没有禁止。但是，按照法律规定，须由合营双方协商一致，并由董事会会议通过，报国家原审批机关批准。合营企业增加或者减少注册资本，应该修改企业章程，并向工商管理机关进行变更登记。

3. 中外合资经营企业出资额的转让。合营企业出资额是出资人依合营企业章程的规定认缴的出资。合营企业出资额的转让是指在合营企业中合营一方将其全部或部分出资额转让给合营企业另一方或第三方。合营企业中的合营一方向另一方或者第三方转让其全部或部分出资额，须经合营各方同意，并由董事会会议通过，报经原审批机关批准。审批机关应在受理后3个月内作出批准或不批准的决定。转让出资额经审批机关批准后，合营企业应向原登记管理机关办理变更登记手续。合营一方转让其全部或部分出资时，同等条件下，合营他方有优先购买权。合营一方向第三者转让出资额的条件，不得比向合营他方转让的条件优惠。

（二）中外合资经营企业的投资总额

合营企业的投资总额，是指按照合营企业的合同、章程规定的生产规模需要投入的基本建设资金和生产流动资金的总和，由注册资本与借款构成。合营企业的借款是

指为弥补投资总额的不足，以合营企业的名义向金融机构借入的款项。为确保合营企业注册资本与生产经营的规模相适应，防止企业借入资金比例过大。1987年3月1日经国务院批准，国家工商行政管理局发布了《关于中外合资经营企业注册资本与投资总额比例的暂行规定》，明确了合营企业注册资本与投资总额比例，其主要内容是：

1. 投资总额在300万（含300万）美元以下的，注册资本至少应占投资总额的7/10。

2. 投资总额在300万美元以上至1000万（含1000万）美元的，注册资本至少应占投资总额的1/2，其中投资总额在420万美元以下的，注册资本不得低于210万美元。

3. 投资总额在1000万美元以上至3000万（含3000万）美元的，注册资本至少应占投资总额的2/5，其中投资总额在1250万美元以下的，注册资本不得低于500万美元。

4. 投资总额在3000万美元以上的，注册资本至少应占投资总额的1/3，其中投资总额在3600万美元以下的，注册资本不得低于1200万美元。

合营企业如遇特殊情况不能执行此规定的，由国务院对外经济贸易主管部门会同国家工商行政管理机关批准。

（三）中外合资经营企业的出资方式

根据有关法律的规定，合营各方可以用以下方式认缴出资：

1. 现金。现金出资是注册资本的重要组成部分。外国投资者以现金出资时，一般只能以外币出资，不能以人民币缴付出资。外国投资者以外币缴付出资，应当按照缴款当日中国人民银行公布的挂牌汇率折算成人民币或套算成约定的外币。中国投资者用人民币缴付出资，如需折合成外币，应当按照缴款当日中国人民银行公布的挂牌汇率折算。

2. 实物。实物出资包括建筑物、厂房、机器设备或其他物料折价出资。外国投资者以机器设备或其他物料出资的，必须符合下列条件，并报审批机关批准：①为合营企业生产所必不可少的。②作价不得高于同类机器设备或其他物料当时的国际市场价格。实物的价格可以由合营各方共同协商确定，也可以请合营各方同意的第三方予以评定。③必须是自己所有并且是未设置任何担保物权的物，应当出具其拥有所有权和处置权的有效证明。

3. 工业产权和专有技术。工业产权和专有技术出资是指以专利、商标和专有技术的所有权或使用权作价出资。作为外国投资者出资的工业产权或专有技术，必须符合下列条件之一，并报审批机关批准：①能显著改进现有产品的性能、质量，提高生产效率的；②能显著节约原材料、燃料、动力的。与实物出资相同，工业产权和专有技术的价格可以由合营各方共同协商确定，也可以请合营各方同意的第三方予以评定。

4. 场地使用权。在举办合营企业时，中国投资者可以用场地使用权作为出资。中国投资者用场地使用权出资的，其作价金额应当与取得同类场地使用权所应缴纳的使用费相同。如果中国投资者未用场地使用权出资的，合营企业应当向中国政府缴纳场地使用费。

5. 其他财产权利。根据法律规定，合营企业可以采用其他财产权利出资，如国有企业的经营权、自然资源的开采权、企业的承包经营权等。

（四）中外合资经营企业的出资期限

根据我国法律和行政法规的规定，外商投资企业的投资应按照项目进度，在合同、章程中明确规定出资期限。未作规定的，不予批准和登记。

合营企业合同中规定一次缴付出资的，投资各方应当自营业执照签发之日起 6 个月内缴清。合同中规定分期缴付出资的，投资各方第一期出资不得低于各自认缴出资的 15%，并且应当在营业执照签发之日起 3 个月内缴清；投资各方分期出资的总期限，视注册资本额度的不同而有所区别，但一般最长不得超过 3 年，分期出资的总期限按以下规定：

1. 注册资本在 50 万美元以下（含 50 万美元）的，自营业执照核发之日起 1 年内，应将资本全部缴齐。

2. 注册资本在 50 万美元以上、100 万美元以下（含 100 万美元）的，自营业执照核发之日起 1 年半内，应将资本全部缴齐。

3. 注册资本在 100 万美元以上、300 万美元以下（含 300 万美元的），自营业执照核发之日起 2 年内，应将资本全部缴齐。

4. 注册资本在 300 万美元以上、1000 万美元以下（含 1000 万美元）的，自营业执照核发之日起 3 年内，应将资本全部缴齐。

5. 注册资本在 1000 万美元以上的，出资期限由审批机关根据实际情况审定。

合营各方应按合同、章程的规定按期足额缴清各自的出资额。如合营各方未能在规定期限内缴付出资，视同合营企业自动解散，合营企业批准证书自动失效。合营一方逾期未缴或未缴清其出资的，即构成违约，守约方应当催告违约方在 1 个月内缴付或者缴清出资。逾期仍未缴付或者缴清出资的，视同违约方放弃在合同中的一切权利，自动退出合营企业，并应按合同规定向守约方支付迟延利息或赔偿损失。

四、中外合资经营企业的组织机构

中外合资经营企业的组织形式是有限责任公司，但是根据规定，合营企业的组织机构是董事会和经营管理机构，实行的是董事会领导下的总经理负责制。

（一）董事会

董事会是合营企业的最高权力机构，决定合营企业的一切重大问题。董事会成员不得少于 3 人，董事名额的分配由合营各方参照出资比例协商确定。董事会由董事长、副董事长和董事组成，其具体人数组成由合营各方协商，在合同、章程中确定。董事的任期为 4 年，各方继续委派的可以连任。董事会设董事长 1 人、副董事长 1～2 名，董事长是合营企业的法定代表人。董事长和副董事长由合营各方协商决定或由董事会选举产生。一般中外合营者的一方担任董事长的，由他方担任副董事长。

董事会会议由董事长召集并主持，董事长不能召集时，可以由董事长委托副董事长或者其他董事召集并主持。董事会每年至少召开 1 次，经 1/3 以上董事提议，可由董事长召开董事会临时会议。董事会会议应有 2/3 以上董事出席，董事不能出席的，可以出具委托书委托他人代表其出席和表决。董事会内部采用平等协商的方式对重大问题作出决策。其职权范围包括：讨论决定企业发展规划、生产经营活动方案、收支预算、利润分配、停业以及总经理、副总经理等高级管理人员的任命或者聘请及其职权或待遇等。董事会会议的决议方式可以根据合营企业章程载明的议事规则作出，但是涉及下列事项必须经出席董事会会议的董事一致通过方可作出决议：①合营企业章程的修改；②合营企业的终止、解散；③合营企业注册资本的增加、减少；④合营企业的合并、分立等。

（二）经营管理机构

合营企业设经营管理机构，负责企业的日常经营管理工作。经营管理机构设总经理一人、副总经理及其他高级管理人员若干。经营管理机构下设各职能部门，负责生产管理、供销、科研、财会、劳动人事等事项。

总经理负责企业的生产经营和日常管理工作，由董事会聘任，可以由中国公民担任，也可以由外国公民担任。经董事会聘请，董事长、副董事长、董事可以兼任合营企业的总经理、副总经理或者其他高级管理职务。总经理或者副总经理不得兼任其他经济组织的总经理或者副总经理，不得参与其他经济组织对本企业的商业竞争。总经理的职责是：执行董事会会议的各项决议；组织领导合营企业的经营管理工作；在董事会的授权范围内，代表合营企业对外进行各项经营活动：任免下属人员；行使董事会授予的其他职权。

五、中外合资经营企业的经营管理

合营企业在批准登记的经营范围内，依法享有生产经营自主权。合营企业所需的机器设备、原材料、燃料配套件、运输工具和办公用品等，有权自行决定在中国购买或向国外购买。中国政府鼓励合营企业向国际市场销售其产品。

合营企业应当建立健全财务会计管理机构，执行中国统一的财务会计制度，根据中国有关的法律和财务会计制度的规定，制定适合本企业的财务会计制度，并报当地财政税务机关备案。

合营企业按净利润在中外双方之间进行利润分配，即合营企业的毛利润依法缴纳企业所得税后，按照下列原则进行分配：①提取储备基金，职工奖励及福利基金、企业发展基金，提取比例由董事会确定；②储备基金除用于垫补合营企业亏损外，经审批机构批准也可以用于本企业增加资本，扩大生产；③提取上述三项基金后的可分配利润，如果董事会确定分配，应按照合营各方出资比例进行分配。

六、中外合资经营企业的期限与解散

（一）中外合资经营企业的期限

根据《合营企业法》的规定，合营企业可以按照不同行业、不同项目的具体情况约定合营期限。有的行业的合营企业，应当约定合营期限；有的行业的合营企业，可以约定合营期限，也可以不约定合营期限。一般项目的合营期限原则上为 10 ~ 30 年。投资大、建设周期长、资金利润率低的项目，以及由外方投资者提供先进技术或关键技术生产尖端产品的项目，或在国际上有竞争能力的产品的项目，其合营期限可以延长到 50 年。经国务院特别批准的，可以在 50 年以上。

合营企业约定合营期限的，合营各方同意延长合营期限，应在合营期限届满 6 个月前向审批机关提出申请。审批机关应当自接到申请之日起 1 个月内决定批准或者不批准。

（二）中外合资经营企业的解散与清算

《合营企业法》及相关行政法规对合营企业的解散和清算有规定的，按照规定办理；没有规定的，适用《公司法》。

根据规定，合营企业解散的情况主要有：①合营期限届满；②企业发生严重亏损，无力继续经营的；③合营一方不履行合营协议、合同、章程规定的义务，致使企业无法继续经营的；④因自然灾害、战争等不可抗力遭受严重损失，无法继续经营的；⑤合营企业未达到其经营目的，同时又无发展前途的；⑥合营企业合同、章程所规定的其他解散原因已经出现。上述第 2 ~ 6 项情况发生的，由董事会提出解散申请书，报审批机构批准；第 3 项情况发生的，由履行合同的一方提出申请，报审批机构批准。在第 3 项情况下，不履行合营企业协议、合同、章程规定的义务的一方，应当对由此给合营企业造成的损失负赔偿责任。

合营企业宣告解散时，应当成立清算委员会，由清算委员会对合营企业财产、债权、债务进行全面清算。清算委员会的成员一般应当在合营企业的董事中选任。董事不能担任或者不适合担任清算委员会成员时，合营企业可以聘请中国的注册会计师、律师担任。审批机构认为必要时，可以派人进行监督。合营企业清偿债务后的剩余财产按照合营各方的出资比例进行分配，但合营企业协议、合同、章程另有规定的除外；企业财产不足以清偿债务的，企业债权人可以向法院申请宣告该企业破产，企业也可以自行申请破产。

合营企业的清算工作结束后，由清算委员会提出清算结束报告，提请董事会会议通过后，报告审批机构，并向登记管理机构办理注销登记手续，缴销营业执照。

第三节　中外合作经营企业法

一、中外合作经营企业的概念及特征

中外合作经营企业，简称为合作企业。是指外国的公司、企业、其他经济组织或个人与中国的公司、企业和其他经济组织，依据中国的法律规定，经中国政府批准，在中国境内共同举办的，按照合作企业合同的约定分配产品或收益、分担风险及亏损的法人及非法人企业。中外合作经营企业具有以下法律特征：

1. 中外合作经营企业的一方为外国投资者，另一方为中国投资者。其中，外国投资者可以是公司、企业、其他经济组织或者个人；而中国投资者为中国的公司、企业和其他经济组织。

2. 中外合作经营企业是契约式企业。契约式企业，即以合同为基础确定当事人的权利义务。在合作企业中，中外双方的投资一般不折算成股份，只是作为合作的条件。合作双方各自的权利义务是由他们在平等互利的原则下通过协商，用合作企业合同加以规定的，双方根据约定的比例，分享利润或产品，分担风险、债务和责任。

3. 中外合作经营企业的经营管理机构具有灵活性。根据法律规定，合作企业的经营管理可以采用董事会制，也可以采用联合管理委员会制，还可以采用委托管理制，委托中外合作者以外的他人管理合作企业。

4. 中外合作经营企业的组织形式具有可选择性。根据法律规定，合作企业可以是依法取得中国法人资格的企业，其组织形式为有限责任公司，中外合作者以其投资或者提供的合作条件为限对企业负责，企业以其全部财产对其债务承担有限责任；也可以是不具备法人资格的企业，其依照中国民事法律制度的有关规定承担民事责任。

5. 中外合作企业中的外国合作者可以先行回收投资。外国合作者在与中国合作者约定当合作企业经营期限届满全部固定资产无偿归中方所有的条件下，外国合作者可以先行回收投资。

二、中外合作经营企业的设立

（一）中外合作经营企业的设立条件

在中国境内举办中外合作经营企业，应当符合国家的发展政策和产业政策，遵守国家关于指导外商投资方向的规定。国家鼓励举办以下企业：第一类为产品出口的生产型合作企业，即产品主要用于出口创汇的生产型合作企业；第二类为技术先进的生产型合作企业，即外国合作者提供先进技术，从事新产品开发，实现产品升级换代，以增加出口创汇或者替代进口的生产型合作企业。

（二）中外合作经营企业的设立程序

根据《合作企业法》及其实施细则规定，设立合作企业的基本程序有：

1. 由中方合作者向审批机关报送有关文件：①设立合作企业的项目建议书；②合作各方共同编制的可行性研究报告；③合作企业协议、合同、章程；④合作各方的营业执照或者注册登记证明、资信证明及法定代表人的有效证明文件，外方合作者是自然人的，应当提供其有关身份、履历和资信情况的有效证明文件；⑤合作各方协商确定的合作企业董事长、副董事长、董事或者联合管理委员会主任、副主任、委员的人选名单；⑥审查批准机关要求报送的其他文件。

2. 审查批准机关审批。设立合作企业由国务院对外贸易主管部门或者国务院授权的部门和地方人民政府审查批准。审查批准机关应当自收到规定的全部文件之日起45天内决定批准或者不批准；如果审查批准机关认为报送的文件不全或者有不当之处的，有权要求合作各方在指定期间内补充或者修正。

3. 申请工商登记，领取营业执照。设立合作企业的申请被批准后，应当自接到批准证书之日起 30 天内向工商行政管理机关申请登记，领取营业执照。合作企业的营业执照签发之日，即为该企业成立日期。

三、中外合作经营企业的注册资本和出资方式

（一）中外合作经营企业的注册资本

合作企业的注册资本，是指为设立合作企业，在工商行政管理机关登记的合作各方认缴的出资额之和。注册资本以人民币表示，也可以用合作各方约定的一种可自由兑换的外币表示。合作企业注册资本在合作期限内不得减少。但是，因投资总额和生产经营规模等变化，确需减少的，须经审查批准机关批准。对于合作企业增加注册资本，法律没有限制。

在依法取得法人资格的合作企业中，外国合作者的投资一般不低于合作企业注册资本的 25%。在不具有法人资格的合作企业中，对合作各方关于合作企业投资或者提供合作条件的具体要求，由国务院对外贸易主管部门规定。

中外合作者应当依照法律、法规的规定和合作企业合同的约定，如期履行缴足投资、提供合作条件的义务。合作各方没有按照合作企业合同约定缴纳投资或者提供合作条件的，工商行政管理机关应当责令其限期履行；期限届满仍未履行的，由审批机关和工商行政管理机关依照国家有关规定处理。

（二）中外合作经营企业的出资方式

《合作企业法》第 8 条规定："中外合作者的投资或者提供的合作条件可以是现金、实物、土地使用权、工业产权、非专利技术和其他财产权利。"实践中，中国合作者较多以厂房、设备、土地使用权作为投资或提供的合作条件；而外国合作者则多以现金、工业产权、非专利技术或机器设备作为投资或提供合作条件。合作各方应当以其自有的财产或者财产权利作为投资或者合作条件，对该投资或者合作条件不得设置抵押权或者其他形式的担保。

四、中外合作经营企业的组织机构

根据《合作企业法》及其实施细则的规定，中外合作经营企业的组织管理形式主要有：

（一）董事会制或联合管理制

合作企业设立董事会或者联合管理委员会为合作企业的组织机构。具有中国法人资格的合作企业，一般实行董事会制；不具有法人资格的合作企业，一般设立联合管理委员会。董事会或联合管理委员会是合作企业的权力机构，按照合作企业章程的规定，决定合作企业的重大问题。董事会或者联合管理委员会成员不得少于 3 人，其名额的分配由中外合作者参照其投资或者提供的合作条件协商确定。董事会董事或者联合管理委员会委员由合作各方自行委派或者撤换。董事会董事长、副董事长或者联合管理委员会主任、副主任的产生办法由合作企业章程规定。中外合作者的一方担任董事长、主任的，副董事长、副主任由他方担任。

董事会会议或者联合管理委员会会议每年至少召开一次，一般由董事长或者主任主持。1/3 以上董事或者委员可以提议召开董事会会议或者联合管理委员会会议。董事会会议或者联合管理委员会会议应当有 2/3 以上董事或者委员出席方能举行。董事会会议或者联合管理委员会会议作出决议，须经全体董事或者委员的过半数通过。但是对合作企业章程的修改，合作企业注册资本的增加或者减少，合作企业的解散，合作企业的资产抵押，合作企业的合并、分立和变更组织形式等必须经出席董事会会议或者联合管理委员会会议的董事或者委员一致通过，方可作出决议。

（二）委托管理制

合作企业成立后，可以实行委托管理制，通过签订合同委托合作各方以外的他人经营管理。根据规定，合作企业成立后改为委托管理制的，必须经董事会或者联合管理委员会一致同意，报审查批准机关批准，并向工商行政管理机关办理变更登记手续。

五、中外合作经营企业的盈亏分配及投资回收

（一）中外合作经营企业的盈亏分配

《合作企业法》及实施细则规定，中外合作者依照合作企业合同的约定分配收益或者产品，承担风险和亏损。合作企业的盈亏分摊不一定以投资比例来确定，而由合作各方依据企业是否具备法人资格、各方投资的合作条件等因素协商而定。中外合作者可以采用分配利润、分配产品或者合作各方共同商定的其他方式分配收益。

（二）中外合作经营企业的投资回收

1. 中外合作经营企业的投资回收方式。为吸引外商投资，发挥中外合作经营企业的灵活性特征，我国允许外国投资者在一定条件下先期回收投资。《合作企业法》第 21 条第 2 款规定："中外合作者在合作企业合同中约定合作期满时合作企业的全部固定资产归中国合作者所有的，可以在合作企业合同中约定外国合作者在合作期限内先行回收投资的办法……"外国合作者先行回收投资的具体方式有：

（1）在按照投资或者提供合作条件进行分配的基础上，在合作企业合同中约定扩大外国合作者的收益分配比例。

（2）经财政税务机关审查批准，外国合作者在合作企业缴纳所得税前回收投资。

（3）财政税务机关和审查批准机关批准的其他回收投资方式。

2. 中外合作经营企业的投资回收条件。为均衡中外合作双方的利益，外国合作者先行回收投资的，合作期满时合作企业的全部固定资产必须无偿归中国合作者所有。同时，中外合作者应当依照有关法律的规定和合作企业合同的约定，对合作企业的债务承担责任。在合作企业的经营亏损未弥补前，外国合作者不得先行回收投资。

六、中外合作经营企业的期限、解散

（一）中外合作经营企业的期限

合作企业的期限，由中外合作者协商确定，并在合作企业合同中明确。合作企业期限届满，合作各方协商同意要求延长合作期限的，应当在期限届满的 180 日前向审查批准机关提出申请。审查批准机关应当自接到申请之日起 30 日内决定批准或不批准。经批准延长合作期限的，合作企业凭批准文件向工商行政管理机关办理变更登记手续。

合作企业合同约定外国合作者先行回收投资，并且投资已经回收完毕的，合作企业期限届满不得再行延长；但是外国合作者增加投资的，经合作各方协商同意，可以向审批机关申请延长合作期限。

（二）中外合作经营企业的解散

根据《合作企业法》及实施细则的规定，合作企业解散的原因主要有：①合作期限届满；②合作企业发生严重亏损，或因不可抗力遭受严重损失，无力继续经营；③合作一方或数方不履行合作企业合同、章程规定的义务，致使合作企业无法继续经营的；④合作企业合同、章程中规定的其他解散原因已经出现；⑤合作企业违反法律、行政法规，被依法责令关闭的。

合作企业解散，应当依法对企业的资产和债权、债务进行清算。中外合作者应当依照合作企业合同的约定确定合作企业财产的归属。

第四节　外资企业法

一、外资企业的概念及特征

外资企业，是指外国的公司、企业和其他经济组织或者个人（以下简称"外国投资者"），依照中国的法律，经中国政府批准，在中国境内设立的全部资本由外国投资者投资的企业。但是不包括外国公司、企业和其他经济组织在中国境内设立的分支机构。外资企业具有以下特征：

1. 外资企业的全部资本由外国投资者投入。外国投资者包括外国公司、企业、其他经济组织或者个人，这是外资企业与中外合资经营企业、中外合作经营企业的主要区别。

2. 外资企业是依照中国的法律规定在中国境内设立的企业，是中国企业法人。外资企业必须遵守中国的法律、行政法规，不得损害中国社会的公共利益。同时外资企业受中国法律的管辖和保护。

3. 外资企业不包括外国公司、企业和其他经济组织在中国境内设立的分支机构。外国公司、企业和其他经济组织在中国境内设立的分支机构，一般属于外国企业的分公司，其属于外国企业，不属于《外资企业法》的调整范围。

二、外资企业的设立

（一）外资企业设立的条件

根据《外资企业法》及其实施细则的规定，设立外资企业，必须有利于中国国民经济的发展，能够取得显著的经济效益，国家鼓励外资企业采用先进技术和设备，从事新产品开发，节约能源和原材料，实现产品升级换代，并鼓励举办产品出口的外资企业。

申请设立外资企业，有下列情况之一的，不予批准：①有损中国主权或者社会公共利益的；②危及中国国家安全的；③违反中国法律、法规的；④不符合中国国民经济发展要求的；⑤可能造成环境污染的。

（二）外资企业设立的程序

根据《外资企业法》及其实施细则的规定，设立外资企业的具体程序如下：

1. 外国投资者向拟设立外资企业所在地的县级或县级以上地方人民政府提交报告。报告的内容包括：①设立外资企业的宗旨；②经营范围、规模；③生产的产品；④使用的技术设备；⑤用地面积及要求；⑥需要的能源条件及数量；⑦对公共设施的要求等。县级或者县级以上地方人民政府应当在收到外国投资者提交的报告之日起30日内以书面形式答复外国投资者。

2. 外国投资者通过外资企业所在地的县级或者县级以上地方人民政府向审批机关提出申请，并报送下列文件：①设立外资企业申请书；②可行性研究报告；③外资企业章程；④外资企业法定代表人名单；⑤外国投资者的法律证明文件和资信证明文件；⑥拟设立外资企业所在地的县级或县级以上地方人民政府的书面答复；⑦需要进口的物资清单；⑧其他需要报送的文件。

3. 审批机关审批。设立外资企业由国务院对外贸易主管部门或者国务院授权的部门和地方人民政府审查批准。审批机关应当在收到申请设立外资企业的全部文件之日起90天内决定批准或不批准。审批机关发现上述文件不齐全或者有不当之处，可以要求限期补报或者修改。

4. 登记注册。设立外资企业的申请经审批机关批准后，外国投资者应当在收到批准证书之日起30天内向工商行政管理机关申请登记，领取营业执照。外资企业的营业执照签发日期为该企业成立日期。

三、外资企业的组织形式、注册资本

（一）外资企业的组织形式

《外资企业法实施细则》第18条规定，外资企业组织形式为有限责任公司，经批准也可以为其他责任形式。外资企业为有限责任公司的，外国投资者对企业的责任以其认缴的出资额为限。外资企业为其他责任形式的，外国投资者对企业的责任，适用中国法律、法规的规定。

（二）外资企业的注册资本

外资企业的注册资本，是指为设立外资企业在工商行政管理机关登记的资本总额，即外国投资者认缴的全部出资额。外资企业的注册资本要与其经营规模相适应，注册资本与投资总额的比例应当符合中国有关法律法规的规定。

外资企业在经营期内不得减少其注册资本。但是，因投资总额和生产经营规模等发生变化，确需减少的，须经审批机关批准。外资企业注册资本可以增加或者转让，但是，须经审批机关批准，并向工商行政管理机关办理变更登记手续。外资企业将其资产或者权益对外抵押、转让，须经审批机关批准，并向工商行政管理机关备案。

（三）外资企业的出资方式

根据《外资企业法实施细则》有关规定，外国投资者可以用自由兑换的外币出资，也可以用机器设备、工业产权、专有技术等作价出资。经过批准机关批准，外国投资者也可以用其从中国境内举办的其他外商投资企业获得的人民币利润投资。

外国投资者缴付出资的期限应当在设立外资企业申请书和外资企业章程中载明。外国投资者可以分期缴付出资，但最后一期出资应当在营业执照签发之日起 3 年内缴清。其中第一期出资不得少于注册资本的 15%，并应当在外资企业营业执照签发之日起 90 天内缴清。外国投资者未能按规定缴付第一期出资的，外资企业批准证书即自动失效。

四、外资企业的经营管理

外资企业依照经批准的章程进行经营管理活动，不受干涉。外资企业在批准的经营范围内所需的原材料、燃料等物资，按照公平、合理的原则，可以在中国市场或者国际市场购买。

外资企业雇用中国职工应当一律签订合同，并在合同中订明雇用、解雇、报酬、福利、劳动保护、劳动保险等事项。外资企业的职工依法建立工会组织，开展工会活动，维护职工的合法权益。外资企业应当为本企业工会提供必要的活动条件。

外资企业必须在中国境内设置会计账簿，进行独立核算，按照规定报送会计报表，并接受财政税务机关的监督。

五、外资企业的期限与终止

（一）外资企业的期限

外资企业的经营期限、根据不同行业和企业的具体情况，由外国投资者在设立外资企业的申请书中拟订，经审批机关批准。外资企业的经营期限从其营业执照签发之日起计算。

外资企业经营期满需要延长经营期限的，应当在距经营期满 180 天前向审批机关报送延长经营期限的申请书。审批机关应当在收到申请书之日起 30 天内决定批准或者不批准。外资企业经批准延长经营期限的，应当自收到批准延长期限文件之日起 30 天内，向工商行政管理机关办理变更登记手续。

（二）外资企业的终止

外资企业有下列情形之一的，应予终止：①经营期限届满；②经营不善，严重亏损，外国投资者决定解散；③因自然灾害、战争等不可抗力而遭受严重损失，无法继续经营的；④破产；⑤违反中国法律、法规，危害社会公共利益被依法撤销；⑥外资企业章程规定的其他解散事由已经出现。

外资企业如存在上述第 2~4 项情形的，应当自行提出终止申请书，报审批机关核准。审批机关作出核准的日期为企业的终止日期。

外资企业终止后，应当依法对企业的资产和债权、债务进行清算。外资企业在清算结束之前，外国投资者不得将该企业的资金汇出或者携出中国境外，不得自行处理企业的财产。

本章练习题

1. 简述投资企业的概念及法律特征。
2. 简述中外合资经营企业的概念及法律特征。
3. 简述中外合资经营企业的资本制度。
4. 简述中外合作经营企业的概念及法律特征。
5. 简述中外合作经营企业的组织管理形式。
6. 如何理解中外合作经营企业先期回收投资的制度？
7. 简述中外合资经营企业与中外合作经营企业的异同。
8. 简述外资企业的概念及特征。

第七章　破产法

学习目的与要求

　　破产法是市场经济法律体系中必不可少的法律制度之一。本章主要介绍破产的含义和特征、破产原因、破产申请与受理、破产财产及管理人制度，债权人会议、破产和解与重整、破产清算等。通过本章学习，学生应当理解法律上破产的含义、特征以及破产法的作用，了解破产的具体程序，重点掌握破产的界限，破产财产及管理人制度、破产债权及债权人会议、破产的重整与和解程序，破产清算制度，并能够灵活运用相关法律制度解决处理破产实务问题。

第一节　破产法概述

一、破产的概念与特征

　　破产是商品经济社会发展到一定阶段必然出现的现象，也是市场运行的一种必要的机制。破产有广义与狭义之分。狭义的破产即破产清算，是指债务人不能清偿到期债务时，在法院监督之下将其全部财产公平清偿给全体债权人的法律制度。广义的破产则还包括和解与重整，即在债务人无力偿债的情况下，依法由债务人和债权人达成和解协议，清偿债务或者进行整顿复苏企业，避免破产清算的法律制度。

　　破产制度与民事执行制度虽然都属于债务清偿制度的范畴，但是破产制度有其自身明显的特征。

　　1. 破产是在法定情况下即债务人出现破产原因时适用的一种特殊偿债程序。

　　2. 破产的目的是债权人获得公平清偿；在破产程序中债务人的个别清偿行为和债权人的个别追偿行为均为法律所限制。

　　3. 破产是对债务人财产和经济关系的全面清算，在破产宣告后债务人将丧失民事主体资格。

　　4. 破产是在法院的指挥和监督下进行的债务清算程序，同时具有强制执行程序的性质。

二、破产的作用

　　破产作为商品经济社会的必然产物，在及时有效地保护债权人和债务人的利益，保证社会资源配置最优化和产业结构合理化方面都发挥着重要的作用。对债权人来说，通过破产程序，可以使他们的债权请求得到公正的待遇，避免了在缺乏公平清偿秩序的情况下可能受到的损害。对债务人企业来说，破产制度可以起到两种作用：一是淘汰落后，二是起死回生，即通过和解、重整或破产企业的整体变价使企业重新获得生机。对于破产债务人来说，破产制度还为他们提供了重新开始的机会。对社会来说，破产制度的意义有三：首先，通过规范破产行为，可以维护正常的债务清偿秩序；其次，可以妥善处理破产事件，减少其消极影响，维护社会安定；最后，通过优胜劣汰机制，可以实现资源优化组合，促进经济发展。

三、我国破产法立法状况

破产法是关于债务人不能清偿到期债务时，宣告其破产，由法院监督对其进行破产清算，或者对其进行和解、重整等方面的法律规范的总称。

破产法起源于古罗马的财产执行制度。我国历史上最早的破产法律是清政府于1906年起草的"破产律"。新中国的破产法律制度是在计划经济体制向市场经济体制过渡过程中，逐渐确立和发展起来的。1985年2月沈阳市政府颁行了《关于城市集体所有制工业企业破产倒闭处理试行规定》，这是新中国最早的地方性破产立法。1986年12月2日通过的《中华人民共和国企业破产法（试行）》是我国第一部全国性的破产立法。该法自1988年11月1日起试行，适用于全民所有制企业。1991年4月9日通过的《民事诉讼法》第十九章规定了"企业法人破产还债程序"，适用于非全民所有制的企业。为了保证上述法律的实施，最高人民法院先后发布了《关于贯彻执行〈中华人民共和国企业破产法（试行）〉若干问题的意见》、《关于适用〈中华人民共和国民事诉讼法〉若干问题的意见》、《关于当前人民法院审理企业破产案件应当注意的几个问题的通知》、《关于审理企业破产案件若干问题的规定》（以下简称《破产规定》）等。

由于不同所有制性质的企业法人破产分别适用不同的法律，有违市场经济平等原则。随着市场经济的深入发展和国有企业改革的不断深化，亟需重新制定一部适用于所有企业、操作性强的破产法。2006年8月27日的全国人民代表大会常务委员会第二十三次会议通过了新的《中华人民共和国企业破产法》，于2007年6月1日起施行，原有的《中华人民共和国企业破产法（试行）》同时废止。

根据该法律规定，非法人企业、个体工商户、农村承包经营户、自然人等非法人组织尚不具有破产资格，但这些组织的清算，可以参照破产法适用。

第二节　破产申请与受理

一、破产原因

破产原因，也称破产界限，指认定债务人丧失清偿能力，当事人得以提出破产申请，法院据以启动破产程序的法律事实。根据我国《破产法》第2条规定，企业法人不能清偿到期债务，并且资产不足以清偿全部债务或者明显缺乏清偿能力的，依法进行清理债务。如果企业法人具有上述情形，或者有明显丧失清偿能力可能的，可以依法进行重整。由上述规定可以看出，"不能清偿到期债务"是破产界限的实质标准。这里说的"不能清偿到期债务"，是指债务人对请求偿还的到期债务，因丧失清偿能力而无法偿还的一种客观经济状况。具体分为两种情况：①债务人不能清偿到期债务，并且资产不足以清偿全部债务，主要适用于债务人提出破产申请且其资不抵债易于判断的案件；②债务人不能清偿到期债务，并且明显缺乏清偿能力，主要适用于债权人提出破产申请和债务人提出破产申请但其资不抵债不易判断的案件。

不能清偿与资不抵债的概念是不同的。不能清偿在法律上的着眼点是债务关系能否正常维持。资不抵债的着眼点是资债比例关系及因此产生的清偿风险，其考察债务人的偿还能力仅以实有财产为限，不考虑信用、能力等其他偿还因素，计算债务数额时，不考虑是否到期，均纳入总额之内。债务人在资不抵债时，一方面，如到期债务数额不大，并不一定不能清偿，此外还存在以信用、能力方式还债的可能；另一方面，在债务人资产尚未超过负债时，也可能因资产结构不合理无法变现，对到期债务缺乏现实支付能力而无法清偿。所以，两者对破产界限的认定是有区别的。

二、破产申请和受理

（一）破产申请的提出

破产法将当事人提起破产清算、和解与重整这三个程序的申请统一规定于一个章节之中，虽然在有的法律条款中使用"破产申请"的概念。根据法律规定，债务人发生破产原因，可以向人民法院提出重整、和解或者破产清算申请。债务人不能清偿到期债务，债权人可以向人民法院提出对债务人进行重整或者破产清算的申请。

公司法、三资企业法等都规定了企业法人解散制度，无论何种原因解散，都应当进行清算。因此根据《破产法》第7条规定，企业法人已解散但未清算或者未清算完毕，资产不足以清偿债务的，依法负有清算责任的人应当向人民法院申请破产清算。此外，《破产法》第134条规定："商业银行、证券公司、保险公司等金融机构有本法第2条规定情形的，国务院金融监督管理机构可以向人民法院提出对该金融机构进行重整或者破产清算的申请。国务院金融监督管理机构依法对出现重大经营风险的金融机构采取接管、托管等措施的，可以向人民法院申请中止以该金融机构为被告或者被执行人的民事诉讼程序或者执行程序。"

当事人的申请应向对破产案件有管辖权的人民法院提出。破产案件的地域管辖由债务人住所地人民法院管辖。对级别管辖，立法未作规定，根据最高人民法院的解释，破产案件的级别管辖依破产企业的工商登记情况确定。基层人民法院一般管辖县、县级市或者区的工商行政管理机关核准登记企业的破产案件；中级人民法院一般管辖地区、地级市（含本级）以上的工商行政管理机关核准登记企业的破产案件。个别案件也可以适用移送管辖的相关规定。

当事人向人民法院提出破产申请，应当提交破产申请书和有关证据。破产申请书应当载明下列事项：①申请人、被申请人的基本情况；②申请目的；③申请的事实和理由；④人民法院认为应当载明的其他事项。

债权人提出破产申请时，还应当向人民法院提供下列证据材料：①债权发生的事实及证据；②债权的性质、数额，债权有财产担保的，应当提供相应证据；③债务人不能清偿到期债务的有关证据。

债务人提出申请的，还应当向人民法院提交财产状况说明、债务清册、债权清册、有关财务会计报告、职工安置预案以及职工工资的支付和社会保险费用的缴纳情况。

（二）破产申请的受理

债权人提出破产申请的，人民法院应当自收到申请之日起5日内通知债务人。债务人对申请有异议的，应当自收到人民法院的通知之日起7日内向人民法院提出。人民法院应当自异议期满之日起10日内裁定是否受理。除上述情形外，人民法院应当自收到破产申请之日起15日内裁定是否受理。有特殊情况需要延长受理案件期限的，经上一级人民法院批准，可以延长15日。

人民法院裁定受理破产申请的，应当将裁定自作出之日起5日内送达申请人。债权人提出申请的，人民法院应当自裁定作出之日起5日内送达债务人。债务人应当自裁定送达之日起15日内，向人民法院提交财产状况说明、债务清册、债权清册、有关财务会计报告以及职工工资的支付和社会保险费用的缴纳情况。

人民法院裁定不受理破产申请的，应当将裁定自作出之日起5日内送达申请人并说明理由。申请人对裁定不服的，可以自裁定送达之日起10日内向上一级人民法院提起上诉。

人民法院受理破产案件后，应当组成合议庭进行审理，并在受理案件后5日内通知债务人，发布受理公告。

三、债权申报与确认

（一）债权申报

破产案件受理后，债权人只有在依法申报债权并得到确认后，才能行使破产参与、受偿等权利。根据破产法规定，人民法院受理破产申请后，应当根据案件具体情况确定债权人申报债权的期限。债权申报期限自人民法院发布受理破产申请公告之日起计算，最短不得少于30日，最长不得超过3个月。

债权人应当在人民法院确定的债权申报期限内向管理人申报债权。申报时应说明债权的数额和有无财产担保，并且提交有关证明材料；人民法院对于申报的债权，应当指派专人进行登记造册，并对有财产担保的债权和无财产担保的债权的申报分别登记。在债权申报期限内，未申报债权的，可以在破产财产最后分配前补充申报。为保护企业职工的合法权益，破产企业的职工的劳动债权不必申报，由管理人调查后列出清单并予以公示。

（二）债权确认

债权人申报的债权经过确认后，债权人才能在破产程序中行使权利。根据破产法规定，管理人收到债权申报材料后，应当登记造册，对申报的债权进行审查，并编制债权表，提交第一次债权人会议核查。经核查后，管理人、债务人、其他债权人对债权无异议的，列入债权表。经核查后仍存在异议的债权，由人民法院裁定该异议是否成立。管理人、债务人、债权人对债权表记载的债权有异议的，可以向受理破产申请的人民法院提起诉讼。经过确认的债权即为破产债权。

（三）破产债权及其范围

破产债权是破产宣告前成立的，对破产人发生的必须通过破产程序由破产财产公平清偿的债权。《破产法》第107条第2款规定："债务人被宣告破产后，债务人称为破产人，债务人财产称为破产财产，人民法院受理破产申请时对债务人享有的债权称为破产债权。"

根据我国现行制度规定，破产债权主要包括以下内容：①破产宣告前发生的无财产担保的债权；②破产宣告前发生的虽有财产担保的债权，但是债权人放弃了优先受偿权的债权；③破产宣告前发生的虽有财产担保的债权，但是债权数额超过担保物价值部分的债权；④票据（汇票、本票、支票）的发票人或背书人被宣告破产，而付款人或承兑人不知其事实而付款或承兑，因此所产生的债权；⑤管理人决定解除合同，另一方当事人因合同解除受到损害的，其损害赔偿额作为破产债权；⑥破产宣告时未到期的债权，视为已到期债权，与其他破产债权一并得到清偿，但是应当减去未到期的利息；⑦债务人发行债券形成的债权；⑧债务人为保证人的，在破产宣告前已经被生效的法律文书确定承担的保证责任；⑨债务人的保证人代替债务人清偿债务后，依法可以向债务人追偿的债权；⑩债务人的保证人或者其他连带债务人尚未代替债务人清偿债务的，以其对债务人的将来求偿权而申报债权。

但是，下列债权不属于破产债权：①破产宣告前行政、司法机关对破产企业的罚款、罚金以及其他有关费用；②人民法院受理破产案件后债务人未支付应付款项的滞纳金；③破产宣告后的债务利息；④债权人为个人利益参加破产程序的费用；⑤破产企业的股权、股票持有人在股权、股票上的权利；⑥破产财产分配开始后向管理人申报的债权；⑦超过诉讼时效的债权；⑧政府无偿拨付给债务人的资金等。

第三节　债务人财产与管理人

一、债务人财产

（一）债务人财产的范围

根据《破产法》第30条规定，债务人财产包括破产申请受理时属于债务人的全部财产，以及破产申请受理后至破产程序终结前债务人取得的财产。债务人财产在破产宣告后称破产财产。具体讲，债务人财产或称破产财产由下列内容构成：

1. 宣告破产时破产企业经营管理的全部财产。

2. 破产企业在破产宣告后至破产程序终结前所取得的财产。企业被宣告破产后，其主体资格并未彻底消灭，仍可以管理人的名义进行必要的民事活动。因此，破产企业在破产宣告后至破产程序终结前仍有取得财产的可能性。实际上，此时破产企业所取得的财产多为因破产宣告前的原因产生的债权或者预期利益，如因破产财产所产生的孳息；因破产企业的债务人清偿债务而取得的财产等。

3. 应当由破产企业行使的其他财产权利。如破产企业设立的分支机构和没有法人资格的全资机构的财产；破产企业对外投资形成的股权及其收益；破产企业在被宣告破产时未到期的债权视为已到期债权，也属于破产财产（应当减去未到期的利息）等。

但是，破产企业的所有财产并非都属于破产财产，有些财产依法应当排除在破产财产之外，如已经作为担保标的物的财产，破产企业内党团、工会等社会团体的财产，破产企业基于仓储、保管、加工承揽、代销、寄存、租赁等法律关系占有、使用的他人财产；以及依法禁止扣押执行的财产等。破产企业兴办的学校、幼儿园、医院等社会公益事业原则上也不被列为破产财产。

（二）撤销权

撤销权，亦称"否认权"，是指破产管理人对于破产人在破产宣告前一定期限内所为的有害于破产债权人利益的行为，所享有的请求人民法院予以撤销或宣告无效并追回所转移财产的权利。破产法上的否认权是民法上的撤销制度和无效制度在破产法中的延伸，目的是避免破产财产流失，保障债权人的利益。

《破产法》第31条规定，人民法院受理破产申请前1年内，涉及债务人财产的下列行为，管理人有权请求人民法院予以撤销：①无偿转让财产的；②以明显不合理的价格进行交易的；③对没有财产担保的债务提供财产担保的；④对未到期的债务提前清偿的；⑤放弃债权的。《破产法》第32条规定，人民法院受理破产申请前6个月内，债务人不能清偿到期债务，并且资产不足以清偿全部债务或者明显缺乏清偿能力的，仍对个别债权人进行清偿的，管理人有权请求人民法院予以撤销。管理人行使撤销权，被依法撤销的涉及债务人财产的行为即归于消灭。对于已经取得的债务人的财产的受益人，应当返还或折价赔偿。

《破产法》第33条规定，对债务人处分财产的无效行为取得的债务人的财产，如债务人为逃避债务而隐匿、转移的财产、虚构债务或者承认不真实的债务，管理人有权追回。

（三）取回权

取回权是指财产权利人主张管理人返还或者交付不属于破产财产而归其支配的财产的权利。管理人对破产企业的接管通常为破产企业占有的一切财产，这些财产可能包括破产企业基于仓储、保管、加工承揽、委托交易、代销、借用、寄存、租赁等法律关系占有、使用的他人财产以及在途的出卖物，从而可能与相对人产生利害关系。为保护财产权利人的利益，人民法院受理破产申请后，债务人占有的不属于债务人的财产，理应由该财产的权利人取回。在途的出卖物，债务人尚未收到且未付清全部价款的，出卖人可以行使取回权，取回在运途中的标的物。

取回权的行使限于原物。如果破产宣告前原物已经毁损灭失，取回权消灭，财产权利人只能以物价（即直接损失额）为限申报债权，作为破产债权要求清偿。如果在破产宣告前，债务人转让该财产获利的，财产权利人有权要求债务人等值赔偿。如果原物是在破产宣告后因管理人的责任毁损灭失的，财产权利人有权获得等值赔偿。

（四）别除权

别除权是指债权人于破产宣告前就破产财产中的特定财产设置了担保物权，享有的可不依破产清算程序先于一般破产债权人就担保物受清偿的权利。《破产法》第109条规定："对破产人的特定财产享有担保权的权利人，对该特定财产享有优先受偿的权利。"别除权是担保物权在破产法上的转化形式，其基础权利在于抵押权、质押权和留置权。

别除权的行使在一定程度上也受破产程序的约束，例如也应当申报债权并被确认，若在破产程序中行使优先受偿权，须经人民法院的许可并通过管理人行使。另外，根据《破产法》第110条的规定，有财产担保的债权，其数额超过担保物的价款的，未受清偿的部分作为破产债权依照破产程序受偿；反之，担保物价值超过所担保的债权，则超过部分列入破产财产。

（五）抵销权

抵销权是指破产宣告时，破产债权人对破产人负有债务的，可不依破产程序而以自己享有的债权抵销所负债务的权利。《破产法》第40条规定，债权人在破产申请受理前对债务人负有债务的，可以向管理人主张抵销。

为保证抵销权的正确行使，防止当事人利用破产清偿与抵销清偿的差额非法牟利，行使抵销权应当具备以下条件：债权人的债权已经得到确认；主张抵销的债权债务均发生在破产宣告之前。至于债权债务是否已届清偿期限、给付种类是否相同则不构成限制。

但是有下列情形的，也不得抵销：①债务人的债务人在破产申请受理后取得他人对债务人的债权的。②债权人已知债务人有不能清偿到期债务或者破产申请的事实，对债务人负担债务的；但是，债权人因为法律规定或者有破产申请一年前所发生的原因而负担债务的除外。③债务人的债务人已知债务人有不能清偿到期债务或者破产申请的事实，对债务人取得债权的；但是，债务人的债务人因为法律规定或者有破产申请一年前所发生的原因而取得债权的除外。

二、破产费用和共益债务

（一）破产费用

破产费用是指破产程序中为破产债权人的共同利益而从破产财产中支付的费用。根据《破产法》规定，在破产清算中，应当优先从破产财产中拨付破产费用。破产费用包括：①破产案件的诉讼费用；②管理、变价和分配债务人财产的费用；③管理人执行职务的费用、报酬和聘用工作人员的费用。

破产费用可随时支付，破产财产不足以支付破产费用的，人民法院应当宣告破产程序终结。

（二）共益债务

共益债务是指在破产程序中，为债权人的共同利益所负担的债务。根据《破产法》规定，共益债务包括：①因管理人或者债务人请求对方当事人履行双方均未履行完毕的合同所产生的债务；②债务人财产受无因管理所产生的债务；③因债务人不当得利所产生的债务；④为债务人继续营业而应支付的劳动报酬和社会保险费用以及由此产生的其他债务；⑤管理人或者相关人员执行职务致人损害所产生的债务；⑥债务人财产致人损害所产生的债务。

三、管理人

（一）管理人的产生及任职资格

管理人是指破产程序开始后，为了加强对债务人财产的管理，防止债务人随意处分财产，保护债权人的利益，专门设置的负责实施对债务人财产的管理、清理、处分、变价、分配等事项的机构。破产管理人制度最早产生于英国，之后被许多国家所采用。通过设立管理人管理破产财产，监督破产程序，可以最大限度地保障债权人的利益。

根据《破产法》第22条的规定，管理人由人民法院指定；债权人会议认为管理人不能依法公正执行职务或者有其他不能胜任职务情形的，可以申请人民法院予以更换。这种规定，充分尊重债权人的意思自治，有利于破产程序的顺利进行。与此相适应，第23条规定，管理人对人民法院负责，向人民法院报告工作，并接受债权人会议和债权人委员会的监督。

管理人可以由有关部门、机构的人员组成的清算组或者依法设立的律师事务所、会计师事务所、破产清算事务所等社会中介机构担任，或者由法院指定社会中介机构中具备相关专业知识并取得执业资格的人员担任管理人，即个人也可以担任管理人。但是，法律规定有下列情形的之一的，不得担任管理人：因故意犯罪受过刑事处罚，曾被吊销相关专业执业证书，与本案有利害关系，人民法院认为不宜担任管理人的其他情形。

（二）管理人的职责与报酬

管理人应当勤勉尽责，忠实执行职务。其职责包括：①接管债务人的财产、印章和账簿、文书等资料；②调查债务人财产状况，制作财产状况报告；③决定债务人的内部管理事务；④决定债务人的日常开支和其他必要开支；⑤在第一次债权人会议召开之前，决定继续或者停止债务人的营业；⑥管理和处分债务人的财产；⑦代表债务人参加诉讼、仲裁或者其他法律程序；⑧提议召开债权人会议；⑨人民法院认为管理人应当履行的其他职责。

管理人履行职责，应当获得合理的报酬。管理人的报酬由人民法院确定。债权人会议对管理人的报酬有异议的，有权向人民法院提出。

管理人未依照法律规定勤勉尽责，忠实执行职务的，人民法院可以依法处以罚款；管理人给债权人、债务人或者第三人造成损失的，依法应当承担赔偿责任。

第四节　债权人会议

一、债权人会议的概念、组成

债权人会议是由所有依法申报债权的债权人组成，以保障债权人共同利益为目的，为实现债权人的破产程序参与权，讨论决定有关破产事宜，表达债权人意志，协调债权人行为的破产议事机构。

《破产法》第59条规定，所有债权人均为债权人会议成员，有权参加债权人会议，享有表决权。但享有担保权又未放弃优先受偿权利的债权人，对债权人会议通过的和解协议和破产财产的分配方案不享有表决权。此外，债务人的保证人，在代替债务人清偿债务后可以作为债权人，享有表决权。债权尚未确定的债权人，除人民法院能够为其行使表决权而临时确定债权额的以外，不能行使表决权。债权人会议设主席1人，由人民法院从有表决权的债权人中指定，负责主持债权人会议。

二、债权人会议的召集与职权

（一）债权人会议的召集

债权人会议分第一次会议和以后的会议。第一次债权人会议应当在债权申报期限届满后15日内召开，由人民法院召集和主持。人民法院在召集第一次债权人会议时，应当宣布债权人资格审查结果，指定并宣布债权人会议主席，宣布债权人会议的职权及其他有关事项，并通报债务人的生产经营、财产、债务的基本情况。

以后的债权人会议在人民法院认为必要时召开，或者管理人、债权人委员会向债权人会议主席提议时召开，也可以在占债权总额的1/4以上的债权人向债权人会议主席提议时召开。第一次债权人会议后又召开债权人会议的，管理人应当提前15日通知已知的债权人。

债权人可以自行出席会议并表决，也可以委托代理人出席会议、行使表决权。代理人出席会议、行使表决权的，应当向人民法院或债权人会议主席提交由委托人签名盖章的授权委托书。管理人、企业的法定代表人和其他管理人员应当列席债权人会议。债权人会议应当有债务人的职工和工会代表参加，对相关事项发表意见。

（二）债权人会议的职权

根据《破产法》第61条的规定，债权人会议的职权包括：①核查债权；②申请人民法院更换管理人，审查管理人的费用和报酬；③监督管理人；④选任和更换债权人委员会成员；⑤决定继续或者停止债务人的营业；⑥通过重整计划；⑦通过和解协议；⑧通过债务人财产的管理方案；⑨通过破产财产的变价方案；⑩通过破产财产的分配方案；⑪人民法院认为应当由债权人会议行使的其他职权。

债权人会议的职权是通过表决形成决议的方式来行使的。根据《破产法》第64条规定，债权人会议的决议，由出席会议的有表决权的债权人过半数通过，并且其所代表的债权额必须占无财产担保债权总额的半数以上；但是通过和解协议草案的决议，必须占无财产担保债权总额的 2/3 以上。债权人会议通过重整计划草案，实行按债权分类分组表决的办法进行。

为避免破产清算程序因债权人会议不能形成决议而久拖不决，根据《破产法》第65 条的规定，对破产财产的管理方案、变价方案经债权人会议表决未通过的，由人民法院作出裁定；对破产财产的分配方案，经债权人会议二次表决仍不能通过的，可申请人民法院直接作出裁定。债权人对人民法院作出的裁定不服的，可以向作出裁定的人民法院申请复议，但复议期间不影响裁定的执行。

债权人会议的决议依法通过后，对全体债权人均有约束力，不论债权人是否出席债权人会议，是否参加表决，表决时是否同意，均要遵照执行。

债权人认为债权人会议的决议违反法律规定，损害其利益的，可以自债权人会议作出决议之日起 15 日内，请求人民法院裁定撤销该决议，责令债权人会议依法重新作出决议。

三、债权人委员会

债权人会议可以决定设立债权人委员会。债权人委员会是遵循债权人的共同意志，代表债权人会议监督管理人行为以及破产程序的合法、公正进行，处理破产程序中的有关事项的常设监督机构，其成员由债权人会议从债权人中选任，人数不得超过 9 人，其中应当有 1 名由债务人职工推荐的职工代表或者工会的代表。债权人委员会行使下列职权：①监督债务人财产的管理和处分；②监督破产财产分配；③提议召开债权人会议；④债权人会议委托的其他职权。

第五节　破产重整与破产和解

破产清算虽然可以实现债权人之间的公平受偿，但是它本身也具有无法克服的缺陷：首先，破产案件处理时间长、受偿比例低，对债权人不利；其次，破产分配使债务人丧失了赖以经营的经济基础，对债务人不利；最后，破产将导致债务人主体资格的丧失，造成职工失业，对职工、国家和社会不利。为了消除企业破产的负面影响，我国《破产法》规定了破产重整和破产和解。

一、破产重整

（一）重整制度概述

重整是指对可能或已经发生破产原因但又有挽救希望的法人企业，通过对各方利害关系人的利益协调，借助法律强制进行营业重组与债务清理，以避免破产、获得重生的法律制度。

重整制度产生于 20 世纪 20 年代，之后在资本主义国家迅速发展起来。重整程序不同于破产清算程序，将债务人的财产公平分配给债权人而使其从经济活动中简单消失；也不同于和解程序，只是消极地避免债务人破产宣告，而是一种积极的拯救程序，使即将破产的企业获得重生。

（二）重整申请和重整期间

1. 重整申请。根据破产法的规定，债务人或者债权人可以依法直接向人民法院申请对债务人进行重整。债权人申请对债务人进行破产清算的，在人民法院受理破产申请后、宣告债务人破产前，债务人或者出资额占债务人注册资本 1/10 以上的出资人，可以向人民法院申请重整。人民法院经审查认为重整申请符合法律规定的，应当裁定债务人重整，并予以公告。

2. 重整期间。自人民法院裁定债务人重整之日起至重整程序终止，为重整期间。在重整期间，债务人财产的管理与营业事务的执行，可以采用债务人自行管理方式，也可由管理人履行管理职责，同时聘任债务人的经营管理人员负责营业事务。

按照破产法规定，有下列情形之一的，人民法院应当裁定终止重整程序，并宣告债务人破产：①在重整期间，债务人的经营状况和财产状况继续恶化，缺乏挽救的可能性的，或者债务人有欺诈、恶意减少债务人财产或者其他显著不利于债权人的行为的，或者由于债务人的行为致使管理人无法执行职务，经管理人或者利害关系人请求的；②债务人或者管理人未按期提出重整计划草案的；③重整计划草案未获通过的；④重整计划未经人民法院批准的。

（三）重整计划的制订与批准

重整计划也称重整方案，是指为了维持债务人继续营业，由管理人或者债务人提出、债权人会议认可并经法院批准，以谋求债务人通过整顿获得重生并清理债权债务关系的方案。

制作重整计划草案采用"谁管理财产和营业事务谁制订"的原则。在债务人自行管理财产和营业事务的情况下，即债务人为重整人时，由债务人制作重整计划草案；在管理人负责管理财产和营业事务的情况下，即管理人为重整人时，由管理人制作重整计划草案。

重整计划草案原则上应当在人民法院裁定重整之日起 6 个月内向人民法院和债权人会议提交，特殊情况下有正当理由的，经债务人或管理人申请可以延长 3 个月。重整计划草案应当包括下列内容：①债务人的经营方案；②债权分类；③债权调整方案；④债权受偿方案；⑤重整计划的执行期限；⑥重整计划执行的监督期限；⑦有利于债务人重整的其他方案。

重整计划草案应当提交债权人会议讨论，人民法院应当在重整计划草案提交之日起 30 日内召开债权人会议，对重整计划草案进行表决。

由于债权的性质和债权数额的不同，债权人各自利益也不同。为避免不同债务人不能达成协议而互相牵累，切实保护各个债权人的利益。债权人会议依债权的性质不同分组分别进行表决：①对债务人的特定财产享有担保权的债权；②劳动债权；③债务人所欠税款；④普通债权。

出席会议的同一表决组的债权人过半数同意重整计划草案，并且其所代表的债权额占该组债权总额的 2/3 以上的，即为该组通过重整计划草案。各表决组均通过重整计划草案时，重整计划即为通过。部分表决组未通过重整计划草案的，债务人或者管理人可以同未通过重整计划草案的表决组协商，该表决组可以在协商后再表决一次。

重整计划草案通过之日起 10 日内，债务人或者管理人可以申请人民法院批准申请。未通过重整计划草案的，债务人或者管理人可以申请人民法院直接批准。人民法院经审查认为符合法定条件的，应当自收到申请之日起 30 日内裁定批准，终止重整程序，并予以公告。

（四）重整计划的执行与监督

重整计划经人民法院批准以后，已接管财产和营业事务的管理人应当向债务人移交财产和营业事务，由债务人负责执行重整计划，由管理人负责监督。经人民法院裁定批准的重整计划，对债务人和全体债权人均有效，包括未申报债权的债权人。重整计划执行完毕，按照重整计划减免的债务，债务人不再承担清偿责任。债务人不能或者不执行重整计划的，管理人或者利害关系人有权向人民法院申请依法裁定终止重整计划的执行，并宣告债务人破产。

二、破产和解

（一）和解制度概述

和解制度是指不能清偿到期债务的债务人与债权人之间，就债务人债务的减免或者延期以及其他解决债务的措施达成协议，以中止破产程序，避免破产清算的制度。

1883 年英国首先在破产程序中引入和解制度，随后各国纷纷效仿。我国 1986 年颁布的《企业破产法（试行）》、《民事诉讼法》和《破产规定》等制度中均对和解作出了规定。但是上述法律规定不同的企业适用不同的法律，而且全民所有制企业破产和解缺乏自主权，和解期间债权人和债务人的权利义务不够明确。因此新通过的破产法吸收国外经验，对和解制度进行完善。

（二）和解的申请和审查

债务人不能清偿到期债务，并且资产不足以清偿全部债务或者明显缺乏清偿能力的，可以直接向人民法院提出和解申请，也可以在法院受理破产申请后、宣告破产前申请和解。申请和解应当提交和解申请书，载明申请人的基本情况、申请的事实和理由等事项。同时提交有关证据，主要包括财产状况说明、债务清册、债权清册、有关财务会计报告等。根据法律规定，债务人还应当提交和解协议草案。

法院在收到债务人提交的和解申请书以后，应当依法进行审查。认为申请符合法律规定条件的，应当作出准许和解的裁定，并予以公告。公告应当载明：债务人的名称或者姓名，人民法院裁定和解的时间，申报债权的期限、地点和申报的注意事项，管理人的名称或者姓名及其处理事务的地址，债务人的债务人或者财产持有人应当向管理人清偿债务或者交付财产的要求，第一次债权人会议召开的时间和地点以及人民法院认为应当公告的其他事项。

（三）和解协议及其执行

和解协议是指由债务人提出草案、债权人会议表决通过、法院认可的关于清偿债务的协议。债务人提交的和解协议草案的内容应当包括：清偿债务的财产来源，清偿债务的办法，清偿债务的期限等。如果要求减少债务的，还应当写明请求减少的数额。

债权人会议对和解协议草案进行讨论，符合法定通过条件的，由人民法院裁定认可后，自裁定和解之日起，对全体和解债权人均有效力。当然，和解债权人对债务人的保证人和其他连带债务人所享有的权利，不受和解协议的影响。同时管理人向债务人移交财产和营业事务，向法院提交执行职务的报告。债务人依照和解协议清偿债务的，破产程序终结。按和解协议减免的债务，自和解协议执行完毕时起，债务人不再承担清偿责任。如果债务人不能执行或不执行和解协议，人民法院应当裁定终止和解协议的执行。

经人民法院审查不符合和解条件不予认可的和解协议，应当裁定终止和解程序，并宣告债务人破产。

因债务人的欺诈或者其他违法行为而成立的和解协议，人民法院应当裁定无效。和解协议被裁定无效，和解债权人因执行和解协议所受的清偿，如果在其他债权人所受清偿同等比例的范围内，不予返还。

第六节　破产清算程序

一、破产宣告

破产宣告是指受理破产案件的人民法院依法审查并宣告债务人破产的裁判行为。人民法院一旦作出破产宣告，破产程序就进入实质性阶段，债务人正式成为破产人，债权人则依清算、分配程序受偿。

根据法律规定，依照债权人或者债务人申请，有下列情形之一的，人民法院应当裁定宣告企业破产：①债务人或者债权人直接提出对债务人进行破产清算的申请；②重整计划草案未获得通过，不执行或不能执行重整计划，或者在重整期间由于债务人的行为使重整计划无法继续实行的；③和解协议草案未获得通过，不执行或不能执行和解协议，或者在和解协议执行期间债务人有欺诈或其他违法行为的。

破产宣告前，第三人为债务人提供足额担保或者为债务人清偿全部到期债务的，或者债务人已清偿全部到期债务的，人民法院应当裁定终结破产程序，并予以公告。

人民法院依法宣告债务人破产，应当自裁定作出之日起5日内送达债务人和管理人，自裁定作出之日起10日内通知已知债权人，并予以公告。公告内容包括债务人亏损情况、资产负债状况、宣告破产的理由和法律根据、破产宣告的日期以及对债务人的财产、账册、文书、资料和印章的保护等内容。

人民法院宣告企业破产的裁定自宣告之日起发生法律效力。破产企业应当停止生产经营活动，法律另有规定的除外。破产企业的法定代表人、财会、保管、保卫人员和其他有关人员应根据人民法院的指定留守破产企业。破产企业的开户银行，应根据人民法院的通知规定，使破产企业的银行账户只能供管理人使用。

二、破产财产的变价与分配

（一）破产财产的变价

破产财产的分配以货币分配为基本方式，所以，在破产宣告后，管理人应当及时拟订破产财产变价方案，提交债权人会议讨论。管理人应当按照债权人会议通过的或者人民法院依法裁定的破产财产变价方案，适时变价出售破产财产。变价出售破产财产一般通过拍卖方式进行。

（二）破产财产的分配

1. 破产分配方案。对破产企业的财产全部清理、变价之后，管理人应当根据对破产企业的清算结果编制破产财产明细表、资产负债表，并提出破产分配方案，经债权人会议讨论通过，报请人民法院裁定后执行。破产财产分配方案应当包括以下内容：参加破产财产分配的债权人名称或者姓名、住所，参加破产财产分配的债权额，可供分配的破产财产数额，破产财产分配的顺序、比例及数额，实施破产财产分配的方法。债权人会议通过破产财产分配方案后，由管理人将该方案提请人民法院裁定认可。

破产财产分配方案由管理人执行。对于附生效条件或者解除条件的债权，管理人应当将其分配额提存。在最后分配公告日，生效条件未成就或者解除条件成就的财产，应当分配给其他债权人；在最后分配公告日，生效条件成就或者解除条件未成就的财产，应当交付给债权人。

对未领取的应受领的破产分配额，管理人应当提存。债权人自最后分配公告之日起满2个月仍不领取的，视为放弃受领分配的权利，管理人或者人民法院应当将提存的分配额分配给其他债权人。

对涉讼未决的债权，由管理人提存其分配额，待依法作出判决或者裁决后，确定其应当受领的分配额。如果在破产程序终结之日起满2年，仍不能受领分配的，由法院将提存额追加分配给其他破产债权人。

2. 破产分配顺序。破产费用和共益债务由债务人财产随时、优先清偿。债务人财产不足以清偿所有破产费用和共益债务的，先行清偿破产费用。在债务人财产不足以清偿所有破产费用或者共益债务时，按照比例清偿。债务人财产不足以清偿破产费用的，管理人应当提请人民法院终结破产程序。

在支付破产费用和共益债务后仍然有破产财产的，按照下列顺序清偿：①破产人所欠职工的工资和医疗、伤残补助、抚恤费用，所欠的应当划入职工个人账户的基本养老保险、基本医疗保险费用，以及法律、行政法规规定应当支付给职工的补偿金；②破产人欠缴的除前项规定以外的社会保险费用和破产人所欠税款；③普通破产债权。破产财产不足以清偿同一顺序的清偿要求的，按照比例分配。破产企业的董事、监事和高级管理人员的工资按照该企业职工的平均工资计算。

为保护企业职工合法权益，解决历史遗留问题，《破产法》对劳动债权作出特殊规定。根据第132条规定，在新《破产法》施行后，破产人在本法公布之日前所产生的劳动债权，依上述顺序清偿后不足以清偿的部分，优先于对该特定财产享有担保权的权利人受偿。

三、破产程序的终结

在破产财产最后分配完结后，管理人即应向法院提交破产财产分配报告提请终结破产程序。在破产程序中，如果管理人发现债务人的财产不足以清偿破产费用和共益债务，已无财产可用来清偿债权，也应当提请人民法院裁定终结破产程序；人民法院在接到管理人提出的请求后，应当在 15 日内作出终结破产案件的裁定并公告。破产程序终结后，由管理人在 10 日内向破产企业的原登记机关办理破产企业的注销登记。至此，破产企业的法律人格归于消灭，管理人和债权人会议予以解散。

在破产程序中未得到清偿的债权不再予以清偿，破产企业未能清偿的余债依法免除。破产人的保证人和其他连带债务人，在破产程序终结后，对债权人依照破产清算程序未受清偿的债权，依法继续承担清偿责任。

在破产程序终结之日 2 年内，如果有破产财产范围内的财产依法应当追回的，或者有其他财产应当分配给债权人的，应当进行追加分配。但财产数量不足以支付分配费用的，不再进行追加分配，由人民法院将其上交国库。

第七节　破产责任

一、债务人及其有关人员的法律责任

企业董事、监事或者高级管理人员是企业的经营管理人员，具体负责企业的生产经营活动，公司法明确规定上述人员的职责。如果违反忠实义务、勤勉义务，致使所在企业破产的，依法承担民事责任，且自破产程序终结之日起 3 年内不得担任任何企业的董事、监事、高级管理人员。

有义务列席债权人会议的债务人的有关人员，经人民法院传唤，无正当理由拒不列席债权人会议的，拒不陈述、回答，或者作虚假陈述、回答的，人民法院可以拘传，并依法处以罚款。债务人拒不向人民法院提交或者提交不真实的财产状况说明、债务清册、债权清册、有关财务会计报告以及职工工资的支付情况和社会保险费用的缴纳情况的，人民法院可以对直接责任人员依法处以罚款。债务人的有关人员擅自离开住所地，人民法院可以予以训诫、拘留，并且可以依法并处。债务人实施可撤销和无效行为损害债权人利益的，债务人的法定代表人和其他直接责任人员依法承担赔偿责任。

二、管理人的法律责任

管理人是由人民法院依法指定专门负责破产事务的人，以公平清理债权债务、保护债权人和债务人的合法权益为工作原则。如果管理人未能勤勉尽责，忠实执行职务，人民法院可以依法处以罚款；如已经给债权人、债务人或者第三人造成损失，应当依法承担赔偿责任。

三、破产犯罪及其刑事责任

《破产法》第 131 条规定："违反本法规定，构成犯罪的，依法追究刑事责任。"根

据《刑法》规定，有关破产的犯罪主要有以下几种：妨害清算犯罪，虚假破产犯罪，国有公司、企业、事业单位人员严重不负责任或者滥用职权犯罪。

本章练习题

1. 简述破产的概念与特征。
2. 简述破产界限及其涵义。
3. 依法宣告企业破产的法定情形有哪些？
4. 简述破产管理人的任职资格及其职责。
5. 简述破产费用的概念、范围及支付原则。
6. 简述共益债务含义和范围。
7. 简述债权人会议的概念及其职权。
8. 简述破产财产的概念及其构成。
9. 简述破产债权的概念及其主要范围。
10. 简述破产重整与破产和解的含义及其区别。
11. 简述破产分配的顺序。

第三编　市场规制法律制度

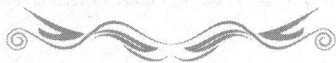

第八章　合同法

学习目的与要求

　　合同法是市场经济条件下非常重要的法律制度。通过本章学习，在全面理解合同概念与特征、合同种类的基础上，要求学生重点把握合同的订立、合同的效力、合同的履行、合同的变更和终止、违约责任以及合同的担保等制度，做到能够运用相关制度处理具体合同实务，解决合同纠纷。

第一节　合同法概述

一、合同的概念和特征

（一）合同的概念和特征

"合同"一词在各法律部门中广为使用，例如劳动法上的合同、行政法上的合同、民法上的合同等。本章所指的合同仅限于民法意义上的合同，是指平等主体的自然人、法人和其他经济组织之间设立、变更、终止民事权利义务关系的协议。但是婚姻、收养、监护等有关身份关系的协议，适用其他法律规定。民事合同具有以下法律特征：

1. 合同主体的法律地位平等。作为合同主体的自然人、法人、其他经济组织在合同关系中的法律地位一律平等。其所作的意思表示是平等、自愿的，任何一方不得凌驾于另一方之上。

2. 合同是当事人的意思表示一致的民事法律行为。合同以意思表示为要素，是当事人意思表示的合意，只有意思表示一致才能成立合同。这是合同区别于单方法律行为的重要标志。

3. 合同均以设立、变更、终止民事权利义务关系为目的。任何法律行为均有目的，当事人订立合同的目的或者在于设立民事权利义务关系，或者在于变更民事权利义务关系，或者在于终止民事权利义务关系。

4. 合同是债的发生根据之一。当事人依法签订了合同，即在当事人之间产生了债权债务关系。双方当事人享有合同权利，承担合同义务。

（二）合同的分类

1. 双务合同与单务合同。以双方当事人是否互负给付义务为标准，合同分为双务合同与单务合同。双务合同是指双方当事人互负对待给付义务的合同，如买卖合同、租赁合同等。单务合同是指一方当事人只享有合同权利，另一方当事人只承担合同义务的合同，如赠与合同等。

2. 有偿合同与无偿合同。以当事人取得权益是否支付相应对价为标准，合同分为有偿合同与无偿合同。有偿合同是指当事人一方取得合同规定的权益，必须向对方相应对价的合同，如买卖合同。无偿合同是指当事人取得合同规定的权益，不必支付相应对价的合同，如赠与合同。

3. 诺成性合同与实践性合同。以合同的成立是否须交付特定的物为标准，合同分为诺成性合同与实践性合同。诺成性合同是指当事人各方的意思表示一致即成立的合同。实践性合同是指除双方当事人的意思表示一致以外，还须交付合同标的物或完成其他给付才能成立的合同。

4. 要式合同与不要式合同。以合同的成立是否须采用法律要求的形式为标准，合同分为要式合同与不要式合同。要式合同是指必须按照法律规定的特定形式订立方可成立的合同。不要式合同是指法律对合同订立未规定特定的形式的合同。

5. 有名合同与无名合同。以合同法中是否对其合同类别有规定为标准，合同可为有名合同与无名合同。我国《合同法》分则中对买卖合同，供用电、水、气、热力合同，赠与合同，借款合同，租赁合同，融资租赁合同，承揽合同，建设工程合同，运输合同，技术合同，保管合同，仓储合同，委托合同，行纪合同，居间合同等 15 类合同作了专门规定，我们称之为有名合同。其他合同类型法律未作专门规定，可以适用《合同法》的相关规定。

6. 主合同与从合同。根据合同相互间的关系，合同分为主合同与从合同。主合同是指不以他种合同的存在为前提，不受其制约而能独立存在的合同。从合同，也称"附属合同"，是指依赖主合同的存在而存在的合同。从合同具有附属性，不能独立存在，必须以主合同的存在并生效为前提。主合同不能成立，从合同就不能有效成立；主合同转让，从合同也不能单独存在；主合同被宣告无效或被撤销，从合同也将失去效力；主合同终止，从合同亦随之终止。

二、合同法概述

合同法是调整平等主体间的合同关系的法律规范的总称。合同法是民法的重要组成部分。

新中国成立后，我国在 20 世纪 50 年代即颁布《机关、国营企业、合作社签订合同契约暂行办法》，但是我国合同立法的繁荣则是在党的十一届三中全会以后。1981 年 12 月 13 日我国颁布了第一部合同法——《经济合同法》，1985 年 3 月 21 日颁布了《涉外经济合同法》，1987 年 6 月 23 日又颁布了《技术合同法》，同时也颁行了大量的与之配套的实施条例、细则和司法解释等，形成了我国"三足鼎立"的合同法体系。这三部法律在促进商品交易，保护当事人合法权益，以及在我国法制建设中都发挥了重要作用。但是社会主义市场经济体制确立后，随着大量新合同类别的出现，及市场竞争公平性的要求，这三部法律在体系上、内容上已经不能适应新形势发展的需要，为此1999年3月15日第九届全国人民代表大会第二次会议通过了《中华人民共和国合同法》（以下简称《合同法》），并于1999年10月1日正式实施。该法由总则、分则和附则三部分构成，共23章428条，对合同的订立、合同的效力、合同的履行、合同的变更与转让、合同的终止、违约责任等作出了全面规定，并规定了15类有名合同。为保障《合同法》的有效实施，最高人民法院还颁布了相关的司法解释。这些法律、法规对规范交易行为，保护合同当事人的合法权益，维护市场经济秩序，对促进社会主义市场经济发展发挥了重要的作用。

第二节　合同的订立

一、合同的内容与形式

（一）合同的内容

合同的内容是指当事人在合同中就双方的权利和义务约定的各项条款。合同类别不同，当事人订立合同的目的不同，各合同在内容上也是有差别的，为此，《合同法》仅就各类合同的共性条款做了规定。根据《合同法》第12条规定，合同内容由当事人约定，一般包括下列条款：①当事人的名称或者姓名和住所；②标的；③数量；④质量；⑤价款或报酬；⑥履行期限、地点和方式；⑦违约责任；⑧解决争议的方法。

（二）合同的形式

合同的形式是指合同当事人意思表示一致的外在表现方式。按照合同自由原则，当事人订立合同时可以选用书面形式、口头形式或其他形式。但法律、法规规定采用书面形式的，应当采用书面形式。当事人约定采用书面形式的，应当采用书面形式。实践中，书面形式的合同也有利于合同的履行及纠纷的解决。

二、合同的订立程序

合同的订立表现为当事人协商确定合同内容的过程。通常应是一方当事人提出订约建议，再经双方反复磋商，最后由双方确定认可。法律上一般将该程序分为要约和承诺两个阶段。

（一）要约

1. 要约的概念。要约是希望和他人订立合同的意思表示。根据《合同法》第14条规定，要约应当符合下列规定：①内容具体确定，即要约应当表达出订立合同的意思，并包括一经承诺合同即足以成立的各项基本条款；②表明经受约人承诺，要约人即受该意思表示约束。

要约不同于要约邀请，要约邀请是希望他人向自己发出要约的意思表示。要约一经发出，要约人在要约的有效期间内受要约的约束，受约人一旦承诺，要约人就要受合同效力的约束。但是，发出要约邀请的人则不承担此种法律后果。寄送价目表、拍卖公告、招股说明书、一般的商业广告等均为要约邀请。但商业广告如果符合要约的规定的，亦应视为要约。

2. 要约的法律效力。要约的法律效力，又称要约的约束力，是指要约的生效及对要约人和受约人的约束力。

（1）要约的生效。要约到达受约人时生效。所谓到达是指要约送达受约人能控制的地方。《合同法》第 16 条第 2 款规定：“采用数据电文形式订立合同，收件人指定特定系统接收数据电文的，该数据电文进入该特定系统的时间，视为到达时间；未指定特定系统的，该数据电文进入收件人的任何系统的首次时间，视为到达时间。”《合同法》的此款规定较好地解决了新技术条件下新型要约生效时间的界定问题。

（2）对要约人的拘束力。是指要约一经生效，要约人即受到要约的约束，不得随意撤回、撤销或对要约加以限制、变更和扩张。

（3）对受约人的拘束力。是指受约人在要约发生效力时，取得其承诺而成立合同的法律地位。受约人在接到要约之后，即取得承诺人的资格，有权在要约有效期内作出承诺。一旦承诺，合同即成立。

（4）要约的有效期间。要约的有效期间由要约人确定。如未事先确定的，则视情况而定：①口头要约，如受约人未立即作出承诺，即失去效力；②书面要约，应确定一个合理期间作为要约的有效期间，该期间的确定应考虑以下因素：要约到达受约人所需的时间、受约人考虑是否承诺所需的时间、承诺发出到达要约人所需的时间。只有在合理期间内承诺，才对要约人有约束力。

3. 要约的撤回和撤销。要约的撤回，是指要约人在发出要约后，于要约到达受约人之前取消其要约的行为。《合同法》第 17 条规定：“要约可以撤回。撤回要约的通知应当在要约到达受要约人之前或者与要约同时达到受要约人。”在此情形下，被撤回的要约尚未生效，其撤回不会损害受约人的利益。

要约的撤销，是指要约人在要约生效以后，将该项要约取消，使要约的法律效力归于消灭的意思表示。根据《合同法》规定，要约可以撤销。撤销要约的通知应当在受约人发出承诺的通知之前到达受约人。但是，有下列情形之一的，要约不得撤销：①要约人确定了承诺期限或者以其他方式表明要约不可撤销；②受约人有理由认为要约是不可撤销的，并已经为履行合同作了准备工作。

4. 要约的失效。要约的失效，即要约丧失法律约束力。根据《合同法》第 20 条规定，有下列情形之一的，要约失效：①拒绝要约的通知到达要约人；②要约人依法撤销要约；③承诺期限届满，受约人未作出承诺；④受约人对要约的内容作出实质性变更。

（二）承诺

1. 承诺的概念。承诺是受约人同意要约的意思表示。根据《合同法》的规定，承诺应当具备以下条件：

（1）承诺必须由受约人作出。承诺是受约人对要约人作出的行为，只有受约人享有承诺的资格。受约人为特定人时，承诺由该特定人作出；受约人为不特定人时，承诺由该不特定人中的任何人作出。受约人以外的人即使知晓要约内容并作出同意的意思表示，也不以承诺论，可视为新要约。

（2）承诺必须向要约人作出。受约人承诺的目的在于同要约人订立合同，故承诺只有向要约人作出才有意义。

（3）承诺的内容与要约的内容一致。承诺是受约人愿意按照要约的内容与要约人订立合同的意思表示，所以欲取得成立合同的法律效果，承诺就必须在内容上与要约的内容一致。受约人对要约内容作出实质性变更的为新要约。实质性变更是指对要约中有关合同标的、数量、质量、价款或者报酬、履行期限、履行地点和方式、违约责任和解决争议方法等的变更。承诺对要约的内容作出非实质性的变更，除要约人及时表示反对或者要约表明承诺不得对要约的内容作出任何变更的以外，该承诺有效，合同的内容以承诺的内容为准。

（4）承诺必须在要约有效期内到达要约人。承诺应当在要约有效期内到达要约人。否则，除要约人及时通知受约人该承诺有效的外，逾期承诺视为新要约。

2. 承诺的效力。承诺的效力表现为，承诺生效时合同成立。关于承诺生效的时间我国采取到达主义原则，即承诺通知到达要约人时生效。承诺不需要通知的，根据交易习惯或者要约的要求作出承诺的行为时生效。采用数据电文形式订立的合同，承诺到达时间的确定方法，同要约到达时间的确定方法相同。

3. 承诺的撤回和迟延。承诺的撤回，是指受约人在其作出的承诺生效之前将承诺撤回的行为。根据《合同法》规定，承诺可以撤回。撤回承诺的通知应当在承诺通知到达要约人之前或者与承诺通知同时到达要约人。承诺一经撤回，即不发生承诺的效力，也就阻却了合同的成立。

承诺的迟延，又称承诺的迟到。分两种情况：①超过承诺期限的承诺。《合同法》第28条规定，受约人未在承诺期限内发出承诺的，除要约人及时通知受约人该承诺有效的以外，为新要约。②承诺因意外原因迟到。《合同法》第29条规定，受约人在承诺期限内发出承诺，按通常情形能够及时到达要约人，但因其他原因承诺到达要约人时超过承诺期限的，除要约人及时通知受约人因承诺超过承诺期限不接受该承诺以外，该承诺有效。

（三）合同成立的时间与地点

1. 合同成立的时间。《合同法》根据合同订立形式的不同，规定了不同的合同成立时间。在一般情况下，承诺生效时合同成立；当事人采用书面形式订立合同的，自双方当事人签字或者盖章时合同成立，双方当事人签字或者盖章不在同一时间的，最后签字或者盖章时合同成立；当事人采用信件、数据电文等形式订立合同的，可以在合同成立之前要求签订确认书，签订确认书时合同成立。

2. 合同成立的地点。《合同法》规定，承诺生效的地点为合同成立的地点。采用数据电文形式订立合同的，收件人的主营业地为合同成立的地点；没有主营业地的，其经常居住地为合同成立的地点。当事人另有约定的，按照其约定。当事人采用合同书形式订立合同的，双方当事人签字或者盖章的地点为合同成立的地点；若有多个地点，则以最后签字或者盖章的地点为合同成立的地点。

3. 实际履行与合同成立的关系。《合同法》结合实践中的具体情况，规定了两种特殊的合同成立的确认标准：①法律、行政法规规定或者当事人约定采用书面形式的合同，当事人未采用书面形式但一方已经履行主要义务，对方接受的，该合同成立；②采用书面形式订立的合同，在签字或者盖章之前，当事人一方已经履行主要义务，对方接受的，该合同成立。在此两种特殊情况下，虽然合同成立的形式要件不够完备，但是当事人已经实施了为对方接受的实际履行行为，表明合同关系已经为双方确认，因此合同关系存在并成立。

三、缔约过失责任

（一）缔约过失责任的概念

缔约过失责任，是指在合同缔结过程中，一方当事人因违反先合同义务，给对方造成损害，而应承担的损害赔偿责任。

当事人在订立合同过程中，应当依法遵循诚实信用的原则，承担先合同义务。即在缔约过程中，当事人负有通知、协助、保护及保密等义务。如果违反上述义务，致使合同未成立，并且给对方造成损失，应当承担相应的赔偿责任。因此缔约过失责任不同于违约责任。违约责任发生在合同成立后，其需承担的是包括赔偿损失在内的多种责任方式；缔约过失责任发生在合同订立过程中，是在合同未成立、未生效或者合同无效、被撤销等情况下的损害赔偿责任。

（二）承担缔约过失责任的法定情形

根据《合同法》规定，当事人在订立合同过程中有下列情形之一，给对方造成损失的，应当承担损害赔偿责任：①假借订立合同，恶意进行磋商；②故意隐瞒与订立合同有关的重要事实或者提供虚假情况；③泄露或者不正当使用在订立合同过程中知悉的商业秘密；④因一方当事人的过错，致使合同被宣告无效或者被撤销的；⑤在订立合同过程中的其他违背诚信原则的行为。

第三节　合同的效力

一、合同的生效

合同的生效与合同的成立、合同的有效既有联系又有区别。合同的成立是指当事人经过要约和承诺，意思表示一致而达成协议。合同的有效是指合同符合法定条件，能够产生当事人预期法律后果。合同的生效是指已依法成立的合同，发生相应的法律效力。合同成立是一种事实上的判断，合同有效是一种价值的判断，合同的生效是一种效力的判断。合同成立不一定有效，有效的合同不一定立即生效。如标的物为禁止流通物的合同，合同即便成立也无效。附期限的合同即便合同成立、有效也不一定生效。

《合同法》对不同的合同，规定了不同的生效情况：

（1）依法成立的合同，自成立时合同生效。此适用于一般的合同。

（2）法律、行政法规规定应当办理批准、登记等手续方能生效的，依照其规定办理批准、登记等手续后生效。

（3）当事人对合同的效力可以约定附条件。附停止或延缓条件的合同，自条件成就时生效。附解除条件的合同，自条件成就时失效。

（4）当事人对合同的效力可以约定附期限。附生效期限的合同，自期限届至时生效。附终止期限的合同，自期限届满时失效。

二、效力待定的合同

效力待定的合同，是指已成立的合同因欠缺一定的生效要件，其生效与否尚未确定，须经过补正方可生效，在一定的期限内不予补正则为无效的合同。导致合同效力待定的原因主要是合同主体资格的欠缺。这一类合同并无意思表示瑕疵，也不违反法律强制性规定和公序良俗，仅仅是主体资格上的欠缺，与合同制度的目的并无根本冲突，故法律对其否定性评价只是相对的，既不让其当然有效，也不让其当然无效，而是让主体资格欠缺当事人的有权表示人予以补正，使其有效。

根据《合同法》规定，效力待定的合同包括：

1. 限制民事行为能力人依法不能独立订立的合同。限制民事行为能力人依法不能独立订立的合同，经法定代理人追认后，该合同有效。但纯获利益的合同或者与其年龄、智力、精神健康状况相适应而订立的合同，不必经法定代理人追认。为平衡双方当事人的利益，法律赋予相对人催告权和撤销权。相对人可以催告法定代理人在1个月内予以追认。法定代理人未作出表示的，视为拒绝追认。合同被追认之前，善意相对人有撤销的权利，撤销应当以通知的方式作出。

2. 无权代理人以被代理人的名义订立的合同。行为人没有代理权、超越代理权或者代理权终止后以被代理人名义订立的合同，未经被代理人追认，对被代理人不发生效力，由行为人承担责任。经被代理人追认后，该合同有效。相对人可以催告被代理人在1个月内予以追认。被代理人未作出表示的，视为拒绝追认。合同被追认之前，善意相对人有撤销的权利。撤销应当以通知的方式作出。

但是，行为人没有代理权、超越代理权或者代理权终止后以被代理人的名义订立的合同，相对人有理由相信行为人有代理权的，该代理行为有效。这是关于"表见代理"的规定。有关"表见代理"的具体制度，详见本书第二章"相关的民事法律制度"。

3. 无处分权的人处分他人财产的合同。无处分权的人处分他人的财产，经权利人追认或者无处分权的人订立合同后取得处分权的，该合同有效。

三、可变更或可撤销的合同

（一）可变更或可撤销的合同的概念

可变更或可撤销的合同，是指当事人意思表示不真实，法律并不使之绝对无效，可由当事人行使撤销权使其归于无效或对其内容进行变更的合同。可变更或可撤销的合同主要是订立合同时意思表示不真实，因在订立合同后，当事人的意思表示还可能改变，不一定非得撤销，所以在撤销之前仍是有效合同。如果撤销权人在1年内未行使撤销权，该合同自始有效；但是，享有撤销权的表意人如为撤销的请求，一经撤销，合同自其成立之时起无效。

（二）可变更或可撤销合同的种类

1. 因重大误解而订立的合同。重大误解的合同，是指行为人对行为的重要内容发生重大误解后，违背其真实意思而订立的合同。其构成要件有两个：①须对行为的重要内容发生误解。所谓行为的重要内容，是指对法律行为的主体、客体、内容和性质等发生误解。②须发生了重大误解。所谓重大误解，是指因误解而导致行为的后果显失公平。只有具备上述两点，才能认定为重大误解的合同。

2. 在订立合同时显失公平的合同。显失公平的合同，是指订立合同时明显违反公平原则的合同。其构成要件有两个：①须合同内容显失公平。即一方获得不应有的暴利，另一方因此遭受了重大损失。②须显失公平的状态在订立合同时业已确定。如为事后发生的商业风险，不应认定为显失公平。

3. 因欺诈、胁迫或乘人之危而订立的合同。因欺诈、胁迫或乘人之危而订立的合同，是指一方当事人以欺诈、胁迫的手段或乘人之危，使对方当事人在违背真实意思的情况下订立的合同。其包括三种情况：①受欺诈而订立的合同。即一方故意制造假象、掩盖真情，使对方陷入错误认识后违背真实意思而签订的合同。②受胁迫而订立的合同。即一方对另一方施以暴力或者以将来对其施加某种危害相要挟，造成行为人生理强制或心理恐惧后，违背真实意思而签订的合同。③乘人之危而订立的合同。即一方乘对方有某种急迫需要或者处于危难之际，故意利用对方的危难，迫使其签订的违背真实意思的合同。上述三种合同，当事人的意思表示均有瑕疵，故其均为可变更或者可撤销的合同。但是，如果以欺诈、胁迫手段订立的合同损害国家利益的，则该合同无效。

（三）可变更或可撤销的法律后果

可变更或可撤销的合同，受损害方有权请求人民法院或者仲裁机构变更或者撤销。对可变更或可撤销的合同，是变更还是撤销，完全由受害方当事人决定。如果可变更或可撤销的合同被依法撤销的，则该合同自始无效；如果当事人请求变更或者明示不撤销或者未在法定的期间内行使撤销权，则可变更或可撤销的合同视为有效合同，对当事人具有约束力。当事人行使撤销权的期间为自知道或应当知道撤销事由之日起1年内，超过1年的，撤销权消灭。当事人请求变更的，人民法院或者仲裁机构不得撤销。

四、无效合同

（一）无效合同的概念

无效合同，是指不符合合同的有效要件，不发生法律效力，不具有法律约束力的合同。无效合同往往是其内容违反法律和社会利益，因此，无需主张，该合同即当然无效、绝对无效、自始无效。无效合同均从成立时起就不具有法律效力，即使合同已经履行，也不能使之成为有效合同。人民法院和仲裁机构的确认，只是对既定事实的认可。

（二）无效合同的种类

根据《合同法》第52条规定，有下列情形之一的，合同无效：

1. 一方以欺诈、胁迫的手段订立合同，损害国家利益。以胁迫、欺诈手段订立的合同，要视其是否损害国家利益而有别，如果该合同损害了国家利益，合同无效；如果仅损害了合同一方主体的利益，由其本人作出判断，或者变更，或者撤销。

2. 恶意串通，损害国家、集体或者第三人利益。恶意串通指合同当事人在明知或应知某种行为将会损害国家、集体或第三人利益的情况下，仍故意合谋，采用弄虚作假手段签订合同。在此情形下订立的合同，违背了保护国家、集体和个人合法权益的法律原则，因此合同无效。

3. 以合法形式掩盖非法目的。以合法形式掩盖非法目的的合同又叫规避法律的合同，是指当事人通过实施虚假的合同行为掩盖其真正目的而订立的合同。比如债务人为逃避债务而将自己的财产赠与亲友的赠与合同。在该合同中，当事人并非意在实施赠与行为，而是希望通过此行为达到逃避债务的目的，因其目的的违法性必然导致合同无效。

4. 损害社会公共利益。损害社会公共利益的合同无效，是民法"公序良俗原则"的必然要求。合同损害了社会公共秩序和违背了善良风俗即为无效。

5. 违反法律、行政法规的强制性规定。合同违反了法律、行政法规的强制性规定，即违反强制性法律规范时无效。

（三）无效合同的法律后果

无效合同自始没有法律约束力。合同部分无效，不影响其他部分效力的，其他部分仍然有效。因此，无效合同没有履行的，不得履行；正在履行的，应当停止履行；对已经履行的或者部分履行的合同形成的后果，按下列办法处理：

1. 返还财产。合同无效后，因该合同取得的财产，应当予以返还。合同被确认为无效后，依据无效合同形成的财产状态属于非法状态，应予恢复到合法的状态，即通过返还依据该合同而取得的财产，恢复到无效合同订立前的合法财产状态。对于不能返还或者没有必要返还的，应当折价补偿。

2. 赔偿损失。因无效合同造成对方财产损失的，有过错的一方应当赔偿对方因此所造成的损失，双方都有过错的，应当各自承担相应的责任。

3. 收缴财产。当事人恶意串通，损害国家、集体或者第三人利益的，因此取得的财产收归国家或者返还集体、第三人。这是对违法行为的一种惩罚措施，其仅适用于利用无效合同故意侵害国家、集体或者第三人利益的情形。

第四节 合同的履行

一、合同履行的原则

合同的履行是指当事人按照合同约定履行自己义务的行为。合同履行的原则是指当事人在履行合同时应当遵循的基本准则。根据《合同法》规定，当事人在履行合同时应当遵循下列原则：

1. 全面履行原则。全面履行原则也称正确履行原则或适当履行原则，是指当事人应当按照合同规定的全部条款，全面履行合同义务。这是合同履行的首要原则，其对实现当事人订立合同的目的，严肃合同纪律都具有非常重要的意义。

2. 协作履行原则。协作履行原则，是指当事人应基于诚实信用的要求，协助对方当事人履行合同义务。其要求当事人应根据合同的性质、目的、交易习惯，履行通知、协助、保密等义务。协作履行原则是维持合同秩序的重要保证。

二、合同履行的规则

《合同法》规定，合同生效后，当事人就质量、价款或者报酬、履行地点等内容没有约定或者约定不明确的，可以协议补充；不能达成补充协议的，按照合同有关条款或者交易习惯确定。依照上述规则仍不能确定的，按照下列规则履行：

1. 质量要求不明确的，按照国家标准、行业标准履行；没有国家标准、行业标准的，按照通常标准或者符合合同目的的特定标准履行。

2. 价款或者报酬不明确的，按照订立合同时履行地的市场价格履行；依法应当执行政府定价或者政府指导价的，按照规定履行。

3. 履行地点不明确，给付货币的，在接受货币一方所在地履行；交付不动产的，在不动产所在地履行；其他标的，在履行义务一方所在地履行。

4. 履行期限不明确的，债务人可以随时履行，债权人也可以随时要求履行，但应当给对方必要的准备时间。

5. 履行方式不明确的，按照有利于实现合同目的的方式履行。

6. 履行费用的负担不明确的，由履行义务一方负担。

根据《合同法》第63条规定："执行政府定价或者政府指导价的，在合同约定的交付期限内政府价格调整时，按照交付时的价格计价。逾期交付标的物的，遇价格上涨时，按照原价格执行；价格下降时，按照新价格执行。逾期提取标的物或者逾期付款的，遇价格上涨时，按照新价格执行；价格下降时，按照原价格执行。"

在合同的履行中，有时会涉及第三人，如当事人约定由债务人向第三人履行或者由第三人向债权人履行。为保障三方当事人的正当权益，根据合同的相对性原则，《合同法》规定，当事人约定由债务人向第三人履行债务的，债务人未向第三人履行债务或者履行债务不符合约定的，应当向债权人承担违约责任。当事人约定由第三人向债权人履行债务的，第三人不履行或者履行债务不符合约定的，债务人应当向债权人承担违约责任。

三、合同的履行抗辩权

合同的履行抗辩权是指合同义务人阻止对方当事人请求权的权利。合同履行抗辩权的设置，使当事人在法定情形下可以对抗对方的请求权，使当事人的拒绝履行行为不构成违约，可以更好地维护当事人的合法权益。

（一）同时履行抗辩权

同时履行抗辩权，是指双务合同的当事人应同时履行义务的，一方在对方未履行前，有权拒绝对方请求自己履行合同的权利。根据《合同法》第66条规定："当事人互负债务，没有先后履行顺序的，应当同时履行。一方在对方履行之前有权拒绝其履行要求。一方在对方履行债务不符合约定时，有权拒绝其相应的履行要求。"

同时履行抗辩权只适用于双务合同，如买卖、互易、租赁、承揽、保险合同。只能在对方未履行或者履行债务不符合约定时，才能行使该抗辩权。应当明确的是，同时履行抗辩权只是一种暂时性的预防措施，一旦对方当事人开始履行或恢复正确履行，亦应恢复履行。

（二）后履行抗辩权

后履行抗辩权，是指双务合同中应先履行义务的一方当事人未履行时，对方当事人有拒绝其请求履行的权利。根据《合同法》第67条规定："当事人互负债务，有先后履行顺序，先履行一方未履行的，后履行一方有权拒绝其履行要求。先履行一方履行债务不符合约定的，后履行一方有权拒绝其相应的履行要求。"

（三）不安抗辩权

不安抗辩权，是指在有先后履行顺序的双务合同中，应先履行义务的一方当事人，有确切证据证明对方当事人有难以为对待给付之虞时，在对方当事人未履行合同或就合同履行提供担保之前，有暂时中止履行合同的权利。不安抗辩权制度的创设就是为了预防因情况变化而使先履行合同的当事人一方遭受损害，以保障交易安全。

根据《合同法》第68条规定，应当先履行债务的当事人，有证据证明对方有下列情形之一的，可以中止履行：①经营状况严重恶化；②转移财产、抽逃资金，以逃避债务；③丧失商业信誉；④有丧失或者可能丧失履行债务能力的其他情形的。当事人没有确切证据中止履行的，应当承担违约责任。

当事人行使不安抗辩权中止履行的，应当及时通知对方。对方提前履行债务或者提供适当担保时，应当恢复履行。对方在合理的期限内未恢复履行能力并且未提供适当担保的，中止履行的一方可以解除合同。

四、合同履行的保全措施

合同履行中的保全，是指为防止债务人以积极的或者消极的方式减少财产从而给债权人造成危害，债权人为保全其债权的实现而依法采取的法律措施。其主要包括债权人的代位权和债权人的撤销权。合同履行中的保全制度突破了债的相对性原则，通过债的效力的扩张，能够有效地防止债务人的责任财产不当减少，保障无物权担保的债权人合法权益。

（一）债权人的代位权

债权人的代位权是指因债务人怠于行使其到期债权，对债权人造成损害的，债权人可请求人民法院允许其以自己的名义代为行使债务人债权的权利。

根据《合同法》第 73 条规定，债权人行使代位权，应当具备以下条件：

1. 债权人对债务人的债权合法。

2. 债务人怠于行使其到期债权，对债权人造成了损害。债务人不履行其对债权人的到期债务，又不以诉讼方式或者仲裁方式向其债务人主张其享有的具有金钱给付内容的到期债权，致使债权人的到期债权未能实现的，即可认定为对债权人造成了损害。

3. 债务人的债权已经到期。

4. 债务人的债权不是专属于债务人自身的债权。专属于债务人的债权，是指基于扶养关系、抚养关系、赡养关系、继承关系产生的给付请求权和劳动报酬、退休金、养老金、抚恤金、安置费 、人寿保险、人身伤害赔偿请求权等权利。

债权人代位权的行使应当通过诉讼程序解决。在诉讼中，债权人以次债务人为被告，以债务人为第三人。代位权行使范围，以债权人的债权为限。债权人向次债务人提起的代位权诉讼经人民法院审理后认定代位权成立的，由次债务人向债权人履行清偿义务，债权人与债务人、债务人与次债务人之间相应的债权债务关系即予消灭。在代位权诉讼中，债权人胜诉的，诉讼费由次债务人负担，从实现的债权中优先支付。

（二）债权人的撤销权

债权人的撤销权，是指债权人对于债务人所实施的危害债权的行为，可请求法院予以撤销的权利。《合同法》第 74 条第 1 款规定："因债务人放弃其到期债权或者无偿转让财产，对债权人造成损害的，债权人可以请求人民法院撤销债务人的行为。债务人以明显不合理的低价转让财产，对债权人造成损害，并且受让人知道该情形的，债权人也可以请求人民法院撤销债务人的行为。"

撤销权的行使，应当通过诉讼程序解决。在诉讼中，债权人以债务人为被告，以受益人或者受让人为第三人。撤销权行使范围，以债权人的债权为限。在行使期限上，撤销权应自债权人知道或者应当知道撤销事由之日起 1 年内行使。但是，自债务人的行为发生之日起 5 年内没有行使撤销权的，该撤销权消灭。债权人行使撤销权所支付的律师代理费、差旅费等必要费用，由债务人负担；第三人有过错的，应当适当分担。

第五节　合同的变更、转让和终止

依法成立的合同，是具有法律效力的，当事人应当全面履行合同义务，不得随意变更或者解除。但是合同订立后，订立合同所依据的主、客观条件可能发生变化，一味地强调合同的履行可能会不利于当事人权益的保障。为此，法律允许当事人在法定条件下对合同进行变更、转让或者终止。

一、合同的变更

合同的变更有广义和狭义之分。广义的合同变更包括合同主体的变更和合同内容的变更，前者指合同债权或合同债务的转让；后者是指合同权利义务的变化。狭义的变更，仅指合同内容的变更。从我国《合同法》的相关规定看，合同的变更为狭义的变更，即合同当事人不变，仅为合同权利义务的改变。

根据《合同法》第 77 条的规定，当事人协商一致，可以变更合同。但是法律、行政法规规定变更合同应当办理批准、登记等手续的，应当依照其规定办理批准、登记等手续。

合同变更的实质在于用变更后的合同代替原合同。因此，当事人对合同变更的内容约定不明确的，推定为未变更。合同变更后，当事人应当按照变更后的合同履行。合同的变更原则上只向将来发生效力，对已履行的部分无溯及力，已按照原合同履行的部分仍然有效。根据规定，合同变更不影响当事人要求赔偿的权利，因合同变更而使一方当事人遭受损失的，受害方可向另一方当事人要求损害赔偿。

二、合同的转让

合同转让，即合同主体的变更，是指在不改变合同内容的前提下，合同当事人一方依法将其合同的权利和义务全部或部分转让给第三人的法律行为。合同转让分为债权转让、债务转让、合同的概括转让三种情况。

（一）债权转让

债权转让，是指合同债权人将其债权全部或者部分转让给第三人的行为。债权转让分为全部转让和部分转让。

根据《合同法》第 79 条规定，债权人可以将合同的权利全部或者部分转让给第三人，但是，有下列情形之一的除外：①根据合同性质不得转让；②按照当事人约定不得转让；③依照法律规定不得转让。

根据规定，债权人转让权利的，应当通知债务人。未经通知，该转让对债务人不发生效力。法律、行政法规规定转让权利应当办理批准、登记等手续的，应当依照规定办理批准、登记等手续。债权人转让权利的，受让人取得与债权有关的从权利，但该从权利专属于债权人自身的除外。债务人接到债权转让通知后，债务人对让与人的抗辩，可以向受让人主张。

（二）债务转让

债务转让，是指合同债务人通过协商，将合同债务全部或者部分转让给第三人承担的行为。债务转让分为全部转让和部分转让。

债务转让，使得债务人的资信状况和偿债能力发生了变化，其会对债权人权益的实现带来影响，因此《合同法》第 84 条规定，债务人将合同的义务全部或者部分转让给第三人的，应当经债权人同意。法律、行政法规规定转移义务应当办理批准、登记等手续的，应当依照规定办理批准、登记等手续。债务人转移义务的，新债务人可以主张原债务人对债权人的抗辩。债务人转移义务的，新债务人应当承担与主债务有关的从债务，但该从债务专属于原债务人自身的除外。

（三）合同的概括承受

合同的概括承受，是指合同一方主体将债权债务全部或部分移转于第三人，由第三人概括地承受这些债权债务的法律行为。合同概括承受一般是基于当事人与他人之间的约定而发生，有时也基于法律的直接规定而发生。合同概括承受既转让合同权利又转让合同义务，因而《合同法》规定，合同权利和义务一并转让的，应当经对方当事人的同意。

三、合同的终止

（一）合同终止的原因

合同的终止，是指因发生法律规定或当事人约定的情况，使合同当事人之间的权利义务关系消灭，使合同的法律效力终止。

根据《合同法》第91条规定，有下列情形之一的，合同的权利义务终止：①债务已经按照约定履行；②合同解除；③债务相互抵销；④债务人依法将标的物提存；⑤债权人免除债务；⑥债权债务同归于一人；⑦法律规定或者当事人约定终止的其他情形。

合同的权利义务终止后，有时当事人还负有后合同义务。合同终止后，当事人应当遵循诚信原则，根据交易习惯履行通知、协助、保密等义务。

（二）合同的解除

合同的解除，是指合同当事人一方或者双方依照法律规定或者当事人的约定，依法解除合同效力的行为。合同解除分为合意解除和法定解除两种情况。

1. 合意解除。合意解除，是指根据当事人的事先约定或者经当事人协商一致而解除合同。在订立合同时，当事人可以约定一方解除合同的条件。解除合同的条件成就时，解除权人可以解除合同。合同订立后，经当事人协商一致，也可以解除合同。

2. 法定解除。法定解除，是指根据法律规定而解除合同。根据《合同法》第94条规定，有下列情形之一的，当事人可以解除合同：①因不可抗力致使不能实现合同目的；②在履行期限届满之前，当事人一方明确表示或者以自己的行为表明不履行主要债务；③当事人一方迟延履行主要债务，经催告后在合理期限内仍未履行；④当事人一方迟延履行债务或者有其他违约行为致使不能实现合同目的；⑤法律规定的其他情形。

当事人一方行使解除权解除合同，或者因法定情形出现而解除合同的，应当通知对方。合同自通知到达对方时解除。对方有异议的，可以请求人民法院或者仲裁机构确认解除合同的效力。当事人解除合同，法律、行政法规规定应当办理批准、登记等手续的，应依照其规定办理批准、登记等手续。

对解除合同的效力，《合同法》作了较为灵活的规定。合同解除后，尚未履行的，终止履行；已经履行的，根据履行情况和合同的性质，当事人可以要求恢复原状、采取其他补救措施，并有权要求赔偿损失。但是，合同的权利和义务终止，不影响合同中结算和清理条款的效力。

（三）债务抵销

债务抵销，是当事人互负到期债务时，任何一方均可将自己的债务与对方的债务相抵销，从而使合同效力终止的制度。抵销分为法定抵销与约定抵销。法定抵销是依法律规定的抵销条件而抵销。《合同法》第 99 条规定："当事人互负到期债务，该债务的标的物种类、品质相同的，任何一方可以将自己的债务与对方的债务抵销，但依照法律规定或者按照合同的性质不得抵销的除外。当事人主张抵销的，应当通知对方。通知自到达对方时生效。抵销不得附条件或者期限。"约定抵销是指由当事人自行达成协议而抵销。《合同法》第 100 条规定："当事人互负债务，标的物种类、品质不相同的，经双方协商一致，也可以抵销。"

（四）提存

提存，是指债务人履行其到期债务时，因债权人无正当理由而拒绝受领，或者因债权人下落不明等原因无法向债权人履行债务时，可依法将其履行债务的标的物送交有关部门，以代替履行的制度。提存是代为履行的方法，提存之后，合同终止。

《合同法》规定，有下列情形之一，难以履行债务的，债务人可以将标的物提存：①债务人无正当理由拒绝受领；②债权人下落不明；③债权人死亡未确定继承人或者丧失民事行为能力未确定监护人；④法律规定的其他情形。标的物不适于提存或者提存费用过高的，债务人依法可以拍卖或者变卖标的物，提存所得价款。

标的物提存后，合同虽然终止，但债务人的后合同义务依然存在，除债权人下落不明的以外，债务人应当及时通知债权人或者债权人的继承人、监护人。债权人可以随时领取标的物，但债权人领取提存物的权利，自提存之日起 5 年内不行使即消灭，提存物扣除提存费用后归国家所有。标的物提存后，毁损、灭失的风险由债权人承担，提存期间标的物的孳息归债权人所有。提存费用亦由债权人负担。

第六节　违约责任

一、违约责任的概念和特征

违约责任，是指当事人不履行合同义务或者履行合同义务不符合合同约定而依法应当承担的民事责任。违约责任是合同责任中一种重要的形式，违约责任不同于无效合同的后果，违约责任的成立是以有效的合同存在为前提的。违约责任也不同于侵权责任，其可以由当事人在订立合同时事先约定，是一种财产责任。

二、违约责任的构成要件

违约责任的构成要件，是指违约责任的成立所必须具备的条件。违约责任的构成要件有两个：一是有违约行为；二是无免责事由。前者为违约责任的积极要件，后者为违约责任的消极要件。

（一）违约行为

违约行为，是指当事人一方不履行合同义务或履行合同义务不符合约定条件的行为。

根据不同的标准，可将违约行为作不同分类：如单方违约与双方违约、根本违约与非根本违约、预期违约与实际违约。

违约行为的形态包括以下几种：

1. 不履行。不履行包括履行不能和拒绝履行。履行不能是指债务人在客观上已经没有履行能力；而拒绝履行是指债务人能够实际履行而故意不履行。

2. 履行迟延。履行迟延又称逾期履行，是指在合同债务已经到期，合同当事人不按法定或者约定的时间履行的情况。迟延履行又分为债务人迟延履行、债权人迟延受领。

3. 不适当履行。不适当履行是指债务人虽然履行了债务，但其履行不符合合同的约定。其包括瑕疵履行和加害给付。瑕疵履行即履行有瑕疵，侵害了对方的利益，如给付数量不完全、给付质量不符合约定等。加害给付即因不适当履行造成对方履行利益之外的其他损失，如出售不合格的产品导致买受人的损害。

4. 预期违约。预期违约也称先期违约，是指在合同履行期限到来之前，一方明确表示其不履行合同，或者其行为表明其在履行期到来后将不履行合同。对于当事人一方预期违约的，对方当事人可以在履行期限届满之前要求其承担违约责任。

（二）无免责事由

免责事由也称免责条件，是指当事人对其违约行为免于承担违约责任的事由。《合同法》上的免责事由可分为法定的免责事由和约定的免责事由。法定的免责事由是指法律直接规定，不需要当事人约定即可援用的免责事由，主要指不可抗力；约定的免责事由是指当事人约定的免责条款。值得说明的是，免责条款不能排除当事人的基本义务，也不能排除故意或者重大过失的责任。在合同关系中，当事人因法定的免责事由或者约定的免责事由违约，依法可以免除其相应的违约责任；否则，当事人应当依法承担违约责任。

三、承担违约责任方式

关于承担违约责任的方式，《民法通则》及《合同法》都作了明确规定。据此，承担违约责任的方式主要有：继续履行、采取补救措施、赔偿损失、支付违约金等。

（一）继续履行

继续履行也称强制实际履行，是指违约方根据对方当事人的请求继续履行合同规定的义务的违约责任形式。如当事人一方未支付价款或者报酬，对方当事人可以要求其支付价款或者报酬。继续履行是一种独立的违约责任方式，不同于一般意义的合同履行，其以违约为前提，体现了法的强制性。继续履行责任在纠正违约行为，保护非违约方利益等方面有着非常重要的现实意义。

承担继续履行责任，一般应当具备下列条件：①当事人一方不履行合同义务，或者履行合同义务不符合约定；②对方当事人要求继续履行；③确有继续履行的必要和可能。

但是，下列情形之一的除外：①法律上或者事实上不能履行；②债务的标的不适于强制履行或者履行费用过高；③债权人在合理期限内未要求履行。

（二）采取补救措施

采取补救措施，是矫正合同不适当履行，使履行缺陷得以消除的具体措施。这种责任方式与继续履行、赔偿损失具有互补性。《合同法》第111条规定："质量不符合约定的，应当按照当事人的约定承担违约责任。对违约责任没有约定或者约定不明确，依照本法第61条的规定仍不能确定的，受损害方根据标的的性质以及损失的大小，可以合理选择要求对方承担修理、更换、重作、退货、减少价款或者报酬等违约责任。"

（三）赔偿损失

赔偿损失，是指违约方以支付金钱的方式弥补受害方因违约行为所造成的财产或者利益减少的一种责任形式。赔偿损失是一种重要的违约责任方式，有明显的救济功能。当事人一方不履行合同义务或履行合同义务不符合约定的，在履行义务或者采取补救措施后，对方还有其他损失的，应当赔偿损失。损失赔偿额应当相当于因违约造成的损失，包括合同履行后可以获得的利益，但是不得超过违反合同一方订立合同时预见到或者应当预见到的因违反合同可能造成的损失。违约赔偿的范围和数额可由当事人约定，当事人也可以约定因违约产生的损失赔偿额的计算方法。

当事人一方违约后，对方应当采取适当措施防止损失的扩大；没有采取适当措施致使损失扩大的，不得就扩大的损失要求赔偿。当事人因防止损失扩大而支出的合理费用，由违约方承担。

值得说明的是，我国在消费领域确立了惩罚性赔偿制度。在法有特殊规定时，适用特殊规定。如经营者对消费者提供商品或者服务有欺诈行为的，依照《消费者权益保护法》第55条规定，应当按照消费者的要求增加赔偿其受到的损失，增加赔偿的金额为消费者购买商品的价款或者接受服务的费用的3倍。生产不符合食品安全标准的食品或者销售明知是不符合食品安全标准的食品，依照《食品安全法》第96条规定，消费者除要求赔偿损失外，还可以向生产者或者销售者要求支付价款10倍的赔偿金。

（四）支付违约金

违约金是指当事人事先约定的，在一方违反合同后依据法律规定或者合同约定支付给对方一定数量的金钱。

违约金是对损害赔偿额的预先约定，实践中既可能高于实际的损失，也可能低于实际的损失。为此，《合同法》规定，约定的违约金低于造成的损失的，当事人可以请求人民法院或者仲裁机构予以增加；约定的违约金过分高于造成的损失的，当事人可以请求人民法院或者仲裁机构予以适当减少。

当事人在合同中既约定违约金，又约定定金的，一方违约时，对方可以选择适用违约金或者定金条款，但两者不可并用。

第七节　合同的担保

一、合同担保概述

合同担保，是指法律规定或者当事人约定的确保债务人履行债务，保障债权人的债权得以实现的法律措施。合同担保对于提高合同的法律效力，维护当事人的合法权益是十分必要的。为此，我国在《民法通则》、2007 年 3 月 16 日第十届全国人民代表大会第五次会议通过的《中华人民共和国物权法》、1995 年 6 月 30 日第八届全国人民代表大会常务委员会第十四次会议通过的《中华人民共和国担保法》以及 2000 年 9 月最高人民法院发布的《关于适用〈中华人民共和国担保法〉若干问题的解释》等法律、法规中对担保问题都作了详细规定。根据规定，合同担保有保证、抵押、质押、留置和定金等五种形式。

担保具有以下法律特征：

1. 从属性。担保合同是从属于主合同的从合同，其以主合同的存在为存在的前提和基础，随主合同的变化、消灭而变化、消灭。担保合同不能脱离主合同而独立存在。

2. 补充性。债权人所享有的担保权益对于债权实现仅具有补充的意义。债权人行使担保权，是以债务人不履行债务为前提的，否则，债权人不得行使担保权。

3. 相对独立性。合同担保相对独立于被担保的债权而发生和存在。如：对于担保的设定，须当事人另外达成协议或者依照法律的规定；担保的范围可由当事人另行约定，不要求和所担保的债务范围相同；主合同无效，担保合同另有约定的，可继续有效。

4. 财产性。债权人没有对债务人人身进行控制或支配的权利，仅能对债务人或者第三人的财产行使担保权。

二、保证

（一）保证的概念

保证是指保证人和债权人约定，当债务人不履行债务时，保证人按约定履行债务或者承担责任的行为。

在保证中债权人所依赖的是保证人的信用，因此担任保证人应当具有一定的资格。根据《担保法》第 7 条规定，具有代为清偿债务能力的法人、其他组织或者公民，可以作为保证人。但是，国家机关（经国务院批准为使用外国政府或者国际经济组织贷款进行转贷的除外）、学校、幼儿园、医院等以公益为目的的事业单位、社会团体、企业法人的职能部门和未经授权的分支机构等不得作为保证人。

（二）保证的设立

保证人与债权人应当以书面形式订立保证合同。当事人可以订立单独的保证合同，也可以在主合同中约定保证条款。其一般应当包括以下内容：①被保证的主债权种类、数额；②债务人履行债务的期限；③保证的方式；④保证担保的范围；⑤保证的期间；⑥双方认为需要约定的其他事项。

（三）保证方式

1. 一般保证。当事人在保证合同中约定，债务人不能履行债务时，由保证人承担保证责任的，为一般保证。一般保证中，保证人享有先诉抗辩权，即保证人在主合同纠纷未经审判或仲裁，并就债务人财产依法强制执行仍不能履行债务前，对债权人可以拒绝承担保证责任。但是有下列情形之一者例外：①债务人住所变更，致使债权人要求履行债务发生重大困难的；②人民法院受理债务人破产案件，中止执行程序的；③保证人以书面形式放弃先诉抗辩权的。

2. 连带责任保证。当事人在保证合同中约定保证人与债务人对债务承担连带责任的，为连带责任保证。即连带责任保证的债务人在主合同规定的履行期届满后没有履行债务的，债权人既可以要求债务人履行债务，也可以要求保证人在其保证范围内承担保证责任，保证人没有先诉抗辩权。

当事人对保证方式没有约定或者约定不明确的，按照连带责任保证承担保证责任。

（四）保证责任

1. 保证责任的范围。《担保法》规定，保证担保的范围包括主债权及利息、违约金、损害赔偿金和实现债权的费用。当事人有约定的，按照约定；当事人对保证担保的范围没有约定或者约定不明确的，保证人应当对全部债务承担保证责任。

保证期间，债权人依法将主债权转让给第三人，保证债权同时转让，保证人在原保证担保的范围内对受让人承担保证责任。但是当事人另有约定者除外。保证期间，债权人许可债务人转让债务的，应当取得保证人书面同意，保证人对未经其同意转让的债务部分，不再承担担保责任。除保证合同另有约定，保证期间，债权人与债务人协议变更主合同的，应当取得保证人的书面同意，未经保证人书面同意的，保证人仅在原合同约定的或者法律规定的范围内承担保证责任。

2. 保证期间。保证期间是指当事人约定的或者法律规定的，保证人承担保证责任的期限。保证人与债权人约定保证期间的，按照约定执行。保证人和债权人未约定保证期间的，法律规定保证期间为 6 个月。保证期间均自主债务履行期届满之日起计算。一般保证的债权人在保证期间内未对债务人提起诉讼或者申请仲裁的，保证人免除保证责任；连带责任保证的债权人在保证期间内未要求保证人承担保证责任的，保证人免除保证责任。

3. 保证责任的承担。保证合同一经成立，保证人即依法负有保证义务。当债务人不履行到期债务时，保证人即应当依约定或者法律规定承担保证责任。但是，有下列情形之一的，免除保证人的保证责任：①主合同当事人双方串通，骗取保证人提供保证的；②主合同债权人采取欺诈、胁迫等手段，使保证人在违背真实意思的情况下提供保证的。

保证人承担保证责任后，有权向债务人追偿。但是，人民法院受理债务人破产案件后，债权人未申报债权的，保证人可以预先行使追偿权，以参加破产财产的分配。

三、抵押

（一）抵押的概念

抵押是债务人或者第三人不转移对财产的占有，将该财产作为债权的担保。在债务人不履行债务时，债权人有权依法以该财产折价或以拍卖、变卖该财产的价款优先受偿。其中债权人称为抵押权人，提供财产的人称为抵押人，提供担保的财产称为抵押物。在法学理论中抵押属于典型的担保物权。

（二）抵押物的范围

根据《物权法》第180条的规定，债务人或者第三人有权处分的下列财产可以抵押：①建筑物和其他土地附着物；②建设用地使用权；③以招标、拍卖、公开协商等方式取得的荒地等土地承包经营权；④生产设备、原材料、半成品、产品；⑤正在建造的建筑物、船舶、航空器；⑥交通运输工具；⑦法律、行政法规未禁止抵押的其他财产。抵押人可以将前款所列财产一并抵押。

经当事人书面协议，企业、个体工商户、农业生产经营者可以将现有的以及将有的生产设备、原材料、半成品、产品抵押。以建筑物抵押的，该建筑物占用范围内的建设用地使用权一并抵押。以建设用地使用权抵押的，该土地上的建筑物一并抵押。

但是，《物权法》第184条规定，下列财产不得抵押：①土地所有权；②耕地、宅基地、自留地、自留山等集体所有的土地使用权，但法律规定可以抵押的除外；③学校、幼儿园、医院等以公益为目的的事业单位、社会团体的教育设施、医疗卫生设施和其他社会公益设施；④所有权、使用权不明或者有争议的财产；⑤依法被查封、扣押、监管的财产；⑥法律、行政法规规定不得抵押的其他财产。另外，乡镇、村企业的建设用地使用权不得单独抵押。

（三）抵押合同和抵押物登记

抵押人与抵押权人应当以书面形式订立抵押合同。当事人可以订立单独的抵押合同，也可以在主合同中约定抵押条款。《物权法》第185条规定，抵押合同一般包括下列条款：①担保债权的种类和数额；②债务人履行债务的期限；③抵押财产的名称、数量、质量、状况、所在地、所有权归属或者使用权归属；④担保的范围。

根据物权公示的原则，我国确立了抵押物登记制度，并将抵押物登记分为强制登记和自愿登记两种。以建筑物和其他土地附着物，建设用地使用权，以招标、拍卖、公开协商等方式取得的荒地等土地承包经营权，及正在建造的建筑物抵押的，应当办理抵押登记。抵押权自登记时设立。以生产设备、原材料、半成品、产品，交通运输工具，正在建造的船舶、航空器抵押的，抵押权自抵押合同生效时设立；未经登记，不得对抗善意第三人。

（四）抵押权的效力

1. 抵押担保的范围。《担保法》第46条规定："抵押担保的范围包括主债权及利息、违约金、损害赔偿金和实现抵押权的费用。抵押合同另有约定的，按照约定。"

2. 抵押物的出租与转让。订立抵押合同前抵押财产已出租的，原租赁关系不受该抵押权的影响。抵押权设立后抵押财产出租的，该租赁关系不得对抗已登记的抵押权。抵押期间，抵押人经抵押权人同意转让抵押财产的，应当将转让所得的价款向抵押权人提前清偿债务或者提存。转让的价款超过债权数额的部分归抵押人所有，不足部分由债务人清偿。抵押期间，抵押人未经抵押权人同意，不得转让抵押财产，但受让人代为清偿债务消灭抵押权的除外。

3. 抵押权的实现。债务人不履行到期债务或者发生当事人约定的实现抵押权的情形，抵押权人可以与抵押人协议以抵押财产折价或者以拍卖、变卖该抵押财产所得的价款优先受偿。抵押权人与抵押人未就抵押权实现方式达成协议的，抵押权人可以请求人民法院拍卖、变卖抵押财产。

四、质押

（一）质押概念

质押是指债务人或者第三人将其动产或权利凭证移交给债权人占有，将该动产或权利凭证作为债权的担保。债务人不履行债务时，债权人有权将该财产或权利凭证折价或者以拍卖、变卖所得的价款优先受偿。提供质押物的一方，称为出质人，接受质押的一方为合同中的债权人称作质权人，用作担保并被转移占有的动产或权利凭证称为质物，质权人对质物享有的权利称为质权。质押也是一种物的担保方式。

根据质物的不同，质押可分为动产质押和权利质押两种。

（二）动产质押

1. 动产质押的概念。动产质押，是指债务人或者第三人将其动产移交债权人占有，将该动产作为债权的担保。债务人不履行债务时，债权人有权将该财产折价或者以拍卖、变卖该动产的价款优先受偿。动产质押属于担保物权的一种，但是，因质权标的为动产，故以质物的转移占有为质权的生效要件。

2. 质押合同与登记。根据《物权法》第 210 条规定，设立质权，当事人应当采取书面形式订立质权合同或者在主合同中约定质押条款。质权合同一般包括下列条款：①被担保债权的种类和数额；②债务人履行债务的期限；③质押财产的名称、数量、质量、状况；④担保的范围；⑤质押财产交付的时间。质押合同为实践性合同，质权自出质人交付质押财产时设立。

3. 质权的效力。

（1）质押担保的范围。《担保法》第 67 条规定："质押担保的范围包括主债权及利息、违约金、损害赔偿金、质物保管费用和实现质权的费用。质押合同另有约定的，按照约定。"

（2）质权的实现。质权人负有妥善保管质物的义务。质权人在质权存续期间，未经出质人同意，擅自使用、处分质押财产，给出质人造成损害的，应当承担赔偿责任。质权人因保管不善致使质物灭失或者毁损的，质权人应当承担民事责任。债务履行期届满债务人履行债务的，或者出质人提前清偿所担保的债权的，质权人应当返还质物。债务履行期届满质权人未受清偿的，可以与出质人协议以质物折价，也可以依法拍卖、变卖质物并优先获得清偿。为债务人提供质押担保的第三人，在质权人实现质权后，享有向债务人追偿的权利。

（三）权利质押

1. 权利质押的概念。权利质押，即债务人或者第三人将其拥有的权利凭证移交债权人占有，并以凭证上的财产权利作为债权的担保。债务人不履行债务时，债权人有权将该财产权利折价或者以拍卖、变卖所得的价款优先受偿。权利质押属于担保物权的一种。

2. 权利质押的范围。权利质押的标的为财产权利，但并不是任何财产权利都可以质押。根据《物权法》第223条规定，债务人或者第三人有权处分的下列权利可以出质：①汇票、本票、支票；②债券、存款单；③仓单、提单；④可以转让的基金份额、股权；⑤可以转让的注册商标专用权、专利权、著作权等知识产权中的财产权；⑥应收账款；⑦法律、行政法规规定可以出质的其他财产权利。

3. 质权的效力。根据规定，以权利凭证出质的，当事人应当订立书面合同。以汇票、支票、本票、债券、存款单、仓单、提单出质的，质权自权利凭证交付质权人时设立；没有权利凭证的，质权自有关部门办理出质登记时设立。汇票、支票、本票、债券、存款单、仓单、提单的兑现日期或者提货日期先于主债权到期的，质权人可以兑现或者提货，并与出质人协议将兑现的价款或者提取的货物提前清偿债务或者提存。

以基金份额、股权出质的，当事人应当订立书面合同。以基金份额、证券登记结算机构登记的股权出质的，质权自证券登记结算机构办理出质登记时设立；以其他股权出质的，质权自工商行政管理部门办理出质登记时设立。基金份额、股权出质后，不得转让，但经出质人与质权人协商同意的除外。出质人转让基金份额、股权所得的价款，应当向质权人提前清偿债务或者提存。

以注册商标专用权、专利权、著作权等知识产权中的财产权出质的，质权自有关主管部门办理出质登记时设立。知识产权中的财产权出质后，出质人不得转让或者许可他人使用，但经出质人与质权人协商同意的除外。出质人转让或者许可他人使用出质的知识产权中的财产权所得的价款，应当向质权人提前清偿债务或者提存。

以应收账款出质的，质权自信贷征信机构办理出质登记时设立。应收账款出质后，不得转让，但经出质人与质权人协商同意的除外。出质人转让应收账款所得的价款，应当向质权人提前清偿债务或者提存。

权利质权除适用上述规定外，适用动产质权的其他相关规定。

五、留置

（一）留置的概念

留置是债权人按照合同约定占有债务人的动产，债务人不履行到期债务，债权人可以留置其已经合法占有的债务人的动产，并有权就该动产优先受偿。其中，享有留置权的债权人叫留置权人，留置权人留置的财产为留置物。留置权属于一种法定担保物权，直接基于法律的规定而取得。《担保法》第84条第1款规定："因保管合同、运输合同、加工承揽合同发生的债权，债务人不履行债务的，债权人有留置权。"

（二）行使留置权的条件

留置权作为一种法定担保物权，其行使必须符合以下条件：

1. 债权清偿期限已到。债权清偿期限已到，即债务人到期未履行合同义务是债权人行使留置权的前提条件。债权清偿期限依据合同约定或者法律规定确定。

2. 留置物为债权人依法占有的债务人的动产。债权人须事先占有债务人的财产，方能依法行使留置权。债权人占有的债务人的财产，须为动产，不动产不能留置。债权人留置的动产，一般应当与债权属于同一法律关系，但企业之间留置的除外。法律规定或者当事人约定不得留置的动产，不得留置。

（三）留置权的效力

1. 留置担保的范围。《担保法》第83条规定："留置担保的范围包括主债权及利息、违约金、损害赔偿金、留置物保管费用和实现留置权的费用。"

2. 留置权的行使。留置权人负有妥善保管留置财产的义务；因保管不善致使留置财产毁损、灭失的，应当承担赔偿责任。留置权人有权收取留置财产的孳息。

留置权人与债务人应当约定留置财产后的债务履行期间；没有约定或者约定不明确的，留置权人应当给债务人2个月以上履行债务的期间，但鲜活易腐等不易保管的动产除外。债务人逾期未履行的，留置权人可以与债务人协议以留置财产折价，也可以就拍卖、变卖留置财产所得的价款优先受偿。留置财产折价或者拍卖、变卖后，其价款超过债权数额的部分归债务人所有，不足部分由债务人清偿。

同一动产上已设立抵押权或者质权，该动产又被留置的，留置权人优先受偿。

六、定金

（一）定金的概念

定金是指由一方当事人预先向对方当事人交付一定数额的货币，以确保债权实现的担保方式。定金是以一定数额的货币作为合同履行担保的，其与保证、物权担保不同，具有自身的特征。一般在各类合同当事人都可以约定使用。在实践中，定金的种类也很多，常见的有订约定金、生效定金、履约定金等。

（二）定金担保的效力

定金担保的效力是通过定金的罚则作用来体现的。债务人履行债务的，定金应当抵作价款或者收回。给付定金的一方不履行约定的债务的，无权要求返还定金。收受定金的一方不履行约定的债务的，应当双倍返还定金。由此可见，定金与预付款、违约金在性质上是有明显区别的。

（三）定金合同及数额

《担保法》规定，定金应当以书面形式约定。当事人在定金合同中应当约定交付定金的期限。定金合同从实际交付定金之日起生效。定金的数额由当事人约定，但不得超过主合同标的额20%。当事人约定的定金数额超过法定约比例时，超过部分无效。

本章练习题

1. 简述合同的概念和特征。
2. 简述合同的分类。
3. 简述要约的法律效力。
4. 简述承诺应当具备的条件。
5. 什么是缔约过失责任？承担缔约过失责任的法定情形有哪些？
6. 什么是效力待定的合同？效力待定的合同类型有哪些？
7. 什么是可变更或可撤销的合同？可变更或可撤销合同的类型有哪些？
8. 简述无效合同的概念及种类。
9. 简述合同履行的原则和规则。
10. 简述不安抗辩权制度。
11. 简述债权人的代位权和撤销权。
12. 合同终止的原因有哪些？
13. 什么是违约责任？承担违约责任的方式有哪些？
14. 简述合同担保的概念及其特征。
15. 简述保证的概念及其责任方式。
16. 简述抵押的概念及抵押物的范围。
17. 简述权利质押的概念及可以质押的权利的范围。
18. 简述留置的概念及留置权的行使条件。
19. 简述定金的概念及其效力。

第九章　质量管理法

　　质量是产品的生命，质量管理既是企业管理现代化、科学化的一项重要内容，又是国家维护良好的市场竞争秩序，保护消费者权益的重要途径。质量管理法是加强质量管理的重要法律制度。通过本章的学习，要求学生了解我国质量管理的立法概况、质量管理体制，理解质量管理的具体制度，并重点掌握生产者、销售者的产品质量义务与责任。

第一节　质量管理法概述

一、质量和质量管理的涵义

（一）质量的概念

美国质量管理专家朱兰将质量（quality）定义为"产品的适用性"，"适用性这个概念，通俗地用'质量'这个词表达，是一个普通的概念，适用于所有产品与服务"。国际标准 ISO8402-1-1986《质量—术语》将质量定义为"产品或服务满足规定的需要或隐含的需要的特征和特性的总和"。我国《质量振兴纲要（1996～2010 年)》将质量分为产品质量、工程质量和服务质量。

质量可以是法定的、约定的或者隐含的，一般通过法律、合同、惯例等形式表现出来。它在本质上是一种社会关系，包含着符合社会需要的技术要求和价值评判。但质量又是一个中性概念，既不用来表达比较意义上的优良程度，也不用于定量意义上的技术评价。

按照 ISO8402-1 的规定，产品的质量特性可以归结为：性能、可靠性和可维修性、适应性、时间性、经济性。服务的质量特征则将可靠性和适应性具体化为舒适性、文明性，体现"人本"思想，强调人际关系与人们相互之间价值观念的协调程度。

（二）质量管理的涵义

在社会化、大规模生产的时代，质量的影响力超出了个别生产者的自治、个别消费者的损益，不再是纯粹的私法关系。随着科技发展和消费者维权运动的兴起，美国通用汽车公司质量经理菲根堡姆在《全面质量控制》（Total Quality Control）一文中，强调质量是公司全体人员的责任，提出了全面质量管理、"用户至上"的理念。1980年，原国家经济委员会颁布了《工业企业全面质量管理暂行办法》，成为我国第一部综合性质量法规。

按照管理主体不同，质量管理主要可分为政府质量管理和企业质量管理。政府质量管理是政府通过立法、行政和司法对质量进行引导、管理、监督和控制的活动；企业质量管理是产品和服务的经营者通过内部控制制度对质量进行管理的活动。随着社会化和民主化的发展，行业协会、社会公众、舆论媒介等社会群体也逐渐获得了质量监督管理职能。三者的管理相辅相成：企业质量管理是基础，政府质量管理是保障，社会质量管理是桥梁。

二、质量立法概述

在西方，前资本主义和自由资本主义时期，质量立法主要表现为民商事立法，侧重于交易中出卖人的质量担保义务，产品责任限于合同责任，质量管理以企业的经验管理、检验管理为主。20世纪以后，政府的经济职能增强，质量立法扩展到质量管理监督立法、国家标准立法、特殊商品管制立法、消费者法以及国际标准的借鉴，对质量进行多层次、多角度的规范，反映出现代经济立法普遍具有的系统、连贯和网络化调整的特点。

我国质量管理的基本立法是1993年2月22日第七届全国人民代表大会常务委员会第三十次会议通过的《中华人民共和国产品质量法》，该法于2000年7月8日第九届全国人民代表大会常务委员会第十六次会议进行了修改。《产品质量法》具有中国特色，也具有经济法的特点：①将产品质量管理与产品责任规定在一起，既有公共管理内容，又有民事内容；②将"产品"定位在流通的工业产品，即"经过加工、制作，用于销售的产品"，不包括建筑工程（符合规定的建筑材料、建筑购配件和设备除外）、军工用品、天然产品，也不包括服务，以及未进入流通领域的产品；③"产品质量"的内容划分为"生产者、销售者的产品质量责任和义务"与"损害赔偿责任"两部分，突出政府与产品生产者、销售者之间的质量管理关系。

总体而言，我国现行质量立法的内容大致包括：

1. 质量管理体制。用以明确政府质量管理部门的职责（权）和工作程序。

2. 质量管理措施。政府通过颁发生产许可证，推行质量认证和质量体系认证制度，实行标准化和计量管理、产品检验和抽查，实施名牌战略和评优活动等措施进行质量管理。除《产品质量法》外，如第七届全国人民代表大会常务委员会第五次会议于1988年通过的《标准化法》、原信息产业部2001年发布的《电信服务质量监督管理暂行办法》、交通运输部2008年发布的《邮政普遍服务监督管理办法》等也规定了产品管理措施。

3. 特殊商品的质量管理。指政府对药品、食品、易燃易爆品、锅炉、船舶、进出口商品、废旧商品等对人身、财产安全有较大危险的商品进行的专门管理。如《血液制品管理条例》（1996年）、《茧丝质量监督管理办法》（2003年）、《农产品质量安全法》（2006 年）、《食品安全法》（2009 年）、《武器装备质量管理条例》（2010 年）等。

2009 年 2 月 28 日，十一届全国人民代表大会常务委员会第七次会议通过的《食品安全法》是我国近年来针对食品安全监管制度的重大改革举措。该法适应新形势发展的需要，确立了以食品安全风险监测和评估为基础的科学管理制度，明确了食品安全风险评估结果作为制定、修订食品安全标准和对食品安全实施监督管理的科学依据等内容。

4. 质量责任和义务。指产品或服务提供者应当履行国家质量要求的各项义务。

5. 质量纠纷和解决途径。指质量造成人身、财产损害时当事人可以采取的救济方式，以及义务人应当承担的责任。

6. 其他质量管理规范，包括社会质量监督、消费者质量权益等。

第二节　质量管理法的主要内容

一、质量管理体制

质量管理体制是一国质量管理机构的设置以及权责配置制度的统称。我国实行统筹规划、分级管理的质量管理体制。国务院质量监督部门主管全国产品质量监督工作，国务院有关部门在各自的职责范围内负责产品质量监督工作，县级以上地方产品质量监督部门主管本行政区域内的产品质量监督工作，县级以上地方人民政府有关部门在各自的职责范围内负责产品质量监督工作。

（一）国务院质量管理部门及其职责

国家质量监督检验检疫总局（以下简称"国家质检总局"）主管全国产品质量监督工作，其主要职责包括以下几项：

1. 拟定并组织实施国家有关质量监督检验检疫工作的方针、政策和法律、法规。

2. 宏观管理和指导全国质量工作，研究拟定提高国家质量水平的发展战略。

3. 统一管理计量工作。

4. 拟定出入境检验检疫综合业务规章制度。

5. 组织实施出入境卫生检疫、传染病监测和卫生监督工作。

6. 组织实施出入境动植物检疫和监督管理。

7. 组织实施进出口食品和化妆品的安全、卫生、质量监督检验和监督管理。

8. 组织实施进出口商品法定检验和监督管理。

9. 依法监督管理质量检验机构。

10. 综合管理锅炉、压力容器、电梯等特种设备的安全监察、监督工作。

11. 管理产品质量监督工作，组织依法查处违反标准化、计量、质量法律、法规的违法行为，打击假冒伪劣违法活动。

12. 管理与协调质量监督检验检疫方面的国际合作与交流。

13. 制定并组织实施质量监督检验检疫的科技发展、实验室建设规划。

14. 垂直管理出入境检验检疫机构。

15. 管理国家认证认可监督管理委员会和国家标准化管理委员会。

16. 承办国务院交办的其他事项等。

按照国务院授权，将认证认可和标准化行政管理职能分别交给国家质检总局管理的中国国家认证认可监督管理委员会（国家认证认可监督管理局）和中国国家标准化管理委员会（国家标准化管理局）承担。

（二）县级以上地方产品质量监督部门及其职责

除国家质检总局主管全国产品质量监督工作外，县级以上各级地方产品质量监督部门，即省、自治区、直辖市产品质量监督部门和市、县产品质量监督部门主管本行政区域内的产品质量监督工作，依法履行其相应的职责。

（三）国务院有关部门、县级以上地方人民政府有关部门及其职责

国务院有关部门、县级以上地方人民政府有关部门是指国务院和县级以上人民政府设置的有关行业主管部门，如各级工商行政管理部门有权对生产、经销假冒伪劣产品的行为进行监督检查，各级食品药品监督管理部门有权对食品药品进行监督检验等。

二、质量管理的主要制度

（一）标准化制度

质量标准是指对产品的结构、规格、质量、检验方法所作的技术规定。按照《标准化法》和《产品质量法》等法律、法规的规定，我国的标准体系由国家标准、行业标准、地方标准和企业标准等构成，同时采用和转化使用国际标准。

1. 国家标准。国家标准是由国务院标准化行政主管部门制定，在全国统一实施的标准。国家标准分为强制性国家标准和推荐性国家标准。下列国家标准属于强制性国家标准：①药品国家标准、食品卫生国家标准、兽药国家标准、农药国家标准；②产品及产品生产、储运和使用中的安全、卫生国家标准，劳动安全、卫生国家标准，运输安全国家标准；③工程建设的质量、安全、卫生国家标准及国家需要控制的其他工程建设国家标准；④环境保护的污染物排放国家标准和环境质量国家标准；⑤重要的涉及技术衔接的通用技术术语、符号、代号（含代码）、文件格式和制图方法国家标准；⑥国家需要控制的通用的试验、检验方法国家标准；⑦互换配合国家标准；⑧国家需要控制的其他重要产品国家标准。

国家标准的代号由大写汉语拼音字母构成。强制性国家标准的代号为"GB"，推荐性国家标准的代号为"GB/T"。国家标准的编号由国家标准的代号、国家标准发布的顺序号和国家标准发布的年号（即发布年份的后两位数字）构成。

2. 行业标准。行业标准是对没有国家标准而又需要在全国某个行业范围内统一的技术要求所制定的标准。行业标准不得与有关国家标准相抵触。有关行业标准之间应保持协调、统一，不得重复。行业标准在相应的国家标准实施后，即行废止。行业标准由行业标准归口部门统一管理。全国专业标准化技术委员会或专业标准化技术归口单位负责提出本行业标准规划的建议，组织本行业标准的起草及审查等工作。目前，

全国有 260 个专业标准化技术委员会。行业标准分为强制性标准和推荐性标准。行业标准的编号由行业标准代号、标准顺序号及年号组成。强制性行业标准编号为：＿＿×××× ＿××，推荐性行业标准编号为：＿＿/T×××× ＿××。

3. 地方标准。对没有国家标准和行业标准而又需要在省、自治区、直辖市范围内统一的技术要求，可以制定地方标准。地方标准由省、自治区、直辖市标准化行政主管部门统一编制规划、组织制定、审批、编号和发布。地方标准发布后，省、自治区、直辖市标准化行政主管部门在 30 日内，应分别向国务院标准化行政主管部门和有关行政主管部门备案。

法律、法规规定强制执行的地方标准，为强制性标准；规定非强制执行的地方标准，为推荐性标准。地方标准的代号为：汉语拼音字母"DB"加上省、自治区、直辖市行政区划代码前两位数再加斜线，组成强制性地方标准代号；再加"T"，组成推荐性地方标准代号。如，河北省强制性地方标准代号为"DBl3/"；河北省推荐性地方标准代号为"DBl3/T"。

4. 企业标准。企业标准是对企业范围内需要协调、统一的技术要求、管理要求和工作要求所制定的标准，是企业组织生产、经营活动的依据。国家鼓励企业自行制定严于国家标准或者行业标准的企业标准。

企业产品标准，应在发布后 30 日内办理备案，一般按企业的隶属关系报当地政府标准化行政主管部门和有关行政主管部门备案。国务院有关行政主管部门下属企业的企业产品标准，报国务院有关行政主管部门和企业所在省、自治区、直辖市标准化行政主管部门备案。国务院有关行政主管部门和省、自治区、直辖市双重领导的企业，企业产品标准还要报省、自治区、直辖市有关行政主管部门备案。企业产品标准的编号方法如下：Q（企业标准代号）／×××（企业代号）×××（顺序号）＿××（年号）。企业代号可用汉语拼音字母或阿拉伯数字或两者兼用组成。

5. 国际标准的采用和转化。采用国际标准，简称采标，是指将国际标准的内容，经过分析研究和试验验证，等同或修改转化为我国标准（包括国家标准、行业标准、地方标准和企业标准），并按我国标准审批、发布程序审批、发布。国家质检总局 2001 年颁布了《采用国际标准管理办法》。按照规定，制定（包括修订）我国标准应当以相应国际标准为基础。对于国际标准中通用的基础性标准、试验方法标准应当优先采用。采用国际标准中的安全标准、卫生标准、环保标准制定我国标准，应当以保障国家安全、防止欺骗、保护人体健康和人身财产安全、保护动植物的生命和健康、保护环境为正当目标，除非这些国际标准由于基本气候、地理因素或者基本的技术问题等原因而对我国无效或者不适用。

我国标准采用国际标准的程度，分为等同采用和修改采用。等同采用的代号为 IDT，指与国际标准在技术内容和文本结构上相同，或者与国际标准在技术内容上相同，只存在少量编辑性修改。修改采用的代号为 MOD，指与国际标准之间存在技术性差异，并清楚地标明这些差异并解释其产生的原因，允许包含编辑性修改。

　　为了促进国际标准的采用，国家制定了国际标准转化规划和政策，并采取相应扶持和鼓励措施。2002 年，国家质检总局等七部门联合发布《关于推进采用国际标准的若干意见》要求各级政府要把采标工作纳入本部门、地区的发展规划和年度计划；对重大技术改造和技术引进项目的立项进行"采标"水平的评审；对于国家重点工程项目和政府采购，在设备定购，原材料、备品备件采购时，要优先采购"采标"的产品。

　　（二）产品质量认证制度和企业质量体系认证制度

　　1. 产品质量认证制度。产品质量认证制度是指根据产品标准和相应技术要求，经认证机构确认，对符合相应标准和相应技术要求的产品颁发认证证书和认证标志予以证明的制度。产品质量认证制度，是保证和提高产品质量，提高产品信誉和在市场上的竞争力的一项重要制度。《产品质量法》第 14 条第 2 款规定，国家参照国际先进的产品标准和技术要求，推行产品质量认证制度。

　　为了推行产品质量认证制度，2001 年国务院组建了认证认可监督管理委员会。2003 年 9 月，国务院发布了《认证认可条例》。根据规定，我国产品质量认证的对象为经过加工、制作，用于销售的产品，但不包括建设工程、军工产品。国家参照国际先进的产品标准和技术要求，推行产品质量认证制度。在认证种类上，分为合格认证和安全认证两类。我国对产品质量实行自愿性认证为主、强制性认证为辅的制度。国家对涉及人类健康和安全，动植物生命和健康，以及环境保护和公共安全的产品实行强制性认证制度，即必须经过认证并标注认证标志后，方可出厂、销售、进口或者在其他经营活动中使用。企业可以向国务院产品质量监督部门认可的或者国务院产品质量监督部门授权的部门认可的认证机构申请产品质量认证。经认证合格的，由认证机构颁发产品质量认证证书，准许企业在产品或其包装上使用产品质量认证标志。我国目前已经批准的产品质量认证标志主要有：方圆标志、长城标志和 PRC 标志。方圆标志分为合格认证标志和安全认证标志。获准合格认证的产品，使用合格认证标志；获准安全认证的产品，使用安全认证标志。长城标志是电工产品专用认证标志。PRC 标志是电子元器件产品专用认证标志。企业获准产品质量认证后，除接受国家法律、法规规定的检验外，免于其他检验，同时还可享有优质优价、优先推荐参加国优产品评定等优惠条件。

　　2. 企业质量体系认证制度。企业质量体系认证制度是指根据国际通用的质量管理和质量保证系列标准，经过认证机构对企业质量体系的检查和确认，通过颁发认证证书的形式，证明企业质量体系和质量保证能力符合相应要求的制度。企业质量体系认证制度是一项促进企业对其产品质量进行严格有效管理的重要制度，是企业为社会提供高质量、高信誉产品的保证。我国《产品质量法》第 14 条第 1 款规定，国家根据国际通用的质量管理标准，推行企业质量体系认证制度。

　　我国的企业质量体系认证实行自愿原则，企业可以向国务院产品质量监督部门认可的或者国务院产品质量监督部门授权的部门认可的认证机构申请企业质量体系认证。企业质量体系认证的依据是国际通用的质量管理标准，具体而言，是指我国发布的、等同采用国际标准化组织"质量管理和质量保证"系列标准 ISO9000 的国家标准 GB/T19000～ISO9000 系列标准。认证机构根据该标准对申请质量体系认证的企业进行检查，经认证合格的，发给企业质量体系认证证书。

企业质量体系认证与产品质量认证都是企业接受有关机构作出的认证活动，但二者有明显的区别：

（1）认证的对象不同。企业质量体系认证是以企业整体的质量体系为对象，而产品质量认证是以特定的产品为对象，并遵循一种产品一认证的原则。

（2）获准认证的条件不同。企业质量体系认证的条件是该企业的质量体系符合国际通用的质量管理标准，即 GB/T19000～ISO9000 系列标准，而产品质量认证的条件是产品质量符合指定的标准要求，一般指国家标准或者行业标准，同时该企业质量体系符合指定的质量保证标准要求，一般指 GB/T19002 或 GB/T19003。

（3）证明方式不同。企业质量体系认证由质量体系认证证书和质量体系标志来证明，但是该证书和标志不能在产品上使用，而产品质量认证由产品质量认证证书和产品质量认证标志来证明，该证书不能在产品上使用，但该标志可以在产品上使用。另外，企业质量体系认证往往被外贸出口企业自愿采用，适用范围不是很广泛，而产品质量认证则被我国各类企业广泛采用。

（三）质量抽查制度

国家对产品质量实行以抽查为主要方式的监督检查制度，对可能危及人体健康和人身、财产安全的产品，影响国计民生的重要工业产品以及消费者、有关组织反映有质量问题的产品进行抽查。抽查的样品应当在市场上或者企业成品仓库内的待销产品中随机抽取。监督抽查工作由国务院产品质量监督部门规划和组织。县级以上地方产品质量监督部门在本行政区域内也可以组织监督抽查。检验抽取样品的数量不得超过检验的合理需要，不得向被检查人收取检验费用。生产者、销售者对抽查检验的结果有异议的，可以自收到检验结果之日起 15 日内向实施监督抽查的产品质量监督部门或者其上级产品质量监督部门申请复检，由受理复检的产品质量监督部门作出复检结论。

对依法进行的产品质量监督检查，生产者、销售者不得拒绝。依照法律规定进行监督抽查的产品质量不合格的，由实施监督抽查的产品质量监督部门责令其生产者、销售者限期改正。逾期不改正的，由省级以上人民政府产品质量监督部门予以公告；公告后经复查仍不合格的，责令停业，限期整顿；整顿期满后经复查产品质量仍不合格的，吊销营业执照。

国务院和省、自治区、直辖市人民政府的产品质量监督部门应当定期发布其监督抽查的产品的质量状况公告。

（四）产品召回制度

产品召回制度是指产品进入流通领域后，如果发现存在可能危害消费者健康、安全的缺陷，产品的制造者或经销者应当及时采取有效措施，在政府监督下收回流通中的缺陷产品，以避免危害发生的制度。此制度发端于美国，现已成为发达国家管理产品质量的一种特殊方式。1966 年，美国制定《国家交通和机动车安全法》，率先在汽车行业实行产品召回制度，后又将该制度应用到可能对大众造成伤害的其他产品，并为其他国家所效仿。我国《消费者权益保护法》第 18 条第 2 款要求经营者发现其提供的商品或者服务存在严重缺陷，即使正确使用商品或者接受服务仍然可能对人身、财产安全造成危害的，应当立即向有关行政主管部门报告和告知消费者，并采取防止危害发生的措施，对产品召回作了原则性规定；2004 年，国家质量监督检验检疫总局、国家发展和改革委员会、商务部和海关总署发布了《缺陷汽车产品召回管理规定》，初步建立了汽车召回制度。此后，国家质量监督检验检疫总局于 2007 年发布《食品召回管理规定》、《儿童玩具召回管理规定》，国家食品药品监督管理局于同年发布《药品召回管理办法》。产品召回分为"主动召回"和"责令召回"两种情况，召回方式包括换货、退货、修理、补充或者修正消费说明等。

第三节　生产者、销售者的产品质量义务

一、生产者的产品质量义务

生产者是指在中华人民共和国境内从事产品生产活动的公司、企业、其他经济组织以及个体工商户等。根据《产品质量法》的规定，生产者应当承担的产品质量义务主要包括：

（一）对其生产的产品质量负责

根据规定，生产者生产的产品质量应当符合下列要求：

1. 不存在危及人身、财产安全的不合理的危险，有保障人体健康和人身、财产安全的国家标准、行业标准的，应当符合该标准。

2. 具备产品应当具备的使用性能，但是，对产品存在使用性能的瑕疵作出说明的除外。

3. 符合在产品或者其包装上注明采用的产品标准，符合以产品说明、实物样品等方式表明的质量状况。

（二）标明产品标识的义务

产品标识是指用于表明产品信息的各种表述和指示的统称。产品标识主要表现为产品的名称、产地，生产企业的名称、厂址，产品的主要成分、规格、型号，以及生产日期、失效日期，警示标志等。产品的标识既可以标注在产品上，也可以标注在产品包装上。根据《产品质量法》第 27 条的规定，产品标识应符合下列要求：

1. 有产品质量检验合格证明。

2. 有中文标明的产品名称、生产厂厂名和厂址。

3. 根据产品的特点和使用要求，需要标明产品规格、等级、所含主要成分的名称和含量的，用中文相应予以标明；需要事先让消费者知晓的，应当在外包装上标明，或者预先向消费者提供有关材料。

4. 限期使用的产品，应当在显著位置清晰地标明生产日期和安全使用期或者失效期。

5. 使用不当，容易造成产品本身损坏或者可能危及人身、财产安全的产品，应当有警示标志或者有中文警示说明。

（三）生产者的产品包装义务

产品包装是指在产品运输、储存、销售等流通过程中，为了保护产品、方便储存、促进销售，按一定技术方法而采用容器、材料和辅助物等对产品所附的装饰的总称。产品包装不仅有利于保证特殊产品的安全和产品质量，而且能够很好地保护产品的仓储者、运输者、销售者和消费者的合法权益。

《产品质量法》第28条规定，易碎、易爆、易燃、有毒、有腐蚀性、有放射性等危险物品以及储运中不能倒置和其他有特殊要求的产品，其包装质量必须符合相应要求，依照国家有关规定作出警示标志或者有中文警示说明，标明储运注意事项。

（四）不得实施法律禁止的行为

《产品质量法》禁止生产者实施下列行为：

1. 不得生产国家明令淘汰的产品；

2. 不得伪造产地，不得伪造或者冒用他人的厂名、厂址；

3. 不得伪造或者冒用认证标志等质量标志；

4. 生产产品，不得掺杂、掺假，不得以假充真、以次充好，不得以不合格产品冒充合格产品。

二、销售者的产品质量义务

销售者是指在中华人民共和国境内从事产品销售活动的公司、企业、其他经济组织以及个体工商户等。根据《产品质量法》规定，销售者的产品质量义务主要包括：

（一）进货检查验收义务

《产品质量法》第33条规定："销售者应当建立并执行进货检查验收制度，验明产品合格证明和其他标识。"销售者本身具有双重身份，即相对于生产者而言，他是用户，其合法权益应当受到保护；而相对于消费者而言，他是产品质量责任的潜在承担者，如发生了产品质量责任事故，他就可能承担产品质量责任。因此，设立进货检查验收制度，其目的在于督促产品的生产者（供货者）、销售者认真履行产品质量检查验收手续，严把质量关，杜绝假冒伪劣产品进入市场，以保护消费者的合法权益。

（二）采取措施，保持产品质量的义务

《产品质量法》第34条规定："销售者应当采取措施，保持销售产品质量。"产品从生产到销售，需要一个过程，期间产品质量会随着时间的推移而发生一定的合理变化。因此，销售者从购进产品到卖出产品，有义务采取一定措施，使产品在正常条件下仍然保持应有的质量状况。

（三）销售的产品的标识应当符合法律的规定

对生产者有关产品标识的要求同样适用于销售者。这就要求销售者严格执行进货检查验收制度，验明各种产品标识，对产品标识不符合法律规定的，应及时通知生产者进行妥善处理，不得隐瞒、伪造产品标识，侵犯消费者的合法权益。

（四）不得违反法律的禁止性规定

根据《产品质量法》的规定，销售者禁止从事的销售行为包括：①不得销售国家明令淘汰并停止销售的产品和失效、变质的产品；②不得伪造产地，不得伪造或者冒用他人的厂名、厂址；③不得伪造或者冒用认证标志、名优标志等质量标志；④销售产品，不得掺杂、掺假，不得以假充真、以次充好，不得以不合格产品冒充产品。

第四节　产品质量责任

一、产品质量责任概述

产品质量责任，是指生产者、销售者以及对产品质量负有直接责任的人员违反产品质量义务，造成他人人身、财产损害时，所应当承担的法律责任。产品质量责任与产品责任并非同一概念。产品责任又称产品侵权责任，是指生产者和销售者因其生产和销售有缺陷产品，而使该产品的购买者、使用者以及其他相关人员遭受人身或者财产损害而进行赔偿的法律责任。[1]产品责任是一种因产品缺陷造成损害应当承担的民事赔偿责任。而产品质量责任则包括民事责任、行政责任、刑事责任等三种责任方式。

二、产品质量的民事责任

民事责任是违反民事义务所应当承担的法律后果。其一般分为违反合同的民事责任和侵权责任，相应地，在产品质量法中称之为产品瑕疵担保责任和产品缺陷赔偿责任。

（一）产品瑕疵担保责任

产品瑕疵担保责任是指产品的销售者售出的产品有瑕疵，违反了其对产品质量所作的明示或默示的担保，所应承担责任。

产品瑕疵是指产品不具备良好的特征和特性，不符合在产品或其包装上注明采用的产品标准，或者不符合产品说明、实物样品等方式表明的质量状况。根据《产品质量法》规定，售出的产品具有下列情形之一的，产品即存在瑕疵：①销售的产品不具备产品应当具有的使用性能而事先未作说明的；②不符合在产品或者其在包装上注明采用的产品标准的；③不符合以产品说明、实物样品等方式表明的质量状况的。产品存在瑕疵，销售者应当负责修理、更换、退货；给购买产品的消费者造成损失的，销售者应当赔偿损失。但是，如果该责任属于生产者或者属于向销售者提供产品的其他销售者的，当销售者负责修理、退货、赔偿损失后，有权向生产者、供货者追偿。

销售者承担产品瑕疵担保责任的形式主要有：修理、更换、退货，给用户、消费

---

〔1〕　美国《布莱克法律词典》所引用的科宾诉通用汽车公司一案中法院对产品质量所下的定义。转引自王淑焕：《产品质量法教程》，中国政法大学出版社1993年版，第1页。

者造成损失的，应当赔偿损失。

（二）产品缺陷赔偿责任

产品缺陷赔偿责任是指因产品存在缺陷而给用户、消费者或者其他人造成人身或者缺陷产品以外的其他财产损害时，该产品的生产者、销售者对受害人依法承担的一种民事侵权赔偿责任。产品缺陷与产品瑕疵是两个既有联系又有区别的概念，二者的区别主要表现在：①含义范围不同。产品瑕疵较产品缺陷的含义更广泛，包括产品在适用性、安全性、可靠性、维修性等各种特征和特性方面的质量问题，而产品缺陷则主要是产品在安全性、可靠性等特性方面存在可能危及人体健康和人身、财产安全的不合理危险。②责任性质不同。产品瑕疵担保责任是合同责任，而产品缺陷损害赔偿责任是特殊的民事侵权责任。③承担责任的条件不同。产品只要有瑕疵，无论是否造成损害后果，都要承担违约责任，而产品仅存在缺陷，尚未造成损害后果的，不能构成产品缺陷损害赔偿责任。

我国《产品质量法》对于产品缺陷赔偿责任实行无过错责任原则，也称严格责任原则，即只要产品有缺陷，造成了消费者或者其他使用者的人身、财产损害，生产者、销售者在生产或销售过程中主观上无论是否有过错，都应承担损害赔偿责任。运用无过错责任原则，受害人只需证明产品存在缺陷和损害结果以及二者之间的因果关系，无需证明生产者、销售者有过错即可获得赔偿。生产者、销售者不能以无过错作为免责事由。

产品缺陷赔偿责任的主体是产品的生产者和销售者。因产品存在缺陷造成人身、财产损害的，受害人可以向产品的生产者要求赔偿，也可以向产品的销售者要求赔偿。产品的生产者和销售者对产品缺陷造成的损害承担连带责任。如果属于产品生产者的责任，产品销售者赔偿的，其有权向产品生产者追偿；如果属于产品销售者的责任，产品的生产者赔偿的，其有权向产品销售者追偿。产品缺陷赔偿责任的承担方式主要为损害赔偿。如因产品存在缺陷造成受害人人身伤害的，应当赔偿医疗费、因误工减少的收入、残废者生活补助费等费用；造成受害人死亡的，并应当支付丧葬费、抚恤费、死者生前抚养的人必要的生活费等费用。因产品存在缺陷造成受害人财产损失的，侵害人应当恢复原状或者折价赔偿，受害人因此遭受其他重大损失的，侵害人应当赔偿损失。

三、产品质量行政责任

产品质量的行政责任是指违反产品质量法的单位和个人依法应承担的行政法上的责任。

根据《产品质量法》规定，有下列情形之一的，产品质量监督管理部门有权责令停止生产、销售，没收违法生产、销售的产品，处以罚款；有违法所得的，并处没收违法所得；情节严重的，吊销营业执照：

1. 生产、销售不符合保障人体健康和人身、财产安全的国家标准、行业标准的产品的。

2. 在产品中掺杂、掺假，以假充真，以次充好，或者以不合格产品冒充合格产品的。

3. 生产国家明令淘汰的产品的，销售国家明令淘汰并停止销售的产品的。

4. 销售失效、变质的产品的。

5. 伪造产品产地的，伪造或者冒用他人厂名、厂址的，伪造或者冒用认证标志等质量标志的。

6. 产品标识、有包装的产品标识不符合产品质量法规定的。

7. 拒绝接受依法进行的产品质量监督检查的。

8. 产品质量检验机构、认证机构伪造检验结果或者出具虚假证明的。

9. 隐匿、转移、变卖、损毁被产品质量监督部门或者工商行政管理部门查封、扣押的物品的。

10. 对于产品质量监督部门或者工商行政管理部门的工作人员滥用职权、玩忽职守、徇私舞弊，尚不构成犯罪的。

四、产品质量的刑事责任

生产者、销售者有违反《产品质量法》的下列行为，情节严重，构成犯罪的，依照《刑法》的有关规定追究刑事责任：

1. 在产品中掺杂、掺假，以假充真，以次充好，或者以不合格产品冒充合格产品的，销售金额 5 万元以上不满 20 万元的，处 2 年以下有期徒刑或者拘役，并处或者单处销售金额 50% 以上 2 倍以下罚金；销售金额 20 万元以上不满 50 万元的，处 2 年以上 7 年以下有期徒刑，并处销售金额 50% 以上 2 倍以下罚金；销售金额 50 万元以上不满 200 万元的，处 7 年以上有期徒刑，并处销售金额 50% 以上 2 倍以下罚金；销售金额 200 万元以上的，处 15 年有期徒刑或者无期徒刑，并处销售金额 50% 以上 2 倍以下罚金或者没收财产。

2. 生产、销售假药的，处 3 年以下有期徒刑或者拘役，并处罚金；对人体健康造成严重危害或者有其他严重情节的，处 3 年以上 10 年以下有期徒刑，并处罚金；致人死亡或者有其他特别严重情节的，处 10 年以上有期徒刑、无期徒刑或者死刑，并处罚金或者没收财产。

3. 生产、销售劣药，对人体健康造成严重危害的，处 3 年以上 10 年以下有期徒刑，并处销售金额 50% 以上 2 倍以下罚金；后果特别严重的，处 10 年以上有期徒刑或者无期徒刑，并处销售金额 50% 以上 2 倍以下罚金或者没收财产。

4. 生产、销售不符合食品安全标准的食品，足以造成严重食物中毒事故或者其他严重食源性疾患的，处 3 年以下有期徒刑或者拘役，并处罚金；对人体健康造成严重危害或者有其他严重情节的，处 3 年以上 7 年以下有期徒刑，并处罚金；后果特别严重的，处 7 年以上有期徒刑或者无期徒刑，并处罚金或者没收财产。

5. 在生产、销售的食品中掺入有毒、有害的非食品原料的，或者销售明知掺有有毒、有害的非食品原料的食品的，处 5 年以下有期徒刑，并处罚金；对人体健康造成严重危害或者有其他严重情节的，处 5 年以上 10 年以下有期徒刑，并处罚金；致人死亡或者对人体健康造成特别严重危害的，依照上述第 2 点的规定处罚。

6. 生产不符合保障人体健康的国家标准、行业标准的医疗器械、医用卫生材料，或者销售明知是不符合保障人体健康的国家标准、行业标准的医疗器械、医用卫生材料，足以严重危害人体健康的，处 3 年以下有期徒刑或者拘役，并处销售金额 50% 以上 2 倍以下罚金；对人体健康造成严重危害的，处 3 年以上 10 年以下有期徒刑，并处销售金额 50% 以上 2 倍以下罚金；后果特别严重的，处 10 年以上有期徒刑或者无期徒刑，并处销售金额 50% 以上 2 倍以下罚金或者没收财产。

7. 生产不符合保障人身、财产安全的国家标准、行业标准的电器、压力容器、易燃易爆产品或者其他不符合保障人身、财产安全的国家标准、行业标准的产品，或者销售明知是以上不符合保障人身、财产安全的国家标准、行业标准的产品，造成严重后果的，处 5 年以下有期徒刑，并处销售金额 50% 以上 2 倍以下罚金；后果特别严重的，处 5 年以上有期徒刑，并处销售金额 50% 以上 2 倍以下罚金。

8. 生产假农药、假兽药、假化肥，销售明知是假的或者失去使用效能的农药、兽药、化肥、种子，或者生产者、销售者以不合格的农药、兽药、化肥、种子冒充合格的农药、兽药、化肥、种子，使生产遭受较大损失的，处 3 年以下有期徒刑或者拘役，并处或者单处销售金额 50% 以上 2 倍以下罚金；使生产遭受重大损失的，处 3 年以上 7 年以下有期徒刑，并处销售金额 50% 以上二倍以下罚金；使生产遭受特别重大损失的，处 7 年以上有期徒刑或者无期徒刑，并处销售金额 50% 以上 2 倍以下罚金或者没收财产。

9. 生产不符合卫生标准的化妆品，或者销售明知是不符合卫生标准的化妆品，造成严重后果的，处 3 年以下有期徒刑或者拘役，并处或者单处销售金额 50% 以上 2 倍以下罚金。

本章练习题

1. 简述质量管理的内涵和重要性。
2. 简述实行标准化的意义。
3. 简述我国产品质量法的特点
4. 简述质量体系认证与产品质量认证的区别和联系。
5. 简述生产者与销售者的产品质量义务。
6. 简述采用国际标准的意义和方式。
7. 简述产品瑕疵担保责任与产品缺陷赔偿责任的区别。

第十章　消费者权益保护法

学习目的与要求

消费者权益保护问题与我们每个人的生活息息相关。本章要求在了解《消费者权益保护法》适用范围的基础上，重点掌握消费者的概念、消费者所享有的权利、消费者在其权益受到侵犯时可以采取的解决途径以及赔偿责任的追究等问题，以便在消费过程中有效地维护自身的权益。

第一节　消费者权益保护法概述

一、消费者的概念与特征

消费是社会再生产的重要环节，它包括生活消费和生产消费。与此相对应，消费者也就存在生活消费者和生产消费者两种形式。其中生活消费者是指为生活消费需要购买、使用商品或者接受服务的自然人；生产消费者是指有偿取得商品和服务，满足生产消费或物质、文化消费的单位和个人。我国对消费者内涵的界定采用了国际上通行的做法，仅限于生活消费者。《消费者权益保护法》第 2 条规定："消费者为生活需要购买、使用商品或者接受服务，其权益受本法保护；本法未作规定的，受其他有关法律、法规保护。"

消费者的法律特征主要有以下几个方面：

1. 消费者的范围仅限于购买、使用商品或者接受服务的自然人。1978 年 5 月国际标准化组织"消费政策委员会"在日内瓦召开第一届年会，在该次会议上，把消费者定义为"为个人目的购买或者使用商品和接受服务的个体社会成员"，其已经成为各国通行的做法。由此，消费者的范围既包括购买商品或者服务的人，也包括使用商品或者接受服务的人。企事业单位和其他社会团体不是商品或服务的直接使用人，因此不具有消费者的资格。单位因购买商品或接受服务，其权益受到侵害，可以依照《合同法》等有关法律规定予以救济。

2. 消费者的消费性质专指生活消费不包括生产消费。《消费者权益保护法》主要是为了在生活消费领域保护消费者的权益。消费的终极目的是为了生活消费，消费者的消费是为了满足个人和家庭的生活需要，如购买、使用商品或者接受服务是为了其衣、食、住、行、用、医疗、文化、教育、保险等方面的生活需要，而不是为了生产性消费需要。另外，为了保护农民的切身利益，我国《消费者权益保护法》第62条规定："农民购买、使用直接用于农业生产的生产资料，参照本法执行。"农村经营者购买直接用于农业生产的种子、农药、化肥等商品，虽然属于生产消费的范围，但农民作为特殊群体，有着与消费者相似的弱者地位，故将其作为特殊的消费者也纳入《消费者权益保护法》的保护范围，享受消费者的各项权利。

3. 消费者的消费方式包括购买、使用商品或接受服务。作为消费者，其消费的商品或者服务是自己通过一定的方式，从经营者那里获得的。这里所获得的方式可能是直接消费获得也可能是通过他人而间接获得，这种消费既可能是有偿消费也可能是无偿消费，这些都属于《消费者权益保护法》的保护范畴。

4. 消费者的消费客体是法律允许提供的商品和服务。我国《消费者权益保护法》所规定的消费行为客体是指用于生活的那部分商品和服务，而且经营者提供的这些商品和服务必须是合法的，经营者和消费者因非法的商品和服务而达成的消费关系不属于《消费者权益保护法》的调整范畴。

二、消费者权益保护法概述

消费者权益保护法是调整国家机关、经营者、消费者相互之间因保护消费者利益而产生的社会关系的法律规范的总称。

世界上最早制定消费者权益保护法的国家是美国，即1890年美国国会通过的《保护贸易和商业不受非法限制和垄断损害法》（即《谢尔曼法》），该法体现了国家适度干预经济生活、限制市场垄断行为、反对不正当竞争等观念，从而保护了消费者的权益。1898年美国成立了世界上第一个全国性的消费者组织——全国消费者同盟。此后，美国制定了大量有关保护消费者权益的法律，这些法律涉及消费品安全、卫生管理、交易规则、产品责任、商品标示等各个领域，美国保护消费者利益的法律制度已经相当完备，也对许多国家有着很深的影响。到20世纪60年代，消费者权益保护立法进入新阶段，各国相继颁布了保护消费者利益的基本法，比如，日本1968年颁布了《保护消费者基本法》，该法的颁布开创了制定消费者权益保护基本法的先河。与此同时，消费者保护的国际合作也得到了加强，1960年在海牙设立了国际消费者组织联盟（1987年中国成为该组织的正式成员）。1985年联合国通过了《保护消费者准则》，使消费者保护进入了一个新阶段。

我国在消费者保护方面起步较晚。改革开放以后，特别是社会主义市场经济体制建立以来，消费者权益保护问题日益受到重视，一批地方性的和国家的消费者保护组织以及法律、法规相继建立和出台。1983年5月河北省新乐县成立了我国第一个县级消费者组织，1984年4月广州市成立了我国第一个城市消费者组织——消费者委员会，1984年12月中国消费者协会成立。1993年10月31日第八届全国人民代表大会常务委员会第四次会议通过了《中华人民共和国消费者权益保护法》（以下简称《消费者权益保护法》），这是我国制定的第一部保护消费者权益的专门法律，自1994年1月1日起施行。2013 年 10 月 25 日第十二届全国人民代表大会常务委员会第五次会议主要围绕加大消费者权益保护问题对《消费者权益保护法》作了首次修订，于 2014 年 3 月 15 日施行，新《消费者权益保护法》共 8 章 63 条。除此以外，《民法通则》、《产品质量法》、《反不正当竞争法》、《食品安全法》、《药品管理法》、《计量法》、《标准化法》、《商标法》、《广告法》、《价格法》等中也有与消费者保护相关的规定，使我国的消费者保护制度逐渐走向完善，这些法律、法规对保护消费者的合法权益、维护社会经济秩序以及促进社会主义市场经济的健康发展发挥了重要作用。

第二节 消费者的权利与经营者的义务

一、消费者的权利

世界上最早明确提出消费者权利概念的是美国总统肯尼迪。1962 年 3 月 15 日肯尼迪向美国国会发表了"关于保护消费者权益的总统特别咨文"，即《保护消费者利益的总统特别命令》（或称《总统关于消费者利益的白皮书》），首次提出了消费者的四项权利：①获得商品的安全保障的权利；②获得正确的商品信息资料的权利；③对商品有自由选择的权利；④有提出消费者意见的权利。这四项权利后来逐渐为世界各国立法及国际消费者组织所公认。国际消费者组织联盟于 1983 年作出决定，将每年的 3 月 15 日定为"国际消费者权益日"。我国《消费者权益保护法》第二章专门规定了消费者的权利，主要可以概括为以下九项权利：

（一）安全权

消费者的安全权是消费者最重要的权利。《消费者权益保护法》第 7 条规定："消费者在购买、使用商品和接受服务时享有人身、财产安全不受损害的权利。消费者有权要求经营者提供的商品和服务，符合保障人身、财产安全的要求。"由此看出消费者的安全权包括人身安全和财产安全。在人身安全权方面，人身安全的主体不仅指消费者，还包括与消费者进行消费活动相关的其他人；人身安全的内容不仅包括消费者的生命不受危害的权利，还包括消费者的身体健康状况不受损害的权利。在财产安全权方面是指消费者的财产不受损失的权利。安全权表明消费者有权要求经营者提供的商品和服务，符合保障人身、财产安全的要求，即消费者在购买、使用商品时，有权要求其符合国家的安全、卫生标准，不致因此受到伤害；在有偿取得服务时，有权要求其设施、用品、用料等安全、卫生，并有相应保护措施，不危及人身、财产安全。经营者应确保其提供的商品和服务不危害消费者的生命健康和财产安全，并有利于增进人体健康、预防疾病，有利于改善和创造合乎需要的生活环境和条件。

（二）知悉真情权

消费者的知悉真情权，是消费者作出消费决定的重要保证。《消费者权益保护法》第 8 条第 1 款规定："消费者享有知悉其购买、使用的商品或者接受的服务的真实情况的权利。"在现实生活中消费者往往并不知道自己在购买、使用商品或者接受服务时，应当知道哪些情况，可以知道哪些情况，因此，知情权经常落空。为了使消费者有效地行使自己的知情权，《消费者权益保护法》第8条第2款对知情权的内容又作了进一步的规定，即消费者有权根据商品或者服务的不同情况，要求经营者提供商品的价格、产地、生产者、用途、性能、规格、等级、主要成分、生产日期、有效期限、检验合格证明、使用方法说明书、售后服务，或者服务的内容、规格、费用等有关情况。

（三）自主选择权

消费者的自主选择权是知悉真情权的延伸。《消费者权益保护法》第9条第1款规定："消费者享有自主选择商品或者服务的权利。"该权利具体来说应该包括以下几个方面：①消费者有权自主选择提供商品或者服务的经营者；②消费者有权自主选择商品品种或者服务方式；③消费者有权自主决定是否购买商品和接受服务；④消费者在自主选择商品或者服务时，有权进行比较、鉴别和挑选。经营者不得以种种理由限制或剥夺消费者的权利，不得以强拉硬劝和行政命令等强行方式向消费者提供商品和服务，不准以联手方式垄断价格或服务条件，出售商品不得硬性搭配，提供服务的未经消费者同意不得擅自增加可选择的服务项目。

（四）公平交易权

消费者的公平交易权是指消费者在购买商品或接受服务时，享有公正、合理地进行市场交换行为的权利。《消费者权益保护法》第10条第1款规定："消费者享有公平交易的权利。"公平是指导经营者与消费者进行交易的重要法律准则，它意味着交易双方从交易中获利是均衡的，双方享有的权利和承担的义务是相当的。公平交易权中的公平交易条件包括四项：

1. 质量保证。经营者向消费者提供的商品或服务必须符合法定或者约定的质量要求。

2. 价格合理。经营者对商品或者服务所定的价格必须与实际价值大致相当，不得牟取暴利，经营者不得通过各种方法对消费者实施价格欺诈。

3. 计量正确。经营者对计量器具的选择、使用必须符合国家的相关规定，不得弄虚作假、缺斤短两。

4. 拒绝强制交易。经营者不得强迫消费者接受其商品或服务。

消费者在购买商品或接受服务时，得不到质量保证，价格不合理，计量不准确，经营者强迫其接受商品或者服务的话，消费者有权拒绝并可以向有关部门进行申诉。

交易是市场经济的法则，实行公平的有秩序的交易，不仅是保障消费者权益的一项重要措施，同时对于促进社会主义市场经济的发展也起到了很重要的作用。

（五）求偿权

消费者的求偿权是实现消费者其他权利的保障，也是其他权利受到侵害时的有效补救措施。《消费者权益保护法》第11条规定："消费者因购买、使用商品或者接受服务受到人身、财产损害的，享有依法获得赔偿的权利。"消费者求偿权的行使应当符合法律规定，必须具备以下构成要件：①消费者的损失是由于购买、使用商品或者接受服务造成的；②已经造成了消费者财产或者人身的损害；③依照法律规定，消费者可以获得赔偿。这里需要注意的是，求偿权的范围包括人身损害和财产损害。人身损害主要指生命健康权等受到损害，财产损害则包括财物灭失、毁损等以及因受害人伤、残、死亡所支付的费用。求偿权的主体包括购买、使用商品或接受服务，受到人身、财产损失的商品购买者、商品使用者、接受服务者或与之相关的第三人。

　　消费者依法获得赔偿的权利是一项不可剥夺的权利，他有权请求弥补其受到的损害；有权要求经营者依照法律的规定用修理、重做、更换、退还商品货款或服务费等方式承担补偿或赔偿的责任。如果消费者与经营者之间就补偿及赔偿的方式、计算方式另有约定，还可以按约定履行。

　　（六）结社权

　　结社权是宪法赋予公民的一项基本权利，来源于结社自由。《消费者权益保护法》第 12 条规定："消费者享有依法成立维护自身合法权益的社会组织的权利。"消费者依法成立维护自身合法权益的社会团体，是公民结社权在《消费者权益保护法》中的具体化。消费者依法定程序自发、自主结社，政府对此不应限制。消费者组织是沟通政府和消费者的桥梁，消费者组织可以向消费者提供消费信息和咨询服务，受理消费者的投诉，形成对经营者的社会监督，政府在制定有关消费者方面的政策和法律时，应征求消费者组织的意见。目前，我国的消费者组织，主要是中国消费者协会和地方消费者协会。

　　（七）知识权

　　消费者的知识权是消费者知情权的延伸和行使自主选择权的条件。《消费者权益保护法》第 13 条第 1 款规定："消费者享有获得有关消费和消费者权益保护方面的知识的权利。"消费者获得的知识，包括两个方面：①消费方面的知识。主要有：有关商品和服务的基本知识，有关消费市场的知识，有关消费经济学的知识，以及有关消费心理、消费方式、消费态度等方面的知识。这些知识是消费者正确选购、公平交易、合理使用消费品或接受服务、保障自己合法权益的重要前提。②消费者权益保护方面的知识。也即消费者如何保护自己的法律知识，包括消费者权利、经营者义务、消费者与经营者发生争议时的解决途径、消费者在权益受到侵害时应如何维护其权益、消费者在行使权利过程中应注意哪些问题，等等。这些知识是消费者在自身合法权益受到侵害时，寻求保护、获得赔偿的武器。

　　（八）受尊重权

　　受尊重权是消费者在保障人身权利方面的一项重要权利，是宪法基本原则的具体体现。《消费者权益保护法》第 14 条规定："消费者在购买商品或接受服务时，享有人格尊严、民族风俗习惯受到尊重的权利……"消费者的受尊重权主要包括两个方面：①消费者的人格尊严受到尊重。人格尊严作为消费者的基本权利，是指消费者的姓名权、名誉权、荣誉权、肖像权、人身自由权等受到尊重，不受非法侵害。任何人不得以任何方式调戏、侮辱消费者，不得以任何借口限制、妨碍消费者的人身自由。②消费者的民族风俗习惯受到尊重。我国是一个多民族的国家，每个民族都有自己的服饰、饮食、居住礼节等风俗习惯，这些风俗习惯也必然在生活消费中体现出来。消费者在消费时其民族风俗习惯不受歧视、不受侵犯，经营者应对此予以充分的理解和尊重。

（九）监督权

消费者的监督权是指消费者享有对商品和服务以及保护消费者权益工作进行监督的权利。消费者的监督权是消费者享有的一项重要权利，它有利于调动每一个消费者的力量对消费领域中的不法行为进行监督，从而更好地保护消费者的合法权益。消费者的监督权包括以下两个方面：①消费者有权依法对经营者经营的商品或服务及经营行为进行监督。具体而言，消费者对经营者提供的商品和服务的质量、数量、价格，经营者的经营态度、服务作风等有权监督，对经营者侵犯消费者合法权益的行为有权进行投诉、检举和控告。②消费者有权对消费者权益保护工作进行监督。消费者有权检举、控告国家机关及其工作人员在保护消费者合法权益工作中的违法、失职行为，消费者有权对消费者权益保护工作提出批评和建议。

二、经营者的义务

在消费关系中，经营者与消费者是相对应的主体。经营者是指通过市场为消费者提供消费品和消费服务的人。经营者的义务主要有两类：①法律直接规定的义务，即法定义务；②基于合同而产生的义务，即约定义务。在这两类义务关系中，一方面，约定义务不能与强制性法定义务相抵触；另一方面，法定义务仅仅是法律对经营者的基本要求，消费者可以通过合同来约定经营者承担比法定义务更严格的义务。

根据《消费者权益保护法》规定，经营者应当承担下列十项义务：

（一）履行法律、法规或合同约定的义务

《消费者权益保护法》第16条规定："经营者向消费者提供商品或服务，应当依照本法和其他有关法律、法规的规定履行义务。经营者和消费者有约定的，应当按照约定履行义务，但双方的约定不得违背法律、法规的规定……"这一义务包括两方面内容：

1. 履行法律、法规规定的义务。这里的法律、法规规定的义务首先是指《产品质量法》规定的义务，《产品质量法》对产品质量的监督管理、产品损害的赔偿、违法行为的处罚、生产者和销售者的法律责任和义务都作了明确的规定，是经营者履行产品质量义务的重要法律。其次，是履行其他与保护消费者权益相关的法律、法规规定的义务。主要包括卫生保障、价格、商品宣传、计量、环境保护、提供服务等方面的法律、法规规定的义务。

2. 履行与消费者约定的义务。法定义务仅仅是经营者应当承担的基本义务。在消费领域，法律不可能对所有的复杂多变的消费关系都作出具体的规定，有一些消费关系还要靠经营者与消费者之间相互协商，签订合同，对彼此的权利义务作出明确的约定。这些约定，一旦有效成立，就具备法律效力，双方必须严格履行。如果经营者不履行与消费者的约定，则要受到相应的法律制裁。

（二）听取意见和接受监督的义务

《消费者权益保护法》第 17 条规定："经营者应当听取消费者对其提供的商品或服务的意见，接受消费者的监督。"这是与消费者监督权对应的经营者的义务。经营者只有广泛听取消费者的批评和建议，不断改进自己的商品和服务，才能获得更多消费者的信任，因此经营者听取消费者的意见应当不分时间、场合和地点。经营者接受消费者的监督也是多方面的，既包括消费者对商品或服务质量的监督，也包括对服务人员、雇员服务态度的监督，对购物环境及安全措施的监督。只有把经营者提供商品和服务的经营活动置于消费者的监督之下，才能提高和改善消费者的地位，更好地保护消费者的权益。

（三）保证商品、服务安全义务

经营者承担的商品、服务的安全保证义务是与消费者所享有的安全权相对应的。《消费者权益保护法》第 18 条第 1 款规定："经营者应当保证其提供的商品或者服务符合保障人身、财产安全的要求。对可能危及人身、财产安全的商品和服务，应当向消费者作出真实的说明和明确的警示，并说明和标明正确使用商品或者接受服务的方法以及防止危害发生的方法。"具体内容包括：

1. 经营者应当保证其提供的商品或服务符合人身、财产安全要求。这一义务要求经营者提供的商品或服务不存在危及人身、财产安全的危险，有保障人体健康，人身、财产安全的国家标准、行业标准的，应当符合该标准。

2. 警示义务。经营者就可能危及人身、财产安全的商品或服务，应当向消费者作出真实的说明和明确的警示，并标明正确使用商品或接受服务的方法，以及防止危害发生的方法。这里所说的商品或服务是指对人身、财产安全具有潜在危险的商品或服务，如家用电器、药品、香烟、电梯服务、美容服务等。

3. 通知和补救义务。经营者发现其提供的商品或服务存在严重缺陷，即使正确使用商品或接受服务，仍然可能对人身、财产安全造成危害的，应当立即向有关行政部门报告和告知消费者，并采取防止危害发生的措施。

（四）提供商品或服务真实信息的义务

消费者了解、掌握有关商品、服务的信息主要来源于经营者通过标注、表示、宣传等方式提供的信息。与消费者所享有的知情权相对应，经营者负有提供真实信息的义务。经营者的这一义务是诚实信用原则在消费领域的具体要求，也是实现消费者知情权和自主选择权的重要保障。《消费者权益保护法》第 19 条规定了经营者向消费者提供商品或服务的真实信息的义务。主要包括：

1. 经营者应当向消费者提供有关商品或服务的真实信息，不作引人误解的虚假宣传。经营者的宣传是消费者了解欲购商品或服务的主要途径。任何对商品或服务的质量、性能、用途、生产者或产地等事项作的引人误解的虚假宣传、提供的错误信息或作的不切实际的介绍，都可能诱导消费者作出错误的选择和决定，从而使消费者的权益受到损害。因此，经营者有义务保证其提供的商品和服务的信息的真实性，不得作引人误解的虚假宣传。

2. 经营者对消费者就其提供的商品或服务的质量和使用方法等问题提出的询问，应当作出真实明确的答复。消费者充分了解商品或服务的有关情况，是其决定购买商品或接受服务的前提。这就要求当消费者对欲购的商品或服务的相关内容向经营者提出询问的时候，经营者不得拒绝提供信息，也不得对消费者询问作不真实、含糊的回答。

3. 商店提供商品应当明码标价。商店是消费者集中购物场所，商店里明码标价，既可以让消费者直观地了解到商品的信息，作出合乎真实意愿的消费决定，又可以防止经营者逃避有关部门对物价的监督，便于消费者在其权益受到侵害时，实现求偿权。

（五）标明真实名称和标记的义务

名称和标记是经营者人格特定化的重要标志。不同的经营者名称和标记在消费者的心目中代表不同的商业信誉和商品、服务质量，同时名称和标记还代表着经营者的法律身份。《消费者权益保护法》第 21 条第 1 款规定："经营者应当标明其真实名称和标记。"这一规定有助于消费者正确判断商品或服务的真实来源，作出正确的消费选择，进而保护消费者的合法权益。经营者的这项义务的主要内容包括：经营者不得使用未经核准登记的企业名称；不得擅自改动经核准登记的企业名称；不得假冒或仿冒他人的企业名称和他人特有的营业标记；不得使用与他人企业名称或营业标记相近似的并足以造成误认的企业名称或营业标记；租赁他人柜台或场地的经营者应当表明自己的真实名称和标记。

（六）出具购货凭证和服务单据的义务

购货凭证是指商品的销售者在买卖合同履行之后，向商品的购买者出具的证明合同履行的书面凭证。服务单据是指服务的提供者在服务合同履行之后向服务的接受者出具的证明合同履行的书面凭证。购物凭证和服务单据通常表现为发票、收据、保修单等形式，这些凭证可以使双方的交易关系有据可查，当发生纠纷时，便于证明双方的权利义务关系，有利于纠纷的解决。《消费者权益保护法》第 22 条规定："经营者提供商品或者服务，应当按照国家有关规定或者商业惯例向消费者出具发票等购货凭证或者服务单据；消费者索要购货凭证或者服务单据的，经营者必须出具。"由此，这一义务主要包括：

1. 经营者应当按照国家有关规定或商业惯例向消费者出具购物凭证或服务单据。目前，我国对购物凭证和服务单据方面还没有作出统一的规定，只是在单行法规中有一些零散的规定。凡是国家有规定的都应遵守规定；没有规定的，则应按商业惯例向消费者出具购货凭证或服务单据，所出具的凭证或者单据应当按照规定的方式制作，条目齐备、填写正确，不得弄虚作假，也不得在购货凭证或服务单据上排除或者限制消费者的权利。

2. 消费者索要购货凭证或服务单据的，经营者必须出具。为了强调对消费者权益的保护，《消费者权益保护法》特别作出了此项规定，即当消费者向经营者要求出具购物凭证或服务单据时，经营者不得拒绝，这是经营者的法定义务，否则，消费者有权请求有关部门强制其履行，并予以相应的制裁，也有权要求解除合同。

（七）保证商品或服务品质的义务

商品或者服务只有在安全性、适用性等方面的品质达到了法律、法规或者合同规定的要求时，才能使消费者的消费需求得到合理的满足。因此，经营者保证其提供的商品或者服务的品质对于维护消费者的合法权益具有重要意义。此项义务主要包括：

1. 在正常使用商品或接受服务的情况下，保证提供的商品或服务应当具有相应的质量、性能、用途和有效期限。所谓"正常使用商品或接受服务"，是指根据商品或服务的性能和所规定的操作程序来使用商品或者接受服务，不按规定使用而出现问题的，则不是经营者的责任。在正常、合理使用商品或接受服务的情况下，如果商品或服务的质量、性能等出现问题，经营者就必须承担法律责任，但消费者在购买商品或接受服务前，已经知道其存在瑕疵的除外。

2. 经营者以广告、产品说明、实物样品或其他方式表明商品或服务质量状况的，应当保证与其提供的商品或服务的实际情况相符。经营者以上述方式表明质量状况后，消费者就可通过这些方式了解商品或服务，只有在其认定商品或服务的情况与经营者的这些宣传一致的条件下，才会产生购买或接受的意愿，一旦实际情况与经营者的表述不符，就会使消费者不能作出正确选择商品或服务的判断，从而使消费者蒙受损失。因此，法律作出了许多禁止性和惩罚性的规定，经营者不得通过各种方法对商品或者服务做不符合实际的表明，否则就要承担相应的法律后果。

（八）承担售后服务的义务

为了更全面地保护消费者的权利，防止出现某些经营者重销售、轻售后服务的现象，切实保障消费者权益的实现，经营者必须建立健全售后服务体系。《消费者权益保护法》第24条规定："经营者提供的商品或者服务不符合质量要求的，消费者可以依照国家规定、当事人约定退货，或者要求经营者履行更换、修理等义务。没有国家规定和当事人约定的，消费者可以自收到商品之日起7日内退货；7日后符合法定解除合同条件的，消费者可以及时退货，不符合法定解除合同条件的，可以要求经营者履行更换、修理等义务。依照前款规定进行退货、更换、修理的，经营者应当承担运输等必要费用。"该法第25条规定，经营者采用网络、电视、电话、邮购等方式销售商品，除消费者定作的商品、鲜活易腐商品、在线下载或者消费者拆封的音像制品、计算机软件等数字化商品、交付的报纸、期刊等商品外，消费者有权自收到商品之日起7日内退货，且无需说明理由。但是，消费者退货的商品应当完好。经营者应当自收到退回商品之日起7日内返还消费者支付的商品价款。退回商品的运费由消费者承担；经营者和消费者另有约定的，按照约定。因为有些商品和服务在购买和接受时可能很难发现存在问题，这些问题都是在一段时间后才显现，因此，法律规定经营者应履行这项义务。出色的售后服务不仅能增加消费者的信任感，也可以提高企业的竞争力。经营者的售后服务义务包括法定义务和约定义务两大类。

1. 法定义务。经营者的售后服务的法定义务主要体现为经营者承担的部分商品的包修、包换、包退义务，即"三包"义务。三包的基本内容是：在商品售出的一定期限内（一般为 7 天），出现有关规定所列举的质量问题的，消费者可以选择退货、更换或者修理；在一定期限内（一般是第 8～15 天），出现有关规定所列举的质量问题的，消费者可以选择换货或者修理；在三包有效期内（一般为 1 年），商品出现有关规定所列举的质量问题，经营者负责免费维修，经两次维修不能正常使用的，经营者可以选择换货或者退货。上述商品的三包义务是经营者承担的法定义务，经营者不得通过约定减轻或者免除，不得故意拖延或者无理由拒绝。

2. 约定义务。除了三包法定义务，消费者还可以和经营者就所购商品或者接受的服务，事先达成相关售后服务协议，经营者应当按照协议的约定履行自己的义务，不得随意违反约定，否则，就应承担违约责任。

（九）不得从事不公平、不合理交易的义务

在消费交易领域，许多交易并不是由消费者与经营者经过充分协商而确定的，而是由经营者提供一个格式合同，消费者只能概括接受或不接受。实践中，经营者还经常通过通知、声明、店堂告示等方式对某些事项作出规定。这些规定事先没有与消费者进行协商，但是其内容却涉及消费者的利益，甚至可能损害消费者的合法权益。有些经营者凭借其优势地位，在格式合同中规定对自己有利的条款，强迫消费者接受，然后借口对双方有约束力来获取不正当利益或免除责任；也有的在通知、声明、店堂告示中单方面做出损害消费者权益的表示，这也是不公平的。因此，法律对上述行为严格禁止。《消费者权益保护法》第 26 条规定："……经营者不得以格式条款、通知、声明、店堂告示等方式，作出排除或者限制消费者权利、减轻或者免除经营者责任、加重消费者责任等对消费者不公平、不合理的规定，不得利用格式条款并借助技术手段强制交易。格式条款、通知、声明、店堂告示等含有前款所列内容的，其内容无效。"

（十）不得侵犯消费者人格尊严、人身自由的义务

人格尊严和人身自由是宪法赋予每一个公民的基本权利，消费者作为消费法律关系的主体，依法享有人格权，作为其交易对方的经营者应当尊重消费者的人格权，不得侵犯。《消费者权益保护法》第 27 条规定："经营者不得对消费者进行侮辱、诽谤，不得搜查消费者的身体及其携带的物品，不得侵犯消费者的人身自由。"

第三节　消费者权益保护体系

一、消费者权益保护机构

对消费者合法权益的保护，仅靠某一个机关或某一个部门是不够的，只有靠国家和社会各方面力量形成一个保护体系，互相配合，才能使消费者的合法权益真正得到保护。目前我国消费者权益保护主要有国家的保护、大众传播媒介的保护以及消费者

组织的保护。

（一）消费者权益的国家保护

国家是凌驾于社会之上的公共权力的代表，人们缔造国家的根本目的是为了实现社会的安全、正义和秩序。由国家直接出面对消费者权益进行保护，是《消费者权益保护法》的一项基本原则，也是宪法中关于国家保护公民合法权益原则的具体体现。国家对消费者权益的保护一般是通过国家机关的职权活动而实现的，国家机关的性质不同决定了保护方式的不同，主要有立法保护、行政保护和司法保护三种：

1. 立法保护。立法保护是国家的立法机关通过制定消费者权益保护法，保护消费者的利益。有效保护消费者利益的前提就是应当有法可依。国家立法机关对消费者权益的保护主要有三种形式：①通过法律规定消费者的基本权利，设定经营者的相应义务，并禁止各种侵犯消费者权益的行为；②通过制定法律，为行政机关的执法和司法机关的司法活动提供依据，使其对消费者权利能够进行具体界定，对侵犯消费者权益的行为能有效制止并给予消费者以救济；③通过对行政、司法活动的法律监督，保障消费者权益保护法的全面落实。

2. 行政保护。政府的行政管理工作与消费者权益的保护水平直接相关。行政保护包括行政管理、行政监督以及对违法行为的处理等。各级人民政府应当组织、协调、督促有关行政部门做好保护消费者合法权益的工作。各级人民政府通过加强监督，预防危害消费者人身、财产安全行为的发生，及时制止危害消费者人身、财产安全的行为。各级人民政府工商行政管理部门、技术监督部门、卫生监督部门、物价管理监督部门、进出口商品检验部门和其他有关行政部门依法在各自的职责范围内，采取措施，保护消费者的合法权益。这些措施具体包括：

（1）监督和规范市场交易行为，维护正常市场经济秩序，制止和打击各种侵犯消费者权益的违法行为。

（2）对市场上各类商品及服务活动进行抽查，发现问题及时处理。

（3）依据消费者及消费者组织的请求或者依据职权，公布对消费者可能或已经发生危害的商品名称和服务项目，公布违法经营者的名称，并采取防止危害发生和扩大的措施。

（4）制定和实施保护消费者合法权益的行政法规、规章，并制定有关商品和服务的国家标准、行业标准。

（5）采取方便消费者的措施，听取消费者及消费者组织有关经营者交易行为、商品或服务质量的意见，及时调查处理。

（6）定期向社会发布商品信息和服务信息。

（7）利用大众媒介对消费者进行消费教育，正确指导消费者购买、使用商品或接受服务。

3. 司法保护。司法保护是指国家的司法机关通过司法程序，对消费者的合法权益进行保护。根据《消费者权益保护法》第33、34条的规定，司法机关在保护消费者利益方面的作用在于，通过民事、行政审判活动保护消费者权益，通过侦查、公诉、审判等活动打击犯罪行为，保护消费者的合法利益。

人民法院对消费纠纷案件，应当采取措施，方便消费者提起诉讼，对符合起诉条件的消费纠纷，应当及时受理并审判。在实践中还应建立并完善集团诉讼制度、小额诉讼制度、独任审判制度等，应尽量减轻消费者的负担而不是增加其负担，及时、有效地保护消费者的合法权益。公安机关、检察机关对涉及暴力侵害消费者权益的案件，应及时查处，防止矛盾激化；对构成犯罪的案件，应当按照各自的权限立案侦查和提起公诉。

（二）消费者权益的大众传播媒介保护

广播、电视、报刊等大众传播媒介，应充分发挥其舆论效应，一方面，做好维护消费者合法权益的宣传，积极宣传消费者权益保护法律和消费知识；另一方面，有责任对损害消费者合法权益的行为进行监督，对侵害消费者合法权益的行为予以批评、揭露，任何单位和个人不得干涉新闻机构对消费者权益保护的舆论监督活动。同时，大众传播媒介也有责任做遵守法律、保护消费者合法权益的模范，杜绝自身实施侵犯消费者权益的行为，如制作、发布虚假广告、虚假宣传等。

（三）消费者权益的消费者组织保护

消费者组织是由消费者组成的，依法设立的对商品和服务进行社会监督的保护消费者合法权益的社会团体。消费者组织成立的根本宗旨是维护消费者利益，因此消费者组织不得从事商品经营和营利性服务，不得以牟利为目的向社会推荐商品和服务。消费者组织分为消费者协会和其他消费者组织两类。目前我国消费者组织的主要形式是各地的消费者协会。中国消费者协会于 1984 年 12 月 26 日在北京成立。1989 年中国保护消费者基金会成立。当前，各省、市、县都有消费者协会，不少地区的乡、村、街道也设有消费者协会，形成了遍布全国的消费者权益保护网，为保护消费者权益发挥了积极作用。

根据《消费者权益保护法》第 37 条的规定，消费者协会应当履行下列职能：①向消费者提供信息和咨询服务，提高消费者维护自身权益的能力，引导文明、健康、节约资源和保护环境的消费方式；②参与制定有关消费者权益的法律、法规、规章和强制性标准；③参与有关行政部门对商品和服务的监督、检查；④就有关消费者权益问题向有关部门反映、查询，提供建议；⑤受理消费者投诉，并对投诉事项进行调查、调解；⑥投诉事项涉及商品和服务质量的，可以委托具备资格的鉴定人鉴定，鉴定人应当告知鉴定意见；⑦就损害消费者合法权益的行为，支持受害消费者提起诉讼；⑧对损害消费者合法权益的行为，通过大众媒介予以揭露、批评。消费者协会同样秉承了消费者组织的根本宗旨，其为消费者提供的服务一般应是免费的，各级人民政府对消费者协会履行职能应当予以支持并酌情予以资助。

除了以上几个方面的保护外，经营者自治组织也在一定程度上对消费者权益保护起到了积极作用。行业协会或地区性经营者组织，一方面为维护经营者的合法权益发挥着作用，另一方面，其积极参与到对经营者的社会监督和处理纠纷中，找出问题原因并帮助解决，通过对经营者的教育，组织经营者开展维护消费者权益的各项活动，为维护消费者的合法权益发挥着一定的作用。

二、消费争议的解决途径

消费争议又称为消费纠纷，是指消费者和经营者之间在消费领域中因商品质量以及由此造成消费者人身、财产损失而引发的纠纷。消费争议主要有四种类型：①消费者在购买、使用商品或者接受服务的过程中由于经营者不依法履行义务或者履行义务不当，致使消费者合法权益受到损害所产生的争议；②消费者对经营者提供的商品或者服务不满意所产生的争议；③经营者侵犯消费者权利所产生的争议；④在消费过程中产生的其他争议。消费争议的民事纠纷性质，决定了其解决途径是多重的。

根据《消费者权益保护法》规定，解决消费争议主要有下列五种途径或方式：

1. 与经营者协商和解。这是消费者的一种自力救济方式。协商和解是消费者与经营者在自愿、平等的基础上就有关争议进行协商，交换意见，最终解决争议的方案。这种方式具有简便、省时、节约费用的特点。消费者可以自己与经营者协商，也可以委托消费者协会或他人作为代理人进行协商。这种方式缺乏国家强制力的保障，其效果取决于消费者个人的力量与经营者的态度。

2. 请求消费者协会或者依法成立的其他调解组织调解。消费者与经营者协商不成后，可以向所在地的消费者协会投诉，请求消费者协会调解，也可以请求依法成立的其他调解组织调解。消费者协会及其他调解组织均属于社会团体，调解属于非权力机构的调解，调解方式灵活。消费者协会的调解应当坚持两个原则：①自愿原则，即调解的开始与进行必须要有双方的明确同意，双方能否达成协议取决于双方是否自愿。②合法原则，调解过程必须合法，必须以事实为依据，以法律为准绳进行调解；调解协议的达成必须合法；调解方案、调解协议的内容必须符合法律的规定；双方当事人对各自权利的处分不得损害国家、社会、集体的利益。

经营者与消费者如果达成合意，应当签订调解协议。但是，调解协议并不具有法律上的强制执行力，如果任何一方反悔或不执行协议，另一方无权请求法院强制执行，但可以向法院另行提起诉讼。

3. 向行政部门申诉。消费者权益受到损害，与经营者协商解决不成后，可选择向行政部门申诉。行政部门受理消费者申诉，是法律授权的行政管理机关解决消费者与经营者之间的关于消费者权益争议的方式。我国各级政府中并没有专门从事保护消费者权益工作的部门，但是，工商、技术监督、卫生等有关行政部门应当依法在各自的职责范围内保护消费者的合法权益。消费者在购买、使用商品或者接受服务的过程中，因合法权益受到损害与经营者发生争议的，可以向有关行政部门申诉。有关行政部门在接到申诉后，应当及时展开调查，并进行处理。对于有违法行为的经营者，有关行政部门应在其职权范围内依法给予处罚。对于消费者与经营者之间的争议，有关行政部门可以依法组织调解。

4. 依仲裁协议提请仲裁机构仲裁。消费者与经营者之间事先约定或争议发生后双方达成仲裁协议的，可以请求仲裁机构对消费纠纷作出裁决。仲裁实行一裁终局制，仲裁裁决具有强制执行力，当事人应当自觉履行，否则，对方可以申请人民法院强制执行。

5. 向人民法院提起诉讼。消费者在消费者权益争议发生后，可以向有管辖权的人民法院提起诉讼，由人民法院对案件进行审理并作出裁判，从而解决争议。诉讼方式是解决消费争议的重要途径。

三、赔偿责任主体的确定

为了有效维护消费者的合法权益和解决争议，消费者在其合法权益受到侵犯时，必须准确地确定应当对其承担损害赔偿责任的主体。根据《消费者权益保护法》的有关规定，消费者购买、使用商品或者接受服务后合法权益受到侵害的，在赔偿责任主体的确定上分为两种情况：

1. 一般规定。消费者在购买、使用商品时，其合法权益受到损害的，可以向销售者要求赔偿。销售者赔偿后，属于生产者的责任或者属于向销售者提供商品的其他销售者的责任的，销售者有权向生产者或者其他销售者追偿。消费者或者其他受害人因商品缺陷造成人身、财产损害的，可以向销售者要求赔偿，也可以向生产者要求赔偿。属于生产者责任的，销售者赔偿后，有权向生产者追偿。属于销售者责任的，生产者赔偿后，有权向销售者追偿。消费者因接受的服务致其合法权益受损害的，可以向服务者要求赔偿。

2. 特殊规定。《消费者权益保护法》对几种特殊情况下损害赔偿责任主体的确定作出了规定：

（1）消费者在购买、使用商品或者接受服务时，其合法权益受到损害的，因原企业分立、合并的，可以向变更后承受其权利义务的企业要求赔偿。

（2）使用他人营业执照的违法经营者提供商品或者服务，损害消费者合法权益的，消费者可以向其要求赔偿，也可以向营业执照的持有人要求赔偿。

（3）消费者在展销会、租赁柜台购买商品或者接受服务，其合法权益受到损害的，可以向销售者或者服务者要求赔偿。展销会结束或者柜台租赁期满后，也可以向展销会的举办者、柜台的出租者要求赔偿。展销会的举办者、柜台的出租者赔偿后，有权向销售者或者服务者追偿。

（4）消费者通过网络交易平台购买商品或者接受服务，其合法权益受到损害的，可以向销售者或者服务者要求赔偿。网络交易平台提供者不能提供销售者或者服务者的真实名称、地址和有效联系方式的，消费者也可以向网络交易平台提供者要求赔偿；网络交易平台提供者作出更有利于消费者的承诺的，应当履行承诺。网络交易平台提供者赔偿后，有权向销售者或者服务者追偿。网络交易平台提供者明知或者应知销售者或者服务者利用其平台侵害消费者合法权益，未采取必要措施的，依法与该销售者或者服务者承担连带责任。

（5）消费者因经营者利用虚假广告提供商品或者服务，其合法权益受到损害的，可以向经营者要求赔偿。广告的经营者、发布者发布虚假广告的，消费者可以请求行政主管部门予以惩处。广告的经营者不能提供经营者的真实名称、地址和有效联系方式的，应当承担赔偿责任。广告经营者、发布者设计、制作、发布关系消费者生命健康商品或者服务的虚假广告，造成消费者损害的，应当与提供该商品或者服务的经营者承担连带责任。社会团体或者其他组织、个人在关系消费者生命健康商品或者服务的虚假广告或者其他虚假宣传中向消费者推荐商品或者服务，造成消费者损害的，应当与提供该商品或者服务的经营者承担连带责任。

四、侵犯消费者权益的法律责任

经营者违反《消费者权益保护法》及其他法律、法规的规定，损害消费者合法权益，应当根据其行为的性质和情节承担相应的民事责任、行政责任和刑事责任。

（一）民事责任

《消费者权益保护法》规定，经营者提供商品或者服务有下列情形之一的，除《消费者权益保护法》另有规定外，应当依照《产品质量法》和其他有关法律、法规的规定，承担民事责任：①商品或者服务存在缺陷的；②不具备商品应当具备的使用性能而出售时未作说明的；③不符合在商品或者其包装上注明采用的商品标准的；④不符合商品说明、实物样品等方式表明的质量状况的；⑤生产国家明令淘汰的商品或者销售失效、变质的商品的；⑥销售的商品数量不足的；⑦服务的内容和费用违反约定的；⑧对消费者提出的修理、重作、更换、退货、补足商品数量、退还货款和服务费用或者赔偿损失的要求，故意拖延或者无理拒绝的；⑨法律、法规规定的其他损害消费者权益的情形。具体来说经营者承担责任的方式有以下几种：

1. 经营者损害消费者人身权利的民事责任。经营者在向消费者提供商品或者服务的过程中，如果有损害消费者人身权利的行为，应当承担相应的民事责任。具体有：①经营者提供商品或者服务，造成消费者或者其他受害人人身伤害的，应当支付医疗费、治疗期间的护理费、因误工减少的收入等费用，造成残疾的，还应当支付残疾生活辅助具费、生活补助费、残疾赔偿金以及由其扶养的人所必需的生活费等费用。②经营者提供商品或服务，造成消费者或者其他受害人死亡的，应当支付丧葬费、死亡赔偿金以及由死者生前扶养的人所必需的生活费等费用。③经营者侵害消费者的人格尊严或者侵害消费者人身自由的或者侵害消费者个人信息依法得到保护的权利，应当停止侵害、恢复名誉、消除影响、赔礼道歉，并赔偿损失。

2. 经营者损害消费者财产权利的民事责任。经营者在向消费者提供商品或者服务的过程中，如果损害消费者的财产权利，应当依照法律规定或者当事人约定承担相应的民事责任。具体有：①经营者提供商品或者服务，造成消费者财产损害的，应当按照法律规定或当事人约定承担修理、重作、更换、退货、补足商品数量、退还货款和服务费用或者损失赔偿等民事责任。消费者与经营者另有约定的，按照约定履行。②经营者以预收款方式提供商品或者服务的，应当按照约定提供。未按照约定提供的，应当按照消费者的要求履行约定或者退还预付款；并应当承担预付款的利息、消费者必须支付的合理费用。③依法经有关部门认定为不合格的商品，消费者要求退货的，经营者应当负责退货。④经营者有侮辱诽谤、搜查身体、侵犯人身自由等侵害消费者或者其他受害人人身权益的行为，造成严重精神损害的，受害人可以要求精神损害赔偿。

3. 惩罚性赔偿责任。《消费者权益保护法》第 55 条规定："经营者提供商品或者服务有欺诈行为的，应当按照消费者的要求增加赔偿其受到的损失，增加赔偿的金额为消费者购买商品的价款或者接受服务的费用的 3 倍；增加赔偿的金额不足 500 元的，为 500 元。法律另有规定的，依照其规定。经营者明知商品或者服务存在缺陷，仍然向消费者提供，造成消费者或者其他受害人死亡或者健康严重损害的，受害人有权要求经营者依照本法第 49 条、第 51 条等法律规定赔偿损失，并有权要求所受损失 2 倍以下的惩罚性赔偿。"这是对经营者欺诈行为的惩罚性赔偿的规定，这种惩罚性赔偿责任从性质上讲是一种合同责任，它具有赔偿功能、制裁功能和遏制功能。惩罚性赔偿责任对于惩罚不法经营者，鼓励消费者积极维护自身合法权益具有重要意义。

（二）行政责任

根据《消费者权益保护法》第 56 条的规定，经营者有下列情形之一，其他有关法律、法规对处罚机关和处罚方式有规定的，依照法律、法规的规定执行；法律、法规未作规定的，由工商行政管理部门责令改正，可以根据情节单处或者并处警告、没收违法所得、处以违法所得 1 倍以上 10 倍以下的罚款，没有违法所得的，处以 50 万元以下的罚款；情节严重的，责令停业整顿、吊销营业执照：

1. 提供的商品或服务不符合保障人身、财产安全要求的。

2. 在商品中掺杂、掺假，以假充真，以次充好，或者以不合格商品冒充合格商品的。

3. 生产国家明令淘汰的商品或者销售失效、变质的商品的。

4. 伪造商品的产地，伪造或者冒用他人的厂名、厂址，伪造或者冒用认证标志、名优标志等质量标志的。

5. 销售的商品应当检验、检疫而未检验、检疫或者伪造检验、检疫结果的。

6. 对商品或者服务作虚假或者引人误解的宣传的。

7. 对消费者提出的修理、重作、更换、退货、补足商品数量、退还货款和服务费用或者赔偿损失的要求，故意拖延或者无理拒绝的。

8. 侵害消费者人格尊严或者侵犯消费者人身自由或者侵害消费者个人信息依法得到保护的权利的。

9. 法律、法规规定的对损害消费者权益应当予以处罚的其他情形。

经营者对上述处罚决定不服的，可以自收到处罚决定之日起 15 日内向上一级机关申请行政复议，对复议决定不服的，可以自收到复议决定书之日起 15 日内向人民法院提起诉讼；也可以直接向人民法院提起诉讼。

（三）刑事责任

经营者在提供商品或者服务过程中，如果有触犯刑法的严重违法行为，应当承担相应的刑事责任。依据《消费者权益保护法》、《刑法》等有关规定，有下列的情形之一的，有关责任人应当承担刑事责任：

1. 经营者提供商品或者服务，造成消费者或者其他受害人人身伤害，构成犯罪的，依法追究刑事责任。经营者提供商品或者服务，造成消费者或者其他受害人死亡，构成犯罪的，依法追究刑事责任。

2. 以暴力、威胁等方法阻碍有关行政部门工作人员依法执行职务的，依法追究刑事责任。

3. 国家机关工作人员有玩忽职守或者包庇经营者侵害消费者合法权益的行为，情节严重，构成犯罪的，依法追究刑事责任。

本章练习题

1. 简述消费者的概念及其法律特征。
2. 简述消费者的主要权利。
3. 简述经营者的义务。
4. 消费者权益的保护方式有哪些？
5. 消费者争议的解决途径有哪些？
6. 简述经营者应当向消费者承担民事责任的情形。

第十一章　商标法

学习目的与要求

　　本章全面阐述了商标的基本法律制度，包括商标的概念、分类，商标法的立法沿革，商标注册、管理制度，商标权及其保护，驰名商标的认定和特殊保护等内容。通过本章的学习，要求学生重点掌握商标权的客体，注册商标的申请、续展、转让及许可使用，商标权的内容及其保护制度，并能够在实践中灵活运用相关法律制度。

第一节　商标和商标法概述

一、商标的概念与分类

（一）商标的概念与功能

　　"商标"一词为外来词汇，英文为"Trademark"或"Brand"，在中国，人们俗称其为"牌子"，商标作为商品或服务的标记是随着商品经济的发展而产生的，并且在市场经济条件下逐渐成为重要的法律概念。虽然商标是各国通用的法律术语，但表述略有不同。

　　我国《商标法》第 8 条规定："任何能够将自然人、法人或者其他组织的商品与他人的商品区别开的可视性标志，包括文字、图形、字母、数字、三维标志、颜色组合和声音等，以及上述要素的组合，均可以作为商标申请注册。"由此，我们认为商标是指商品生产者、经营者在其商品上或者服务的提供者在其提供的服务上采用的，包括文字、图形、字母、数字、三维标志、颜色组合和声音，或者上述要素的组合，具有显著特征的，用于区别商品或者服务来源的标志。

　　从商标的定义可以看出，商标是用来区别商品或服务来源的一种标记，所以商标的基本功能在于它的区别性。经过长期使用的商标能够代表商品品质的持续性和稳定性，从而建立起商标所代表的商品在市场上应有的信誉，因而商标也具有广告宣传的作用。

（二）商标的分类

　　依据不同标准，可对商标作不同的分类。一个商标根据不同的分类标准可同时扮演几个商标的角色。如"海尔"标志，按照商标的构成要素的不同来划分时是平面商标中的文字商标，按照使用对象来划分时又是商品商标。

1. 按商标的法律地位划分，可分为注册商标和未注册商标。注册商标是指由申请人向国家主管机关申请并获得核准，从而获得商标专用权的商标。《商标法》第 3 条规定，经商标局核准注册的商标为注册商标，商标注册人享有商标专用权，受法律保护。未注册商标是指未获得国家主管机关的注册，使用人不具有商标专用权的商标。

2. 按商标的使用对象划分，可分为商品商标和服务商标。商品商标是指商品生产者在自己生产或经营的商品上使用的商标。服务商标是指服务的提供者为了表明自己的服务并区别于他人提供的同类服务而使用的商标。

3. 按商标的构成要素划分，可分为平面商标和立体商标。平面商标，是只由两维要素组成的视觉商标。通常所看到的商标多为平面商标，包括文字商标、图形商标、字母商标、数字商标、颜色组合商标以及上述标记的任意组合商标。立体商标又叫三维商标，是以立体标志、商品外型或商品的实体包装物三维立体形象呈现的商标。

4. 按商标的使用目的划分，可分为集体商标、证明商标、防御商标和联合商标。集体商标是指以团体、协会或者其他组织名义注册，供该组织成员在商事活动中使用，以表明使用者在组织中的成员资格的标志。证明商标是指由对某种商品或者服务具有监督能力的组织所控制，而由该组织以外的单位或者个人使用于其商品或者服务，用以证明该商品或者服务的原产地、原料、制造方法、质量或者其他特定品质的标志。防御商标是指将同一商标注册于不同的商品或者服务上，构成一个防御体系，以防止他人在不同商品或者服务上使用该商标可能给消费者造成的混淆。原来的商标为主商标，注册在其他类别的商品或服务上的同一个商标为防御商标。联合商标是指同一个商标所有人将与已注册商标相近似的商标在同一种或者类似商品或者服务上加以注册。在这些近似商标中，首先注册的或者主要使用的商标为主商标，其他的类似商标为该主商标的联合商标。

5. 按商标的信誉程度划分，可分为驰名商标、著名商标和普通商标。驰名商标是指经过较长时间，在市场上享有较高信誉，为公众所熟知的商标。著名商标主要是指由各省、自治区和直辖市工商行政管理部门认可的，在该行政区划范围内具有较高声誉和市场知名度的商标。除此以外，日常生活中的多数商标都属于普通商标。

以上是目前我国理论界普遍认可的商标分类标准，然而随着市场经济的发展和法律的完善，还会不断涌现新的商标种类。例如，我国《商标法》只规定了视觉商标和听觉商标，而缺少味觉商标的相关立法。因此依据现行法律，商标申请人以味觉申请商标的在我国不会受法律保护，但在将来，其他类型的商标必然成为新的保护趋势。

二、商标法概述

商标法是调整在商标注册、使用、管理和保护等过程中发生的社会关系的法律规范总称。

商标法的产生和商品经济的发展是同步的。19 世纪以后，工业和商业比较发达的一些西方国家逐渐认识到商标作为一项私有财产的重要性，先后制定了专门的法律来保护商标所有人的利益。1857年法国制定了世界上第一部成文商标法——《关于以使用原则和不审查原则为内容的制造标记和商标的法律》，确立了商标的注册制度。到了19世纪中后期，各国纷纷制定相关法律，商标法律制度进一步得到确立。随着《保护工业产权巴黎公约》的缔结，现代商标制度初步呈现，随后，《商标国际注册马德里协定》、《保护原产地名称及其国际注册里斯本协定》及《建立商标图形要素国际分类的维也纳协定》使得商标保护呈现国际化趋势。1994年通过的《与贸易有关的知识产权协定》中对商标的保护提出了更高的标准，要求各成员与该协定接轨，突出商标权的国际化保护。

1949年新中国成立后，我国先后制定了三部商标法规。1950年政务院颁布了《商标注册暂行条例》及其施行细则，实行商标自愿注册的原则，明确规定了对注册商标专用权的法律保护。1954年中央工商行政管理局颁布了《未注册商标暂行管理办法》，要求一切未注册的商标都要在当地的工商行政部门进行登记备案。1963年国务院颁布了《商标管理条例》，该条例规定对商标实行全面注册原则，其更侧重于对商标的管理。

1982年8月23日第五届全国人民代表大会常务委员会第二十四次会议通过了《中华人民共和国商标法》，标志着我国商标工作进入了法制化的轨道。为了适应市场经济体制以及知识产权国际保护新形势的需要，第七届、第九届和第十二届全国人民代表大会常务委员会分别于1993年2月22日、2001年10月27日、2013年8月30日对《商标法》进行了三次修正。为配合《商标法》的实施，国务院于1983年3月10日发布了《商标法实施细则》，并分别于1988年、1993年及1995年进行了三次修正。2002年，国务院颁布了《商标法实施条例》，《商标法实施细则》被废止。在此期间，最高人民法院先后出台了《关于审理商标民事纠纷案件适用法律若干问题的解释》（2002年）、《关于审理涉及驰名商标保护的民事纠纷案件应用法律若干问题的解释》（2009年），以指导涉及商标案件的司法审判工作。新《商标法》于2014年5月1日开始实施，新的商标法律制度一方面更加完善了对商标权利的保护，另一方面使商标的申请更加透明、清晰，行政和司法程序和国际接轨。

三、商标法的基本原则

商标法的基本原则，是指在商标的注册、使用、保护和监督管理过程中应当遵循的贯彻商标法始终的基本准则。《商标法》第1条规定："为了加强商标管理，保护商标专用权，促使生产、经营者保证商品和服务质量，维护商标信誉，以保障消费者和生产、经营者的利益，促进社会主义市场经济的发展，特制定本法。"《商标法》规定了以下几项基本原则：

1. 诚实信用原则。《商标法》第7条规定："申请注册和使用商标，应当遵循诚实信用原则"。将民事活动中的诚实信用原则引入《商标法》，目的在于倡导市场主体从事有关商标的活动时应诚实守信，这也为制止各种不诚信的恶意注册行为提供了基本法律保障。

2. 保护商标专用权原则。保护商标专用权是指国家通过商标立法制止、制裁一切侵犯商标专用权的行为。保护商标专用权是各国商标立法的主要宗旨之一，是商标法的核心，贯穿于商标立法和司法的始终。

3. 保护市场竞争秩序原则。竞争是市场经济的本质，竞争秩序也就成为市场秩序的核心。商标的竞争其实就是商品的竞争，保护合法商标竞争，制止、制裁不正当的商标竞争是市场管理的重要内容，也是世界各国商标法的一项基本原则。

4. 保护消费者合法权益原则。商标所代表的商品主要为消费者所消费，所以消费者权益的保护同样是商标法的基本原则之一。这一原则要求商标使用人应当对其使用商标的商品质量负责，不得通过商标宣传误导消费者，更不得仿冒、假冒商标，侵害消费者的合法权益。

第二节　商标注册和管理

商标注册是指商标申请人为取得商标权，按照法定条件和程序申请注册，经国家商标主管机关审查核准后，予以注册的法律制度。我国的商标注册机关是国家工商行政管理局商标局。根据我国有关规定，商标注册是取得商标专用权的唯一途径。

一、商标注册的原则

（一）自愿注册原则

自愿注册原则，是指商标使用人可以根据需要自主决定对其使用的商标是否向商标主管机关申请注册以获得商标权的原则。依据我国《商标法》，对于绝大多数的商品来讲，使用的商标是否注册完全由商标使用人根据自身需要来决定。但是我国《商标法》也明确规定，对直接涉及人身健康的人用药品和烟草制品实行强制注册的原则，要求这些商品必须使用注册商标，否则不得在市场上销售。

（二）申请在先原则

依据《商标法》第 31 条规定，两个或两个以上的商标注册申请人，在同一种商品或者类似商品上，以相同或者相近似的商标申请注册的，初步审定并公告申请在先的商标；如果同一天申请的，则采用使用在先的原则，初步审定并公告使用在先的商标。同日使用或者均未使用的，各申请人可以自收到商标局通知之日起 30 日内自行协商，并将书面协议报送商标局；不愿协商或者协商不成的，商标局通知各申请人以抽签的方式确定一个申请人，驳回其他人的注册申请。商标局已经通知但申请人未参加抽签的，视为放弃申请，商标局应当书面通知未参加抽签的申请人。

（三）优先权原则

优先权最早是 1883 年《保护工业产权巴黎公约》规定的，赋予其成员国申请工业产权时在申请日期上的优先权益，即任何成员国的申请人，在向某一成员国首先提出商标注册申请后 6 个月内，又向其他成员国提出同样申请的，其他成员国应以该申请人首次提出申请的日期为申请日，即享有优先权。在优先权期限内，即使有任何第三人就相同的商标提出申请或使用了该商标，申请人仍因享有优先权而获得商标专用权。我国《商标法》对优先权也作了相应的规定。《商标法》第25、26条规定，商标注册申请人自其商标在外国第一次提出商标注册申请之日起6个月内，又在中国就相同商品以同一商标提出商标注册申请的，依照该外国同中国签订的协议或者共同参加的国际条约，或者按照相互承认优先权的原则，可以享有优先权。商标在中国政府主办的或者承认的国际展览会展出的商品上首次使用的，自该商品展出之日起6个月内，该商标的注册申请人可以享有优先权。要求优先权的，应当在提出商标注册申请时提出书面声明，并且在3个月内提交第一次提出的商标注册申请文件的副本或者展出其商品的展览会名称、在展出商品上使用该商标的证据、展出日期等证明文件；未提出书面声明或者逾期未提交商标注册申请文件副本、证明文件的，视为未要求优先权。

二、商标注册的条件

申请商标注册，只有具备一定的条件才能获得核准，取得商标专用权。我国商标法从商标注册申请人和申请注册的商标两个方面，明确规定了相关的条件。

（一）商标注册申请人

根据我国《商标法》规定，自然人、法人和其他组织都可以向商标局申请商标注册，经核准商标注册后都可以成为商标权的主体。两个以上的自然人、法人或者其他组织可以共同向商标局申请注册同一商标，共同享有和行使该商标专用权。共同申请注册同一商标的，应当在申请书中指定一个代表人；没有指定代表人的，以申请书中顺序排列的第一人为代表人。

外国人或外国组织在我国申请商标注册的，应当依照其所属国和中国签订的协议或共同参加的国际条约办理，或者按照对等原则办理。同时，外国人或者外国企业在中国申请商标注册和办理其他商标事宜的，应当委托依法设立的商标代理机构办理。商标代理机构应当遵循诚实信用原则，遵守法律、行政法规，按照被代理人的委托办理商标注册申请或其他商标事宜，对在代理过程中知悉的被代理人的商业秘密，负有保密义务。委托人申请注册的商标可能存在法律规定不得注册情形的，商标代理机构应明确告知委托人。商标代理机构知道或者应当知道委托人申请注册的商标属于未授权注册商标、抢注商标情形的，不得接受其委托。商标代理机构除对其代理服务申请商标注册外，不得申请注册其他商标。

（二）申请注册的商标应当具备的条件

1. 商标应当具备显著性。申请注册的商标应当具有显著特征，便于识别，并不得与他人在先取得的合法权利相冲突。实践中，一般以商标是否便于社会公众认知、是否与其他相同或者类似商品的商标不相同或者不相近似，来判断其是否具有显著性。

2. 商标具有可视性。《商标法》第8条规定，任何能够将自然人、法人或者其他组织的商品与他人的商品区别开的可视性标志，包括文字、图形、字母、数字、三维标志、颜色组合和声音等，以及上述要素的组合，均可以作为商标申请注册。因此，我国的注册商标可以是平面商标，也可以是立体商标，但要符合法律规定的构成要素。

3. 商标构成不违反禁用条款。

（1）下述标志不得作为商标使用：①同中华人民共和国的国家名称、国旗、国徽、军旗、勋章相同或者近似的，以及同中央国家机关所在地特定地点的名称或者标志性建筑物的名称、图形相同的；②同外国的国家名称、国旗、国徽、军旗相同或者近似的，但该国政府同意的除外；③同政府间国际组织的名称、旗帜、徽记相同或者近似的，但经该组织同意或者不易误导公众的除外；④与表明实施控制、予以保证的官方标志、检验印记相同或者近似的，但经授权的除外；⑤同"红十字"、"红新月"的名称、标志相同或者近似的；⑥带有民族歧视性的；⑦带有欺骗性容易使公众对商品的质量等特点或者产地产生误认的；⑧有害于社会主义道德风尚或者有其他不良影响的。

县级以上行政区划的地名或者公众知晓的外国地名，不得作为商标。但是，地名具有其他含义或者作为集体商标、证明商标组成部分的除外；已经注册的使用地名的商标继续有效。

（2）下述标志不得作为商标注册：①仅有本商品的通用名称、图形、型号的；②仅仅直接表示商品的质量、主要原料、功能、用途、重量、数量及其他特点的；③缺乏显著特征的。

但上述所列标志经过使用取得显著特征，并便于识别的，可以作为商标注册。

以三维标志申请注册商标的，仅由商品自身的性质产生的形状、为获得技术效果而需有的商品形状或者使商品具有实质性价值的形状，不得注册。

（3）不予注册并禁止使用的商标：①就相同或者类似商品申请注册的商标是复制、摹仿或者翻译他人未在中国注册的驰名商标，容易导致混淆的。②就不相同或者不相类似商品申请注册的商标是复制、摹仿或者翻译他人已经在中国注册的驰名商标，误导公众，致使该驰名商标注册人的利益可能受到损害的。③未经授权，代理人或者代表人以自己的名义将被代理人或者被代表人的商标进行注册，被代理人或者被代表人提出异议的；就同一种商品或类似商品申请注册的商标与他人在先使用的未注册商标相同或近似，申请人与该他人具有合同、业务往来关系或其他关系而明知该他人商标存在的，该他人提出异议的，不予注册。④商标中有商品的地理标志，而该商品并非来源于该标志所标示的地区，误导公众的，不予注册并禁止使用；但是，已经善意取得注册的继续有效。这里所称地理标志，是指表示某商品来源于某地区，该商品的特定质量、信誉或者其他特征主要由该地区的自然因素或者人文因素所决定的标志。

三、商标注册的程序

（一）商标注册的申请和审查

1. 商标注册的申请。《商标法》第 22 条规定："商标注册申请人应当按规定的商品分类表填报使用商标的商品类别和商品名称，提出注册申请。商标注册申请人可以通过一份申请就多个类别的商品申请注册同一商标。"即"一标多类"申请制度，这也是我国商标申请与国际接轨的重要体现。同时，注册商标如需要在核定使用范围之外的商品上取得商标专用权的，应当另行提出注册申请。注册商标需要改变其标志的，应当重新提出注册申请。注册商标需要变更注册人的名义、地址或者其他注册事项的，应当提出变更申请。商标申报的事项和提供的材料应当真实、准确和完整。

2. 商标注册的审查和核准。我国《商标法》规定，商标局对商标注册申请应当依法审查，审查包括形式审查和实质审查。

（1）形式审查。形式审查也叫初步审查，主要是对商标注册申请的法定条件、手续和文件是否齐备等形式要件进行审查，以决定是否受理申请人的申请。

（2）实质审查。对于受理的商标注册申请，商标局要依照《商标法》的规定进行实质审查。实质审查的内容主要包括：申请注册的商标是否具有显著性，是否违反了商标法的禁止规定，是否与已经注册在相同或者类似商品或服务上的商标相同或者相近似，是否侵犯了他人在先取得的权利等。

实质审查之后，对驳回申请、不予公告的商标，商标注册申请人不服的，可以自收到通知之日起15日内向商标评审委员会申请复审。商标评审委员会应当自收到申请之日起9个月内作出决定并书面通知申请人。有特殊情况需要延长的，经国务院工商行政管理部门批准，可以延长3个月，当事人对商标评审委员会的决定不服的，可以自收到通知之日起30日内向人民法院起诉。

（3）初步审定和公告。经实质审查，申请注册的商标，凡符合《商标法》规定的，由商标局初步审定并予以公告。

（4）异议。对初步审定公告的商标，自公告之日起3个月内，在先权利人、利害关系人认为侵害其商标权利，或任何人认为公告商标违反商标禁用条款等情形的，可以向商标局提出异议，对初步审定公告的商标提出异议的，商标局应当听取异议人和被异议人陈述事实和理由，经调查核实后，自公告期满之日起12个月内作出是否准予注册的决定，并书面通知异议人和被异议人。如果异议人不服注册决定的，可以向商标评审委员会请求宣告该注册商标无效。商标局作出不予注册决定，被异议人不服的，可以自收到通知之日起15日内向商标评审委员会申请复审，被异议人对商标评审委员会决定不服的，可以自接到通知之日起30日内向人民法院起诉，人民法院应通知异议人作为第三人参加诉讼。

（5）核准注册。对初步审定的商标在公告期满无人提出异议或提出的异议最终不能成立的，商标局将核准商标注册，颁发商标注册证，并予以公告。

（二）商标的国际注册

如前所述，商标权具有地域性，在一国注册的商标只在该国的地域内有效，在其他国家则不会受到保护。但是随着国际贸易的迅猛发展，商标的国际保护日益受到人们的关注。商标若想得到其他国家的保护，就必须在这些国家申请商标注册。商标取得其他国家保护有两种方法：①逐一向这些国家提出注册申请；②根据相关的国际条约办理国际注册。我们通常所说的商标的国际注册指的就是马德里商标国际注册。

1891年4月，在西班牙的马德里签订的《商标国际注册马德里协定》主要解决商标的国际注册问题。我国于 1989 年 10 月 4 日加入该协定。按照该协定，任何一个缔约国的自然人或法人，在其所属国办理了商标注册后，如果又要求该商标在其他缔约国得到法律保护，则必须以法语做成书面文件向世界知识产权组织的国际局申请商标注册，而不必逐个分别向有关国家单独申请商标注册。国际局收到申请后即予以公告，并通知申请人所要求的给予法律保护的有关缔约国。有关缔约国接到国际局的通知后，有权在 12 个月内对是否给予该商标法律保护作出决定。如果该缔约国逾期未向国际局提出驳回在该国注册的声明，则该商标即被视为已在该国核准注册，并得到法律保护。申请人的商标从国际局注册生效之日起即在有关缔约国发生法律效力。经国际局注册的商标有效期为 20 年，期满时可以请求续展，续展期为 20 年，续展次数不限。

在该协定的基础上，1989 年缔结了《商标国际注册马德里协定有关议定书》，进一步科学规范了商标国际注册的内容，从而吸引了一些新的成员国的加入，扩展了商标国际注册制度的适用范围。这些新内容主要包括：申请人可以以其在起源国的申请作为基础申请来进行国际注册；指定国拒绝保护的通知作出期限也由 12 个月延长为 18 个月；成员国商标局可获得更高的费用；申请书既可用法文也可用英文做成。我国同时也是该议定书的成员国。

为了进一步完善商标的国际注册制度，在世界知识产权组织的主持下，各国于 1994 年 10 月缔结了《商标法条约》。该条约于 1996 年 8 月 1 日生效，我国是该条约的签字国之一。该条约通过简化、统一程序，消除了注册程序中诸多不明确的地方，使商标注册程序更有利于商标注册申请人。

四、注册商标的无效宣告

已经注册的商标，违反《商标法》第 10 ~ 12 条规定的，或者是以欺骗手段或者其他不正当手段取得注册的，由商标局撤销该注册商标；其他单位或者个人可以请求商标评审委员会宣告该注册商标无效。

商标局作出宣告注册商标无效的决定，应当书面通知当事人。当事人对商标局的决定不服的，可以自收到通知之日起 15 日内向商标评审委员会申请复审。商标评审委员会应当自收到申请之日起 9 个月内作出决定，并书面通知当事人。有特殊情况需要延长的，经国务院工商行政管理部门批准，可以延长 3 个月。当事人对商标评审委员会的决定不服的，可以自收到通知之日起 30 日内向人民法院起诉。

其他单位或者个人请求商标评审委员会宣告注册商标无效的，商标评审委员会收到申请后，应当书面通知有关当事人，并限期提出答辩。商标评审委员会应当自收到申请之日起 9 个月内作出维持注册商标或者宣告注册商标无效的裁定，并书面通知当事人。有特殊情况需要延长的，经国务院工商行政管理部门批准，可以延长 3 个月。当事人对商标评审委员会的裁定不服的，可以自收到通知之日起 30 日内向人民法院起诉。人民法院应当通知商标裁定程序的对方当事人作为第三人参加诉讼。

已经注册的商标，违反《商标法》第 13 条第 2 款和第 3 款、第 15 条、第 16 条第 1 款、第 30 条、第 31 条、第 32 规定的，自商标注册之日起 5 年内，在先权利人或者利害关系人可以请求商标评审委员会宣告该注册商标无效。对恶意注册的，驰名商标所有人不受 5 年的时间限制。

商标评审委员会收到宣告注册商标无效的申请后，应当书面通知有关当事人，并限期提出答辩。商标评审委员会应当自收到申请之日起 12 个月内作出维持注册商标或者宣告注册商标无效的裁定，并书面通知当事人。有特殊情况需要延长的，经国务院工商行政管理部门批准，可以延长 6 个月。当事人对商标评审委员会的裁定不服的，可以自收到通知之日起 30 日内向人民法院起诉。人民法院应当通知商标裁定程序的对方当事人作为第三人参加诉讼。

法定期限届满，当事人对商标局宣告注册商标无效的决定不申请复审或者对商标评审委员会的复审决定、维持注册商标或者宣告注册商标无效的裁定不向人民法院起诉的，商标局的决定或者商标评审委员会的复审决定、裁定生效。裁定宣告无效的注册商标，由商标局予以公告，该注册商标专用权视为自始即不存在。

宣告注册商标无效的决定或者裁定，对宣告无效前人民法院作出并已执行的商标侵权案件的判决、裁定、调解书和工商行政管理部门做出并已执行的商标侵权案件的处理决定以及已经履行的商标转让或者使用许可合同不具有追溯力。但是，因商标注册人的恶意给他人造成的损失，应当给予赔偿。明显违反公平原则的，还应当全部或者部分返还商标侵权赔偿金、商标转让费、商标使用费。

五、商标使用的管理

商标的使用是指将商标示用于商品，商品包装或者容器以及商品交易文书上或者将商标用于广告宣告、展览以及其他商业活动中，用于识别商品来源的行为。商标的使用不仅关系到商标权利人的信誉和利益，同时正确使用商标，并接受商标管理机关的监督管理，是商标使用人应当承担的法定义务。对商标的使用进行监督管理是国家赋予商标管理机关的职责。我国对商标采用集中注册、分级管理的原则。国家工商行政管理局商标局是全国商标管理的主管机关，主要职责是办理商标的统一注册，负责指导地方各级工商行政管理机关进行商标管理和查处商标侵权工作。地方各级工商行政管理局依法负责管理本辖区的商标使用和查处本辖区商标侵权的工作。实行分级管理有利于把商标管理和当地的实际情况结合起来，使商标管理工作规范化、制度化。

（一）对注册商标的管理

注册商标所有人对其注册商标享有法律赋予的商标专用权，同时注册商标所有人负有合法使用其注册商标的义务。

商标注册人在使用注册商标的过程中，自行改变注册商标、注册人名义、地址或者其他注册事项的，由地方工商行政管理部门责令限期改正；期满不改正的，由商标局撤销其注册商标。

注册商标成为其核定使用的商品的通用名称或者没有正当理由连续 3 年不使用的，任何单位或者个人可以向商标局申请撤销该注册商标。商标局应当自收到申请之日起 9 个月内作出决定。有特殊情况需要延长的，经国务院工商行政管理部门批准，可以延长 3 个月。

此外，注册商标使用人还应负担以下义务：

1. 注册商标的使用人应当保证商品的质量，不得侵害消费者的合法权益。

2. 注册商标使用人可以在商品、商品包装、说明书或者其他附着物上标明"注册商标"或者注册标记，注册标记包括"®"和"注"。使用注册标记，应当标注在商标的右上角或者右下角。

3. 许可他人使用注册商标必须签订商标许可合同并报商标局备案。

4. 商标注册证遗失或者破损应当向商标局申请补发。

法律、行政法规规定必须使用注册商标的商品而未注册的，由地方工商行政管理部门责令限期申请注册，违法经营额 5 万元以上的，可以处违法经营额 20% 以下的罚款，没有违法经营额或者违法经营额不足 5 万元的，可以处 1 万元以下的罚款。

生产、经营者违反规定将"驰名商标"字样用于商品、商品包装或者容器上，或者用于广告宣传、展览以及其他商业活动中的，由地方工商行政管理部门责令改正，处 10 万元罚款。

注册商标被撤销、被宣告无效或者期满不再续展的，自撤销、宣告无效或者注销之日起 1 年内，商标局对与该商标相同或者近似的商标注册申请，不予核准。

（二）对未注册商标的管理

由于我国对商标注册采用自愿原则，除国家规定必须使用注册商标的商品外，允许商品生产者、经营者或者服务提供者合法使用未注册商标。但是未注册商标使用人虽不享有商标专用权，仍需要接受商标管理机关的管理。

根据《商标法》规定，使用未注册商标必须符合下列规定：①不得冒充注册商标；②不得使用《商标法》第 10 条所列举的禁用标志；③使用未注册商标的商品，应当保证质量，不得侵犯消费者的合法权益；④国家规定强制使用注册商标的商品不得使用未注册商标；⑤使用未注册商标的商品应当标明真实的企业名称和地址；⑥不得侵犯他人在先取得的合法权益。

将未注册商标冒充注册商标使用的，或者使用未注册商标违反《商标法》第 10 条规定的，由地方工商行政管理部门予以制止，限期改正，并可以予以通报，违法经营额 5 万元以上的，可以处违法经营额 20% 以下的罚款，没有违法经营额或者违法经营额不足 5 万元的，可以处 1 万元以下的罚款。

第三节　商标权

一、商标权的概念及特征

商标权是商标所有人对其商标所享有的独占的、排他的权利。在我国，由于商标权的取得实行注册原则，因此，商标权实际上是因商标所有人申请、经国家商标局确认的专有权利，即因商标注册而产生的专有权。商标注册人享有商标专用权，受法律保护。商标权是商标法的核心概念，商标权从其性质上看，与所有权相同，属于绝对权。

商标权作为一种无形的财产权利，其特征可归纳为：

1. 法律确认性。大多数有形财产权利的取得基于一定的法律事实即可，无须法律的特别确认。但商标权的取得必须得到商标主管机关依商标法核准并授予商标注册证书后方可取得。

2. 专有性。专有性也称排他性，是指商标权属于商标权人，未经商标权人许可，任何人不得侵犯该权利。主要表现为未经商标权人同意，任何人不得在相同或类似的商品或服务上使用与商标权人的注册商标相同或相近似的商标。

3. 地域性。地域性是指依照一个国家法律获得的商标权，除签订有国际公约或双边条约外，只能在该国领域范围内有效，其他国家对这种权利没有保护的义务，也就是不发生域外效力。

4. 时间性。时间性是指依法获得的商标权只在法律规定的期限内有效，超过这一期限就不再受法律的保护。这意味着在保护期届满后，该商标就成为社会财产，任何人都可以任意使用，而不用支付任何费用。

二、商标权的取得方式

1. 原始取得。原始取得也称直接取得，是指商标权人取得商标权是最初发生的，不是依据他人已存在的权利。各国对商标权的原始取得主要采取使用原则、注册原则、混合原则。我国《商标法》采用商标注册原则。

2. 继受取得。继受取得也称传来取得，是指商标权人取得商标权是基于原商标权人的商标权而取得的。这种取得方式主要包括商标权的转让和商标权的继承。我国《商标法》规定，依传来方式取得商标权的，必须依照转让注册商标的法定程序办理。

三、商标权的内容

（一）商标权人的权利

根据《商标法》的规定，注册商标所有人对其注册商标享有的商标权，以核准注册的商标和核定使用的商品为限。其具体包括下列权利：

1. 商标专用权。这是指由法律授予商标权人在指定商品或服务上使用其注册商标的排他性权利。

2. 商标转让权。这是指商标权人在法律允许的范围内享有将其注册商标转让给他人所有的权利。

3. 商标使用许可权。这是指商标权人通过签订合同，许可他人使用其注册商标并获取使用费的权利。

4. 商标投资权。这是指商标权人可以将自己的注册商标作为对其他企业投资方式的权利。

5. 商标续展权。这是指注册商标有效期满，商标权人可依照法律的规定办理商标续展注册，以继续享有商标权的权利。

（二）商标权人的义务

商标权人应当承担下列义务：①保证商品质量的义务；②交纳各项费用的义务；③依法使用注册商标的义务。

四、注册商标的有效期、续展、转让和许可使用

（一）注册商标的有效期

注册商标的有效期，即注册商标受法律保护，注册人对其享有专有权的期限。有效期满，商标权即不再受法律保护。我国《商标法》根据我国的实际情况规定，注册商标的有效期为 10 年，自核准注册之日起计算。

（二）注册商标的续展

《商标法》第 40 条第 1 款规定："注册商标有效期满，需要继续使用的，商标注册人应当在期满前 12 个月内按照规定办理续展手续；在此期间未能办理的，可以给予 6 个月的宽展期。每次续展注册的有效期为 10 年，自该商标上一届有效期满次日起计算。期满未办理续展手续的，注销其注册商标。"商标局依法进行审查，符合规定的予以续展注册并公告，不符合规定的，驳回申请，不予注册。商标每次续展注册的有效期为 10 年，自上一次有效期满之日起计算。《商标法实施条例》第 27 条第 2 款规定："续展注册商标有效期自该商标上一届有效期满次日起计算。"续展的次数没有限制。

（三）注册商标的转让

商标权的转让是指注册商标所有人依法将其因注册商标产生的商标权转让给他人的行为。通过转让注册商标，转让人取得转让费，从而出让商标专用权，受让人依法取得注册商标，享有商标所有权。依据《商标法》第 42 条的规定，转让注册商标应当签订书面的转让协议，由商标权人和受让人共同向商标局提交转让注册商标申请书，经商标局审查，经核准后予以公告。受让人自公告之日起享有商标专用权。

注册商标所有人虽然可以自由转让商标，行使其处分权，但是商标法对商标的转让也规定了若干限制条件。《商标法实施条例》第 25 条第 2、3 款规定："转让注册商标的，商标注册人对其在同一种或者类似商品上注册的相同或者近似的商标，应当一并转让；未一并转让的，由商标局通知其限期改正；期满不改正的，视为放弃转让该注册商标的申请，商标局应当书面通知申请人。对可能产生误认、混淆或者其他不良影响的转让注册商标申请，商标局不予核准，书面通知申请人并说明理由。"集体商标不得转让、已经许可他人使用的注册商标也不得随意转让。同时，商标受让人必须保证使用该注册商标的商品或者服务的质量。

（四）注册商标的许可使用

商标权人可以通过签订商标使用许可合同，许可他人使用其注册商标，这是商标权人处分其注册商标的又一重要方式。许可人获得使用费，并不失去商标权，被许可人只是获得注册商标的使用权。

实践中，通常有独占许可、排他许可与普通许可等主要许可形式。商标权人可以根据自己的需要决定采用下列各种方式中的任何一种。

1. 独占许可是指商标注册人在约定的期间、地域，以约定的方式，将该注册商标仅许可一个被许可人使用，商标注册人依约定不得使用也不得将该注册商标再许可他人使用。

2. 排他许可又称独家许可，是指商标注册人在约定的期间、地域，以约定的方式，将该注册商标仅许可一个被许可人使用，商标注册人依约定可以使用该注册商标，但不得另行许可他人使用该注册商标。

3. 普通许可又称非独占许可或一般许可，是指商标注册人在约定的期间、地域，以约定的方式，许可他人使用其注册商标，并可自行使用该注册商标和许可他人使用其注册商标。

另外还有一种特殊的许可形式，即分许可，又称再许可，这是一种由被许可人所作的许可，它须以原许可合同中许可人的特别授权为依据。

我国《商标法》规定，注册商标的许可使用必须由商标权人和被许可人签订书面的商标许可使用合同，并由商标权人在合同签订之日起 3 个月内将合同副本报商标局备案。经许可使用他人注册商标的，必须在使用该注册商标的商品上标明被许可人的名称和商品产地。被许可人应当保证使用该注册商标的商品质量，许可人应当监督被许可人使用其注册商标的商品质量。

第四节　商标权的保护

保护商标权是各国商标法的核心，贯穿于商标立法的始终。同世界大多数国家一样，我国对商标权的保护是通过两种方式实现的：①完善、规范商标注册制度，通过对申请注册的商标的审查来保护合法的注册商标；②对侵犯商标专用权的行为人予以制裁。对于第一种方式，我们上文已经进行了详细的阐述，本节主要阐述商标侵权行为的认定、处理以及驰名商标的特殊保护问题。

一、侵犯商标专用权的行为认定

（一）侵犯商标专用权行为

我国《商标法》规定，注册商标专用权的保护范围，以核准注册的商标和核定使用的商品为限。一切侵犯他人注册商标专用权的行为都是商标侵权行为。根据《商标法》规定，有下列情形之一的，均属侵犯注册商标专用权的行为：

1. 未经商标注册人的许可，在同一种商品上使用与其注册商标相同的商标的。根据《最高人民法院关于审理商标民事纠纷案件适用法律若干问题的解释》第 9 条的规定，所谓商标相同，是指被控侵权的商标与原告的注册商标相比较，二者在视觉上基本无差别。

2. 未经商标注册人的许可，在同一种商品上使用与其注册商标近似的商标，或者在类似商品上使用与其注册商标相同或者近似的商标，容易导致混淆的。

商标近似，是指被控侵权的商标与原告的注册商标相比较，其文字的字形、读音、含义或者图形的构图及颜色，或者其各要素组合后的整体结构相似，或者其立体形状、颜色组合近似，易使相关公众对商品的来源产生误认或者认为其来源与原告注册商标的商品有特定的联系。类似商品，是指在功能、用途、生产部门、销售渠道、消费对象等方面相同，或者相关公众一般认为其存在特定联系、容易造成混淆的商品。

认定商标相同或者近似按照以下原则进行：

（1）以相关公众的一般注意力为标准；商标法所称相关公众，是指与商标所标识的某类商品或者服务有关的消费者和与前述商品或者服务的营销有密切关系的其他经营者；

（2）既要进行对商标的整体比对，又要进行对商标主要部分的比对，比对应当在比对对象隔离的状态下分别进行；

（3）判断商标是否近似，应当考虑请求保护注册商标的显著性和知名度。

认定商品或者服务是否类似，应当以相关公众对商品或者服务的一般认识综合判断，同时，《商标注册用商品和服务国际分类表》、《类似商品和服务区分表》可以作为判断类似商品或者服务的参考。

3. 销售侵犯注册商标专用权的商品的。假冒注册商标的行为对商标权会造成较大的损害，但这种损害的发生，往往需要通过他人销售行为予以实现，同时这种销售行为往往会损害消费者的利益。因此，《商标法》规定，销售侵犯注册商标专用权的商品的，也构成侵权。

4. 伪造、擅自制造他人注册商标标识或者销售伪造、擅自制造的注册商标标识的。这种是指仿造他人商标的构成要素而制作商标标识或者未经授权而制作他人注册商标标识以及销售这些注册商标标识的行为。行为人一般为从事印刷的企业和个体工商户，这些行为为侵权提供了便利条件。

5. 未经商标注册人同意，更换其注册商标并将该更换商标的商品又投入市场的。也叫做商标的反向假冒行为。反向假冒与上述三种表现不同，在流通过程中，未经商标权人许可使用别人的商标，将自己的产品假冒为别人的产品，虽然更换的是商品，但仍然侵犯了商标权。

6. 故意为侵犯他人商标专用权行为提供便利条件，帮助他人实施侵犯商标专用权行为的。故意为侵犯他人注册商标专用权行为提供仓储、运输、邮寄、隐匿等便利条件的，也是对商标专用权的侵犯。

7. 给他人的注册商标专用权造成其他损害的。

如在同一种或者类似商品上，将与他人注册商标相同或者近似的标志作为商品名称或者商品装潢使用，误导公众的；将与他人注册商标相同或者相近似的文字作为企业的字号在相同或者类似商品上突出使用，容易使相关公众产生误认的；复制、摹仿、翻译他人注册的驰名商标或其主要部分在不相同或者不相类似商品上作为商标使用，误导公众，致使该驰名商标注册人的利益可能受到损害的；将与他人注册商标相同或者相近似的文字注册为域名，并且通过该域名进行相关商品交易的电子商务，容易使相关公众产生误认的。

（二）商标专用权保护例外

注册商标中含有的本商品的通用名称、图形、型号，或者直接表示商品的质量、主要原料、功能、用途、重量、数量及其他特点，或者含有的地名，注册商标专用权人无权禁止他人正当使用。

三维标志注册商标中含有的商品自身的性质产生的形状、为获得技术效果而需有的商品形状或者使商品具有实质性价值的形状，注册商标专用权人无权禁止他人正当使用。

商标注册人申请商标注册前，他人已经在同一种商品或者类似商品上先于商标注册人使用与注册商标相同或者近似并有一定影响的商标的，注册商标专用权人无权禁止该使用人在原使用范围内继续使用该商标，但可以要求其附加适当区别标识。

二、商标侵权行为的法律责任

（一）商标侵权行为的处理

根据《商标法》规定，对侵犯注册商标专用权的案件，首先由当事人协商解决；当事人不愿协商或者协商不成的，可以有两种处理方式：

1. 商标注册人或者利害关系人可以请求工商行政管理部门处理。工商行政管理部门处理时，认定侵权行为成立的，责令立即停止侵权行为，没收、销毁侵权商品和主要用于制造侵权商品、伪造注册商标标识的工具，违法经营额 5 万元以上的，可以处违法经营额 5 倍以下的罚款，没有违法经营额或者违法经营额不足 5 万元的，可以处 25 万元以下的罚款。对 5 年内实施 2 次以上商标侵权行为或者有其他严重情节的，应当从重处罚。对侵犯商标专用权的赔偿数额的争议，当事人可以请求进行处理的工商行政管理部门调解，也可以依照《中华人民共和国民事诉讼法》向人民法院起诉。经工商行政管理部门调解，当事人未达成协议或者调解书生效后不履行的，当事人可以依照《中华人民共和国民事诉讼法》向人民法院起诉。

对侵犯注册商标专用权的行为，任何人均可以向工商行政管理部门投诉或者举报。工商行政管理部门依法行使管理职权时，当事人应当予以协助、配合，不得拒绝、阻挠。

2. 商标注册人或者利害关系人可以向人民法院起诉。人民法院认定侵犯注册商标专用权的行为成立的，依法追究侵犯注册商标专用权行为人的民事责任或者刑事责任。

（二）侵犯注册商标专用权的法律责任

侵犯注册商标专用权的法律责任包括民事责任、行政责任和刑事责任。

1. 民事责任。民事责任主要包括：停止侵害；消除影响；赔偿损失等。侵犯商标专用权的赔偿数额，按照权利人因被侵权所受到的实际损失确定；实际损失难以确定的，可以按照侵权人因侵权所获得的利益确定；权利人的损失或者侵权人获得的利益难以确定的，参照该商标许可使用费的倍数合理确定。对恶意侵犯商标专用权，情节严重的，可以在按照上述方法确定数额的 1 倍以上 3 倍以下确定赔偿数额。赔偿数额应当包括权利人为制止侵权行为所支付的合理开支。

权利人因被侵权所受到的实际损失、侵权人因侵权所获得的利益、注册商标许可使用费难以确定的，由人民法院根据侵权行为的情节判决给予 300 万元以下的赔偿。

注册商标专用权人请求赔偿，被控侵权人以注册商标专用权人未使用注册商标提出抗辩的，人民法院可以要求注册商标专用权人提供此前 3 年内实际使用该注册商标的证据。注册商标专用权人不能证明此前 3 年内实际使用过该注册商标，也不能证明因侵权行为受到其他损失的，被控侵权人不承担赔偿责任。销售不知道是侵犯注册商标专用权的商品，能证明该商品是自己合法取得并说明提供者的，不承担赔偿责任。

2. 行政责任。行政责任主要包括：责令立即停止侵权行为；没收、销毁侵权商品和专门用于制造侵权商品、伪造注册商标标识的工具；罚款等。其中，违法经营额 5 万元以上的可以处违法经营额 5 倍以下的罚款，没有违法经营额或者违法经营额不足 5 万元的，可以处 25 万元以下的罚款，对于 5 年内实施 2 次以上商标侵权行为或者有其他严重情节的应当从重处罚。

3. 刑事责任。商标侵权人有下列行为之一的，除赔偿被侵权人的损失外，依法追究刑事责任：

（1）未经商标注册人许可，在同一种商品上使用与其注册商标相同的商标，构成犯罪的。我国《刑法》第 213 条规定，对于假冒注册商标罪，情节严重的，处 3 年以下有期徒刑或者拘役，并处或者单处罚金；情节特别严重的，处 3 年以上 7 年以下有期徒刑，并处罚金。

（2）销售明知是假冒注册商标的商品，构成犯罪的。我国《刑法》第 214 条规定，对于销售假冒注册商标的商品罪，销售金额数额较大的，处以 3 年以下有期徒刑或者拘役，并处或单处罚金；销售金额数额巨大的，处 3 年以上 7 年以下有期徒刑，并处罚金。

（3）伪造、擅自制造他人注册商标标识或者销售伪造、擅自制造的注册商标标识，构成犯罪的。我国《刑法》第 215 条规定，对于非法制造、销售非法制造的注册商标标识罪，情节严重的，处 3 年以下有期徒刑、拘役或者管制，并处或者单处罚金；情节特别严重的，处 3 年以上 7 年以下有期徒刑，并处罚金。

（三）商标代理机构的法律责任

商标代理机构有下列行为之一的，由工商行政管理部门责令限期改正，给予警告，处 1 万元以上 10 万元以下的罚款；对直接负责的主管人员和其他直接责任人员给予警告，处 5 千元以上 5 万元以下的罚款；构成犯罪的，依法追究刑事责任：①办理商标事宜过程中，伪造、变造或者使用伪造、变造的法律文件、印章、签名的；②以诋毁其他商标代理机构等手段招徕商标代理业务或者以其他不正当手段扰乱商标代理市场秩序的；③违反《商标法》第 19 条第 3 款、第 4 款规定的。

商标代理机构有以上行为的，由工商行政管理部门记入信用档案；情节严重的，商标局、商标评审委员会并可以决定停止受理其办理商标代理业务，予以公告。

商标代理机构违反诚实信用原则，侵害委托人合法利益的，应当依法承担民事责任，并由商标代理行业组织按照章程规定予以惩戒。

三、驰名商标的认定和特殊保护

（一）驰名商标的概念

首先提出驰名商标保护的是《保护工业产权巴黎公约》，其最初目的在于对那些没有在该国注册的商标也进行保护。我国1984年正式批准加入《保护工业产权巴黎公约》，2001年10月《商标法》修改以后，驰名商标的认定和保护才被写进我国《商标法》。此后2002年12月最高人民法院通过的《关于审理商标民事纠纷案件适用法律若干问题的解释》规定，人民法院在审理商标纠纷案件时，可以对注册商标是否驰名作出认定。2003年4月17日，国家工商行政管理总局发布了《驰名商标认定和保护规定》。2013年8月30日，《商标法》明确规定，为相关公众所熟知的商标，持有人认为其权利受到侵害时，可以依法请求驰名商标保护。可见，我国的驰名商标法制建设已经逐渐完善。

所谓驰名商标，是指经过较长时间，在市场上享有较高信誉，为公众所熟知的商标。一个驰名商标必然需要经过一定期限的公开使用，并为公众所认识和接受；所代表的商品是优质产品，具有良好的社会信誉。驰名商标并非特定的商标，甚至可能是未注册的商标，对驰名商标的界定意义在于其可能获得特殊的法律保护，是对以注册商标为主要保护对象的商标法的一个补充。

（二）驰名商标的认定

1. 认定机构和认定方式。根据《商标法》和《商标法实施条例》，我国对驰名商标的认定机构有两个：①国家工商行政管理总局商标局及其商标评审委员会；②人民法院。

按照法律规定，对驰名商标的认定采用"个案认定被动保护"原则，也就是说在商标注册、使用和评审过程中发生争议或者发生商标侵权纠纷时，当事人认为其商标构成驰名商标并提出相关证据的，国家工商行政管理总局商标局及其商标评审委员会或人民法院将依法审查认定。但《商标法》也明确规定，生产者、经营者不得将"驰名商标"字样用于商品、商品包装上或者用于广告宣传、展览以及其他商业活动中。

2. 认定标准。驰名商标的认定应当依法进行。根据《商标法》第14条的规定，认定驰名商标应当考虑下列因素：①相关公众对该商标的知晓程度；②该商标使用的持续时间；③该商标的任何宣传工作的持续时间、程度和地理范围；④该商标作为驰名商标受保护的记录；⑤该商标驰名的其他因素。

国家工商行政管理总局发布的《驰名商标认定和保护规定》提出，以下材料可以作为证明商标驰名的证据材料：①证明相关公众对该商标知晓程度的有关材料；②证明该商标使用持续时间的有关材料，包括该商标使用、注册的历史和范围的有关材料；③证明该商标的任何宣传工作的持续时间、程度和地理范围的有关材料，包括广告宣传和促销活动的方式、地域范围、宣传媒体的种类以及广告投放量等有关材料；④证明该商标作为驰名商标受保护记录的有关材料,包括该商标曾在中国或者其他国家和地区作为驰名商标受保护的有关材料;⑤证明该商标驰名的其他证据材料,包括使用该商标的主要商品近3年的产量、销售量、销售收入、利税、销售区域等有关材料。

(三) 驰名商标的特殊保护

驰名商标的保护有其特殊性,如果是已注册的驰名商标,可以跨类保护,即商品或服务的保护范围可以扩展到不相同、不类似的商品或服务上;如果是尚未注册的驰名商标,法律给予和注册商标同样的保护力度。具体体现在以下几方面:

1. 就相同或者类似商品申请注册的商标是复制、摹仿或者翻译他人未在中国注册的驰名商标,容易导致混淆的,不予注册并禁止使用。

2. 就不相同或者不相类似商品申请注册的商标是复制、摹仿或者翻译他人已经在中国注册的驰名商标,误导公众,致使该驰名商标注册人的利益可能受到损害的,不予注册并禁止使用。

3. 商标所有人认为他人将其驰名商标作为企业名称登记,可能欺骗公众或者对公众造成误解的,可以向企业名称登记主管机关申请撤销该企业名称登记。

4. 商标所有人认为他人将与其驰名商标相同或者近似的文字注册为域名,并且通过该域名进行相关商品交易的电子商务,容易使相关公众产生误认的,可以向域名注册机构申请撤销该域名注册。

本章练习题

1. 什么是商标?商标的主要分类有哪些?
2. 简述商标权的概念及其特征。
3. 申请注册的商标应当具备哪些条件?
4. 商标权包含哪些内容?
5. 商标注册应遵循的原则有哪些?
6. 简述我国对注册商标的管理制度。
7. 试述商标侵权行为的几种具体表现形式。
8. 简述侵犯商标专用权的赔偿数额如何确定。
9. 我国对驰名商标的特殊保护体现在哪些方面?

第十二章　专利法

专利法是工业产权法律制度的重要内容。本章对我国的专利法律制度作了全面讲述。通过学习，要求学生在了解专利的概念、专利法立法概况、专利权取得的条件和程序的基础上，重点理解和掌握专利权的主体、客体和内容，专利权的限制，专利权的期限、终止和专利权的法律保护等制度。

第一节　专利法概述

一、专利的概念

"专利"一词来自英文"Patent"，源于英国中世纪国王常使用的"letters patent"，即可以打开的文件，其含有"公开"、"首创"、"独享"之意。在专利法和专利制度中，"专利"一词通常有三种含义：①专利权，即专利权人依法对其发明创造在一定时间内享有的专有权；②发明创造，即享有独占权的专利技术；③专利文献，即记载着授予专利权的发明创造的说明书及其摘要、权利要求书、外观设计的图形或照片等公开的专利文献的总和。

专利权作为工业产权的一种，具有法律专门确认性、专有性、地域性、时间性等特征。当今世界，专利权已成为一种重要的财富和资本，是国家参与国际市场竞争的有力工具，专利权贸易正在发展成为一种独立的贸易形式。

二、专利法概述

专利法是调整因专利权的取得、使用和保护而产生的各种社会关系的法律规范的总称。

专利法是国内法，只能在制定国发生法律效力，不发生"域外效力"。专利法是确认和保护专利权的特别法，不适用于所有的民事关系。专利法是实体法和程序法的统一，不仅规定了专利权的取得、转让、灭失等程序要件，也规定了专利授权的实质要件、专利权人的权利和义务等实体内容。随着科技水平的不断提高和国际形势的发展变化，专利法需要不断增加新的保护对象，提高保护水平，加大对专利权人的保护力度，以适应科技和社会发展的需要。

新中国成立后，我国在各个时期都颁布过有关专利方面的法律规范。最早如 1950 年公布的《保障发明权与专利权暂行条例》，该条例实行发明奖励和专利法保护双轨制的保护发明创造原则。1963 年，国务院废止了该条例，同时公布了《发明奖励条例》，用单一的发明奖励制度取代了发明专利制度。1980 年我国成立了国家专利局。1984 年 3 月 12 日第六届全国人民代表大会常务委员会第四次会议通过了《中华人民共和国专利法》（以下简称《专利法》），于 1985 年 4 月 1 日实施。1992 年 9 月 4 日第七届全国人民代表大会常务委员会第二十七次会议进行了第一次修正，修正后的专利法已基本达到国际公约要求的最低标准。2000 年 8 月 25 日，为了适应中国加入世界贸易组织在法律法规方面的最低要求，第九届全国人民代表大会常务委员会第十七次会议又对专利法进行了第二次修正，修正后的专利法已经完全达到了世界贸易组织的《与贸易有关的知识产权协议》的要求。为了适应经济和技术的发展对专利法提出的新要求，我国于 2005 年开始启动第三次专利法修正的工作。2008 年 12 月 27 日第十一届全国人民代表大会常务委员会第六次会议进行了第三次修正，于 2009 年 10 月 1 日起施行。2001 年 6 月 15 日，国务院发布了《专利法实施细则》，先后又在 2002 年 12 月、2010 年 1 月进行了两次修订。《专利法》及《专利法实施细则》的颁布和实施标志着我国专利制度的建立，其对于保护发明创造专利权，鼓励、推广应用发明创造，促进科学技术的发展，加快社会主义现代化建设发挥了重要的作用。经过三次修正，我国专利法在立法上已经达到了国际通行的专利法保护水平，对于中国经济持续健康快速发展和建设创新型国家起到了支撑和促进作用。

第二节　专利权

一、专利权的主体

专利权的主体即专利权人，是指依法享有专利权并承担与此相应的义务的人。专利权人包括自然人和法人、本国人和外国人。根据专利法的规定，专利权的主体有以下几种：

（一）职务发明创造的专利权主体

1. 发明人或设计人的工作单位。职务发明创造，是指执行本单位的任务或者主要是利用本单位的物质技术条件所完成的发明创造。执行本单位的任务所完成的发明创造有以下三种情况：①在本职工作中作出的发明创造；②覆行本单位交付的本职工作之外的任务所作出的发明创造；③退休、调离原单位后或者劳动、人事关系终止后 1 年内作出的，与其在原单位承担的本职工作或者原单位分配的任务有关的发明创造。主要利用本单位的物质技术条件完成的发明创造中，本单位包括临时工作单位。本单位的物质技术条件，是指本单位的资金、设备、零部件、原材料或者不对外公开的技术资料等。

职务发明创造申请专利的权利属于该单位；申请被批准后，该单位为专利权人。

利用本单位的物质技术条件所完成的发明创造，单位与发明人或者设计人订有合同，对申请专利的权利和专利权的归属作出约定的，从其约定。

2. 发明人或设计人。职务发明创造的发明人或设计人，是指对职务发明创造的实质性特点作出了创造性贡献的人。被授予专利权的单位应当对职务发明创造的发明人或者设计人给予奖励，一项发明专利的奖金最低不少于3000元；一项实用新型专利或者外观设计专利的奖金最低不少于1000元。发明创造专利实施后，根据其推广应用的范围和取得的经济效益，每年应当从实施该项发明或者实用新型专利的营业利润中提取不低于2%或者从实施该项外观设计专利的营业利润中提取不低于0.2%作为报酬，给予发明人或者设计人；被授予专利权的单位许可其他单位或者个人实施其专利的，应当从收取的使用费中提取不低于10%作为报酬，给予发明人或者设计人。

（二）非职务发明创造的专利权主体

职务发明创造以外的发明创造为非职务发明创造。非职务发明创造中申请专利的权利属于发明人或者设计人；申请被批准后，该发明人或者设计人为专利权人。

在我国，发明人或者设计人是指对发明创造的实质性特点作出创造性贡献的人。因此，在完成发明创造的过程中，只负责组织工作的人、为物质技术条件的利用提供方便的人或者从事其他辅助工作的人，不是发明人或者设计人。

（三）共同发明创造的专利权主体

共同发明创造是指两人以上合作或者两个以上单位协作完成的发明创造。根据专利法的规定，两个以上单位协作完成的发明创造，除另有协议外，申请专利的权利属于共同完成的单位，申请被批准后，由两个以上单位共同享有专利权。当然，两个以上单位也可以约定专利申请权和专利权归某一个单位享有，该单位给予其他单位适当的经济补偿。

（四）委托开发完成的发明创造的专利权主体

委托开发完成的发明创造，指一个单位或者个人接受其他单位或者个人委托，完成约定的研究开发项目，委托方提供物质条件，受托方完成研究开发项目，提交技术成果。根据专利法的规定，对于委托开发完成的发明创造专利权主体的确定，首先看双方是否有约定，有约定的按约定；没有约定的，申请专利的权利属于完成发明创造的单位或者个人，即受托方所有，申请被批准后专利权归该单位或者个人所有。

（五）外国人

关于外国人能否在我国申请并取得专利权问题，我国专利法参照国际惯例，对两种情况区别对待。

1. 在我国有经常居所或营业所的外国人、外国企业或者外国其他组织，均可以向中国国家专利局申请专利，可以亲自办理，也可以委托代理人办理，与我国单位或者个人享有同样权利，即所谓的国民待遇原则。

2. 在我国没有经常居所或者营业所的外国人、外国企业或者外国其他组织在中国申请专利的，则要依照其所属国同中国签订的协议或者共同参加的国际条约，或者依照互惠原则，并按我国《专利法》规定，委托依法设立的专利代理机构向中国国家专利局提出申请。

二、专利权的客体

专利权的客体，是指专利法的保护对象，即可以取得专利权的发明创造。我国《专利法》第 2 条第 1 款规定："本法所称的发明创造是指发明、实用新型和外观设计。"

（一）发明

专利法中所称的发明，是指对产品、方法或者其改进所提出的新的技术方案。发明是运用自然规律、凭借脑力劳动所作出的解决某一具体技术问题的技术方案。发明的特征在于：①发明中应当包含创新；②发明必须利用自然规律或者自然现象；③违背自然规律的创造不是发明，如永动机；④自然规律或自然现象本身不是发明，要区分"科学发现"与"技术发明"；⑤发明是具体的技术性方案。

发明可以分为产品发明、方法发明和改进发明三种。

1. 产品发明。产品发明，又称制造发明，是指人们通过智力劳动创造出来的各种成品或者产品的发明，如机器、设备、工具等。未经人的加工，属于自然状态的东西不能作为产品发明，如天然宝石、矿物等。我国对于食品、饮料、调味品、药品和利用化学方法获得的物质可以授予发明专利权。

2. 方法发明。方法发明，是指把一种物品变为另一种物品所使用的或者制造一种产品的具有特性的方法和手段。该方法可以是化学方法、机械方法、通讯方法、生物方法等，如"一种宫廷烤鸡的制作方法"、"一种从杜仲叶中提取活性物质的方法"、"杂交水稻的种植方法"等。对于智力或精神活动的方法，如数字方法、交通规则、游戏规则等，都不是利用自然规律的结果，不属于方法发明。

3. 改进发明。改进发明，是指对原有的产品发明或方法发明，在保持其原有性质的基础上，通过改进使其获得新的性质而作出的发明。人类的进步总是离不开前人成功的经验，科学的发展也使发明涉猎的知识越来越广，所以多数发明属于改进发明。

需要注意的是，上述三种发明有交叉现象，改进发明可以是对产品改进而取得产品发明，也可以是对方法改进而取得方法发明。因此有的学者认为发明只有两类，产品发明和方法发明。

（二）实用新型

专利法中所称的实用新型，是指对产品的形状、构造或者其结合所提出的适于实用的新的技术方案。实用新型在技术水平上的要求比发明低，故又被人们称为"小发明"，如极速 D10 防偷窥摄像头。实用新型的特征在于：①实用新型限于产品的技术方案，有关方法的技术方案不在实用新型的适用范围；②作为实用新型的产品必须是具有一定形状和构造的产品，如没有固定形态的气体、液体及粉末状的淀粉等都不能成为实用新型的保护对象；③实用新型必须具有技术性能，并具有实用功能。

实用新型也是利用自然规律解决特定技术问题的技术方案。与发明的重要区别在于适用范围和创造性不同：发明包括产品发明和方法发明，而实用新型仅指有一定形状的产品发明；实用新型较发明对创造性要求相对较低；在专利申请中，实用新型审查比较简单，保护期限也较短。

（三）外观设计

专利法中的外观设计，是指对产品的形状、图案或者其结合以及色彩与形状、图案的结合所作出的富有美感并适于工业应用的新设计，如主妇阿妈卡通造型的 U 盘。外观设计的主要特点在于：①外观设计必须与产品相结合，是对产品外表所作的设计，它不是单纯的美术作品。②外观设计是关于产品形状、图案和色彩或者其结合的设计。形状是指产品的平面或立体轮廓。图案是指人为装饰而加于产品表面的花样。色彩是指产品所用的颜色。常见的外观设计是产品形状、图案和色彩三者的结合。③能够使人产生美感，具有视觉可视性。④适合于工业上应用，能够进行工业化批量生产。

（四）不授予专利权的对象

根据我国《专利法》规定，对于下列各项不授予专利权：

1. 不适于专利法保护的对象，其主要包括：

（1）科学发现。科学发现是指对自然现象、物质或自然规律的发现和认识，是一种原本就存在的客观实在。"发现"只是人类对自然界的认识，并非人类的创造，不是发明。如果将自然现象或自然规律当做发明授予专利，他人不得随意使用，则容易出现垄断。虽然科学发现不能授予专利权，但人类利用科学发现完成的新的技术方案可以授予专利权。

（2）智力活动的规则和方法。由于其没有利用自然规律，自然不是专利法意义上的发明创造，不能授予专利。数学的算法仅是数学规则的应用，不是自然规律，不能授予专利。对于商业方法的可专利性问题，各国规定不同，但都保持一种慎重的态度。

（3）疾病的诊断和治疗方法。疾病的诊断和治疗过程复杂，人为主观因素会影响到诊断和治疗方法的稳定性，未必能满足产业上的再现性要求。而且疾病的诊断和治疗方法关系人民的生活水平和健康水平，如果授予专利，人们看病治疗的费用会大大提高，不利于提高人民的身体素质。

（4）动物和植物新品种。现阶段我国对动物和植物新品种不授予专利，但对培育或生产动植物新品种的方法，则可以依法授予专利。我国已制定并实施《植物新品种保护条例》，对于列入保护目录的植物品种进行专门的保护。

（5）用原子核变换方法获得的物质。考虑到我国的核工业发展和国家的安全，对于原子核变换方法获得的物质不授予专利。

（6）对平面印刷品的图案、色彩或者二者的结合作出的主要起标识作用的设计。

2. 违反国家法律、社会公德或者妨害公共利益的发明创造，不授予专利权。这是各国《专利法》都有的类似规定，若发明创造及其实施可能违反法律和公序良俗，这样的发明创造就不能被授予专利权。

3. 对违反法律、行政法规的规定获取或者利用遗传资源，并依赖该遗传资源完成的发明创造，不授予专利权。遗传资源，是指取自人体、动物、植物或者微生物等含有遗传功能单位并具有实际或者潜在价值的材料。专利法所称依赖遗传资源完成的发明创造，是指利用了遗传资源的遗传功能完成的发明创造。我国是《生物多样性公约》的成员国，并且是生物资源和遗传资源非常丰富的国家，保护遗传资源事关国家利益。我国《专利法》规定了依赖遗传资源完成的发明创造申请专利的特殊条件，如果该遗传资源的获取或利用违反有关法律、行政法规的规定，并依赖该遗传资源完成发明创造，则不授予专利权。

三、专利权的内容

（一）专利权人的权利

1. 独占实施权。独占实施权是指专利权人对其发明创造享有的独占权，也称专有权。从正面讲，是指专利权人有权按照自己的利益和意愿实施其专利，任何人不得非法干涉；从反面讲，是指任何单位和个人未经专利权人许可，不得实施其专利。我国《专利法》第11条规定："发明和实用新型专利权被授予后，除本法另有规定的以外，任何单位或者个人未经专利权人许可，都不得实施其专利，即不得为生产经营目的制造、使用、许诺销售、销售、进口其专利产品，或者使用其专利方法以及使用、许诺销售、销售、进口依照该专利方法直接获得的产品。外观设计专利权被授予后，任何单位或者个人未经专利权人许可，都不得实施其专利，即不得为生产经营目的制造、许诺销售、销售、进口其外观设计专利产品。"

2. 转让权。转让权是指专利权人将其专利权转让给他人所有的权利。如出卖、投资入股等。转让专利权的，当事人应当订立书面合同，并向国家专利局登记，由国家专利局予以公告。专利权的转让自登记之日起生效。

3. 实施许可权。实施许可权是指专利权人通过合同方式，许可他人实施其专利并收取使用费的权利。许可他人实施专利，应当订立书面的实施许可合同，并自合同生效之日起3个月内向国家专利局备案。

4. 其他权利。如专利权人有权在其专利产品或者该产品的包装上标明专利标记和专利号；专利权人在其专利受到侵犯时，有权请求专利管理机关或者人民法院给予保护；发明人或者设计人有权在专利文件中写明自己是发明人或者设计人等。

（二）专利权人的义务

1. 缴纳专利年费的义务。专利年费，又称专利维持费。是指专利权人为维持专利权的效力，逐年向国家专利局缴纳的费用。专利权人在发明创造获得专利权后，应缴纳年费，这是世界各国专利制度的普遍做法。专利权人不履行该义务，将导致专利权终止。年费主要有两方面的作用：①专利年费可用于支持专利局的日常工作；②专利年费的数额设置为随着时间的推移逐渐增高，缴纳年费可以敦促专利权人及早实施专利技术，尽早放弃专利权，从而使专利技术尽快进入公有领域。

2. 实施发明创造专利的义务。国家授予发明创造专利权的目的之一是有利于发明创造的推广应用，促进科学技术的发展。因此，实施专利既是专利权人的权利，又是他的一项义务。若专利权人不履行实施专利的义务，国家专利机关有权依法强制实施。

3. 保证充分公开专利内容的义务。专利权人应当在说明书内把发明创造内容按专利法的要求，详细、清楚而确切地加以阐述，以使同行业的技术人员能够理解和实施。对不充分公开发明创造内容的专利，他人有权提请专利复审委员会宣告该专利无效。

4. 对职务发明创造的发明人或者设计人给予奖励和报酬。《专利法》第16条规定，被授予专利权的单位应当对职务发明创造的发明人或者设计人给予奖励；发明创造专利实施后，根据其推广应用的范围和取得的经济效益，对发明人或者设计人给予合理的报酬。

5. 不得滥用专利权。不得滥用专利权是指专利权人必须在法律规定的范围内正确行使专利权，不得利用专利权损害社会利益或他人合法权益。如果专利权人向受让人提出限制竞争和技术发展的交易条件、非法垄断技术、妨碍技术进步、泄露属于国家秘密的专利等，则属滥用专利权的行为，客观上会损害国家、社会或他人的利益，必须依法予以禁止。

第三节　专利权的取得

一、授予专利权的条件

一项发明创造取得专利权，必须符合《专利法》规定的条件。这些条件既包括形式条件又包括实质条件，这两个方面缺一不可。授予专利权的形式条件指的是取得专利权的程序问题，我们将在后面论述，这里仅就授予专利权的实质条件展开论述。

（一）授予发明和实用新型专利权的条件

我国《专利法》第22条第1款规定："授予专利权的发明和实用新型，应当具备新颖性、创造性和实用性。"这就是通常所说的"三性"或者"专利性"。

1. 新颖性。新颖性，是指该发明或者实用新型不属于现有技术；也没有任何单位或者个人就同样的发明或者实用新型在申请日以前向国务院专利行政部门提出过申请，并记载在申请日以后公布的专利申请文件或者公告的专利文件中。

新颖性的判断，是与现有技术相比较而言的。现有技术，是指申请日以前在国内外为公众所知的技术。由此，新颖性的界定涉及三个要素：①时间标准，以申请日为界限；②地域标准，以世界范围没有公开为原则；③公开的方式，采用的是书面公开、使用公开或者其他方式公开的标准。第三次修正后的《专利法》将授予专利权的新颖性的地域标准由相对新颖性转变为绝对新颖性，提高了专利授权的门槛，符合国际发展的趋势。

为了鼓励发明创造，促进新技术的公开和交流，我国专利法对新颖性又作了特殊规定。《专利法》第24条规定，申请专利的发明创造在申请日以前6个月内，有下列情形之一的，不丧失新颖性：①在中国政府主办或者承认的国际展览会上首次展出的；②在规定的学术会议或者技术会议上首次发表的；③他人未经申请人同意而泄露其内容的。其中中国政府承认的国际展览会，是指国际展览会公约规定的在国际展览局注册或者由其认可的国际展览会。学术会议或者技术会议，是指国务院有关主管部门或者全国性学术团体组织召开的学术会议或者技术会议。

2. 创造性。我国《专利法》第 22 条对发明和实用新型的创造性分别作了规定。创造性，是指与现有技术相比，该发明有突出的实质性特点和显著的进步，该实用新型有实质性特点和进步。

"突出的实质性特点"，是指发明与现有技术相比具有明显的本质区别，对于发明所属技术领域的普通专业人员是非显而易见的。如果发明是其所属技术领域的技术人员在现有技术的基础上通过逻辑分析、推理或者有限的试验可以得到的，则该发明是显而易见的，也就不具备突出的实质性特点。"显著的进步"，是指申请专利的发明与现有技术相比有长足的进步，它表现在发明解决了人们一直渴望解决，但始终未能获得成功的技术难题，或者克服了技术偏见，提出了一种新的研究路线，或者该发明取得了意想不到的效果以及代表某种新技术趋势。如自有农场以来，人们一直期望解决在农场牲畜身上无痛而且不损坏牲畜表皮地打上永久性标记的技术问题，某发明人基于冷冻能使牲畜表皮着色这一发现而发明的一项冷冻烙印的方法成功地解决了这个技术问题，该发明具备创造性。实用新型的创造性要求比发明低，只需具备"实质性特点"和"进步"即可。

3. 实用性。实用性，是指该发明或者实用新型能够制造或者使用，并且能够产生积极效果。因此判断实用性应从以下三个方面来考察：

（1）可实施性。发明或者实用新型必须能在工业规模上制造或使用。如果一项发明或实用新型仅具有理论意义而不能应用于产业或难以实施，则不具有可实施性，不能取得专利。

（2）再现性。这是指所属技术领域的技术人员，根据申请文件公开的内容，能够重复实施专利申请中的技术内容。这种重复实施，不依赖任何随机因素，并且实施结果是相同的。

（3）有益性。专利实施后应能产生积极的效果，具有良好的技术、经济和社会效益。明显无益、脱离社会需要、严重污染环境、严重浪费能源或资源、损害人体健康的发明或实用新型不具备实用性。

下列情况下的发明创造通常会被专利审查委员会认为不具有实用性：①发明创造的主题不具备可再现性；②发明创造缺乏必要的技术手段；③发明创造的技术方案违背自然规律；④利用独一无二的自然条件制造的产品；⑤发明创造没有任何积极效果。

（二）授予外观设计专利权的条件

我国《专利法》第 23 条规定："授予专利权的外观设计，应当不属于现有设计；也没有任何单位或者个人就同样的外观设计在申请日以前向国务院专利行政部门提出过申请，并记载在申请日以后公告的专利文件中。授予专利权的外观设计与现有设计或者现有设计特征的组合相比，应当具有明显区别。授予专利权的外观设计不得与他人在申请日以前已经取得的合法权利相冲突。本法所称现有设计，是指申请日以前在国内外为公众所知的设计。"

由于外观设计是产品的一种新设计，是产品的外在的东西，其本身不是技术上的创造，因此，授予外观设计专利权的条件更多体现在与同类产品的比较上是否具有新颖性。在先取得的合法权利包括：商标权、著作权、企业名称权、肖像权、知名商品特有包装或者装潢使用权等。

2008 年修正的《专利法》特别强调，对平面印刷品的图案、色彩或者二者的结合作出的主要起标识作用的设计不授予外观设计专利权。我国过去授予的外观设计专利权中，有相当数量涉及瓶贴和平面包装袋的主要起标识作用的图案设计，这不仅不利于激励对产品本身外观设计的创新，还会增大外观设计专利权和商标权之间的交叉与重叠，故作此规定。

二、取得专利权的程序

一项发明创造要取得专利权，须由申请人向国家专利局提出申请，经过专利局审查，符合专利法规定的，授予专利权。因此取得专利权一般需要经过申请、审查和批准三个阶段。

（一）专利的申请

根据我国《专利法》规定，专利申请应当遵守以下基本原则：

1. 单一性原则。又称一发明一申请原则，是指一份专利申请文件只能就一项发明创造提出专利申请。一件发明或者实用新型专利申请应当限于一项发明或者实用新型；一件外观设计专利申请应当限于一种产品所使用的一项外观设计。之所以如此规定，是因为我国每年专利申请量剧增，将专利申请分门别类，各技术领域的审查员才可能找出属于自己技术领域的专利文献，有利于专利审查工作的顺利开展。但对于一些特殊情况，法律允许申请人合案申请。属于一个总的发明构思的两项以上的发明或者实用新型，如插头和插座，用于同一类别并且成套出售或者使用的产品的两项以上的外观设计，如茶壶和茶杯，可以作为一件申请提出，称为合案申请。这是单一性原则的例外情况。

2. 申请在先原则。又称先申请原则，是指两个以上的申请人分别就同样的发明创造申请专利的，专利权授予最先申请的人。采用申请在先原则可以促使发明人将其发明的新技术尽早申请专利，将最新的技术尽快公开，避免重复开发和浪费社会资源。我国先申请的判断标准是专利申请日，其为国家专利局收到专利申请文件之日。如果申请文件是邮寄的，以寄出的邮戳日为申请日。如果信封上寄出的邮戳日不清晰，国家专利行政管理部门则以收到申请文件之日为申请日。如果两个以上的申请人在同一日分别就同样的发明创造申请专利的，应当在收到国家专利局的通知后自行协商确定申请人。

3. 优先权原则。优先权分为外国优先权与本国优先权。申请人自发明或者实用新型在外国第一次提出专利申请之日起 12 个月内，或者自外观设计在外国第一次提出专利申请之日起 6 个月内，又在中国就相同主题提出专利申请的，依照该外国同中国签订的协议或者共同参加的国际条约，或者依照相互承认优先权的原则，可以享有优先权，即把在第一个缔约国提出申请之日看做是第二个缔约国的申请日。优先权制度有两个方面的意义：①优先权期内，发明创造不因任何将该发明创造公布于世的行为而丧失新颖性；②可以排除他人在优先权日后就同样的发明创造提出专利申请。本国优先权指申请人自发明或者实用新型在中国第一次提出专利申请之日起 12 个月内，又向国家专利局就相同主题提出专利申请的，可以享有优先权。

4. 书面申请原则。指申请人为获得专利权所需履行的众多法定手续都必须依法以书面形式办理。书面申请原则适用于专利申请、专利审查、专利代理、专利实施等各个环节。我国《专利法实施细则》第 2 条规定："专利法和本细则规定的各种手续，应当以书面形式或者国务院专利行政部门规定的其他形式办理。"

提出专利申请是一项发明创造取得专利权的前提。申请人提出发明或者实用新型专利申请，应当根据《专利法》的规定向国家专利局提交下列申请文件：

（1）请求书。请求书是申请人向国家专利局提交的请求授予专利权的一种文件。请求书应当写明发明或者实用新型的名称、发明人或者设计人的姓名、申请人姓名或者名称、地址以及其他事项。

（2）说明书。说明书是对发明或者实用新型的技术内容进行具体说明的陈述性文件。首先，说明书是一个技术性文件，是专利申请文件中最重要、最长的核心文件，是权利要求的依据，又用于解释权利要求；其次，说明书是一个法律文件，应当对发明、实用新型作出清楚、完善的说明，此以所属技术领域的技术人员能够实现为准。说明书应当包括以下主要内容：发明或者实用新型的名称、发明或者实用新型所属技术领域最为接近的现有技术、发明或者实用新型的发明目的、发明的内容、发明的优点及积极效果、有关附图及说明、发明的实施及最佳实施方案。

（3）摘要。摘要是对说明书内容的简短说明。摘要是供有关人员迅速检索发明或者实用新型内容的情报检索性文件，不具有法律效力，也不属于原始公开的内容，也不能用来解释权利要求。摘要应当写明发明、实用新型所属的技术领域、需要解决的技术问题、主要技术特征和用途，有附图的专利申请，摘要可以附图。

（4）权利要求书。是用以确定专利保护范围的文件。权利要求书应当从整体上反映发明或者实用新型的技术方案，说明发明或者实用新型与现有技术之间的区别，清楚并简要地表述请求保护的范围。根据规定，一份权利要求书中至少应当包括一项独立的权利，还可以包括从属权利要求。权利要求书的内容及其撰写应当以说明书为依据，即权利要求应当得到说明书的支持，每一项权利要求所要求保护的技术特征应当在说明书中充分公开。说明书中没有说明的技术特征，不能写入权利要求书请求保护。

依赖遗传资源完成的发明创造，申请人应当在专利申请文件中说明该遗传资源的直接来源和原始来源；申请人无法说明原始来源的，应当陈述理由。就依赖遗传资源完成的发明创造申请专利的，申请人应当在请求书中予以说明，并填写国务院专利行政部门制定的表格。

申请人申请外观设计专利的，应当提交请求书、该外观设计的图片或者照片以及对该外观设计的简要说明等文件。申请人提交的有关图片或者照片应当清楚地显示要求专利保护的产品的外观设计。递交申请文件时，一张图片或照片若不能反映其全部特征，可以提交多张。一个外观设计往往需要提交主视图、俯视图、仰视图、左视图、右视图、后视图和立体图。

除了以上所述的必要申请文件外，在专利申请时还可根据申请人的具体要求递交其他附加申请文件。如优先权证明、发明提前公开申请、实质审查请求书、代理人委托书、外观设计简要说明等。

申请人提出专利申请文件后，允许其进行修改，但是，对发明和实用新型专利申请文件的修改不得超出原说明书和权利要求书记载的范围；对外观设计专利申请文件的修改不得超出原图片或者照片表示的范围。申请人也可以在被授予专利权之前随时撤回专利申请。

（二）专利申请的审查批准

1. 发明专利申请的审查批准。我国对发明专利的审查批准采取"早期公开、延迟审查"制度，其一般要经过如下程序：

（1）初步审查。国家专利局收到专利申请后，应当进行初步审查。初步审查主要是对申请手续、申请文件和格式进行形式审查。审查的主要内容包括：申请文件是否齐备，是否符合规定的格式和要求；申请专利的发明是否违反法律、社会公德或者妨害公共利益；发明是否属于不授予专利权的范围；是否符合单一性原则；是否缴纳了申请费等。经过初步审查，国家专利局应当将审查意见通知申请人，要求其在指定期限内陈述意见或者补正；申请人期满未答复的，其申请被视为撤回；申请人陈述意见或者补正后，国家专利局仍然认为不符合规定，应当予以驳回。

（2）早期公开。国家专利局对发明专利申请经初步审查认为符合专利法规定的，自申请日起满18个月，即行公布。国家专利局可以根据申请人的请求早日公布其申请。一经早期公布，法律即对该技术给予临时保护，申请人可以要求实施其发明的单位或者个人支付适当的费用。

（3）实质审查。是指国家专利局对申请专利的发明的新颖性、创造性、实用性等实质性内容所作的审查。发明专利申请自申请日起3年内，国家专利局可以根据申请人随时提出的请求，对其申请进行实质审查；申请人无正当理由逾期不请求实质审查的，该申请即被视为撤回。国家专利局认为必要的时候，可以自行对发明专利申请进行实质审查。

国家专利局对发明专利申请进行实质审查后，认为不符合专利法规定的，应当通知申请人，要求其在指定的期限内陈述意见，或者对其申请进行修改。无正当理由逾期不答复的，该申请即被视为撤回。发明专利申请经申请人陈述意见或者进行修改后，国家专利局仍然认为不符合专利法规定的，应当予以驳回。

（4）授予专利权。发明专利申请经实质审查没有发现驳回理由的，国家专利局应当作出授予发明专利权的决定，发给发明专利证书，并予以登记和公告。

发明专利申请人对国家专利局驳回申请的决定不服的，可以自收到通知之日起3个月内，向专利复审委员会请求复审。专利复审委员会复审后，作出决定，并通知专利申请人。申请人对专利复审委员会的复审决定不服的，可以自收到通知之日起3个月内向人民法院起诉。

2. 实用新型和外观设计专利申请的审查批准。世界上对实用新型和外观设计给予专利保护的国家，大多数实行的是登记制度，即只要经过初步审查，认为手续完备、形式合法，就予以登记，授予专利权。我国《专利法》也采用这种制度。《专利法》第40条规定："实用新型和外观设计专利申请经初步审查没有发现驳回理由的，由国务院专利行政部门作出授予实用新型专利权或者外观设计专利权的决定，发给相应的专利证书，同时予以登记和公告。实用新型专利权和外观设计专利权自公告之日起生效。"初步审查的内容与发明专利的初步审查基本一致。由于实用新型和外观设计不进行实质审查，因而其专利质量水平不高。许多不具备专利性的申请也蒙混过关，只能靠授权后的监督程序来弥补。

经初步审查，国家专利局发现不符合专利法规定的，予以驳回。申请人对驳回决定不服的，可以自收到通知之日起3个月内，向专利复审委员会请求复审。专利复审委员会复审后，作出决定，并通知专利申请人。专利申请人对专利复审委员会的复审决定不服的，可以自收到通知之日起3个月内向人民法院起诉。

第四节　专利权的限制

专利权的限制，是指专利法允许第三方在法定情况下，可以不经专利权人的许可而实施其专利，且其实施行为并不构成侵权的一种法律制度。专利法保护专利权人的独占权，但是，为了平衡专利权人与国家和社会之间的利益，各国专利法都在不同程度上对专利权人的权利作了限制性的规定。我国对专利权的限制主要表现为不视为侵犯专利权的行为和专利实施的强制许可。

一、不视为侵犯专利权的行为

不视为侵犯专利权的行为，也称为合理使用，是指在法定条件下，未经专利权人许可而使用其专利，不构成专利侵权的行为。《专利法》规定，有下列情形之一的，不视为专利侵权：

1. 专利权用尽。这种情形是指专利产品或者依照专利方法直接获得的产品，由专利权人或者经其许可的单位、个人售出后，使用、许诺销售、销售、进口该产品的。按照国际上通行的"权利用尽原则"，专利权人或经其许可的单位将专利产品或依照专利方法直接获得的产品售出后，即完成了首次销售，专利权人对特定产品不再享有任何意义上的支配权，即购买者对这些产品的再销售、再许诺销售、使用和进口都与专利权人无关。

2. 先用权人的使用。这种情形是指在专利申请日前已经制造相同产品、使用相同方法或者已经作好制造、使用的必要准备，并且仅在原有范围内继续制造、使用的。"已经作好制造、使用的必要准备"是指已经完成实施发明创造所必需的主要技术图纸或者工艺文件，或者已经制造或者购买实施发明创造所必需的主要设备或者原材料。"原有范围"，包括专利申请日前已有的生产规模以及利用已有的生产设备或者根据已有的生产准备可以达到的生产规模。

3. 临时过境。即临时通过中国领陆、领水、领空的外国运输工具，依照其所属国同中国签订的协议或者共同参加的国际条约，或者依照互惠原则，为运输工具自身需要而在其装置和设备中使用有关专利的。这一规定不仅符合国际惯例，而且体现了《保护工业产权巴黎公约》的精神。

4. 非商业目的使用。即专为科学研究和实验而使用有关专利的。由于科学研究和实验是非生产经营目的的使用，不具有任何直接的商业目的，不会构成对专利权人权利的妨碍，同时利用专利技术进行科学研究有利于促进社会科技发展。

5. 医药审批的使用。这种情形是指为提供行政审批所需要的信息，制造、使用、进口专利药品或者专利医疗器械的，以及专门为其制造、进口专利药品或者专利医疗器械的。这是国际上通行的"药品和医疗器械例外"规则，我国药品和医疗器械生产企业可以在相关专利权保护期届满之前，进行药品或医疗器械的实验和申请生产许可，在专利权到期时可立即推出替代产品。

6. 现有技术抗辩。这是我国 2008 年修正的《专利法》中新增加的内容，即在专利侵权纠纷中，被控侵权人有证据证明其实施的技术或者设计属于现有技术或者现有设计的，不构成侵犯专利权。被控侵权人无需证明专利权人的技术或设计是现有技术或现有设计，只需证明被诉落入专利权保护范围的全部技术特征，与一项现有技术方案中的相应技术特征相同或者无实质性差异，即应当认定被诉侵权人实施的技术属于现有技术。被诉侵权设计与一个现有设计相同或者无实质性差异的，应当认定被诉侵权人实施的设计属于现有设计。

此外，我国《专利法》还规定了"善意侵权"，即为生产经营目的使用、许诺销售或者销售不知道是未经专利权人许可而制造并售出的专利侵权产品，能证明该产品合法来源的，不承担赔偿责任。在主观不知情的情况下，销售或使用侵犯他人专利权的产品的行为，可不承担赔偿损失的责任，但不能免除其他民事责任，如停止侵权等。善意侵权人只需证明是通过正常的商业渠道获取了侵权产品，如提供购货发票、购货地点、正常交易条件等证据，即可适用本规定。

二、专利实施的强制许可

专利实施的强制许可，是指国务院专利行政部门在法定的情形下，不经专利权人许可，授权他人实施发明或者实用新型专利的法律制度。取得实施强制许可的单位或者个人应当付给专利权人合理的使用费。根据《专利法》的规定，在下列情形下可以给予专利实施的强制许可：

1. 依申请给予的强制许可。国务院专利行政部门根据具备实施条件的单位或者个人的申请，可以给予实施发明专利或者实用新型专利的强制许可：①专利权人自专利权被授予之日起满 3 年，且自提出专利申请之日起满 4 年，无正当理由未实施或者未充分实施其专利的。"未充分实施其专利"，是指专利权人及其被许可人实施其专利的方式或者规模不能满足国内对专利产品或者专利方法的需求。②专利权人行使专利权的行为被依法认定为垄断行为，为消除或者减少该行为对竞争产生的不利影响的。

2. 根据公共利益需要给予的强制许可。在国家出现紧急状态或者非常情况时，或者为了公共利益的目的，国务院专利行政部门可以给予实施发明专利或者实用新型专利的强制许可。为了公共健康目的，对取得专利权的药品，国务院专利行政部门可以给予制造并将其出口到符合我国参加的有关国际条约规定的国家或者地区的强制许可。"取得专利权的药品"，是指解决公共健康问题所需的医药领域中的任何专利产品或者依照专利方法直接获得的产品，包括取得专利权的制造该产品所需的活性成分以及使用该产品所需的诊断用品。

3. 从属专利的强制许可。一项取得专利权的发明或者实用新型比前已经取得专利权的发明或者实用新型具有显著经济意义的重大技术进步，其实施又有赖于前一发明或者实用新型的实施的，国务院专利行政部门根据后一专利权人的申请，可以给予实施前一发明或者实用新型的强制许可。在依照上述规定给予实施强制许可的情形下，国务院专利行政部门根据前一专利权人的申请，也可以给予实施后一发明或者实用新型的强制许可。

强制许可的实施应当主要为了供应国内市场，取得实施强制许可的单位或者个人不享有独占的实施权，并且无权允许他人实施。此外，还应当付给专利权人合理的使用费，其数额由双方商定；双方不能达成协议的，由国务院专利行政部门裁决。当事人对国务院专利行政部门关于实施强制许可的决定或者使用费的裁定不服的，可以自收到通知之日起 3 个月内向人民法院起诉。

第五节　专利权的期限、终止和无效

一、专利权的期限

专利权的期限，又称专利的保护期。我国《专利法》第 42 条规定："发明专利权的期限为 20 年，实用新型专利权和外观设计专利权的期限为 10 年，均自申请日起计算。"法律之所以规定专利的保护期限，完全是为了平衡专利权人和社会公众之间的利益。制定专利法的目的是为了促进社会文明和技术进步，保护发明只是作为促进技术进步的手段。要想充分发挥技术的现实价值，应当鼓励更多的人掌握并使用先进技术，在现有技术的研究基础上创造新的技术方案。

二、专利权的终止

专利权的终止是指专利权法律效力的消灭。专利权终止后，该发明创造即成为社会公共财富，任何单位和个人都可以无偿使用。

根据《专利法》规定，有下列情形之一的，专利权终止：①专利权的期限届满；②专利权人没有按照规定缴纳年费；③保护期限届满前，专利权人以书面声明放弃其专利权。

三、专利权的无效

专利权的无效是指已经取得的专利权因不符合专利法的规定，根据有关单位或个人的申请，经专利复审委员会审核后被宣告无效。被宣告无效的专利权视为自始即不存在。

根据我国《专利法》规定，请求宣告专利权无效的理由有：①授予专利权的发明创造不符合专利法规定的授予专利权的条件；②授予专利权的发明创造违反国家法律、社会公德或者妨害公共利益；③授予专利权的发明创造属于专利法规定的不授予专利权的项目；④取得专利权的发明创造不是专利法中所指的发明、实用新型或者外观设计；⑤说明书没有对发明或者实用新型作出清楚、完整的说明，所属技术领域的技术人员难以实现，或者权利要求书没有以说明书为依据；⑥取得专利权的发明或者实用新型的专利申请文件的修改超出了原说明书和权利要求书记载的范围，外观设计专利申请文件的修改超出了原图片或者照片表示的范围；⑦违反了同样发明创造只能授予一项专利的原则；⑧取得专利权的人无权取得专利权。

专利复审委员会对宣告专利权无效的请求应当及时审查和作出决定，并通知请求人和专利权人。对专利复审委员会宣告专利权无效或者维持专利权的决定不服的，可以自收到通知之日起 3 个月内向人民法院起诉。人民法院应当通知无效宣告请求程序的对方当事人作为第三人参加诉讼。

宣告专利权无效的决定，对在宣告专利权无效前人民法院作出并已执行的专利侵权的判决、裁定，已经履行或者强制执行的专利侵权纠纷处理决定，以及已经履行的专利实施许可合同和专利权转让合同，不具有追溯力。但是因专利权人的恶意给他人造成的损失，应当给予赔偿。如果依据上述规定，专利权人或者专利转让人不向被许可实施专利人或者专利受让人返还专利使用费或者专利权转让费，明显违反公平原则，专利权人或者专利转让人应当向被许可实施专利人或者专利受让人返还全部或者部分专利使用费或者专利权转让费。

第六节　专利权的保护

一、专利权的保护范围

专利权的保护范围，是指专利权效力所及的发明创造的技术特征和技术幅度。因此，专利权的范围即是专利权的保护范围。

我国《专利法》第59条规定："发明或者实用新型专利权的保护范围以其权利要求的内容为准，说明书及附图可以用于解释权利要求的内容。外观设计专利权的保护范围以表示在图片或者照片中的该产品的外观设计为准，简要说明可以用于解释图片或者照片所表示的该产品的外观设计。"

2010年开始施行的《最高人民法院关于审理侵犯专利权纠纷案件应用法律若干问题的解释》中规定，人民法院判定被诉侵权技术方案是否落入专利权的保护范围，应当审查权利人主张的权利要求所记载的全部技术特征。被诉侵权技术方案包含与权利要求记载的全部技术特征相同或者等同的技术特征的，人民法院应当认定其落入专利权的保护范围；被诉侵权技术方案的技术特征与权利要求记载的全部技术特征相比，缺少权利要求记载的一个以上的技术特征，或者有一个以上技术特征不相同也不等同的，人民法院应当认定其没有落入专利权的保护范围。人民法院应当以外观设计专利产品的一般消费者的知识水平和认知能力，判断外观设计是否相同或者近似。人民法院认定外观设计是否相同或者近似时，应当根据授权外观设计、被诉侵权设计的设计特征，以外观设计的整体视觉效果进行综合判断；对于主要由技术功能决定的设计特征以及对整体视觉效果不产生影响的产品的材料、内部结构等特征，应当不予考虑。

二、专利侵权行为及其法律责任

（一）侵害专利权的行为

根据《专利法》规定，专利侵权行为主要包括：

1. 未经专利权人许可，实施其专利的行为。包括：①未经专利权人许可，为生产经营目的制造、使用、许诺销售、销售、进口其专利产品，或者使用其专利方法以及使用、许诺销售、销售、进口依照该专利方法直接获得的产品；②未经专利权人许可，为生产经营目的制造、许诺销售、销售、进口其外观设计专利产品。

2. 假冒他人专利的行为。包括：①在未被授予专利权的产品或者其包装上标注专利标识，专利权被宣告无效后或者终止后继续在产品或者其包装上标注专利标识，或者未经许可在产品或者产品包装上标注他人的专利号；②销售第1项所述产品；③在产品说明书等材料中将未被授予专利权的技术或者设计称为专利技术或者专利设计，将专利申请称为专利，或者未经许可使用他人的专利号，使公众将所涉及的技术或者设计误认为是专利技术或者专利设计；④伪造或者变造专利证书、专利文件或者专利申请文件；⑤其他使公众混淆，将未被授予专利权的技术或者设计误认为是专利技术或者专利设计的行为。

对于专利侵权行为，专利权人可以请求管理专利工作的部门处理，也可以向人民法院起诉。侵犯专利权的诉讼时效为2年，自专利权人或者利害关系人得知或者应当得知侵权行为之日起计算。专利权人或者利害关系人有证据证明他人正在实施或者即将实施侵犯其专利权的行为，如不及时制止将会使其合法权益受到难以弥补的损害的，可以在起诉前向人民法院申请采取责令停止有关行为和财产保全的措施。

（二）侵害专利权行为的法律责任

侵害专利权行为的法律责任包括：民事责任、行政责任和刑事责任。

1. 民事责任。民事责任主要包括：停止侵害、赔偿损失、消除影响、恢复名誉等。根据《专利法》的规定，侵犯专利权的赔偿数额计算的方法有以下四种：

（1）按照权利人因被侵权所受到的实际损失确定。权利人因被侵权所受到的损失可以根据专利权人的专利产品因侵权所造成销售量减少的总数乘以每件专利产品的合理利润所得之积计算。权利人销售量减少的总数难以确定的，侵权产品在市场上销售的总数乘以每件专利产品的合理利润所得之积可以视为权利人因被侵权所受到的损失。

（2）按照侵权人因侵权所获得的利益确定。侵权人因侵权所获得的利益可以根据该侵权产品在市场上销售的总数乘以每件侵权产品的合理利润所得之积计算。侵权人因侵权所获得的利益一般按照侵权人的营业利润计算，对于完全以侵权为业的侵权人，可以按照销售利润计算。

（3）参照该专利许可使用费的倍数合理确定。被侵权人的损失或者侵权人获得的利益难以确定，有专利许可使用费可以参照的，人民法院可以根据专利权的类别，侵权人侵权的性质和情节，专利许可使用费的数额，该专利许可的性质、范围、时间等因素，参照该专利许可使用费的 1~3 倍合理确定赔偿数额。

（4）法定赔偿数额的确定。赔偿数额还应当包括权利人为制止侵权行为所支付的合理开支。权利人的损失、侵权人获得的利益和专利许可使用费均难以确定的，人民法院可以根据专利权的类型、侵权行为的性质和情节等因素，确定给予 1 万元以上 100 万元以下的赔偿。

侵犯专利权的诉讼时效为 2 年，自专利权人或者利害关系人得知或者应当得知侵权行为之日起计算。发明专利申请公布后至专利权授予前使用该发明未支付适当使用费的，专利权人要求支付使用费的诉讼时效为 2 年，自专利权人得知或者应当得知他人使用其发明之日起计算，但是，专利权人于专利权授予之日前即已得知或者应当得知的，自专利权授予之日起计算。

2. 行政责任。根据我国《专利法》第 60 条的规定，未经专利权人许可，实施其专利，即侵犯其专利权，引起纠纷的，由当事人协商解决；不愿协商或者协商不成的，专利权人或者利害关系人可以向人民法院起诉，也可以请求管理专利工作的部门处理。管理专利工作的部门处理时，认定侵权行为成立的，可以责令侵权人立即停止侵权行为，当事人不服的，可以自收到处理通知之日起 15 日内依照《行政诉讼法》向人民法院起诉；侵权人期满不起诉又不停止侵权行为的，管理专利工作的部门可以申请人民法院强制执行。进行处理的管理专利工作的部门应当事人的请求，可以就侵犯专利权的赔偿数额进行调解；调解不成的，当事人可以依照《民事诉讼法》向人民法院起诉。

我国专利侵权的行政责任主要包括：

（1）对未经专利权人许可实施其专利的行为，管理专利工作的部门认定侵权行为

成立的，可以责令侵权人立即停止侵权行为。

（2）假冒专利的，由管理专利工作的部门责令改正并予以公告，没收违法所得，可以并处违法所得4倍以下的罚款；没有违法所得的，可以处20万元以下的罚款。

（3）对侵夺发明人或者设计人的非职务发明创造专利申请权以及其他权益的行为，由所在单位或者上级主管机关给予行政处分。

3. 刑事责任。根据我国《专利法》和《刑法》的规定，侵犯专利权及违反《专利法》应当承担的刑事责任主要有：

（1）假冒他人专利，情节严重，构成犯罪的，依照《刑法》第216条的规定，处3年以下有期徒刑或者拘役，并处或者单处罚金。

（2）违反规定向外国申请专利、泄露国家机密，构成犯罪的，依法追究刑事责任。根据《刑法》第398条第1款的规定，国家机关工作人员违反保守国家秘密的规定，故意或过失泄露国家秘密，情节严重的，处3年以下有期徒刑或者拘役；情节特别严重的，处3年以上7年以下有期徒刑。

（3）从事专利管理工作的国家机关工作人员以及其他有关国家机关工作人员玩忽职守、滥用职权、徇私舞弊，构成犯罪的，依法追究刑事责任。

本章练习题

1. 简述专利的含义。
2. 我国专利权的主体有哪些？
3. 专利权的客体包括哪些？发明和实用新型的区别是什么？
4. 简述外观设计的概念和特征。
5. 根据专利法的规定不授予专利权的对象有哪些？
6. 简述专利权人的权利和义务。
7. 简述取得发明和实用新型专利权的条件。
8. 简述专利实施的强制许可制度。
9. 不视为侵犯专利权的行为有哪些？
10. 简述专利权的无效。

第十三章　竞争法

学习目的与要求

　　竞争法是经济法的重要组成部分。通过本章的学习，要求学生在了解不正当竞争、垄断概念的基础上，重点理解并掌握垄断、不正当竞争行为的具体表现形式及其法律规制，以树立公平竞争、反对垄断的法律意识，能够运用法律武器维护公平的竞争秩序。

第一节　竞争法概述

一、竞争的概念

　　"竞争"是一个中性词，是指商品生产者、经营者相互之间为争取有利地位，获取更多的经济利益而展开的较量，即市场竞争。

　　竞争是市场经济的客观现象，不管商品生产者主观上有无竞争意识和参与竞争的愿望，竞争在市场经济社会都实际体现着其功能并发挥着作用。竞争中的弱者被无情地淘汰，而强者之间的竞争则愈加激烈。市场竞争的结果，一方面有利于提高商品生产者或经营者的劳动生产率，改善商品生产关系，推动社会经济发展；而另一方面，竞争的结果也可能阻碍社会生产力的发展和技术的进步，破坏社会经济秩序。造成竞争利弊两种结果的原因是竞争者采用不同的竞争手段和方法来达到竞争的目的。

　　市场竞争的这一特征，使得商品生产经营者必然从本身的利益和竞争条件出发来考虑采用的竞争方法和手段。而商品生产经营是在一定的生产关系和经济秩序下进行的，经营者在遵守国家法律、法规，地位平等、机会平等和公平交易的条件下进行的竞争是正当的竞争；反之，若经营者采取的竞争手段侵犯了社会公共利益或他人的合法权益，也就是说竞争行为人是以损害他人利益为代价达到提高自身竞争力的目的，这种竞争就是不正当竞争。不正当竞争不仅损害国家、集体和他人的合法权益，还会破坏经济秩序，使市场的调控功能扭曲，影响市场经济的健康发展。

二、竞争法的概念

　　竞争法，是调整竞争关系的法律规范的总称。对于竞争法的范围，在学术界有狭义与广义两种不同的理解。狭义的竞争法仅指反不正当竞争的有关法律法规；广义的竞争法则包括反垄断、反限制竞争、反不正当竞争等一系列法律规范所构成的竞争法体系。作为维护市场竞争秩序的重要法律，竞争法通常认为是以《反不正当竞争法》、《反垄断法》、《反限制竞争法》为核心，同时包括《消费者权益保护法》、《商标法》、《专利法》等相关法律规范组成的有机统一的体系。这些法律、法规都在制止不正当竞争，反对垄断行为，在保障合法竞争者和消费者的权益等方面发挥着重要作用。

我国有关竞争法的立法起步较晚，至今我国尚未制定统一的竞争法典。改革开放以后，我国在借鉴国外立法经验的基础上，结合我国市场经济发展的实际情况，于1993年9月2日第八届全国人民代表大会常务委员会第三次会议通过了《中华人民共和国反不正当竞争法》，并于1993年12月1日起施行。2007年8月30日第十届全国人民代表大会常务委员会第二十九次会议通过了《中华人民共和国反垄断法》，并于2008年8月1日起施行。两部法律就不正当竞争行为的规制、垄断行为的规制等作出了明确规定。随着社会主义市场经济的不断发展，加强对垄断和不正当竞争行为的规制，是我国在市场经济法制建设过程中的重要任务之一。

第二节　反不正当竞争法

一、不正当竞争行为的概念与特征

不正当竞争行为，也称为不公平竞争、违法竞争，是指经营者违反诚实信用原则和公认的商业道德，损害其他经营者和消费者的合法权益，扰乱社会经济秩序的行为。不正当竞争行为具有以下特征：

1. 实施主体是经营者。经营者是指从事商品经营或者营利性服务的法人、其他经济组织和个人。非经营者不是竞争行为的主体，一般不成为不正当竞争行为的主体，如政府及其所属部门滥用行政权力妨害经营者的公平竞争的行为，不属于本质意义上的不正当竞争行为。

2. 实施手段违反了法律。不正当竞争行为最常见的表现就是违反商事交易中的自愿、平等、公平、诚实信用原则和商业道德，以欺诈的手段参与竞争，从中牟取非法利益。这是不正当竞争行为的本质特征，也是分析判断具体交易行为是否为不正当竞争的根本标准。

3. 实施目的是为了获得竞争利益。所谓竞争利益，是指能够影响经营者的竞争能力而为竞争者竭力争取的诸种条件，[1]如原材料供应、资金规模和筹集渠道、技术设备、销售渠道、销售价格以及市场占有率等。随着市场竞争的展开，经营者为了获得竞争利益，往往采用不道德或不合法的手段以达到自己的目的。

4. 实施结果扰乱了社会经济秩序。竞争是市场经济的基本特征，通过竞争，可以优胜劣汰，充分调动经营者的生产经营积极性和创造性，优化资源配置，促进经济的

---

〔1〕　李昌麒主编：《经济法学》，中国政法大学出版社2002年版，第257页。

健康发展。不正当竞争行为以欺行霸市的经营方式、恶劣的经营作风进行交易，不仅会损害其他经营者、消费者的合法权益，也会破坏健康的市场机制和公平的市场体系，破坏正常的社会经济秩序。各国对不正当竞争行为进行规制的目的之一即是维护市场秩序。

二、不正当竞争行为的种类

不正当竞争行为在现实社会中的表现形式是复杂多样的，根据《反不正当竞争法》第二章的规定，不正当竞争行为主要包括以下类型：

（一）欺骗性交易行为

欺骗性交易行为，也称仿冒行为，是指经营者采用假冒、仿冒或其他虚假手段，使交易相对人产生混淆或误信，从而牟取利益的行为。我国《反不正当竞争法》对四种欺骗性交易行为作了禁止性规定。

1. 假冒他人注册商标。假冒他人注册商标，是指采用虚假或其他不诚实的手法，侵犯他人注册商标专用权的行为。根据《商标法》第 57 条的规定，仿冒他人注册商标包括以下几种行为：①未经商标注册人的许可，在同一种商品上使用与其注册商标相同的商标的行为；②未经商标注册人的许可，在同一种商品上使用与其注册商标近似的商标，或者在类似商品上使用与其注册商标相同或者近似的商标，容易导致混淆的行为；③销售侵犯注册商标专用权的商品的行为；④伪造、擅自制造他人注册商标标识或者销售伪造、擅自制造的注册商标标识的行为；⑤未经商标注册人同意，更换其注册商标并将该更换商标的商品又投入市场的行为；⑥故意为侵犯他人商标专用权行为提供便利条件，帮助他人实施侵犯商标专用权行为的行为；⑦给他人的注册商标专用权造成其他损害的行为。

2. 擅自使用与知名商品相同或近似的名称、包装、装潢，造成混淆。知名商品是指为相关公众所熟悉并拥有一定信誉的商品，知名商品特有的名称、包装、装潢是该商品的无形资产，它不仅起到区别于其他商品制造者的作用，同时也在一定程度上反映了商品生产经营者的商业信誉和商品声誉，直接关系到商品市场销售情况。我国《反不正当竞争法》规定，禁止经营者擅自使用知名商品特有的名称、包装、装潢，或者使用与知名商品近似的名称、包装、装潢，造成和他人的知名商品相混淆，使购买者误认为是该知名商品。

3. 擅自使用他人的企业名称或者姓名，引人误认为是他人商品的行为。企业的名称和个体经营者姓名、字号关系到生产经营者的商业信誉和商品、服务的声誉，具有唯一性。企业名称的专用权受法律的保护，其意义并不限于对人身权的保护，同时也有利于制止市场中的混淆、仿冒行为，维护正常的竞争秩序。《反不正当竞争法》禁止经营者在市场交易中擅自使用他人的企业名称或姓名，否则，属于不正当竞争行为。

4. 伪造或者冒用质量标志、产地，对商品质量作引人误解的虚假表示的行为。该行为具体表现为伪造或者冒用认证标志、名优标志等质量标志，伪造产地，对商品质量作引人误解的虚假表示等行为。

认证标志是国家认证机构对某一产品进行检测、评定，确认该产品质量可靠，符合标准而发给的质量标志。名优标志是经国际或国内有关机构或社会组织评定为名优产品而发给经营者的一种质量荣誉标志。获得认证标志、名优标志，是对经营者产品质量的确认，也是消费者信得过的标志。不法经营者伪造或者假冒质量标志，以争取交易机会并谋取高额经济利益，将会导致消费者和拥有质量标志的经营者的利益受损，损害正常的竞争秩序，故这种行为也是一种典型的不正当竞争。

（二）商业贿赂行为

商业贿赂行为是指经营者以排斥竞争对手为目的，为使自己在销售或购买商品或提供服务等业务活动中获得利益，而采取的向交易相对人及其职员或其代理人提供或许诺提供某种利益，从而实现交易的不正当竞争行为。商业贿赂的主要表现形式为商业回扣，合法的佣金和折扣不应视为商业贿赂行为。

商业回扣是指在交易活动中，一方交易人为争取交易机会和便利的交易条件，在按合同价成交后，除了交付货物或货款以外，还在暗中从账外向交易相对人或有影响、有决定权的经办人员秘密交付钱财及其他利益的行为。回扣的常见表现形式有：现金回扣、实物回扣、提供其他报酬或服务的回扣。我国《反不正当竞争法》规定，经营者不得采用财物或者其他手段进行商业贿赂以销售或者购买商品。在账外暗中给予对方单位或个人回扣的，以行贿论处；对方单位或者个人在账外暗中收受回扣的，以受贿论处。

值得注意的是，应当把回扣与折扣、佣金区别开来。经营者销售或者购买商品，可以以明示方式给对方折扣、给中间人佣金。经营者给对方折扣、给中间人佣金的，必须如实入账；接受折扣、佣金的经营者也必须如实入账。是否如实入账，是暗中支付还是明示支付，是回扣与折扣、佣金的本质区别。

（三）虚假宣传行为

虚假宣传行为，是指经营者利用广告或其他方法虚构事实，隐瞒真相，造成消费者和用户对其商品或服务的误解，从而与之进行交易，赢得市场，获取利益的行为。这种行为具有以下几个特征：

1. 虚假宣传的主体可以是商品或服务的经营者，也可以是广告经营者，还可以是以广告以外的其他方法进行虚假宣传的其他经营者。

2. 主观方面表现为故意或过失。虚假宣传的行为人往往具有欺骗和误导购买者选购商品或接受服务的目的，所以多数情况下表现为故意。但是，在过失的情况下，只要经营者的宣传在客观上导致了人们的误解，也会成立虚假宣传。

3. 虚假宣传的目的是使消费者和用户产生误解而与之进行交易，即"引人误解"。因此，在法律上，引人误解是构成虚假宣传的根本标准。引人误解的判断标准并不取决于宣传者的理解，而取决于受宣传对象对宣传的理解。当然在对商品或服务进行宣传时，适度的美化和夸张是允许的，只要没有达到足以引起一般公众误解的程度，就不构成虚假宣传的不正当竞争行为。

4. 虚假宣传的标的是商品的质量、制作成分、性能、用途、特点、价格、使用方法、生产者、有效期限和产地等。

5. 虚假宣传行为在方式上表现为利用广告和其他方法两类。广告是指商品经营者或服务提供者承担费用，通过一定的媒介和形式直接或间接地介绍自己所推销的商品或所提供服务的商业广告，如通过报纸、广播、电视、电影、印刷品、路牌等媒介和形式进行的商品或服务宣传都是广告。为了有效地禁止虚假宣传行为，《反不正当竞争法》不仅规定了经营者不得利用广告和其他方法作引人误解的宣传，同时对广告的经营者也规定了相应的义务，即广告的经营者不得在明知或应知的情况下，代理、制作、发布虚假广告。"其他方法"是一种概括性表述，指不属于广告或难以界定为广告的其他所有的宣传方法，如新闻发布会、产品说明书、信函，甚至口头形式等。这样，"以广告或其他方式"这种提法实际上已经包括了所有能够使社会公众知悉的形式。

（四）侵犯商业秘密的行为

商业秘密是指不为公众所熟知，能为权利人带来经济利益，具有实用性并经权利人采取保密措施的技术信息和经营信息。商业秘密作为一种信息，具有无形资产的特征，极易受到他人的侵害。我国在立法上吸取了世界各地的经验，对侵犯商业秘密的行为作了具体的规定。

1. 以盗窃、利诱、胁迫或者其他不正当手段获取他人商业秘密的行为。禁止以不正当手段获取他人的商业秘密，实际上是规定了"获取"行为本身的违法性，而不必等到公开使用时才算违法。这一规定表明，我国法律在保护商业秘密方面是较为领先的。

2. 恶意披露、使用或允许他人使用以违法手段获得的商业秘密的行为。这是行为人侵犯他人商业秘密的继续。以非法手段获得的商业秘密，通过新闻媒介、散发资料、互联网或其他手段，让更多的人知悉，会使权利人受到的损害进一步加大，后果更为严重。

3. 违反约定或者违反权利人的要求，披露、使用或允许他人使用商业秘密的行为。这是指以正当手段获得商业秘密的经营者，违反保密条款的约定，泄露商业秘密以及擅自以许可等方式允许他人使用商业秘密的情况。这是侵害他人商业秘密最常见的行为，我国《反不正当竞争法》禁止行为人违反约定或者违反权利人的有关保守商业秘密的要求，披露、使用或者允许他人使用其所掌握的商业秘密。

4. 第三人侵犯商业秘密的行为。第三人在明知或应当知道商业秘密是通过不正当手段获取的情况下，仍然获取、使用或者向外披露这些商业秘密，也应当被认定为侵犯商业秘密的行为。

（五）不正当促销行为

不正当促销行为是指行为人为了争夺竞争优势以胁迫、欺骗、利诱或其他不正当的手段使交易相对人与自己进行交易，从而影响市场秩序的不正当竞争行为。我国《反不正当竞争法》规定的不正当促销行为主要包括两种：

1. 不正当有奖销售行为。有奖销售是经营者销售商品或提供服务时，附带性地向购买者提供物品、金钱或者其他经济上利益的一种促销行为。作为一种促销手段，有奖销售在市场上被广泛使用，然而随着有奖销售的愈演愈烈，其严重违反公平竞争原则的消极作用也越来越明显。根据《反不正当竞争法》的规定，以下几种有奖销售行为应当禁止：①欺骗性有奖销售，即采用谎称有奖或故意让内部人员中奖的欺骗方式进行有奖销售的行为；②利用有奖销售推销质次价高的商品；③巨额有奖销售，即抽奖式的有奖销售中，最高奖的金额超过 5000 元的有奖销售行为。如果是以非现金的物品或者其他经济利益做奖励的，按照同期市场同类商品或服务的正常价格来折算其价格。

2. 不正当低价销售行为。不正当低价销售行为是指经营者为了排挤竞争对手，达到独占市场的目的，以低于商品成本的价格进行销售的不正当竞争行为。不正当低价销售行为已被世界各国公认为是对公平竞争秩序有害的"掠夺性定价销售行为"。我国《反不正当竞争法》规定，经营者不得以排挤竞争对手为目的，以低于成本价的价格销售商品。但是，下列四种情形不属于不正当低价销售行为：①销售鲜活商品；②处理有效期限即将到期的商品或者其他积压的商品；③季节性降价的；④因清偿债务、转产、歇业而降价销售的商品。

（六）诋毁他人商誉的行为

商誉是商品信誉和商业信誉的总称。商品信誉给经营者带来商业信誉，商业信誉促进商品信誉，它们是一种互动的关系，为经营者带来巨大的经营效益以及市场竞争中的优势地位。诋毁商誉行为是指经营者为了获得竞争利益，捏造、散布虚假事实，损害他人商誉，侵犯他人商誉权的行为。实践中，诋毁他人商誉的行为主要包括：

1. 利用散发公开信、召开新闻发布会、刊登对比性广告、声明性公告等形式，制造、散布诋毁竞争对手的虚假事实。

2. 组织人员，以顾客的名义，向有关经济监督管理部门作关于竞争对手产品、服务质量低劣的虚假投诉。

3. 唆使他人在公众中制造有损于竞争对手商誉的谣言等。

三、不正当竞争行为的法律责任

不正当竞争行为的法律责任包括民事责任、行政责任和刑事责任。

（一）民事责任

不正当竞争行为在民法原理中一般被认为是侵权行为，因此，其民事责任的形式和内容主要是行为人停止侵权行为，消除影响，并依法进行损害赔偿。我国《反不正当竞争法》规定，经营者违反本法规定，给被侵害的经营者造成损害的，应当承担损害赔偿责任。被侵害的经营者的损失难以计算的，赔偿额为侵权人在侵权期间因侵权所获得的利润，并应当承担被侵害的经营者因调查该经营者侵害其合法利益的不正当竞争行为所支付的合理费用。

（二）行政责任

对不正当竞争行为，政府有关部门有权依法追究其行政责任。我国《反不正当竞争法》规定的行政责任方式主要包括：①责令停止违法行为；②责令改正，消除影响；③行政处分；④罚款；⑤没收违法所得；⑥吊销营业执照。

（三）刑事责任

刑事责任作为行政和民事责任的补充，主要运用于严重危害国家、社会以及其他经营者的合法权益，情节恶劣的行为，以及个别因民事、行政责任不能有效发挥作用的不正当竞争行为，如侵犯商标专用权、销售伪劣商品的行为，进行商业贿赂的行为等，情节严重，构成犯罪的，应当依法追究刑事责任。

第三节　反垄断法

一、垄断的概念与特征

垄断的概念在经济学与法学中有不同的解释。从经济学角度，垄断是指少数企业凭借雄厚的经济实力对生产和市场进行控制，并在一定的市场领域内从实质上限制竞争的一种市场状态。[1]垄断是市场经济发展的必然产物。市场竞争和生产集中发展到一定程度必然产生垄断，垄断一旦形成，便代替了自由竞争，在经济生活中起决定作用。但是，从自由竞争中生长起来的垄断并不能消除竞争，而是凌驾于竞争之上，与之并存，使这种竞争对经济的破坏作用更大。[2]由此，各国对垄断的研究从经济学扩大到法学上，以期对垄断进行有效的规制。

法学上垄断的概念，在各国有不同的内涵。美国《布莱克法律词典》对垄断的解释为"一个或几个私人或公司享有特权或市场优势，对某一特定的市场或者贸易实施的排他性控制，或对某一特定产品的生产、销售、供应的全部控制"。同时，"垄断还表现为一个或者少数几个企业支配产品或服务的销售的市场结构状态"。日本的《禁止私人垄断及确保公平竞争的法律》中称垄断是"事业者不论单独或利用与其他事业者的结合、通谋及以其他任何方法，排除或控制其他事业者的事业活动，违反公共利益，实际上限制一定交易领域内的竞争"的行为。南斯拉夫的《防止不正当竞争和垄断协议法》中对垄断的定义是，"两个或多个联合劳动组织就经营条件达成旨在限制或者妨碍自由竞争的协议，而该协议能使两个或者多个联合劳动组织对其他联合劳动组织或消费者处于或者能够处于垄断地位或其他特殊地位，这种协议就是垄断协议"。

综观各国法律规定，结合我国的具体情况，一般认为，垄断是指依照反垄断法规定，垄断者对市场的经济运行过程进行排他性控制或者对市场竞争进行实质性的限制，妨碍公平竞争秩序的行为。垄断具有以下特征：

〔1〕　刘瑞复主编：《中国经济法律百科全书》，中国政法大学出版社1995年版，第764页。
〔2〕　《列宁选集》（第2卷），人民出版社1995年版，第630页。

1. 垄断是一种排斥或者控制竞争的行为。这是垄断的基本行为方式。排斥即是在某交易领域，垄断者使其他企业和经济组织的经济活动难以正常进行，从而把他们从该市场排挤出去，以独占市场，谋取高额利润的行为。控制则是指垄断者对其他企业和经济组织的经营活动进行约束，以剥夺他们自由竞争的权利，操纵市场的行为。垄断对竞争者的排斥与控制，遏制并破坏了市场竞争，违背了市场经济的客观规律。

2. 垄断是一种具有违法性的行为。垄断的违法性是指其违反法律的规定，是为各国法律所禁止的行为。所以，某些行为虽然也具有垄断的性质，但是基于国家和社会公共利益的需要，也可以通过立法规定其不属于违法性垄断行为，如公用企业和与国计民生有重大关系的企业，各国立法都在一定程度上允许垄断经营。

3. 垄断是一种具有危害性的行为。为了实现经济统治、获取高额利润，垄断者往往滥用其某种优势或者通过合谋独占或者操纵市场。垄断的危害性在于其使某领域的竞争遭受实质性的破坏和损害，危害了其他经营者的利益，妨碍了社会资源的合理配置，破坏了正常的市场经济秩序。

二、垄断行为的主要类型

根据《反垄断法》规定，我国法律规制的垄断行为主要包括经营者达成垄断协议、经营者滥用市场支配地位、排除或限制竞争的经营者集中以及滥用行政权力排除和限制竞争的行为。

（一）经营者之间达成垄断协议的行为

经营者之间达成垄断协议的行为，是指两个或两个以上的企业采取协议的形式，共同对特定市场的竞争加以限制的行为，因此又被称为协议限制竞争或者协议垄断。

1. 经营者之间达成垄断协议的行为的特征。该行为具有以下特征：

（1）主体必须为两个或者两个以上的企业，单个企业无法形成协议或者实施联合一致的行为。

（2）该两个或者两个以上的企业关于限制竞争达成一致签订协议，并形成一致性的行动。

（3）该行为的实施使得参加企业之间原来的竞争受到限制，或者使得参加企业以外的其他企业的交易受到限制。

2. 协议垄断的分类。协议垄断可以分为横向协议垄断和纵向协议垄断。

（1）横向协议垄断，是指两个或者两个以上因生产或销售同一类型产品或提供同一类服务而处于相互直接竞争中的企业，通过协议而实施的限制竞争行为。

我国《反垄断法》第13条首先规定了横向协议垄断，即禁止具有竞争关系的经营者达成下列垄断协议：①固定或者变更商品价格；②限制商品的生产数量或者销售数量；③分割销售市场或者原材料采购市场；④限制购买新技术、新设备或者限制开发新技术、新产品；⑤联合抵制交易；⑥国务院反垄断执法机构认定的其他垄断协议。

（2）纵向协议垄断，是指两个或者两个以上在同一产业中处于不同阶段而有买卖关系的企业，通过协议而实施的限制竞争行为。我国《反垄断法》第14条规定了纵向协议垄断，即禁止经营者与交易相对人达成下列垄断协议：①固定向第三人转售商品的价格；②限定向第三人转售商品的最低价格；③国务院反垄断执法机构认定的其他垄断协议。鉴于在供货协议中，卖方往往会固定买方的转售价格或者限定最低转售价格，该条对供货商和销售商的生产经营活动会产生重大的影响。

我国《反垄断法》第15条也规定了某些垄断协议可以得到豁免的情况，即经营者能够证明所达成的协议属于下列情形之一的，不适用该法第13、14条的禁止性规定：①为改进技术、研究开发新产品的；②为提高产品质量、降低成本、增进效率，统一产品规格、标准或者实行专业化分工的；③为提高中小经营者经营效率，增强中小经营者竞争力的；④为实现节约能源、保护环境、救灾救助等社会公共利益的；⑤因经济不景气，为缓解销售量严重下降或者生产明显过剩的；⑥为保障对外贸易和对外经济合作中的正当利益的；⑦法律和国务院规定的其他情形。其中，属于第1~5项情形，不适用有关禁止规定的，经营者还应当证明所达成的协议不会严重限制相关市场的竞争，并且能够使消费者分享由此产生的利益。这里虽然规定的是"不适用"，但是从其性质上来看应当属于"豁免"。

（二）经营者滥用市场支配地位的行为

滥用市场支配地位的行为是具有市场支配地位的企业凭借该地位在一定的交易领域实质性地限制竞争，违背公共利益，损害消费者利益，从而为反垄断法所禁止的行为。该行为可以从以下两方面进行界定：

1. 市场支配地位的界定。对市场支配地位进行界定是禁止滥用市场支配地位制度的一项重要的基础性工作。市场支配地位是企业的一种状态，拥有这种地位意味着企业在相关的产品市场和地域市场上拥有决定产品产量、价格和销售等各方面的控制能力。我国《反垄断法》将市场支配地位解释为"经营者在相关市场具有能够控制商品的价格、数量或者其他交易条件，或者能够阻碍、影响其他经营者进入相关市场能力的市场地位"。

在认定市场支配地位时，市场份额也是一个基本的衡量标准。因为，在一般情况下，只有当一家企业独家占有或者几家企业共同占有某一市场的相当大的市场份额时，其才有足够的实力排除竞争，控制市场。当然，市场份额也并非是认定市场支配地位的唯一因素，其他相关因素也是很重要的，尤其是新竞争者进入市场的障碍和市场上替代产品的情况。因此，《反垄断法》第18条在认定经营者具有市场支配地位应当考虑的因素中做了增加，即认定经营者具有市场支配地位应当依据下列因素：①该经营者在相关市场的市场份额，以及相关市场的竞争状况；②该经营者控制销售市场或者原材料采购市场的能力；③该经营者的财力和技术条件；④其他经营者对该经营者在交易上的依赖程度；⑤其他经营者进入相关市场的难易程度；⑥与认定该经营者市场支配地位有关的其他因素。

尽管在认定市场支配地位时市场份额不是唯一的因素，但是考虑到在多数情况下，市场份额又是最重要和最直观的因素，为增强法律规范的严密性和可操作性，还需要在上述情况之外根据市场份额作出必要的法律推断，因此《反垄断法》第 19 条规定，有下列情形之一的，可以推定经营者具有市场支配地位：①1 个经营者在相关市场的市场份额达到 1/2 的；②两个经营者在相关市场的市场份额合计达到 2/3 的；③3 个经营者在相关市场的市场份额合计达到 3/4 的。有第 2、3 项规定的情形，其中有的经营者市场份额不足 1/10 的，不应当推定该经营者具有市场支配地位。被推定具有市场支配地位的经营者，有证据证明不具有市场支配地位的，不应当认定其具有市场支配地位。

2. 滥用市场支配地位行为的法律确认。滥用市场支配地位行为可以分为两种基本类型：一类是针对同业竞争者所实施的滥用行为，另一类则是针对交易相对人所实施的滥用行为。前者主要包括低价倾销、独家交易、搭售和附加其他不合理交易条件等；后者主要包括价格歧视等差别待遇、拒绝交易、强制交易和垄断性高价等。针对同业竞争者所实施的滥用行为的构成主要包括无正当理由妨碍他人的公平竞争，并且产生了实质性的影响。针对交易相对人所实施的滥用行为的构成则主要是其不正当或不公平。这就是说，对滥用市场支配地位行为适用"合理原则"。

我国《反垄断法》第 17 条对滥用市场支配地位行为作了若干列举，并设有兜底条款，即经营者滥用市场支配地位的行为包括：①以不公平的高价销售商品或者以不公平的低价购买商品；②没有正当理由，以低于成本的价格销售商品；③没有正当理由，拒绝与交易相对人进行交易；④没有正当理由，限定交易相对人只能与其进行交易或者只能与其指定的经营者进行交易；⑤没有正当理由搭售商品，或者在交易时附加其他不合理的交易条件；⑥没有正当理由，对条件相同的交易相对人在交易价格等交易条件上实行差别待遇；⑦国务院反垄断执法机构认定的其他滥用市场支配地位的行为。

反垄断法对滥用市场支配地位的规制采用"合理原则"，就是说，被指控实施了滥用市场支配地位行为的企业可以对有关指控进行抗辩，如果处于市场支配地位的经营者能够对自己被指控滥用市场支配地位的行为作出客观合理的解释，即它采取的行为是维护自己合法利益的恰当手段，并且主观上出于善意，反垄断执法机构和法院就可以认定其行为不构成滥用市场支配地位。

（三）具有或者可能具有排除、限制竞争效果的经营者集中行为

经营者集中，是指两个或者两个以上的企业相互合并，或者一个或多个个人或企业对其他企业全部或部分获得控制，从而导致相互关系上的持久变迁的行为。

我国《反垄断法》第 20 条规定经营者集中是指下列情形：①经营者合并；②经营者通过取得股权或者资产的方式取得对其他经营者的控制权；③经营者通过合同等方式取得对其他经营者的控制权或者能够对其他经营者施加决定性影响。

企业合并是经营者集中最主要、最典型的形式，也是反垄断法控制经营者集中制度的主要规制对象。一般来说，企业合并对社会具有积极作用和消极作用的两面性。积极方面主要表现在：企业合并是扩大企业规模的最迅速、最有效的方法，有利于实现规模经济效益，增强企业的实力和发展后劲，促进大企业间激烈的竞争；能够促使企业进行调整或重新组合，实现资源的优化配置，促进产业结构、产品结构和企业结

构的合理化；有利于在实现优胜劣汰的过程中减少对社会的冲击；有利于增强本国企业的国际竞争力等。但从反垄断法的角度看，企业合并完全可能存在对社会的消极影响，主要表现在：企业合并会带来市场竞争者的消灭、减少，这会形成或加速合并后企业的市场支配力量，并可以迅速推动经营的集中，甚至可以导致少数企业独占或寡占市场的情况，有可能破坏有效竞争的市场结构，形成市场竞争的障碍，带来垄断所固有的弊端，尤其是可能使消费者的选择受到影响。

虽然经营者集中行为较之于经营者之间的协议限制竞争行为来说，一般不会存在"自身违法"的问题，而且，在经济全球化的背景下，各国为了增强自己的国际竞争力而有逐步放松对经营者集中限制的趋势，但是作为反垄断法一个有机组成部分的控制经营者集中制度不会完全被取消，改变的只是其对经营者集中规制的具体方式和宽严程度。法律对经营者集中行为管制的目的和方式不在于禁止，而在于控制。

鉴于我国《反垄断法》对经营者集中规定得比较原则，国务院于2008年8月发布了《关于经营者集中申报标准的规定》，国务院反垄断法委员会于2009年5月发布了《关于相关市场界定的指南》。此外，商务部于2009年11月发布了《经营者集中申报办法》和《经营者集中审查办法》，两个办法于2010年1月1日开始施行。国家发展改革委员会、国家工商行政管理总局以及最高人民法院知识产权庭也都在积极制定与其反垄断执法、司法相关的细则性规定或者指南。

（四）滥用行政权力排除、限制竞争的行为

在我国，反垄断法律制度的实体内容除了以上各国所共同具有的基本内容以外，还有一个重要方面的内容，即对行政性垄断规制的规定。行政性垄断是指行政主体滥用行政权力排斥和限制市场竞争的行为。

我国明确提出反行政垄断的第一部法律是1993年的《反不正当竞争法》。该法第7条规定："政府及其所属部门不得滥用行政权力，限定他人购买其指定的经营者的商品，限制其他经营者正当的经营活动。政府及其所属部门不得滥用行政权力，限制外地商品进入本地市场，或者本地商品流向外地市场。"根据该法第30条的规定，政府及其所属部门违反本法第7条规定，限定他人购买其指定的经营者的商品、限制其他经营者正当的经营活动，或者限制商品在地区之间正常流通的，由上级机关责令其改正；情节严重的，由同级或者上级机关对直接责任人员给予行政处分。《反不正当竞争法》将政府及其所属部门滥用行政权力限制竞争的行为作为不正当竞争行为在理论上是说不通的，因为在市场经济条件下，政府及其所属部门不是市场竞争的参与者，而是管理者。然而，这些规定对于规制社会主义市场经济秩序和竞争秩序有着十分重要的意义，因为它们明确指出，政府及其所属部门滥用行政权力限制竞争的行为是违法的。

我国规制行政垄断最重要的立法是《反垄断法》。该法除了在第8条规定"行政机关和法律、法规授权的具有管理公共事务职能的组织不得滥用行政权力，排除、限制竞争"外，还通过第五章和第七章第51条对行政垄断作了较《反不正当竞争法》更为详细的规定。根据这些规定，行政垄断的主体有两种：一种是行政机关，另一种是法律、法规授权的具有管理公共事务职能的组织。

为了提高执法透明度，给执法机关和企业提供指导，《反垄断法》第32～37条列举了行政机关滥用行政权力限制竞争的各种表现：第32条禁止限定或者变相限定单位或者个人经营、购买、使用其指定的经营者提供的商品；第33条禁止对外地商品采取各种歧视性措施，妨碍商品在地区间的自由流通；第34条禁止采取各种歧视性措施，排斥或者限制外地经营者参加本地的招投标活动；第35条禁止采取各种歧视性措施，排斥或限制外地经营者在本地投资或设立分支机构；第36条禁止强制经营者从事《反垄断法》规定的垄断行为；第37条禁止制定含有排除、限制竞争内容的规定。

与《反不正当竞争法》相比，《反垄断法》不仅对行政性限制竞争有了比较详细的列举，而且还明确行政机关不得滥用行政权力，制定含有排除、限制竞争内容的规定，从而将抽象行政行为列入了行政垄断的范畴。

三、垄断行为的法律责任

（一）民事责任

损害赔偿是民事责任最基本的形式。我国反垄断法中的损害赔偿，以赔偿实际损失为原则。对民事责任的归责原则，适用一般的归责原则即过错责任原则。当然，在具体适用的时候，一般需要采取过错推定的方法，以减轻原告的举证负担。

（二）行政责任

1. 经营者违法达成并实施垄断协议的，由反垄断执法机构责令停止违法行为，没收违法所得，并处上一年度销售额1%以上10%以下的罚款；尚未实施所达成的垄断协议的，可以处50万元以下的罚款。经营者主动向反垄断执法机构报告达成垄断协议的有关情况并提供重要证据的，反垄断执法机构可以酌情减轻或者免除对该经营者的处罚。

2. 行业协会违反《反垄断法》规定，组织本行业的经营者达成垄断协议的，反垄断执法机构可以处50万元以下的罚款；情节严重的，社会团体登记管理机关可以依法撤销登记。

3. 经营者滥用市场支配地位的，由反垄断执法机构责令停止违法行为，没收违法所得，并处上一年度销售额1%以上10%以下的罚款。

4. 经营者违法实施集中的，由国务院反垄断执法机构责令停止实施集中、限期处分股份或者资产、限期转让营业以及采取其他必要措施恢复到集中前的状态，可以处50万元以下的罚款。对于前述所涉及的罚款，反垄断执法机构确定具体罚款数额时，应当考虑违法行为的性质、程度和持续的时间等因素。

5. 行政机关和法律、法规授权的具有管理公共事务职能的组织滥用行政权力，实施排除、限制竞争行为的，由上级机关责令改正；对直接负责的主管人员和其他直接责任人员依法给予处分。反垄断执法机构可以向有关上级机关提出依法处理的建议。法律、行政法规对行政机关和法律、法规授权的具有管理公共事务职能的组织滥用行政权力实施排除、限制竞争行为的处理另有规定的，依照其规定。

（三）刑事责任

反垄断法所维护的经济关系在市场经济条件下具有根本性，关系到市场结构和市场竞争秩序的维护，在有些情况下，只有运用刑事制裁措施才足以惩罚行为人，恢复遭到严重破坏的市场竞争秩序。但是，必须严格限定其适用范围，主要针对横向协议垄断行为、滥用市场支配地位行为和行政垄断行为，并且只对情节特别恶劣、危害特别大的反竞争行为适用，并且仅限于罚金和监禁两种责任形式。

本章练习题

1. 简述不正当竞争行为的概念与特征。
2. 不正当竞争行为的表现形式有哪些？
3. 简述欺骗性交易行为的概念及主要类型。
4. 简述虚假宣传行为的概念及主要类型。
5. 简述商业秘密的概念。侵犯商业秘密的不正当竞争行为有哪些？
6. 我国《反不正当竞争法》禁止的有奖销售行为有哪些？
7. 我国《反不正当竞争法》规定的不属于不正当低价销售的行为有哪些？
8. 简述垄断行为的概念与特征。
9. 我国《反垄断法》规定的垄断行为有哪些？
10. 我国《反垄断法》规定的禁止经营者达成的垄断协议有哪些？
11. 我国《反垄断法》规定的哪些垄断协议是可以豁免的？
12. 如何认定经营者具有市场支配地位？
13. 经营者集中包括哪些情形？

第十四章 证券法

学习目的与要求

　　证券市场是国民经济的晴雨表。防范风险、规范证券市场秩序是证券法的根本任务。通过本章的学习，要求学生全面理解掌握我国股票、公司债券和证券投资基金的发行与交易制度，重点掌握股票和公司债券的发行与交易条件，并能够处理相关的实际案例。

第一节　证券法基本问题

一、证券概述

（一）证券的含义

　　证券是指证明有关经济权利的凭证。证券有广义和狭义之分。广义的证券一般包括资本证券（如股票、债券等）、货币证券（如票据等）、实物证券（如仓单、提单等）。狭义的证券仅指资本证券。我国《证券法》所规定的证券即指狭义证券，其主要包括股票、公司债券和国务院依法认定的其他证券。其他证券主要是指投资基金凭证、企业债券等。本章将主要介绍股票、公司债券和证券投资基金的相关法律制度。

（二）证券的特征

　　1. 证券是一种权利凭证。证券所载明的内容是对特定财产关系的确认，直接关系到证券持有人的财产利益。《证券法》中规定的证券属于投资性权利凭证，是直接投资的凭证。

　　2. 证券是一种要式凭证。证券作为一种特殊的财产凭证，法律对其形式及制作都有严格的规定，包括对券样、券面记载内容、印制机构、印制程序等均有统一要求，不规范的证券将直接影响持有人的权利。

　　3. 证券是一种流通凭证。证券的流通具有两方面的特定含义。一方面，证券持有人行使权利，无需借助证券义务人的承诺、意思或者参与，即可将证券权利转让给交易对方；另一方面，证券受让人在取得证券时，除法律有特别规定者外，自然取得证券全面记载的各项权利，不受转让方对证券权利的限制。

　　4. 证券是标准化权利凭证。为了便于向社会公众筹集资金，公司应先将拟募集的资金总量划分为若干相等份额的计算单位，制作面额均等的权利凭证。公司发行的每份同种证券在券面金额、筹集资金条件、偿付条件、权利范畴及限制条件等方面完全一致，从而使每份证券之间具有相互替代性。

二、证券市场

（一）证券市场的含义和特征

证券市场是证券发行和交易的场所。在市场经济运行过程中，证券市场是完整的市场体系的重要组成部分，它不仅反映和调节货币资金的运动，而且对整个市场经济的运行具有重要影响作用。

证券市场具有以下三个显著特征：

1. 证券市场是价值直接交换的场所。有价证券是价值的直接代表，其本质上只是价值的一种直接表现形式。虽然证券交易的对象是各种各样的有价证券，但由于它们是价值的直接表现形式，所以证券市场本质上是价值的直接交换场所。

2. 证券市场是财产权利直接交换的场所。证券市场上的交易对象是作为经济权益凭证的股票、债券、投资基金等有价证券，它们本身仅是一定量财产权利的代表，代表着一定数额财产的所有权或债权以及相关的收益权，证券市场实际上是财产权利的直接交换场所。

3. 证券市场是风险直接交换的场所。有价证券既是一定收益权利的代表，同时也是一定风险的代表。有价证券的交换在转让出一定收益权的同时，也把该有价证券所特有的风险转让出去。所以，从风险的角度分析，证券市场也是风险的直接交换场所。

（二）证券市场的分类

1. 根据履行职能的不同，证券市场可以分为发行市场和交易市场。发行市场又可称为一级市场或初级市场，是指证券发行人依法定程序向投资者出售新证券所形成的市场。一般是通过证券经营机构（承销商）进行。证券发行后即进入证券交易市场，证券交易市场又称为二级市场或次级市场，是指买卖证券的场所。证券通过交易市场的运作，实现了资金流通和资源的合理配置。

2. 按照交易对象的不同，证券市场又可分为股票市场、债券市场和基金市场。股票市场是指发行和交易股票的市场，其又可分为股票发行市场（一级市场）和股票交易市场（二级市场），股票市场属于长期资本市场，投资者一旦出资入股，即不能抽回资金，只能在二级市场上进行交易。债券市场是指发行和买卖债券的市场，同样可以分为债券发行市场和债券交易市场。基金市场是指基金发行和流通的市场。封闭式基金在证券交易所挂牌交易，开放式基金只能向基金管理公司申购和赎回。

3. 按照组织形式的不同，证券市场可以分为交易所市场和场外交易市场。交易所市场是指设有固定场地，备有各种服务设施（如行情板、电视屏幕、电子计算机、电话、电传等），配备了必要的管理和服务人员，集中进行股票和其他证券买卖的场所。其交易对象限定于符合特定标准在交易所上市的证券。场外交易市场是一种分散的、无形的市场，没有集中的、有组织的交易场所，而是通过遍布于各地的电话、电传、电脑网络等连接起来，交易时间也相当灵活。近年来，场外交易市场发展相当迅速，并使得传统的场内市场向场外市场发展，有形交易被无形交易取代。如美国的纳斯达克市场就是一个由全美证券业协会建立的场外行情自动报价系统，建立于 1971 年，现在对纽约证券交易所构成了极大的挑战。

在我国，依法设立的证券交易场所分为两类：一类是证券交易所，即深圳证券交易所和上海证券交易所；另一类是证券交易所以外的交易场所，即证券公司、金融机构所设立的证券交易营业部及代办点。因此，我国股票交易包括上市交易（场内交易）和柜台交易两种类型。

（三）证券市场的作用

证券市场是市场经济的重要组成部分，证券市场的建立与发展具有重要的作用。

1. 证券市场具有筹资功能。企业为实现市场扩张，对资金的规模需求必然是越来越大。当依靠自身的积累和内部集资不能满足资金需求时，向企业外部筹资以弥补其缺口必然成为企业的选择。筹资的途径有两个：一是向银行贷款，可称为直接融资；二是通过证券市场融资。马克思说过："假如必须等待积累去使某些单个资本增长到能够修建铁路的程度，那么，恐怕直到今天世界上还没有铁路，但是，集中通过股份有限公司转瞬之间就把这件事完成了。"

2. 证券市场具有配置资源的功能。投资者在选择投资证券种类时，总要综合比较各个发行公司所公布的财务信息及其实际经济效益、技术水平和管理经验，从而将资金投向他认为最有发展前途的企业，并视情况随时抛售效益低下、潜力不足的企业股票。这种市场化的趋利避害的行为，使那些成长性好、有发展前景的企业能够获得足够的资金，而另一些业绩不良、前景暗淡的"夕阳"企业则会因资金匮乏而难以为继。这样，社会的经济结构无形中就得到了优化。20 世纪 90 年代美国信息技术产业上市公司迅猛发展，市值最大的 10 家上市公司均为信息技术产业公司，其中微软和英特尔市值分别为 1514 亿元和 1157 亿元。

3. 证券市场具有外部监督功能。证券市场的外部监督功能在上市公司收购方面体现得淋漓尽致。当一个上市公司的经营者没有采取切实可行的经营行为使公司股份价值最大化，或者专营一己之私而使公司腐败丛生、效率低下时，该公司的股价势必不能反映该公司的真正潜力，价格下跌为公司的收购者创造了一个"控制机会"，公司收购者可以通过收购该公司的股份获得该公司的控制权，并指定一个新的经营者提高公司的经营效率，使公司的股价最大化。在这一过程中，收购获得了投资回报，而社会资源也得到了有效的分配。

三、证券市场主体

（一）证券公司

证券公司是指依照《公司法》和《证券法》的规定设立的，经营证券业务的有限责任公司或者股份有限公司。我国证券公司的设立实行特许制，设立证券公司，必须经国务院证券监督管理机构审查批准。

　　根据《证券法》第 124 条的规定，设立证券公司应当具备下列条件：①有符合法律、行政法规规定的公司章程；②主要股东具有持续盈利能力，信誉良好，最近 3 年无重大违法违规记录，净资产不低于人民币 2 亿元；③有符合《证券法》规定的注册资本；④董事、监事、高级管理人员具备任职资格，从业人员具有证券从业资格；⑤有完善的风险管理与内部控制制度；⑥有合格的经营场所和业务设施；⑦法律、行政法规规定的和经国务院批准的国务院证券监督管理机构规定的其他条件。

　　经国务院证券监督管理机构批准，证券公司可以经营下列部分或者全部业务：①证券经纪；②证券投资咨询；③与证券交易、证券投资活动有关的财务顾问；④证券承销与保荐；⑤证券自营；⑥证券资产管理；⑦其他证券业务。

　　（二）证券交易所

　　证券交易所是为证券集中交易提供场所和设施，组织和监督证券交易，实行自律管理的法人。证券交易所有会员制和公司制两种形式，我国的证券交易所属会员制证券交易所，是不以营利为目的的法人。目前，我国有两家证券交易所，即 1990 年 12 月设立的上海证券交易所和 1991 年 7 月设立的深圳证券交易所。

　　证券交易所的设立和解散由国务院决定。证券交易所设会员大会、理事会和总经理。会员大会为证券交易所的权力机构，决定证券交易所的重大问题。理事会对会员大会负责，是证券交易所的常设机构和日常管理机构。证券交易所设总经理 1 人，由国务院证券监督管理机构任免，主持证券交易所的日常管理工作。

　　证券交易所的主要职责有：

　　1. 为组织公平的集中交易提供保障，公布证券交易即时行情，并按交易日制作证券市场行情表，予以公布。

　　2. 因突发性事件而影响证券交易的正常进行时，证券交易所可以采取技术性停牌措施；因不可抗力的突发性事件或者为维护证券交易的正常秩序，证券交易所可以决定临时停市。

　　3. 对证券交易实行实时监控，并按照国务院证券监督管理机构的要求，对异常的交易情况提出报告。

　　4. 对上市公司及相关信息披露义务人披露信息的行为进行监督，督促其依法及时、准确地披露信息。

　　5. 根据需要，可以对出现重大异常交易情况的证券账户限制交易，并报国务院证券监督管理机构备案。

　　6. 依照证券法律、行政法规制定上市规则、交易规则、会员管理规则和其他有关规则，并报国务院证券监督管理机构批准。

　　7. 法律、法规规定的其他职责。

　　（三）证券登记结算机构

　　证券登记结算机构是为证券交易提供集中登记、存管和结算服务的中介服务机构，是不以营利为目的的法人。证券登记结算机构是证券发行与交易中不可缺少的主体。

根据《证券法》第155、156条的规定，设立证券登记结算机构，必须经国务院证券监督管理机构批准，并且应当具备下列条件：①自有资金不少于人民币2亿元；②具有证券登记、存管和结算服务所必须的场所和设施；③主要管理人员和从业人员必须具有证券从业资格；④国务院证券监督管理机构规定的其他条件。

证券登记结算机构履行下列职能：①证券账户、结算账户的设立；②证券的存管和过户；③证券持有人名册登记；④证券交易所上市证券交易的清算和交收；⑤受发行人的委托派发证券权益；⑥办理与上述业务有关的查询；⑦国务院证券监督管理机构批准的其他业务。

（四）证券监督管理机构

《证券法》中所称证券监督管理机构是指国务院证券监督管理委员会，简称中国证监会。中国证监会依法对证券市场实行监督管理，维护证券市场秩序，保障其合法运行。

根据《证券法》规定，国务院证券监督管理机构在对证券市场实施监督管理中，履行下列职责：

1. 依法制定有关证券市场监督管理的规章、规则，并依法行使审批或者核准权。

2. 依法对证券的发行、上市、交易、登记、存管、结算进行监督管理。

3. 依法对证券发行人、上市公司、证券交易所、证券公司、证券登记结算机构、证券投资基金管理公司、证券服务机构的证券业务活动进行监督管理。

4. 依法制定从事证券业务人员的资格标准和行为准则，并监督实施。

5. 依法监督检查证券发行、上市和交易的信息公开情况。

6. 依法对证券业协会的活动进行指导和监督。

7. 依法对违反证券市场监督管理法律、行政法规的行为进行查处。

8. 法律、行政法规规定的其他职责。

根据《证券法》规定，国务院证券监督管理机构依法履行职责，有权采取下列措施：

1. 对证券发行人、上市公司、证券公司、证券投资基金管理公司、证券服务机构、证券交易所、证券登记结算机构进行现场检查。

2. 进入涉嫌违法行为发生场所调查取证。

3. 询问当事人和与被调查事件有关的单位和个人，要求其对与被调查事件有关的事项作出说明。

4. 查阅、复制与被调查事件有关的财产权登记、通讯记录等资料。

5. 查阅、复制当事人和与被调查事件有关的单位和个人的证券交易记录、登记过户记录、财务会计资料及其他相关文件和资料；对可能被转移、隐匿或者毁损的文件和资料，可以予以封存。

6. 查询当事人和与被调查事件有关的单位和个人的资金账户、证券账户和银行账户；对有证据证明已经或者可能转移或者隐匿违法资金、证券等涉案财产或者隐匿、伪造、毁损重要证据的，经国务院证券监督管理机构主要负责人批准，可以冻结或者查封。

7. 在调查操纵证券市场、内幕交易等重大证券违法行为时，经国务院证券监督管理机构主要负责人批准，可以限制被调查事件当事人的证券买卖，但限制的期限不得超过 15 个交易日；案情复杂的，可以延长 15 个交易日。

（五）证券发行人

证券发行人是指为筹措资金而发行债券、股票等证券的政府、公司和企业。证券发行人是证券发行的主体，包括发行股票的股份有限公司及上市公司、发行公司债券的有限责任公司和股份有限公司、发行证券投资基金的基金管理公司等。

（六）证券投资者

证券投资者是证券市场的资金供给者，也是证券的购买者。证券投资者类型甚多，投资的目的也各不相同。证券投资者可分为机构投资者和个人投资者两大类。

1. 机构投资者。机构投资者是指相对于中小投资者而言，拥有资金、信息、人力等优势，能影响某个证券价格波动的投资者，包括企业、公司、商业银行、非银行金融机构（如养老基金、保险基金、证券投资基金）等。各类机构投资者的资金来源、投资目的、投资方向虽各不相同，但一般都具有资金量大、收集和分析信息的能力强、注重投资的安全性、可通过有效的资产组合以分散投资风险、对市场影响大等特点。

2. 个人投资者。个人投资者是指从事证券投资的个人。他们是证券市场最广泛的投资者。个人投资者的主要投资目的是追求盈利，谋求资本的保值和增值，所以十分重视本金的安全和资产的流动性。

（七）证券服务机构

服务机构是专门从事证券资信评估、证券投资咨询、证券法律服务等业务，为证券发行与交易提供服务的机构。证券服务机构主要包括：

1. 证券投资咨询机构。证券投资咨询机构是指依法设立的，专门为证券投资者提供投资分析、预测或建议等有偿服务的法人组织。

2. 证券资信评估机构。证券资信评估机构是一种对证券质量、信用与投资风险进行专业分析和预测的信息服务机构。

3. 财务顾问机构。财务顾问机构是指根据客户需要，站在客户的角度为客户的投融资、资本运作、资产及债务重组、财务管理、发展战略等活动提供咨询、分析、方案设计等服务的机构。其所提供的较大的顾问项目有：投资顾问、融资顾问、资本运作顾问、资产管理与债务管理顾问、企业诊断与发展战略顾问、企业常年财务顾问、政府财务顾问等。

4. 证券其他服务机构。主要有：①律师事务所，其主要作用体现在推动证券市场规范化、法制化运营方面，为证券发行与上市交易等相关业务出具法律意见书；②会计师事务所，主要是通过接受委托，从事审计业务、会计咨询、会计服务业务等；③资产评估机构，主要从事对公司资产价值进行评定估算业务。

四、证券法概述

（一）证券立法概况

证券法是调整证券发行与交易活动中所产生的经济关系的法律规范的总称。证券法的概念有狭义和广义之分。狭义的证券法仅指《证券法》，广义的证券法除《证券法》外，还包括其他有关证券管理的法律、法规。

随着证券市场的形成和发展，我国先后颁布实施了一系列相关的法律和法规。如国务院 1992 年 3 月 18 日发布的《国库券条例》、1993 年 4 月 22 日发布的《股票发行与交易管理暂行条例》，1993 年发布分别并于 1999 年、2004 年、2005 年、2013 年修订的《公司法》，2003 年 10 月 28 日第十届全国人民代表大会常务委员会第五次会议通过并于 2012 年修订的《中华人民共和国证券投资基金法》，以及国务院及其有关部门发布的《企业债券管理条例》、《关于股份有限公司境外募集股份及上市的特别规定》、《证券交易所管理办法》、《上市公司信息披露管理办法》等证券法规、规章和规范性文件。特别是 1998 年 12 月 29 日第九届全国人民代表大会常务委员会第六次会议通过、经 2004 年 8 月 28 日第十届全国人民代表大会常务委员会第十一次会议修正、2005 年 10 月 27 日第十届全国人民代表大会常务委员会第十八次会议修订、2013 年 6 月 29 日第十二届全国人民代表大会常务委员会第三次会议第二次修正的《中华人民共和国证券法》，对我国证券的发行、交易以及证券交易主体、证券监管等作出了全面规定，其对规范证券发行和交易行为，保护投资者的合法权益，维护社会经济秩序和社会公共利益，特别是对促进社会主义市场经济的发展发挥了重要的作用。

（二）证券法的基本原则

根据《证券法》规定，在证券活动和证券监管中应当遵循以下原则：

1. 公开、公平、公正的原则。《证券法》第 3 条规定："证券的发行、交易活动，必须实行公开、公平、公正的原则。"

公开原则是指市场信息要公开，证券市场的透明度要高。在证券发行和交易市场中，凡是可能影响投资者投资决策的信息都应当依法及时、完整、准确、真实地向社会公开，不得有虚假记载、误导性陈述或重大遗漏。

公平原则是指所有市场主体都具有平等的法律地位，其合法权益都能得到公平的保护。任何机构和个人都不享有超越法律规定的特殊权利；任何机构和个人也不应遭到歧视和不公平的待遇。

公正原则是指在证券发行和交易中的有关事务处理上，要一视同仁，兼顾各方的利益，对所有市场主体都给予公正的待遇。有关部门、监管机构或者交易所在处理问题时应当秉公执法，不偏不倚。

2. 自愿、有偿、诚实信用的原则。《证券法》第 4 条规定："证券发行、交易活动的当事人具有平等的法律地位，应当遵守自愿、有偿、诚实信用的原则。"

自愿原则是指当事人有权依法按照自己的意愿参与证券发行与交易活动，依法行使其民事权利，任何人不得干涉，也不得把自己的意志强加给当事人，更不得以非法手段影响当事人作出投资决策。

有偿原则是指在证券发行、交易活动中，一方当事人取得经济利益的同时，必须付出相应代价。例如，取得证券必须支付资金，付出了证券就有权获得资金。任何人都不得无偿占有、剥夺他人的财产，不得损害他人的合法利益。

诚实信用原则是指在证券发行与交易活动中都要以诚实的方式行使权利、履行义务，以善意的方式获得利益，不得有任何证券欺诈行为。《证券法》对操纵市场、欺诈客户、制造虚假信息等行为的禁止性规定，即是此原则的具体体现。

3. 守法原则。《证券法》第 5 条规定："证券发行、交易活动，必须遵守法律、行政法规；禁止欺诈、内幕交易和操纵证券市场的行为。"

守法原则是包括证券活动在内的一切行为都必须遵守的基本原则。我国《证券法》对证券的发行、交易和监管活动中各类主体的各种行为都作出了原则规定。证券活动不仅要遵守《证券法》，而且也必须遵守相关法律、法规等的具体规定。同时，也不得从事《证券法》禁止的内幕交易等行为。

4. 政府统一监管与行业自律相结合的原则。证券市场必须要发挥市场机制的作用，但是由于各种原因，证券市场失灵或者失控，这是市场机制本身所无法解决的。为制约和化解市场风险，保护投资者利益，维护证券市场秩序，国家有必要从社会公共利益出发，对证券市场进行适当的监管。证券市场本身也有必要加强自我约束。通过政府统一监管和行业自律保障证券市场的高效、有序运行。对此，《证券法》第 7 条第 1 款规定："国务院证券监督管理机构依法对全国证券市场实行集中统一监督管理。"第 8 条规定："在国家对证券发行、交易活动实行集中统一监督管理的前提下，依法设立证券业协会，实行自律性管理。"

第二节　证券发行制度

证券发行，是指证券发行人以筹集资金为目的，在证券发行市场依法向投资者以同一条件出售证券的行为。证券发行分为公开发行和非公开发行。公开发行证券必须符合法律、行政法规规定的条件，并依法报经国务院证券监督管理机构或者国务院授权的部门核准；未经依法核准，任何单位和个人不得公开发行证券。

根据《证券法》规定，有下列情形之一的，为公开发行：①向不特定对象发行证券的；②向特定对象发行证券累计超过 200 人的；③法律、行政法规规定的其他发行行为。

非公开发行证券，不得采用广告、公开劝诱和变相公开方式。

我国《证券法》根据证券的种类不同，规定了不同的发行制度。

一、股票的发行

（一）股票的概念和种类

股票是股份有限公司签发的证明股东所持股份的凭证。股票具有以下几个特征：

1. 股票属于有价证券。股票所代表的权利具有一定的财产价值，也可以通过买卖方式有偿转让，在行使权利时必须持有并出示股票，因此股票属于有价证券。

2. 股票属于证权证券。股票所代表的是股权，这种权利是基于股东向股份有限公司出资并持有公司的股份而产生的，并非基于股票的制作，因此，股票只是股权存在的证明和行使股权的凭证，属于证权证券。

3. 股票属于社员权证券。股票所代表的股东权，是股东作为社团法人的成员所享有的权利。股东认购了股票后，其出资即形成了公司的法人财产，股东虽然可以通过一定方式转让其持有的股票，但不能要求退还。

4. 股票属于要式证券。对于股票上应当记载的内容、事项及其所采用的形式和制作方法等，法律均有严格的规定，否则，将导致股票无效。

5. 股票具有高风险性。股票的收益受到多种因素的影响，如公司的经营状况、证券市场的供求关系、投资者投资决策的能力、国家社会经济政策的调整等都会影响股票的价格。而且，其中往往存在诸多不确定因素，这就使股票价格变动的不确定性加大，因而，股票是一种高收益的投资方式，也是一种高风险的金融工具。

股份有限公司的资本划分为股份，每一股的金额相等，即等额股份。股份采用股票的形式。因此股份有限公司的股份和股票是一体的，是内容与形式的依存关系。随着股票发行与交易无纸化形式的实现，纸面形式的股票已逐渐减少或消失，股票只具有观念上的意义。

按照不同标准，股票可作不同分类：

1. 按照股票是否记名，可分为记名股票和无记名股票。记名股票是在股票上记载股东姓名或名称的股票。此类股票利于公司了解、掌握股东的人数及股票的流向，便于公司控制。但记名股票的发行和流通手续相对复杂。在我国，公司向发起人、法人发行的股票，应当为记名股票，并应当记载该发起人、法人的姓名或者名称。无记名股票是在股票上不记载股东姓名或名称的股票。无记名股票的发行、流通手续简单。在我国，对社会公众发行的股票，可以为记名股票，也可以为无记名股票。

2. 按照股东权利的不同，股票可分为普通股和优先股。普通股是享有普通权利、承担普通义务的股份，是公司股份的最基本形式。普通股的股东对公司的管理、收益享有平等权利，根据公司经营效益分红，风险较大。优先股是享有优先权的股票。优先股的股东对公司资产、利润分配等享有优先权，其风险较小。但是优先股股东对公司事务无表决权。

3. 按照认购、买卖股票的货币种类不同，我国股票还分为内资股和外资股。内资股，也称 A 股，是以人民币标明面值，以人民币认购和买卖的股票，其主要面向境内投资者发行。外资股一般是以外币认购和买卖的股票。外资股主要有境内上市外资股和境外上市外资股。境内上市外资股一般称为 B 股，境外上市外资股则以境外上市地的英文名称中的第一个字母命名，如在香港上市的 H 股、在纽约上市的 N 股、在新加坡上市的 S 股。

此外，股票还可以分为面额股与无面额股、法人股与社会公众股、绩优股与垃圾股等。

（二）股票的发行条件

股票发行一般有两种：一是设立发行，二是增资发行。

1. 设立发行的条件。根据《证券法》第 12 条规定，设立股份有限公司公开发行股票，应当符合《公司法》规定的条件和经国务院批准的国务院证券监督管理机构规定的其他条件。

2. 公开发行新股的条件。根据《证券法》第 13 条的规定，公司公开发行新股，应当符合下列条件：①具备健全且运行良好的组织机构；②具有持续盈利能力，财务状况良好；③最近 3 年财务会计文件无虚假记载，无其他重大违法行为；④经国务院批准的国务院证券监督管理机构规定的其他条件。

二、公司债券的发行

（一）公司债券的概念和特征

公司债券是指公司依照法定程序发行的、约定在一定期限还本付息的有价证券。公司债券的实质是一种借贷关系，但不同于一般借贷，其以不特定的主体为债权人。公司债券作为一种投资方式，与股票有根本区别，具有自身的特征：

1. 公司债券反映的是投资者与发行人之间的债权债务关系。公司债券是公司向社会筹借的款项，期限届满，持有人有权凭借债券凭证要求公司还本付息。

2. 公司债券的发行主体只限于股份有限公司、有限责任公司。目前，我国法律还不允许其他企业和个人发行公司债券。

3. 发行公司债券筹集的资金，必须用于审批机关批准的用途，不得用于弥补亏损和非生产性支出。债券不同于股票，债券持有人无权参与公司的管理，为保护债券持有人的合法权益，发行债券筹集的资金必须按照募集文件中约定的用途使用。

对于公司债券，按照不同标准可以作不同的分类。例如，公司债券可分为信用债券与担保债券，记名公司债券和无记名公司债券，长、中、短期公司债券，可转换为股票的公司债券与不可转换为股票的公司债券，带有股票买入权的公司债券与不带有股票买入权的公司债券等。

（二）发行公司债券的条件

发行债券是公司募集资金的一个重要渠道，对公司的经营将产生重大影响，而且涉及社会公共利益，必须依法发行。根据《证券法》第 16 条的规定，公开发行公司债券，应当符合下列条件：①股份有限公司的净资产不低于人民币 3000 万元，有限责任公司的净资产不低于人民币 6000 万元；②累计债券余额不超过公司净资产的 40%；③最近 3 年平均可分配利润足以支付公司债券 1 年的利息；④筹集的资金投向符合国家产业政策；⑤债券的利率不超过国务院限定的利率水平；⑥国务院规定的其他条件。

公开发行公司债券筹集的资金，必须用于核准的用途，不得用于弥补亏损和非生产性支出。

此外，《证券法》还就公司债券发行作了限制性规定，即有下列情形之一的，不得再次公开发行公司债券：①前一次公开发行的公司债券尚未募足；②对已公开发行的公司债券或者其他债务有违约或者延迟支付本息的事实，仍处于继续状态；③违反规定，改变公开发行公司债券所募资金的用途。

三、证券投资基金的发行

（一）证券投资基金的概念和种类

证券投资基金是指通过发行基金份额，集中投资者的资金，由基金托管人托管，由基金管理人管理和运用资金，从事股票、债券等金融工具投资的证券形式。证券投资基金的特征主要有：

1. 投资基金份额的面值较低。为有利于吸收投资者手中的闲散资金，各国法律规定的证券投资基金份额的面值和管理费用都非常低。在我国，每个基金份额面值为人民币1元，同时其管理费用和购买费用一般都较低。

2. 实行专家理财。投资者的资金集中起来组成基金，一般都要由投资基金管理人去管理、运用。基金管理人聘请具有相当业务素质和业务经验的专家来管理基金资产，较之于投资者个人直接投资更具科学性、高收益性。

3. 在基金的运作上，实行组合投资。为保证基金的收益性，同时又防范风险，保证投资基金的安全性，证券投资基金实行组合投资。我国《证券投资基金法》规定，基金管理人运用基金财产进行证券投资，应当采用资产组合的方式。资产组合的具体方式和投资比例，依照《证券投资基金法》和国务院证券监督管理机构的规定在基金合同中约定。

4. 以间接投资的形式，取得直接投资的效果。投资者通过购买基金份额而间接地投资于证券市场，通过基金管理人对资金的运用而取得投资利润。但投资者并不亲自参加公司的管理。

证券投资基金的种类很多，有股票基金与债券基金；有公开募集基金与非公开募集基金；有记名式基金与无记名式基金；根据能否赎回，又分为开放式基金与封闭式基金等。开放式基金是指基金份额总额不固定，基金份额可以在基金合同约定的时间和场所申购或者赎回的基金。封闭式基金是指经核准的基金份额总额在基金合同期间内固定不变，基金份额可以在依法设立的证券交易场所交易，但基金份额持有人不得申请赎回的基金。根据《证券投资基金法》的规定，基金的运作方式可以采用封闭式、开放式或者其他方式。

（二）证券投资基金的设立和要求

在我国基金管理人由依法设立的公司或者合伙企业担任。根据《证券投资基金法》的规定，设立管理公开募集基金的基金管理公司应当具备下列条件：①有符合《证券投资基金法》和《公司法》规定的章程。②注册资本不低于 1 亿元人民币，且必须为实缴货币资本。③主要股东具有经营金融业务或者管理金融机构的良好业绩、良好的财务状况和社会信誉，资产规模达到国务院规定的标准，最近 3 年没有违法记录。④取得基金从业资格的人员达到法定人数。⑤董事、监事、高级管理人员具备相应的任职条件。⑥有符合要求的营业场所、安全防范设施和与基金管理业务有关的其他设施。⑦有良好的内部治理结构、完善的内部稽核监控制度、风险控制制度。⑧法律、行政法规规定的和经国务院批准的国务院证券监督管理机构规定的其他条件。

基金管理公司发售基金份额、募集基金，必须报经国务院证券监督管理机构核准。国务院证券监督管理机构应当自受理基金募集申请之日起 6 个月内依法进行审核，作出核准或者不予核准的决定。基金募集申请经核准后，方可发售基金份额。基金管理公司应当自收到核准文件之日起 6 个月内进行基金募集。

证券投资基金的募集不得超过国务院证券监督管理机构核准的基金募集期限。在基金募集期满，封闭式基金募集的基金份额总额达到核准规模的 80% 以上，开放式基金募集的基金份额总额超过核准的最低募集份额总额，并且基金份额持有人人数符合国务院证券监督管理机构规定的，该基金在依法履行了验资、备案和公告手续后方可成立。

四、证券发行核准

各国在证券发行监管上有着不同的制度，大体上分为"注册制"和"核准制"两个大类。注册制，是指证券主管机关要求证券发行人把与证券发行有关的信息、资料公之于众，且不得含有虚假陈述、重大遗漏或信息误导等内容，否则，证券发行人将承担民事责任乃至刑事责任的制度。注册制一般不规定股票或公司债券发行的实质条件，政府对证券发行的干预少，对于证券投资者是否获得投资回报，证券监管机构不承担任何形式的保证责任。核准制，是指证券发行人在履行信息披露义务、符合证券法规定的证券发行条件的同时，还要接受证券监管机关对其资格及其所发行的证券进行审查并作出决定的制度。核准制度下，证券法规定证券发行人的发行资格及证券发行的实质条件，证券监管机关对证券发行享有独立审查权。核准制有利于减少投资者的投资损失，保护投资者的利益。

根据我国的市场情况，《证券法》规定了下列证券发行制度：

1. 核准制。公开发行证券，必须符合法律、行政法规规定的条件，并依法报经国务院证券监督管理机构或者国务院授权的部门核准；未经依法核准，任何单位和个人不得公开发行证券。

根据《证券法》的规定，国务院证券监督管理机构设发行审核委员会，依法审核股票发行申请。发行审核委员会由国务院证券监督管理机构的专业人员和所聘请的该机构外的有关专家组成，以投票方式对股票发行申请进行表决，提出审核意见。国务院证券监督管理机构依照法定条件负责核准股票发行申请。国务院有关授权部门对公司债券发行申请进行核准。

国务院证券监督管理机构或者国务院授权的部门应当自受理证券发行申请文件之日起 3 个月内，依照法定条件和法定程序作出予以核准或者不予核准的决定，发行人根据要求补充、修改发行申请文件的时间不计算在内；不予核准的，应当说明理由。

国务院证券监督管理机构或者国务院授权的部门对已作出的核准证券发行的决定，发现不符合法定条件或者法定程序，尚未发行证券的，应当予以撤销，停止发行。已经发行尚未上市的，撤销发行核准决定，发行人应当按照发行价并加算银行同期存款利息返还证券持有人；保荐人应当与发行人承担连带责任，但是能够证明自己没有过错的除外；发行人的控股股东、实际控制人有过错的，应当与发行人承担连带责任。

股票依法发行后，发行人经营与收益的变化，由发行人自行负责；由此变化引致的投资风险，由投资者自行负责。

2. 保荐制度。为提高上市公司质量，保护投资者的合法权益，促进证券市场健康发展，根据《证券法》等有关法律规定，股份有限公司首次公开发行股票并上市，上市公司发行新股、可转换公司债券，实行由主承销商保荐的制度。主承销商作为保荐机构依法对公开发行募集文件进行审查，向中国证监会出具保荐意见。保荐机构在推荐发行人首次公开发行股票前，应当按照中国证监会的规定对发行人进行不少于 1 年的辅导，并出具承诺函。

保荐人除对发行人发行证券进行推荐和辅导外，还应当核实公司发行文件中所载资料是否真实、准确、完整，协助发行人建立严格的信息披露制度，承担风险防范责任，并在公司上市后的规定时间内继续协助发行人建立规范的法人治理结构，督促公司遵守上市规定，完成招股计划书中的承诺，同时对上市公司的信息披露负有连带责任。

五、证券的承销

（一）证券承销的概念

证券承销是指发行人委托证券经营机构向社会公开销售证券的行为。发行人向不特定对象公开发行证券，依法应当由证券公司承销。证券承销业务采取代销或者包销方式。

1. 证券代销，是指证券公司代发行人发售证券，在承销期结束时，将未售出的证券全部退还给发行人的承销方式。代销期限届满，向投资者出售的股票数量未达到拟公开发行股票数量 70% 的，为发行失败，发行人应当按照发行价并加算银行同期存款利息返还股票认购人。

2. 证券包销，是指证券公司将发行人的证券按照协议全部购入或者在承销期结束时将售后剩余证券全部自行购入的承销方式。

（二）证券承销协议

证券公司承销证券，应当与发行人签订承销协议，明确下列内容：当事人的名称、住所及法定代表人姓名；代销、包销证券的种类、数量、金额及发行价格；代销、包销的期限及起止日期；代销、包销的付款方式及日期；代销、包销证券的费用和结算办法；违约责任；国务院证券监督管理机构规定的其他事项。

（三）证券承销的规则

证券公司承销证券，应当对公开发行募集文件的真实性、准确性、完整性进行核查。如发现含有虚假记载、误导性陈述或者重大遗漏的，不得进行销售，已经销售的，必须立即停止销售事项，并采取纠正措施。

向社会公开发行的证券票面总值超过人民币 5000 万元的，应当由承销团承销。承销团应当由主承销和参与承销的证券公司组成。证券的承销期最长不得超过 90 日。证券公司在承销期内，对所承销的证券应当保证先行出售给认购人，证券公司不得为本公司事先预留所代销的证券和预先购入并留存所包销的证券。

证券公司包销证券的，应当在包销期满后 15 日内，将证券包销情况报国务院证券监督管理机构备案；证券公司代销证券的，应当在代销期满后 15 日内，与发行人共同将证券代销情况报国务院证券监督管理机构备案。

第三节　证券交易制度

一、证券交易的一般规则

证券交易是指证券的买卖与转让。证券交易市场又称为证券流通市场、二级市场。证券交易往往受到诸多市场因素的影响，具有高度的风险性，因此，《证券法》对证券交易中应遵守的规则作了明确规定。

（一）证券必须合法

根据《证券法》的规定，证券交易当事人依法买卖的证券，必须是依法发行并交付的证券。非依法发行的证券，不得买卖。依法发行的股票、公司债券及其他证券，法律对其转让期限有限制性规定的，在限定的期限内，不得买卖。如发起人持有的本公司股份，自公司成立之日起 1 年内不得转让。公司公开发行股份前已发行的股份，自公司股票在证券交易所上市交易之日起 1 年内不得转让。公司董事、监事、高级管理人员应当向公司申报所持有的本公司的股份及其变动情况，在任职期间每年转让的股份不得超过其所持有本公司股份总数的 25%；所持本公司股份自公司股票上市交易之日起 1 年内不得转让。上述人员离职后半年内，不得转让其所持有的本公司股份。

（二）上市交易的证券应当在法定的交易场所以合法的方式进行交易

根据《证券法》第 39 条的规定，依法公开发行的股票、公司债券及其他证券，应当在依法设立的证券交易所进行交易。证券交易所应在大盘行情中列明交易证券的名称、交易情况等，供投资者选择。同时，《证券法》第 39 条还规定，上市交易的证券也可以在国务院批准的其他证券交易场所转让。目前，经国务院批准且已经运作的其他证券交易场所只有代办股份转让系统。

根据《证券法》第 40 条的规定，证券在证券交易所上市交易，应当采用公开的集中交易方式或者国务院证券监督管理机构批准的其他方式。公开的集中交易方式可以是集中竞价交易也可以是大宗交易。集中竞价交易方式实行价格优先、时间优先的规则。所谓价格优先是指在买入申报时买价高的申报优先于买价低的申报；在卖出申报时，卖价低的申报优先于卖价高的申报。所谓时间优先，即在同价位的买卖申报情况下，依照申报时间的先后顺序确定。现在我国的上海证券交易所和深圳证券交易所均已实行电脑申报竞价，价格高低顺序和时间先后顺序均由计算机处理，从而形成一种公开的集中竞价交易机制。大宗交易方式是指证券单笔买卖申报达到交易所规定的数额规模时，交易所采用与通常交易方式不同的交易方式，即不采用价格优先、时间优先的集中竞价交易原则，而以协商一致作为达成大宗交易的手段。这表明，我国证券市场对大宗交易的判断标准是证券单笔买卖申报达到交易所规定的数额规模。这与国际上通行的大宗交易界定标准是一致的。

国外成熟证券市场上证券交易所的交易方式，除了集中交易方式以外，还有其他一些交易方式。为适应社会经济的不断发展，需要逐步丰富交易方式。但为了防止金融风险，保护投资者的合法权益，维护社会经济秩序和社会公共利益，证券交易所采取公开的集中交易方式以外的其他方式进行证券交易，必须经国务院证券监督管理机构批准。

（三）交易的证券可以采用纸面形式或者国务院证券监督管理机构规定的其他形式

纸面形式的证券应当依法制作。例如，《公司法》第129条规定，股票采用纸面形式或者国务院证券监督管理机构规定的其他形式。股票应当载明下列主要事项：①公司名称；②公司成立日期；③股票种类、票面金额及代表的股份数；④股票的编号。股票由法定代表人签名，公司盖章。《公司法》第156条规定，公司以实物券方式发行公司债券的，必须在债券上载明公司名称、债券票面金额、利率、偿还期限等事项，并由法定代表人签名，公司盖章。国务院证券监督管理机构规定的其他形式主要是指无纸化形式，即证券发行人将证券托管在证券登记结算机构，以电子计算机所贮存的有关信息作为股东行使股权的法律凭证。目前在我国两个证券交易所交易的股票，全部实现了无纸化交易。

（四）证券交易以现货和国务院规定的其他方式进行交易

证券交易的现货交易是指证券交易的双方必须一方有证券，一方有资金，并在规定的时间内交割，一方付款取得证券，一方交付证券取得价款。我国两个交易所A股、B股实行T+1（第二日交割）的交易方式。在我国两个证券交易所交易的股票、债券和证券投资基金均采用现货交易方式，不能进行期货交易。在现货交易中，证券公司不得向客户融资或融券，即禁止证券公司为客户垫付资金，供客户进行证券买卖；也不允许证券公司将证券借给客户，供客户交易。

随着证券市场的不断发展，《证券法》为我国在条件成熟时推出期货交易等其他交易方式留下了空间。

（五）相关人员从事证券交易应当遵守法律的限制性规定

1. 证券从业人员和管理人员不得持有和买卖股票。《证券法》第43条规定："证券交易所、证券公司和证券登记结算机构的从业人员、证券监督管理机构的工作人员以及法律、行政法规禁止参与股票交易的其他人员，在任期或者法定限期内，不得直接或者以化名、借他人名义持有、买卖股票，也不得收受他人赠送的股票。任何人在成为前款所列人员时，其原已持有的股票，必须依法转让。"根据有关规定，上述证券从业人员主要是指从事证券发行、交易及其他相关业务的机构的工作人员，包括：①证券交易所、证券公司、证券登记结算机构等证券中介机构的正、副总经理；②证券公司、证券投资咨询机构、证券清算、登记机构中内设各证券业务部门和下设的证券营业部的正、副经理；③证券经营机构中从事证券代理、自营业务的专业人员；④证券公司和证券投资咨询机构中从事为客户提供投资咨询服务的专业人员；⑤证券公司在证券交易所内的出市代表；⑥各类证券中介机构的电脑管理人员；⑦国务院证券监督管理机构认为需要进行资格确认的其他从业人员。证券从业人员和管理人员不得持有和买卖股票的法律规定，对于防止出现内幕交易、操纵市场等证券欺诈行为，维护证券市场秩序是非常必要的。

2. 为股票发行出具审计报告、资产评估报告或者法律意见书等文件的证券服务机构和人员，在该股票承销期内和期满后 6 个月内，不得买卖该种股票。为上市公司出具审计报告、资产评估报告或者法律意见书等文件的证券服务机构和人员，自接受上市公司委托之日起至上述文件公开后 5 日内，不得买卖该种股票。

3. 上市公司董事、监事、高级管理人员、持有上市公司股份 5% 以上的股东，将其持有的该公司的股票在买入后 6 个月内卖出，或者在卖出后 6 个月内又买入，由此所得收益归该公司所有，公司董事会应当收回其所得收益。

4. 通过证券交易所的证券交易，投资者持有或者通过协议、其他安排与他人共同持有一个上市公司已发行的股份达到 5% 时，应当在该事实发生之日起 3 日内，向国务院证券监督管理机构、证券交易所作出书面报告，通知该上市公司，并予公告；在上述期限内，不得再行买卖该上市公司的股票。

投资者持有或者通过协议、其他安排与他人共同持有一个上市公司已发行的股份达到 5% 后，其所持该上市公司已发行的股份比例每增加或者减少 5%，应当依照上述规定进行报告和公告。在报告期限内和作出报告、公告后 2 日内，不得再行买卖该上市公司的股票。

在上市公司收购中，收购人对所持有的被收购的上市公司的股票，在收购行为完成后 12 个月内不得转让。

二、股票上市交易

《证券法》规定，国家鼓励符合产业政策同时又符合上市条件的公司股票上市交易。股份有限公司申请其股票上市交易，必须报经国务院证券监督管理机构核准。

（一）股票上市交易的条件

《证券法》第 50 条规定，股份有限公司申请其股票上市，应当符合下列条件：①股票经国务院证券管理机构核准已公开发行；②公司股本总额不少于人民币 3000 万元；③公开发行的股份达到公司股份总数的 25% 以上；公司股本总额超过人民币 4 亿元的，公开发行股份的比例为 10% 以上；④公司在最近 3 年内无重大违法行为，财务会计报告无虚假记载。

证券交易所可以规定高于前述规定的上市条件，并报国务院证券监督管理机构批准。

（二）股票上市交易的程序

1. 报请国务院证券监督管理机构核准。股份有限公司申请其股票上市交易，必须报经国务院证券监督管理机构核准，并应当提交下列文件：①上市报告书；②申请上市的股东大会决议；③公司章程；④公司营业执照；⑤经法定验资机构验证的公司最近 3 年的或者公司成立以来的财务会计报告；⑥法律意见书和证券公司的推荐书；⑦最近一次的招股说明书。

《证券法》规定，国务院证券监督管理机构可以授权证券交易所依照法定条件和法定程序核准股票上市申请。

2. 向证券交易所申请上市交易。股票上市交易申请经国务院证券监督管理机构核准后，其发行人应当向证券交易所提交核准文件和向国务院证券监督管理机构提出股票上市申请时提交的文件。证券交易所上市委员会应当自收到申请之日起 20 个工作日内作出审核，6 个月内安排该股票上市交易。

3. 上市公告。股票上市交易申请经证券交易所审核同意后，签订上市协议的公司应当在规定的期限内公告股票上市的有关文件，并将该文件置备于指定场所供公众查阅。

（三）股票的暂停交易与终止交易

1. 股票的暂停交易。股票的暂停交易，又称暂停上市，是证券交易所依法对股票作出的暂时停止上市交易的措施，是防范市场风险的具体措施之一。

《证券法》第 55 条规定，上市公司有下列情形之一的，由证券交易所决定暂停其股票上市交易：①公司股本总额、股权分布等发生变化不再具备上市条件；②公司不按规定公开其财务状况，或者对财务会计报告作虚假记载，可能误导投资者；③公司有重大违法行为；④公司最近 3 年连续亏损；⑤证券交易所上市规则规定的其他情形。

2. 股票的终止交易。股票的终止交易，又称终止上市，是指股票丧失了在证券交易所继续挂牌交易的资格，由证券交易所依法核准其股票终止上市。

《证券法》第 56 条规定，上市公司有下列情形之一的，由证券交易所决定终止其股票上市交易：①公司股本总额、股权分布等发生变化不再具备上市条件，在证券交易所规定的期限内仍不能达到上市条件；②公司不按照规定公开其财务状况，或者对财务会计报告作虚假记载，且拒绝纠正；③公司最近 3 年连续亏损，在其后一个年度内未能恢复盈利；④公司解散或者被宣告破产；⑤证券交易所上市规则规定的其他情形。

三、公司债券上市交易

（一）公司债券上市交易的条件

公司债券可以上市交易。《证券法》第57条规定，公司申请其公司债券上市交易，应当符合下列条件：①公司债券的期限为1年以上；②公司债券实际发行额不少于人民币5000万元；③公司申请债券上市时仍符合法定的公司债券发行条件。

（二）公司债券上市交易的程序

1. 报经国务院证券监督管理机构核准。《证券法》规定，公司申请其债券上市交易，应当报经国务院证券监督管理机构核准，并提交下列文件：①上市报告书；②申请上市的董事会决议；③公司章程；④公司营业执照；⑤公司债券募集办法；⑥公司债券的实际发行数额。

2. 提请证券交易所安排上市。公司债券上市交易申请经国务院证券监督管理机构核准后，其发行人应当向证券交易所提交核准文件和向国务院证券监督管理机构提出申请时提交的文件。证券交易所应当自接到该债券发行人提交的有关文件之日起3个月内，安排该债券上市交易。

3. 上市公告。公司债券上市交易申请经证券交易所审核同意后，签订上市协议的公司应当在规定的期限内公告公司债券上市文件及有关文件，并将其申请文件置备于指定场所供公众查阅。

（三）公司债券的暂停交易与终止交易

《证券法》第60条规定，公司债券上市交易后，公司有下列情形之一的，由证券交易所决定暂停其公司债券上市交易：①公司有重大违法行为；②公司情况发生重大变化不符合债券上市条件；③公司债券所募集资金不按照核准的用途使用；④未按照公司债券募集办法履行义务；⑤公司最近2年连续亏损。

《证券法》第61条规定，公司有公司债券暂停上市法定情形中第①、④项所列情形之一，经查实后果严重的，或者有第②、③、⑤项所列情形之一，在限期内未能消除的，由证券交易所决定终止其公司债券上市交易。公司解散或者被宣告破产的，由证券交易所终止其公司债券上市交易。

四、证券投资基金上市交易

（一）证券投资基金的上市交易

根据《证券投资基金法》的规定，封闭式基金的基金份额，经基金管理人申请，国务院证券监督管理机构核准，可以在证券交易所上市交易。

根据《证券投资基金法》第63条的规定，基金份额上市交易应当符合下列条件：①基金的募集符合《证券投资基金法》的规定；②基金合同期限为5年以上；③基金募集金额不低于2亿元人民币；④基金份额持有人不少于1000人；⑤基金份额上市规则规定的其他条件。

（二）证券投资基金的终止上市

根据《证券投资基金法》的规定，基金上市交易后，有下列情形之一的，由证券交易所终止其上市交易，并报国务院证券监督管理机构备案：①不再具备《证券投资基金法》规定的上市交易条件；②基金合同期限届满；③基金份额持有人大会决定提前终止上市交易；④基金合同约定的或者基金份额上市规则规定的终止上市的其他情形。

开放式基金的基金份额的申购、赎回、登记，由基金管理人或者委托的基金服务机构办理。开放式基金因其规模是"开放"的，在基金存续期内其规模是变动的，除基金合同另有约定的按照其约定外，应在每个交易日办理基金份额的申购、赎回业务。因此，开放式基金的交易方式为场外交易，在投资者与基金管理人之间进行交易，投资者可到基金管理公司或其委托的基金服务机构进行基金份额的买卖，办理基金份额的随时申购与赎回。开放式基金的基金份额的申购、赎回和登记，由基金管理人负责办理；基金管理人可以委托国务院证券监督管理机构认定的其他机构代为办理。基金份额的申购、赎回价格，依据申购、赎回日基金份额净值加、减有关费用计算。

五、禁止的交易行为

为了维护证券市场的秩序，《证券法》规定禁止下列交易行为：

（一）内幕交易行为

内幕交易行为是指证券交易内幕信息的知情人员利用内幕信息进行交易的行为。这种行为不仅违反了《证券法》的公开、公平、公正的原则，也侵犯了其他投资者的权益，扰乱了正常的市场秩序，为证券法所禁止。

证券交易内幕信息的知情人包括：①发行人的董事、监事、高级管理人员；②持有公司5%以上股份的股东及其董事、监事、高级管理人员，公司的实际控制人及其董事、监事、高级管理人员；③发行人控股的公司及其董事、监事、高级管理人员；④由于所任公司职务可以获取公司有关内幕信息的人员；⑤证券监督管理机构工作人员以及由于法定职责对证券的发行、交易进行管理的其他人员；⑥保荐人、承销的证券公司、证券交易所、证券登记结算机构、证券服务机构的有关人员；⑦国务院证券监督管理机构规定的其他人。

证券交易活动中，涉及公司的经营、财务或者对该公司证券的市场价格有重大影响的尚未公开的信息，为内幕信息。包括：①法律规定上市公司必须公开的、可能对股票价格产生较大影响、投资者尚未得知的重大事件；②公司分配股利或者增资的计划；③公司股权结构的重大变化；④公司债务担保的重大变更；⑤公司营业用主要资产的抵押、出售或者报废，一次超过该资产的30%；⑥公司的董事、监事、高级管理人员的行为可能依法承担重大损害赔偿责任；⑦上市公司收购的有关方案；⑧国务院证券监督管理机构认定的对证券交易价格有显著影响的其他重要信息。

证券交易内幕信息的知情人和非法获取内幕信息的人，在内幕信息公开前，不得买卖该公司的证券，或者泄露该信息，或者建议他人买卖该证券。但是，持有或者通过协议、其他安排与他人共同持有公司5%以上股份的自然人、法人、其他组织收购上市公司股份的，不在禁止之列，按照上市公司收购的有关规定办理。内幕交易行为给投资者造成损失的，行为人应当依法承担赔偿责任。

（二）操纵证券市场行为

操纵市场是指单位或者个人以获取利益或减少损失为目的，利用其资金、信息等优势或者滥用职权影响证券市场价格，制造证券市场假象，诱导或致使投资者在不了解事实真相的情况下作出证券买卖的决定，扰乱证券市场秩序的行为。

操纵证券市场的行为包括：①单独或者通过合谋，集中资金优势、持股优势或者利用信息优势联合或者连续买卖，操纵证券交易价格或者证券交易量；②与他人串通，以事先约定的时间、价格和方式相互进行证券交易，影响证券交易价格或者证券交易量；③在自己实际控制的账户之间进行证券交易，影响证券交易价格或者证券交易量；④以其他手段操纵证券市场。

操纵证券市场行为给投资者造成损失的，行为人应当依法承担赔偿责任。

（三）制造虚假信息行为

制造虚假信息行为是指单位和个人对证券发行、交易及相关活动的事实、性质、前景等作出不实、严重误导或重大遗漏的传播、陈述或误导的行为。根据《证券法》第78条的规定，禁止国家工作人员、传播媒介从业人员和有关人员编造、传播虚假信息，扰乱证券市场。禁止证券交易所、证券公司、证券登记结算机构、证券服务机构及其从业人员，证券业协会、证券监督管理机构及其工作人员，在证券交易活动中作出虚假陈述或者信息误导。各种传播媒介传播证券市场信息时必须真实、客观，禁止误导。

（四）欺诈客户的行为

欺诈客户行为是指证券公司及其从业人员在证券交易中违背客户的真实意愿，损害客户利益的行为。根据《证券法》第79条的规定，禁止证券公司及其从业人员从事下列损害客户利益的欺诈行为：①违背客户的委托为其买卖证券；②不在规定时间内向客户提供交易的书面确认文件；③挪用客户所委托买卖的证券或者客户账户上的资金；④未经客户的委托，擅自为客户买卖证券，或者假借客户的名义买卖证券；⑤为牟取佣金收入，诱使客户进行不必要的证券买卖；⑥利用传播媒介或者通过其他方式提供、传播虚假或者误导投资者的信息；⑦其他违背客户真实意思表示，损害客户利益的行为。

（五）其他的禁止行为

禁止法人非法利用他人账户从事证券交易；禁止法人出借自己或者他人的证券账户；禁止任何人挪用公款买卖证券；依法拓宽资金入市渠道，禁止资金违规流入股市。国有企业和国有资产控股的企业买卖上市交易的股票，必须遵守国家有关规定。

六、持续信息公开

向社会公众发行证券以及在证券交易中都必须将有关信息公开，这是投资者对投资风险和投资收益进行估计，作出投资决策的主要途径，也是对证券发行人进行监督的重要方式。对此，我国《公司法》、《证券法》及有关行政法规中对证券市场中的信息公开都作了详细的规定。

经国务院证券监督管理机构核准依法公开发行股票，或者经国务院授权的部门核准依法公开发行公司债券，应当公告招股说明书、公司债券募集办法。依法公开发行新股或者公司债券的，还应当公告财务会计报告。上市公司和公司债券上市交易的公司，应当在每一会计年度的上半年结束之日起2个月内，向国务院证券监督管理机构和证券交易所报送中期报告，并予以公告；应当在每一会计年度结束之日起4个月内，向国务院证券监督管理机构和证券交易所报送年度报告，并予以公告。发生可能对上市公司股票交易价格产生较大影响的重大事件，投资者尚未得知时，上市公司应当立即将有关该重大事件的情况向国务院证券监督管理机构和证券交易所报送临时报告，并予以公告，说明事件的起因、目前的状态和可能产生的法律后果。

发行证券投资基金的，应当公开披露的基金信息包括：基金招募说明书、基金合同、基金托管协议，基金募集情况，基金份额上市交易公告书，基金资产净值、基金份额净值，基金份额申购、赎回价格，基金财产的资产组合季度报告、财务会计报告及中期和年度基金报告，临时报告，基金份额持有人大会决议，基金管理人、基金托管人的专门基金托管部门的重大人事变动，涉及基金财产、基金管理业务、基金托管业务的诉讼或仲裁等。

发行人、上市公司公告的招股说明书、公司债券募集办法、财务会计报告、上市报告文件、年度报告、中期报告、临时报告以及其他信息披露资料，有虚假记载、误导性陈述或者重大遗漏，致使投资者在证券交易中遭受损失的，发行人、上市公司应当承担赔偿责任；发行人、上市公司的董事、监事、高级管理人员和其他直接责任人员以及保荐人、承销的证券公司，应当与发行人、上市公司承担连带赔偿责任，但是能够证明自己没有过错的除外；发行人、上市公司的控股股东、实际控制人有过错的，应当与发行人、上市公司承担连带赔偿责任。

第四节 上市公司收购制度

一、上市公司收购的概念和分类

上市公司收购是指收购人通过法定方式，取得上市公司一定比例的发行在外的股份，以实现对该上市公司控股或者合并的行为。它是公司并购的一种重要形式，也是实现公司间兼并控制的重要手段。在公司收购过程中，采取主动的一方称为收购人，而被动的一方则称为被收购公司或目标公司。

上市公司的收购，根据不同标准可以做不同的分类：如以收购数量为标准，可分为全部收购和部分收购；以收购价款支付方式的不同为标准，分为现金收购和换股收购；以收购方与被收购方的关系为标准，分为善意收购和恶意收购。我国《证券法》中以收购方式为标准分为要约收购和协议收购。要约收购是指收购人通过向被收购公司的所有股东发出购买该上市公司股份的收购要约方式而进行的收购。协议收购是指收购人与上市公司股份的持有人就收购股份事宜通过达成协议方式而进行的收购。

二、上市公司收购的原则

1. 股东平等待遇原则。在公开要约收购的情况下，收购者必须向所有持有其要约所欲购买股份的股东发出收购要约；进行部分收购时，当目标公司股东承诺出售的股票数量超过收购者计划购买的数量时，收购者必须按比例从所有同意出卖股份的股东那里购买，而不论股东作出同意出卖其股份的意思表示的先后；目标公司股东在收购中平等地享有收购者向任何股东提出的最高价要约。

2. 充分披露原则。充分披露原则是指与收购有关的重要信息均应充分披露，使面临收购的目标公司股东能够自行作出有依据的决定。这一原则有助于解决上市公司收购中的信息不对称问题，防止内幕交易和证券欺诈行为的发生，从而保护所有投资者的合法权益。

3. 保护社会公众投资者利益原则。投资者通过证券交易所的证券交易持有或者通过协议、其他安排与他人共同持有一个上市公司已发行的股份达到5%时，应当在该事实发生之日起3日内，向国务院证券监督管理机构、证券交易所作出书面报告，通知该上市公司，并予以公告；在上述期限内，不得再行买卖该上市公司的股票。

投资者持有或者通过协议、其他安排与他人共同持有一个上市公司已发行的股份达到5%后，其所持该上市公司已发行的股份比例每增加或者减少5%，应当依照规定进行报告和公告。在报告期限内和作出报告、公告后2日内，不得再行买卖该上市公司的股票。

由于证券法对收购人采取慢走规则，社会公众投资者不仅有一定的时间考虑是否买卖被收购公司的股票，而且有一定的时间可以进行买卖。

三、上市公司收购的方式

（一）要约收购

根据《证券法》的规定，通过证券交易所的证券交易，投资者持有或者通过协议、其他安排与他人共同持有一个上市公司已发行的股份达到30%时，继续进行收购的，应当依法向该上市公司所有股东发出收购上市公司全部或者部分股份的要约。

依照规定发出收购要约，收购人必须事先向国务院证券监督管理机构报送上市公司收购报告书，并同时提交证券交易所。收购人在依照规定报送上市公司收购报告书之日起15日后，公告其收购要约。收购要约约定的收购期限不得少于30日，并不得超过60日。

在收购要约确定的承诺期限内，收购人不得撤销其收购要约。收购人需要变更收购要约的，必须事先向国务院证券监督管理机构及证券交易所提出报告，经批准后，予以公告。

收购人在收购期限内，不得卖出被收购公司的股票，也不得采取要约规定以外的形式和超出要约的条件买入被收购公司的股票。

（二）协议收购

采取协议收购方式的，收购人应当依法与目标公司的控股股东进行协商，并征得目标公司管理层的同意，达成股权转让协议。我国《证券法》确认协议收购制度主要是为解决国家股、法人股的流通问题。

协议收购的程序如下：①收购人与被收购公司依照法律、行政法规的规定达成股权转让协议；②达成协议后，应当在 3 日内报告国务院证券监督管理机关和证券交易所，并通过一定的方式予以公告，在公告前不得履行收购协议；③编制并公布公开说明书；④履行收购协议；⑤协议收购结束后，收购人应在 15 日内将收购情况报告国务院证券监督管理机构和证券交易所，并予以公告。

四、上市公司收购的法律后果

收购期限届满，被收购公司股权分布不符合上市条件的，该上市公司的股票应当由证券交易所依法终止上市交易；其余仍持有被收购公司股票的股东，有权向收购人以收购要约的同等条件出售其股票，收购人应当收购。

在上市公司收购中，收购人持有的被收购的上市公司的股票，在收购行为完成后的 12 个月内不得转让。收购行为完成后，收购人与被收购公司合并，并将该公司解散的，被解散公司的原有股票由收购人依法更换。收购行为完成后，被收购公司不再具备股份有限公司条件的，应当依法变更企业形式。

第五节　违反证券法的法律责任

违反证券法的法律责任，是指证券法律关系的主体在违反证券法律、法规或者不履行法定义务、约定义务，侵害国家、法人和个人的合法权益时，应当依法承担的法律后果。根据《证券法》的规定，违反证券法的法律责任包括民事责任、行政责任、刑事责任。为规范证券发行、上市交易行为，建立良好的市场秩序，《证券法》规定的法律责任涉及的主体有十几种，例如，证券发行人、证券公司、证券交易所、证券登记结算机构、证券交易服务机构以及各主体的从业人员，证券投资者，从事证券服务业务的会计师事务所、资产评估机构、律师事务所、证券监督管理机构的工作人员，证券业协会的工作人员以及其他单位和个人等。

一、违反证券法的民事责任

违反证券法的民事责任，是指证券法律关系的主体因违反证券法规定或者双方约定的义务而在民事上必须承担的法律后果。民事责任以补偿受害人为目的，它是一种补偿性的财产责任。在我国，承担证券民事责任的方式有：返还财产（返还本金及同期银行存款利息）、停止侵害、赔偿损失（损害赔偿）和支付违约金等。我国《证券法》第 232 条还规定了民事责任优先的原则，即违法者应当承担民事赔偿责任和缴纳罚款、罚金，其财产不足以同时支付时，先承担民事赔偿责任。可见，我国在设计违反证券法责任体系时遵循的原则是：民事赔偿为一般，行政或刑事惩罚为例外；赔偿为主，惩罚为辅。

二、违反证券法的行政责任

违反证券法的行政责任，是指证券法律关系的主体因违反法律和行政法规而在行政上必须承担的法律后果。在我国，行政责任包括行政处分和行政处罚。行政处分的种类主要有警告、记过、记大过、降级、降职、撤职、留用察看、开除等。行政处罚包括责令改正、责令限期出售、罚款、没收违法所得、限制或暂停证券业务、暂停或取消发行或上市资格、责令停业整顿、撤销证券业务许可、吊销执照、吊销违法人员资格证书、市场禁入等。我国《证券法》对证券违法行为的行政责任作了较为具体的规定，这充分反映了其证券行业管理法的本质。

三、违反证券法的刑事责任

违反证券法的刑事责任，是指证券法律关系的主体因触犯刑事法律规范所应承担的法律后果。

四、几种典型违反证券法的法律责任

（一）证券内幕交易之法律责任

根据《证券法》第202条的规定，证券交易内幕信息的知情人或者非法获取内幕信息的人，在涉及证券的发行、交易或者其他对证券的价格有重大影响的信息公开前，买卖该证券，或者泄露该信息，或者建议他人买卖该证券的，责令依法处理非法持有的证券，没收违法所得，并处以违法所得1倍以上5倍以下的罚款；没有违法所得或者违法所得不足3万元的，处以3万元以上60万元以下的罚款。单位从事内幕交易的，还应当对直接负责的主管人员和其他直接责任人员给予警告，并处以3万元以上30万元以下的罚款。证券监督管理机构工作人员进行内幕交易的，从重处罚。

内幕交易行为给投资者造成损失的，行为人应当依法承担赔偿责任。构成犯罪的，依法追究刑事责任。

（二）操纵市场之法律责任

根据《证券法》第203条的规定，违反《证券法》的规定，操纵证券市场的，责令依法处理其非法持有的证券，没收违法所得，并处以违法所得1倍以上5倍以下的罚款；没有违法所得或者违法所得不足30万元的，处以30万元以上300万元以下的罚款。单位操纵证券市场的，还应当对直接负责的主管人员和其他直接责任人员给予警告，并处以10万元以上60万元以下的罚款。

操纵证券市场行为给投资者造成损失的，行为人应当依法承担赔偿责任。

我国《刑法》第182条规定，操纵证券市场情节严重的，处5年以下有期徒刑或者拘役，并处或单处罚金。该法第82条第1款分4项就连续买卖、相互委托、冲洗买卖及其他价格操纵行为的含义及构成要件，作出与《证券法》相同的规定，从而使"情节严重"成为划分行政及刑事责任的基本标准。

（三）欺诈客户之法律责任

根据《证券法》的规定，证券公司违背客户的委托买卖证券、办理交易事项，或

者违背客户真实意思表示，办理交易以外的其他事项的，责令改正，处以 1 万元以上 10 万元以下的罚款。给客户造成损失的，依法承担赔偿责任。

证券公司、证券登记结算机构挪用客户的资金或者证券，或者未经客户的委托，擅自为客户买卖证券的，责令改正，没收违法所得，并处以违法所得 1 倍以上 5 倍以下的罚款；没有违法所得或者违法所得不足 10 万元的，处以 10 万元以上 60 万元以下的罚款；情节严重的，责令关闭或者撤销相关业务许可。对直接负责的主管人员和其他直接责任人员给予警告，撤销任职资格或者证券从业资格，并处以 3 万元以上 30 万元以下的罚款。

证券公司办理经纪业务，接受客户的全权委托买卖证券的，或者证券公司对客户买卖证券的收益或者赔偿证券买卖的损失作出承诺的，责令改正，没收违法所得，并处以 5 万元以上 20 万元以下的罚款，可以暂停或者撤销相关业务许可。对直接负责的主管人员和其他直接责任人员给予警告，并处以 3 万元以上 10 万元以下的罚款，可以撤销其任职资格或者证券从业资格。

欺诈客户行为给客户造成损失的，行为人应当依法承担赔偿责任。构成犯罪的，依法追究刑事责任。

本章练习题

1. 简述证券的概念及其特征。
2. 简述《证券法》的基本原则。
3. 简述股票的概念与特征。
4. 股票的主要类别有哪些？
5. 股份有限公司公开发行股票的条件有哪些？
6. 简述公司债券的概念与特征。
7. 发行公司债券的条件有哪些？
8. 简述证券投资基金的概念与特征。
9. 简述我国的证券承销制度。
10. 我国证券交易的一般规则有哪些？
11. 股票上市交易应当符合哪些条件？
12. 公司债券上市的条件有哪些？
13. 证券投资基金上市的条件有哪些？
14. 《证券法》规定的禁止交易行为有哪些？
15. 简述要约收购规则。

第十五章　票据法

学习目的与要求

实践中，票据已经成为使用最广泛的结算、信用和融资工具。通过本章学习，全面理解票据法的基本理论，重点掌握汇票、本票和支票的各类票据行为规则、票据追索权的行使制度等，并能够具体区分三类票据，解决票据运作中的基本法律问题。

第一节　票据法概述

一、票据的概念、性质、种类与功能

（一）票据的概念

"票据"一词有广义和狭义之分。广义上的票据与有价证券同义，包括所有能使财产证券化并具有支付、流通功能的证券，如汇票、本票、支票、提单、仓单、股票、债券等；狭义上的票据，是指发票人依法签发，由自己无条件支付或委托他人无条件支付一定金额的有价证券。《票据法》规定，票据包括汇票、本票和支票三种。本章所指票据仅指狭义上的票据。

（二）票据的性质

票据就其性质来说，与股票、债券一样属于有价证券。因而，票据也具备有价证券的基本特征，即：①它是财产性权利的表现，是一定的财产价值的转化物；②它是权利与证券的结合，而不是单纯的权利的证明；③它是权利运行的载体，其所表现的权利的发生、转移或者行使，须依附证券才能进行。

票据与其他有价证券相比，具有其独特的性质：

1. 票据是设权证券。与股票等证权证券不同，票据是设权证券，即票据的权利是由票据行为——出票而创设，没有票据就没有票据上的权利。同样，票据义务也因票据的设立而产生。

2. 票据是债权证券。票据所创设的权利是金钱债权，票据持有人可以就票据记载的一定数额的金钱向票据的特定债务人行使请求付款权，因此票据是一种金钱债权证券。

3. 票据是无因证券。即票据权利依基础关系产生后，只要具备法定条件，票据权利即告成立，票据义务随之产生，票据关系与基础关系相分离，成为独立的票据债权关系，一般不再受基础关系的影响。

4. 票据是要式证券。票据有严格的形式要求，票据的做成必须依法定的方式才能产生票据上的效力，如果票据的必要记载事项有欠缺，除票据法另有规定外，票据无效。

5. 票据是文义证券。票据的权利和义务完全由票据上所记载的文字决定，并以法律规定的解释方式进行解释，而不得以票据记载以外的任何理由改变票据的效力。

6. 票据是金钱证券。票据以金钱为给付标的，因此票据能够代替现金作为支付工具和流通工具。

7. 票据是流通证券。票据在到期前，可以通过背书方式转让。票据的流通性是票据的基本特征。票据若不能流通，就不能称其为票据。

此外，票据还是提示证券和返还证券。票据债权人以占有票据为必要条件，票据持有人行使票据权利，请求票据债务人履行票据债务时，必须提示票据，以证明其占有票据的事实。因此票据又是提示证券。当持票人向票据债务人提示付款并收到票据金额的全部给付时，必须将此票据交还给付款人，以示票据上债权债务关系的消灭。如果票据债权人不交还票据，票据债务人可以拒付票据金额而不负票据责任。因而票据也是返还证券。

（三）票据的种类

根据不同的标准，可对票据作不同的分类。我国《票据法》第 2 条第 2 款规定："本法所称票据，是指汇票、本票和支票。"可见，我国的票据包括汇票、本票和支票三种。这是法律上对票据的分类。除此之外，学理上对票据还有以下几种分类：

1. 根据出票人是否直接对票据进行付款，可分为自付票据与委托票据。自付票据是指出票人本人直接对票据无条件付款的票据；委托票据是指出票人本人不直接承担付款义务，而是委托他人付款并在票据上加以记载，由他人承担无条件付款义务的票据。

2. 根据票据的经济职能，可分为信用票据与支付票据。支票属于支付票据，而汇票与本票则属于信用票据。

3. 根据票据收款人对票据的记载方式不同，可分为记名票据、无记名票据及指示票据。记名票据是指在票据上明确记载收款人的名称的票据；无记名票据是指票据上不记载收款人的名称，或者把权利人记作"持票人"或"来人"等字样的票据；指示票据是指在票据上记载收款人的姓名或名称之后，还附加记载有"或其指定之人"的票据。

4. 根据票据上所记载的到期日的不同，可分为即期票据与远期票据。即期票据是指持票人可随时提示付款，由出票人见票付款的票据；远期票据是指在票据上记载将来某个日期为到期日，付款人在该日期到来时才付款的票据。

（四）票据的功能

票据在经济生活中的功能，主要表现在以下四个方面：

1. 支付功能。票据最基本、最简单的功能是作为支付工具，代替现金使用。以票据作为支付工具，可以减少货币发行量；对于异地交易或跨国交易，利用票据的汇兑功能亦能避免现金输送的麻烦和风险。

2. 流通功能。一方面，票据可以作为信用货币代替现金用于支付和流通；另一方面，票据经由背书或交付转让，转让人对票据付款负有担保义务，转让次数越多，对票据负责的人就越多，进而提高了票据的流通性。

3. 信用功能。信用就是货币资金的借贷。票据的信用职能实际上是"人的信用证券化"，即当事人之间可以用票据约定付款期限。而在票据到期之前，票据的持有人可以利用出票人和承兑人的信用通过贴现取得现金，或者通过背书转让履行其他债务。

4. 融资功能。通过票据贴现可实现筹集、融通资金的作用。持票人把未到期的承兑汇票出售给银行，银行在扣除规定的贴现利息后把票据的款项交付给持票人。等票据到期后，银行再向付款人请求付款。银行通过向持票人提供其急需的资金，加速了资金的周转。

二、票据法的概念和特征

（一）票据法的概念

票据法是指调整票据关系的法律规范的总称。从票据法的外在表现形式方面来看，票据法有广义和狭义之分。广义的票据法是指所有与票据有关的法律规范，不仅包括专门的票据法，还包括民法、刑法以及相关的行政法规、规章。如民法中有关法律行为、代理等的规定；刑法中关于伪造有价证券罪的规定；民事诉讼法中关于票据诉讼及公示催告制度的规定等。狭义的票据法仅指以"票据法"命名的法律。我国现行票据法主要有：1995 年 5 月 10 日第八届全国人民代表大会常务委员会第十三次会议通过、1996 年 1 月 1 日起施行、2004 年 8 月 28 日修正的《中华人民共和国票据法》；1997 年 8 月 21 日中国人民银行发布的《票据管理实施办法》；中国人民银行 1997 年 9 月 19 日发布的《支付结算办法》；2000 年 2 月 24 日最高人民法院审判委员会通过的《关于审理票据纠纷案件若干问题的规定》等。可以说，我国已经初步建立了一套适应社会主义市场经济发展需要的票据法体系。

（二）票据法的特征

1. 私法兼具公法性。票据法调整的是平等主体之间因票据而产生的社会关系，属私法范畴。但近百年来，各国逐渐加强了对私法领域中各种社会生活的干预，商法（包括票据法）中的公法内容逐渐增多，如票据法中明确规定对非法使用票据者处以刑罚、行政处罚就是一典型例证。

2. 国内法兼具国际法性。票据法是国内法。但票据是一种金钱支付工具，具有极大的流通性，随着商品经济和国际贸易的发展，不同地区、不同国家的票据法日趋统一。如《日内瓦统一汇票本票法公约》和《日内瓦统一支票法公约》就是因适应国际贸易的要求而为许多国家所接受。它体现了票据法的国际统一性趋势。德国现行的票据法和支票法同日本的票据法和支票法几乎逐条相同，因为这些法都是以《日内瓦统一票据法》为蓝本的。票据法已成为国际上统一程度最高的一种法律。

3. 技术性强。相对于"杀人者死"、"欠债还钱"这些具有较强伦理道德色彩的刑法、民法规范来说，票据法的规定多数是出自商业交易活动的需要，为保证票据使用的方便与安全可靠，根据票据本身的特点和内在本质规律，专门设计出来的。因此，票据法与交通法规有相似之处，技术性较强，都属于技术性的规定。

4. 强行法而非任意性法。票据关系的设定、变更或消灭，均以法律规定为行为准则。票据的内容由法律直接规定，不依当事人的意愿变更。如票据的种类、格式，票据行为，票据当事人的权利、义务等内容大多是强制性规范，少有任意性规范，这使得当事人难以有任意而为的机会。

三、票据法律关系

（一）票据关系

1. 票据关系的概念。票据关系是基于票据当事人的票据行为而发生的票据上的权利义务关系。由于票据行为有出票、背书、承兑、保证、付款等，票据关系也就有发票关系、背书关系、承兑关系、保证关系、付款关系等，从而在票据当事人之间产生了票据上的权利义务关系。

2. 票据关系的当事人。票据关系的当事人，是指享有票据权利、承担票据义务的法律关系主体。根据我国《票据法》的规定，票据当事人是指在票据上签章并承担责任的人和享有票据权利的人，包括出票人、收款人、持票人、承兑人、背书人、保证人、付款人及其代理付款人等。在这些票据法律关系的主体中，他们既可以是个人，也可以是法人，还可以是国家。

票据当事人可分为基本当事人和非基本当事人。基本当事人是随发票行为而出现的当事人。如汇票与支票的基本当事人有出票人、付款人与收款人，本票的基本当事人有出票人与收款人。基本当事人是构成票据关系的必要主体，这种主体不存在或不完全，票据上的法律关系就不能成立，票据也就无效。非基本当事人是在票据签发之后通过其他票据行为而参加到票据关系中的当事人，如承兑人、保证人、背书人等。

（二）非票据关系

1. 非票据关系概述。非票据关系，是相对于票据关系而言的一种法律关系，这种关系与票据有联系，但非票据行为本身所产生的，而是因法律规定所发生的法律关系，人们通常称为非票据关系。例如，因票据时效期满或手续欠缺而丧失票据上权利的持票人，对于出票人或承兑人有利益偿还请求权。这一权利与票据有联系，但并非票据行为所产生，而是基于法律的规定产生的。票据法之所以要设立这样一种关系，目的是为了保护票据债权人的利益，当债权人在某种原因下丧失票据上的权利时，法律作出一些规定对债权人的权利予以补救。

根据产生的法律基础不同，非票据关系又分为票据法上的非票据关系与民法上的非票据关系。

2. 票据法上的非票据关系。票据法上的非票据关系是由票据法直接规定的，与票据行为相联系，但又不是由票据行为本身所产生的权利义务关系。

票据法上的非票据关系与票据关系的主要区别：①前者直接由法律规定而发生，后者由当事人的票据行为所引起；②前者权利的行使不以持有票据为必要，而后者则以持有票据为前提。

票据法上的非票据关系主要包括：①对于因恶意或重大过失而取得票据的持票人，真正权利人向其行使票据返还请求权而发生的关系；②因时效或手续的欠缺，丧失票据上权利的持票人，对发票人或承兑人在其所受利益限度内行使利益返还请求权而发生的关系；③付款人付款后，对持票人行使交出票据请求权而发生的关系；④汇票的持票人向发票人行使给予复本请求权而发生的关系等。

3. 民法上的非票据关系。民法上的非票据关系是指票据的基础关系（或称票据的实质关系）。从票据法的角度看，这些关系不属于票据关系的范围，不是票据法规范的对象，由民法加以调整，因而称之为民法上的非票据关系。这些非票据关系大体可分为三种：票据原因关系、票据预约关系和票据资金关系。相应地，票据的基础关系也主要有三类：

（1）原因性票据基础关系。它是指票据当事人之间由接受某种票据的原因所生的基础关系。也就是说，某种关系之所以出现，必定有着客观的原因。如买卖合同中，买方以票据结算方式支付货款，此时，买卖关系是票据关系产生的原因，我们称此买卖关系为原因性票据基础关系。

（2）资金性票据基础关系，简称资金关系。它是指汇票或支票的出票人与付款人之间的基础关系。如付款人（银行）处存有出票人（存款人）的资金时，出票人因某项支出开出一张支票，这样就会在付款人与存款人之间产生票据关系。可见，因资金的存贷关系也能产生票据关系，我们称这种资金的存贷关系为资金性票据基础关系。

（3）票据预约。票据当事人间虽然有原因关系存在，但是在为票据行为之前，通常要对票据行为的内容有所约定，如在发出票据之前，出票人与收款人之间就票据的种类、金额、到期日、付款地等事项达成协议，这种协议就是一种票据预约，它本身不是票据关系。在票据当事人间，首先有原因关系，其次有票据预约，然后才有根据预约发出票据之后所产生的票据关系。票据预约是居于票据原因与票据行为之间的中间行为，是票据原因的结果，也是票据行为的基础，它使当事人一方负有为票据行为的义务，如出票。票据行为是票据预约的实现，但票据预约与票据行为是分离的。当事人间不履行票据预约是民法上的违约问题，与票据的效力无关。

（三）票据关系与票据基础关系

票据关系与票据基础关系存在着既相分离又相联系的双重关系。一方面，票据关系与票据基础关系相分离，即票据关系一经成立，便与基础关系相脱离，不受基础关系的影响。无论基础关系是否成立，都不影响票据权利的行使，这是作为无因证券的票据流通所必需的，否则票据难以广泛流通。另一方面，票据关系与票据基础关系仍有相联系的地方，这主要表现在票据的原因关系中。一和情况是，当原因关系与票据关系存在于同一当事人之间时，债务人可用原因关系对抗票据关系。如甲因向乙购货而交付汇票于乙，之后，甲乙间的买卖合同解除，乙持票向甲请求付款时，甲可以主张原因关系不存在而拒绝付款。但是，这种以原因关系对抗票据关系的情形只能发生在直接当事人之间，对第三人不生效力。如在上例中，乙已将汇票背书转让于丙，则甲不能以原因关系不存在对抗丙的票据权利。另一种情况是，当持票人取得票据无对价或无相当对价时，不能享有优于其前手的权利。如甲签发票据给乙，丙窃得后将票据以低于票据面额的价格转让给丁。丙为丁的前手，丙不能取得票据权利，丁也就不能取得票据权利。

四、票据行为

（一）票据行为的概念和特征

广义的票据行为是指以发生、变更或消灭票据法律关系为目的的法律行为，包括出票、背书、承兑、保证、参加承兑、保付、参加付款、见票、划线、付款、涂销等。狭义的票据行为是指以负担票据债务为目的的行为，包括出票、背书、承兑、保证、参加承兑、保付、参加付款六种。我国《票据法》中的票据行为只包括出票、背书、承兑、保证、付款五种行为。

票据行为具有如下的特征：

1. 票据行为具有无因性。票据行为一经完成，其效力即不再受其所赖以发生的原因关系存废变更的影响。

2. 票据行为具有要式性。票据行为人必须依法律规定的行为方式为相应的票据行为，未按照法律规定的行为方式所为的票据行为，可能导致票据行为无效。

3. 票据行为具有独立性。同一票据上的若干票据行为，在效力上互不牵连，均独立地发生效力。

（二）票据行为的构成要件

票据行为的构成要件包括实质要件和形式要件。

1. 票据行为的实质要件。票据行为的实质要件是票据法对行为人的要求，包括行为人的票据能力和行为人的意思表示两个方面。

一般来讲，只要具备民事行为能力的人，都具有票据能力，但各国对此的规定有所不同。我国《票据法》要求票据行为人应当是完全行为能力人；无行为能力人或者限制行为能力人在票据上所为的签章是无效的。这一规定主要是针对自然人的，对法人和非法人组织而言并无此限制，但是若企业进入破产程序，其票据能力也会受到限制。票据行为属于商行为，票据行为人在为票据行为时，应当意思表示一致，而且意思表示必须合法、真实。对民商法中有关意思表示无效或者可撤销的规定，在票据法上应当选择适用。

票据法对票据行为实质要件的规定，对票据效力的影响是有限的。在通常情况下，票据行为的实质要件出现问题时，一般只是影响到某一个具体票据行为的效力，不会影响到整个票据关系的效力。

2. 票据行为的形式要件。票据行为的形式要件是票据法上规定的使票据义务产生的必要条件。票据行为的形式要件主要包括票据行为的记载事项以及交付行为等条件。与票据行为的实质要件相比，形式要件出现问题可能对整个票据关系的效力产生影响。

票据行为的记载事项包括：

（1）绝对应记载事项。绝对应记载事项是指行为人不记载时将使票据或者票据行为不发生效力的记载事项。欠缺任何一项绝对应记载事项都会导致票据无效，如票据名称、无条件支付文句、金额、出票日期、出票人签章等事项。

（2）相对应记载事项。相对应记载事项是指法律规定应当记载，但不记载并不影响票据或票据行为的效力，而是适用法律对此所作的一般规定的事项，如付款日期、付款地、出票地等事项。

（3）任意记载事项。任意记载事项，也称非法定记载事项，是指票据法没有规定记载，但票据行为人记载于票面上则发生票据法上的效力的事项，如禁止转让、设质背书、委托收款背书等事项。

五、票据权利

（一）票据权利的概念和种类

票据权利是指依票据行为所发生的、持票人向票据债务人请求支付票据金额的权利，包括付款请求权和追索权。付款请求权即持票人可对票据主债务人行使的、请求支付票据金额的权利，是票据权利的第一次请求权，是最基本的票据权利。追索权又称偿还请求权，是持票人的付款请求权不获实现，在行使或保全票据上权利后，向应偿还票据金额义务人行使的权利，是票据权利的第二次请求权。追索权只有在票据权利的第一次请求权得不到实现时，即持票人行使付款请求权遭拒绝或有其他法定原因时，方可行使。票据法上的其他权利，如付款人的交出票据请求权、利益返还请求权、汇票持票人的发行复本请求权、票据抗辩权等，由于它们不是票据所固有的权利，而只是为维护票据的信用和实现票据权利而发生的，因此是一种辅助性的权利，它们本身不是票据权利，故称为票据法上的权利。

（二）票据权利的取得

票据权利的取得，是指依一定法律事实而享有票据权利。票据权利的取得有两种途径，即原始取得和继受取得。

1. 票据权利的原始取得。票据权利的原始取得，是指持票人初始取得票据权利，而不是从其他权利人处受让票据权利。票据权利的原始取得包括两种情形：①持票人直接通过出票行为从出票人处取得票据权利，简称出票取得；②持票人依法从无票据权利处分权人手中善意取得票据权利，简称善意取得。

2. 票据权利的继受取得。票据权利的继受取得是指持票人从有票据处分权的前手权利人处受让票据，从而取得票据权利。票据权利的继受取得，包括票据法上的继受取得和非票据法上的继受取得。票据法上的继受取得，主要是依背书转让而取得票据权利。非票据法上的继受取得，包括依普通债权转让方式转让、继承、赠与、公司合并等方式取得票据权利。非票据法上继受取得的票据权利，通常只能得到一般的法律保护，而不能得到票据法对合法持票人的特别保护。

根据我国《票据法》的规定，行为人善意取得票据，一般必须是给付对价才能依法享有票据权利；行为人善意取得票据，是无对价或者无相当对价的，行为人也享有票据权利，但是，该票据权利不得优于其前手。如因税收、继承、赠与依法无偿取得票据的，不受给付对价的限制，但是所享有的票据权利不得优于其前手。反之，行为人因欺诈、偷盗、胁迫或者重大过失等恶意取得票据的，不得享有票据权利。

（三）票据权利的消灭

票据权利的消灭是指因一定的事实而使票据权利不复存在。票据权利消灭后，票据上的债权债务关系也随之消灭。这里的事实就是票据权利的消灭原因。票据消灭的原因很多，如付款、抵销、免除等。在此，主要介绍因时效而使票据权利归于消灭的情形。

我国民法中规定的时效属于消灭时效。在票据关系中，权利人在法律规定的时效期间内不行使权利，同样将引起票据权利的消灭。我国《票据法》规定，票据权利在下列期限内不行使则消灭：①持票人对票据的出票人和承兑人的权利，自票据到期日起2年；见票即付的汇票、本票，自出票日起2年。②持票人对支票出票人的权利，自出票日起6个月。③持票人对前手的追索权，自被拒绝承兑或者被拒绝付款之日起6个月。④持票人对其前手的再追索权，自清偿日或者被提起诉讼之日起3个月。前述第③、④项规定的持票人对其前手的追索权，不包括对票据出票人的追索权。

六、票据的伪造、变造

（一）票据的伪造

票据的伪造指假借他人名义出票或假借他人名义在票据上签章的行为。在伪造票据情形中，被伪造人由于未在票据上亲自签章，因此不负票据责任。此项抗辩事由，被伪造人可以用来对抗一切持票人，即使持票人为善意持票人。伪造人因为未在票据上签署自己的姓名，所以也不承担票据责任。基于票据行为的独立性，票据上有伪造签章的，不影响票据上其他真实签章的效力。例如，A假冒B的名义向C签发一张票据，C取得票据后又将该票据背书给D。A与B均不承担票据责任，但C的签章是真实的，须对D承担票据责任。当然，伪造人会因严重的伪造行为承担其他法律责任。

（二）票据的变造

票据的变造是指无权限而改变票据上除签章以外的其他记载事项，以影响票据责任的行为。票据的变造必须具备三个条件：①必须是无变更权的人所为的变更行为。如果是有变更权的人对票据记载事项进行变更，则叫做票据的更改。②必须是变更票据签章以外的其他事项。③变更票据其他记载事项足以引起票据权利内容发生变化。

票据的变造会对票据关系人的权利义务发生影响。各票据关系人按其在票据上签章的时间确定其责任，在变造之前签章的人，对原记载事项负责；在变造之后签章的人，对变造之后的记载事项负责；不能辨别是在票据被变造之前或者之后签章的，视为在变造之前签章。例如，A 出票给 B 金额是 10 万元，B 背书转让给 C，C 与 D 之间的合同金额是 100 万元，C 将 10 万元改成 100 万元。C 是变造人，C 背书给善意的 D，D 背书给 E，E 如被拒绝付款，E 可以向 A、B、C、D 追索。A、B 承担 10 万元的责任，C、D 承担 100 万元的责任。

七、票据抗辩

（一）票据抗辩

票据抗辩是指票据债务人根据票据法的规定，对票据权利人拒绝履行票据义务的行为。在通常情况下，票据义务人必须依法履行其票据义务，向持票人无条件地支付票据金额。但在某些特别的情况下，票据义务人亦得依法拒绝履行其票据义务，即主张票据抗辩。

依抗辩事由和抗辩效力的不同，票据抗辩可以分为对物抗辩和对人抗辩两类。

1. 对物抗辩。对物抗辩是指因票据本身所存在的事由而发生的抗辩。该抗辩可以对任何持票人提出。其通常包括以下类型：①因票据行为不成立而为的抗辩。如票据绝对记载事项欠缺、背书不连续。②依票据记载不能提出请求而为的抗辩。如票据未到期。③因票据载明的权利已经消灭而为的抗辩。如已付款、时效期间届满。④因票据上有伪造、变造情形而为的抗辩。

2. 对人抗辩。对人抗辩是指因票据债务人与特定的票据权利人之间的法律关系而发生的抗辩。通常包括以下类型：①原因关系抗辩，即基于票据债务人与票据权利人之间所存在的一定的原因关系而发生的抗辩。②票据行为抗辩，即因票据行为不成立、无效或者被撤销而发生的抗辩。③无权的抗辩，即因持票人就票据债务不存在权利而发生的抗辩。

（二）票据抗辩的限制

在就某一票据权利存在着对人抗辩事由的场合，当该票据权利依票据法规定的转让方式进行转让时，该抗辩事由不随之而转移，票据债务人不得以之对抗后手票据权利人，这称为抗辩切断，即票据抗辩的限制。但在持票人明知存在抗辩事由而受让票据时，票据债务人得以对其前手的对人抗辩事由，对该持票人主张抗辩，不受抗辩切断的保护。为此，我国《票据法》规定，票据债务人可以对履行约定义务的与自己有直接债权债务义务关系的持票人进行抗辩。票据债务人不得以自己与出票人或者持票人的前手之间的抗辩事由对抗持票人。但是，持票人明知存在抗辩事由而取得票据的除外。

八、票据的丧失与补救

（一）票据的丧失的概念

票据的丧失，是指持票人并非出于自己的本意而丧失对票据的占有，简称失票。票据丧失又分为票据的绝对丧失与票据的相对丧失。前者是指票据的物质形态已经发生了根本性的变化，它作为一张票据已不存在，也称为票据的灭失。后者是指票据只是脱离了原持有人的占有，而在物质形态上并没有发生根本性的变化，它作为一张票据仍然存在，只是原来的持票人丧失了对票据的占有，也称为票据的遗失。

（二）构成票据丧失的要件

构成票据丧失应具备三个要件：①须有持票人丧失对票据的占有的事实；②持票人丧失票据是由于其意志以外的原因造成的；③持票人所丧失的票据上的票据权利须有效存在。

（三）票据丧失的补救措施

票据权利的行使以占有票据为前提，持票人一旦丧失票据，就无法行使票据权利。为保护真正的票据权利人的利益，我国《票据法》规定了挂失止付、公示催告及普通诉讼三种失票救济措施。票据丧失后，失票人具体采用哪一种措施予以补救，除法律有特别规定外，由失票人根据丧失票据的具体情形自由选择。挂失止付为票据丧失补救方法中的一种临时性措施，而公示催告与提起普通诉讼则是失票人保护票据权利的法定必经程序，失票人即使进行了挂失止付，也必须通过公示催告或者诉讼程序才能行使自己的票据权利。

1. 挂失止付。是指在票据丧失时，失票人将丧失票据的情况通知付款人，并请求付款人停止付款，接受挂失止付的付款人在票据款项未被他人取得的情况下，决定暂停支付的一种失票补救措施。《支付结算办法》第48条规定："已承兑的商业汇票、支票、填明'现金'字样和代理付款人的银行汇票以及填明'现金'字样的银行本票丧失，可以由失票人通知付款人或者代理付款人挂失止付。未填明'现金'字样和代理付款人的银行汇票以及未填明'现金'字样的银行本票丧失，不得挂失止付。"《支付结算办法》规定，允许挂失止付的票据丧失，失票人需要挂失止付的，应填写挂失止付通知书并签章。付款人或者代理付款人收到挂失止付通知书后，查明挂失票据确未付款时，应立即暂停支付。付款人或者代理付款人自收到挂失止付通知书之日起12日内没有收到人民法院的止付通知书的，自第13日起，持票人提示付款并依法向持票人付款的，不再承担责任。我国《票据法》规定，失票人应当在通知挂失止付后3日内，也可以在票据丧失后，直接依法向人民法院申请公示催告，或者向人民法院提起诉讼。

2. 公示催告。公示催告既是票据法中的一种失票救济措施，又是民事诉讼法中的一种诉讼程序。作为票据法中的失票救济措施，是指在票据丧失后，失票人向人民法院提出申请，请求人民法院依法定程序作出宣告票据无效的裁决，从而使票据权利与票据本身相分离，失票人可以依据法院裁决请求票据付款人支付票据金额的一种权利救济措施。关于公示催告适用的范围，票据法没有明确规定。《民事诉讼法》规定公示催告只适用于按规定可以背书转让的票据。《民事诉讼法》第218条规定，可以背书转让的票据持有人，因票据被盗、遗失或者灭失，可以向票据支付地的基层人民法院申请公示催告。最高人民法院《关于审理票据纠纷案件若干问题的规定》规定，出票人已经签章的授权补记的支票丧失后，失票人依法向人民法院申请公示催告的，人民法院应当依法受理。超过付款提示期限的票据丧失以后，失票人申请公示催告的，人民法院应当依法受理。被拒绝承兑、拒绝付款的票据，填明"现金"字样的银行汇票以及支取现金的支票不能申请公示催告。关于公示催告期间，国内票据为自公告发布之日起 60 日；涉外票据可根据具体情况适当延长，但最长不得超过 90 日。

3. 票据诉讼。票据诉讼是指票据丧失后，失票人在票据权利时效届满以前，请求出票人补发票据或者请求债务人付款遭到拒绝时，向人民法院提供相应的担保而提起的请求法院责令出票人补发票据或者责令债务人付款的诉讼。最高人民法院《关于审理票据纠纷案件若干问题的规定》规定，票据丧失后，失票人在票据权利时效届满以前请求出票人补发票据，或者请求债务人付款，在提供相应担保的情况下因债务人拒绝付款或者出票人拒绝补发票据提起诉讼的，由被告住所地或者票据支付地人民法院管辖。失票人因请求出票人补发票据或者请求债务人付款遭到拒绝而向人民法院提起诉讼的，被告为与失票人具有票据债权债务关系的出票人、拒绝付款的票据付款人或者承兑人。失票人行使票据所有权，向非法持有票据人请求返还票据的，人民法院应当依法受理。失票人向人民法院提起诉讼的，除向人民法院说明曾经持有票据及丧失票据的情形外，还应当提供担保，担保的数额应相当于票据载明的金额。

第二节　汇票规则

一、汇票的概念和种类

（一）汇票的概念

汇票是出票人签发的，委托付款人在见票时或者在指定日期，无条件支付确定的金额给收款人或者持票人的票据。在汇票关系中，包括出票人、付款人和收款人三个基本当事人。汇票是委付票据，出票人无直接的付款义务，只承担担保承兑和担保付款的义务。

（二）汇票的种类

根据不同的划分标准，汇票可以作多种分类。依汇票付款期限的不同，汇票可以分为即期汇票和远期汇票。即期汇票也称为见票即付汇票，即在汇票上无到期日的记载，而是在收款人或者持票人向付款人提示汇票、请求付款之时即为到期，付款人应即时付款的汇票。远期汇票则是在汇票上记载到期日，付款人在到期时承担付款的汇票。远期汇票依到期日记载方式的不同，又分为定日付款汇票、出票后定期付款汇票、见票后定期付款汇票。定日付款汇票又称为定期汇票，即以确定的日期为到期日的汇票；出票后定期付款汇票又称为约期汇票，即在收款人或者持票人向汇票上所载付款人提示见票之日后、一定期间届满时为到期日的汇票。见票后定期付款汇票，是指出票人在汇票上记载的于付款人承兑日起经过一定期间方能付款的汇票。我国《票据法》规定，汇票既可以是即期汇票，也可以是远期汇票。

依出票人的不同，汇票可分为银行汇票和商业汇票；依汇票上当事人地位的不同，汇票可分为一般汇票和变式汇票。

二、汇票的出票

（一）汇票的出票的概念

出票是指出票人签发票据并将其交付给收款人的票据行为。在全部票据活动中，出票是最初始的票据行为，是创设票据和票据权利的行为。

出票包括两项内容：一是做成票据并在票据上签章；二是将票据交付给收款人。汇票的出票人必须与付款人具有真实的委托付款关系，并且具有支付汇票金额的可靠资金来源。不得签发无对价的汇票用以骗取银行或者其他票据当事人的资金。

（二）汇票的记载事项

1. 汇票的绝对应记载事项。绝对应记载事项是指汇票签发时必须记载的事项，欠缺绝对应记载事项的，票据无效。其具体包括：①表明"汇票"的字样；②无条件支付的委托；③确定的金额，即无条件支付的确定的金额，金额的记载应以中文大写和数码同时记载，二者必须一致，二者不一致的，票据无效；④付款人名称；⑤收款人名称；⑥出票日期；⑦出票人签章。签章为签名、盖章或者签名加盖章。法人和其他使用票据的单位在票据上的签章，为该法人或者该单位的盖章加其法定代表人或者其授权的代理人的签章。在票据上的签名，应当为该当事人的本名。

2. 汇票的相对应记载事项。相对应记载事项是汇票上应当记载的事项，但如未记载，并不导致票据无效，可依法律规定而补充明确。具体包括：①付款日期。即汇票到期日，可以按照下列形式之一记载：见票即付、定日付款、出票后定期付款、见票后定期付款。汇票上未记载付款日期的，为见票即付。②付款地。即付款人支付票据金额的地域。汇票上未记载付款地的，付款人的营业场所、住所或者经常居住地为付款地。③出票地。即出票人为出票行为时所在的行政区域。未记载出票地时，以出票人的营业场所、住所或者经常居住地为出票地。

3. 汇票的任意记载事项。是指出票人可以自由选择是否记载的事项，但是一经记载，即发生票据法上的效力。如禁止转让、设质背书、委任背书等事项。

（三）汇票出票的法律效力

汇票出票行为完成后，对出票人而言，其一般不直接付款，而是委托他人付款，因而汇票的出票人无直接的付款义务，只承担保证该汇票承兑和付款的责任。但是，出票人在汇票得不到承兑或者付款时，应当依法向持票人清偿汇票金额及有关损失和费用。对汇票上记载的付款人而言，由于委托付款是出票人单方面的行为，并未取得付款人的合意，因此出票人出票后，付款人只取得付款人之资格，并未产生付款人的绝对付款义务；付款人是否承担付款之义务，需要由付款人依照自己的意思确定是否承兑。对收款人而言，收款人取得出票人发出的汇票即取得票据权利：一方面就票据金额享有付款请求权，另一方面在该请求权不能得到满足时，享有追索权。

三、汇票的背书

背书是指持票人以转让汇票权利或其他权利为目的，在汇票背面或者粘单上记载有关事项并签章的票据行为。根据《票据法》的规定，持票人可以将汇票权利转让给他人或者将一定的汇票权利授予他人行使，但应当背书并交付汇票。

按照背书目的的不同，背书可以分为转让背书和非转让背书。转让背书是指以转让票据权利为目的的背书行为。转让背书又可以分为一般转让背书和特殊转让背书。一般转让背书是指在背书时无特殊情形出现的背书，包括完全背书和空白背书。完全背书是指背书时记载事项完整的背书；空白背书是指欠缺被背书人名称记载的背书。两种背书在转让的后果方面有所不同。特殊转让背书是指在背书时有特殊情形出现的背书。特殊转让背书主要包括禁止背书、期后背书、回头背书、无担保背书等形式。一般转让背书和特殊转让背书所产生的法律效力是不同的。非转让背书是指不以转让票据权利为目的而为的其他背书，如质押背书、委托收款背书等。通常情况下，票据制度和票据理论中所称的背书为转让背书。

我国《票据法》对转让背书的一般规定，主要体现在以下几个方面：

1. 背书是在票据背面或者粘单上所为的签章行为。

2. 转让背书的记载事项主要包括背书人签章、被背书人名称和背书日期。前两个事项为绝对记载事项，而背书日期为相对记载事项，背书时未记载背书日期的，视为在汇票到期日前的背书。

3. 汇票出票人记载了"不得转让"字样的，汇票不得转让；背书人在汇票上记载了"禁止转让"字样，其后手再背书转让的，原背书人对其后手的被背书人不承担保证责任。

4. 汇票背书不得附有条件。附有条件的，所附条件不具有汇票上的效力。

5. 汇票不得部分背书。将票据金额一部分转让或者将票据金额分别转让给两个人以上的背书无效。

6. 汇票多次背书的，背书应当连续（非转让背书除外），否则，付款人可以拒绝付款。

7. 汇票被拒绝承兑、被拒绝付款或者超过付款提示期限的，不得背书转让；背书转让的，背书人应当承担汇票责任。

背书人依法背书转让其权利后，只要背书形式符合法律规定，票据权利就转让于被背书人；背书人在票据背书转让后，即承担保证其后手所持票据能得到承兑和付款的责任。

实践中，汇票背书除转让背书外，还包括委托收款背书、质押背书等非转让背书，此时，该等背书应当记载"委托收款"、"质押"等字样。

四、汇票的承兑

承兑是指汇票付款人承诺在汇票到期日支付汇票金额的票据行为。承兑是汇票特有的制度。在汇票关系中，出票人出票仅使付款人取得了付款人之权限，即承兑人的地位，但付款人是否承担付款人之责任，则取决于付款人是否承兑。因此，承兑是明确付款人付款责任的一项法律制度。

（一）提示承兑

提示承兑是指持票人向付款人出示汇票，并要求付款人承诺付款的行为。

定日付款或者出票后定期付款的汇票，持票人应当在汇票到期日前向付款人提示承兑；见票后定期付款的汇票，持票人应当自出票日起 1 个月内向付款人提示承兑；见票即付的汇票无需提示承兑。汇票未按照规定期限提示承兑的，持票人丧失对其前手的追索权。

（二）承兑成立

付款人对向其提示承兑的汇票，应当自收到提示承兑的汇票之日起 3 日内承兑或者拒绝承兑。付款人收到持票人提示承兑的汇票时，应当向持票人签发收到汇票的回单。回单上应当记明汇票提示承兑日期并签章。付款人承兑汇票的，应当在汇票正面记载"承兑"字样和承兑日期并签章；见票后定期付款的汇票，还应当在承兑时记载付款日期。汇票上未记载承兑日期的，以付款人收到提示承兑的汇票的最后一日为承兑日期。

我国《票据法》规定的汇票承兑在性质上为单纯性承兑，即承兑时不得附有条件或者部分承兑。承兑时附有条件或者部分承兑的，都视为拒绝承兑。

汇票承兑后，付款人应当承担到期付款的责任，持票人便可向承兑人请求付款。

五、汇票的保证

汇票的保证，是指票据债务人以外的第三人担保票据债务履行的票据行为。

我国《票据法》规定，汇票的债务可以由保证人承担保证责任。保证人由汇票债务人以外的人担当。汇票被保证的，保证人必须在汇票或者粘单上记载下列事项：①表明"保证"的字样；②保证人名称和住所；③被保证人的名称；④保证日期；⑤保证人签章。保证人在汇票或者粘单上未记载被保证人的名称的，对于已承兑的汇票，承兑人为被保证人；对于未承兑的汇票，出票人为被保证人。保证人在汇票或者粘单上未记载保证日期的，出票日期为保证日期。保证不得附有条件；附有条件的，不影响对汇票的保证责任。

保证人对合法取得汇票的持票人所享有的汇票权利承担保证责任，即对于被保证的汇票，保证人应当与被保证人对持票人承担连带责任。汇票到期后得不到付款的，持票人有权向保证人请求付款，保证人应当足额付款。佀是，被保证人的债务因汇票记载事项欠缺而无效的除外。保证人清偿汇票债务后，可以行使持票人对被保证人及其前手的追索权。

六、汇票的付款

付款是付款人向持票人支付汇票金额的票据行为。付款一般包括两个程序：

（一）提示付款

提示付款是持票人向承兑人或付款人出示票据，请求付款的行为。我国《票据法》第 53 条规定，持票人应当在下列期限内提示付款：①见票即付的汇票，自出票日起 1 个月内向付款人提示付款。②定日付款、出票后定期付款或者见票后定期付款的汇票，自到期日起 10 日内向承兑人提示付款。持票人未在上述规定期限内提示付款的，则丧失对其前手的追索权。但是，持票人丧失的追索权仅限于其前手，而对于承兑人并不发生失权的效力。因此，持票人在作出说明后，承兑人或者付款人仍应当继续对持票人承担付款责任。

（二）支付票款

持票人在规定期限内提示付款的，付款人必须在当日足额付款。持票人获得付款后，应当在汇票上签收，并将汇票交给付款人。付款人及其代理付款人付款时，应当审查汇票背书的连续性，并审查提示付款人的合法身份证明或者有效证件。付款人及其代理付款人因恶意或者重大过失付款的，应当自行承担责任。对定日付款、出票后定期付款或者见票后定期付款的汇票，付款人在到期日前付款的，由付款人自行承担所产生的责任。

付款人依法足额付款后，全体汇票债务人的责任解除。

七、追索权

追索权即汇票到期被拒绝付款或其他法定原因出现时，持票人得请求其前手偿还汇票金额及有关损失和费用的权利。追索权是在票据权利人的付款请求权得不到满足时，法律赋予持票人对票据债务人进行追偿的权利。其是用来弥补付款请求权对保护持票人票据权利的实现所带来的局限性的一种制度。

（一）行使追索权的实质要件

我国《票据法》第 61 条规定，汇票到期被拒绝付款的，持票人可以对背书人、出票人以及汇票的其他债务人行使追索权。汇票到期日前，有下列情形之一的，持票人也可以行使追索权：①汇票被拒绝承兑的；②承兑人或者付款人死亡、逃匿的；③承兑人或者付款人被依法宣告破产或者因违法被责令终止业务活动的。

（二）行使追索权的形式要件

追索权的行使，需要具备一定的形式要件，即持票人应当就不获承兑或者不获付款取得有关证明文件，以保全追索权。在通常情况下，有关证明文件可以是承兑人或者付款人出具的拒绝证明或者退票理由书、人民法院的有关司法文书，也可以是有关行政主管部门的处罚决定、承兑人或者付款人的死亡证明等。

持票人不能出示拒绝证明、退票理由书或者未按照规定期限提供其他合法证明的，丧失对其前手的追索权。但是，承兑人或者付款人仍应当对持票人承担责任。

（三）追索权的行使

1. 发出追索通知。我国《票据法》规定，持票人应当自收到被拒绝承兑或者被拒绝付款的有关证明之日起 3 日内，将被拒绝事由书面通知其前手；其前手应当自收到通知之日起 3 日内书面通知其再前手。持票人也可以同时向各汇票债务人发出书面通知。

未按照上述规定期限通知的，持票人仍可以行使追索权。因延期通知给其前手或者出票人造成损失的，由没有按照规定期限通知的汇票当事人承担对该损失的赔偿责任，但是所赔偿的金额以汇票金额为限。在规定期限内将通知按照法定地址或者约定的地址邮寄的，视为已经发出通知。

2. 追索对象。汇票的出票人、背书人、承兑人和保证人对持票人承担连带责任。持票人可以不按照汇票债务人的先后顺序，对其中任何一人、数人或者全体行使追索权。持票人对汇票债务人中的一人或者数人已经进行追索的，对其他汇票债务人仍可以行使追索权。被追索人清偿债务后，与持票人享有同一权利。被追索人依法清偿后，可以向其他汇票债务人行使再追索权。

3. 追偿金额。持票人行使追索权，可以请求被追索人支付下列金额和费用：①被拒绝付款的汇票金额；②汇票金额自到期日或者提示付款日起至清偿日止，按照中国人民银行规定的利率计算的利息；③取得有关拒绝证明和发出通知书的费用。被追索人清偿债务时，持票人应当交出汇票和有关拒绝证明，并出具所收到利息和费用的收据。

被追索人依法清偿后，其票据责任解除。被追索人可以依法向其他汇票债务人行使再追索权，请求其他汇票债务人支付相应的金额和费用。

第三节 本票规则

一、本票的概念

本票是出票人签发的，承诺自己在见票时，无条件支付确定的金额给收款人或者持票人的票据。在本票关系中，包括出票人和收款人两个基本当事人。与汇票不同，本票属于自付票据；在本票出票行为完成后，出票人即承担见票无条件付款的责任，因此本票无须承兑。

我国《票据法》对于本票的使用有严格的限制，主要表现在：①本票的出票人限于银行，公司、企业等非银行组织或者个人不得签发本票，因而，我国《票据法》上的本票仅为银行本票；②本票限于见票即付，出票人在持票人提示见票时即应承担付款责任，而不能约期付款，因而，我国《票据法》上的本票仅为即期本票。

二、本票的分类

（一）学理上的分类

1. 记名本票、指示本票与无记名本票。这是以本票对权利人的记载方式为标准所作的分类。所谓记名本票，也称抬头本票，是指在本票上明确记载收款人的名称或姓名的本票；所谓指示本票，是指本票上记载的收款人名称或姓名后面载有"或其指定人"字样的本票；所谓无记名本票，是指本票上不记载收款人的名称或姓名，或将其记载为"持票人"或"来人"字样的本票。

2. 银行本票与商业本票。这是以出票人的身份为标准所作的分类。银行本票是指出票人是银行的本票；商业本票是指出票人为银行以外的企业、单位或个人的本票。

3. 即期本票与远期本票。这是以本票上记载的到期日的不同为标准所作的分类。

即期本票是见票即付的本票，持票人自出票日起可以随时请求出票人付款；远期本票是指持票人只能在本票上记载的到期日到来时才能请求出票人付款的本票，包括定期本票、出票后定期付款的本票和见票后定期付款的本票。

4. 国内本票与涉外本票。这是以本票是否具有涉外因素为标准所作的分类。国内本票是指不具有涉外因素的本票。涉外本票是指具有涉外因素的本票。

（二）我国《票据法》上本票的分类

1. 定额银行本票与不定额银行本票。这是以本票上记载的金额是否固定为标准对银行本票所作的分类。定额银行本票的金额已由本票的印制部门事先印制于本票正面，签发时不必再另行填写；不定额银行本票则并未印有本票金额，而是由出票银行根据当事人的约定在出票时按规定填写。

2. 现金本票与转账本票。这是以付款方式为标准对银行本票所作的分类。用于转账的，是转账银行本票；用于支取现金的，是现金银行本票。

三、本票的出票

（一）出票人的资格

我国《票据法》规定，本票仅为银行本票，本票的出票人为银行。但是，并非任何银行均能签发本票，本票出票人的资格由中国人民银行审定。

（二）本票的记载事项

本票的绝对应记载事项有：①表明"本票"的字样；②无条件支付的承诺；③确定的金额；④收款人名称；⑤出票日期；⑥出票人签章。本票上未记载上述事项之一的，本票无效。

本票的相对应记载事项有：本票的付款地、出票地。本票上有记载的，按其记载；本票上未记载付款地、出票地的，出票人的营业场所为付款地、出票地。

四、本票的付款

我国本票为即期票据，持票人可以随时向出票人请求付款。但是为保护出票人的利益，《票据法》规定，本票自出票日起，付款期限最长不得超过2个月。持票人未在法律规定的期限内提示见票的，其丧失对出票人以外的前手的追索权。

五、本票适用汇票的法律规定

本票作为票据的一种，具有各类票据的共同属性和特征。因此，我国《票据法》第80条规定，本票的背书、保证、付款行为和追索权的行使，除第三章本票的规定外，适用本法第二章有关汇票的规定。本票的出票行为，除第三章本票的规定外，适用本法第24条关于汇票的规定。

第四节　支票规则

一、支票的概念和种类

支票是出票人签发的，委托办理支票存款业务的银行或者其他金融机构在见票时无条件支付确定的金额给收款人或者持票人的票据。在支票关系中，包括出票人、付款人和收款人三个基本当事人。支票与汇票同属于委付票据，与本票同为即期票据。

支票的分类很多，常见的有普通支票、现金支票和转账支票三种。普通支票是对付款无特别限制的支票，既可以用于支取现金，也可以用于转账；现金支票是专门用于支取现金的支票，只能用于支取现金；转账支票则是专门用于转账的支票，它不能支取现金。

二、支票的出票

（一）出票人签发支票的条件

为保证支票支付票款的安全性，保护支票权利义务各方当事人的合法权益，《票据法》规定，出票人使用支票必须符合法律的相关规定。

1. 支票的出票人为在办理支票存款业务的银行或者其他金融机构开立支票存款账户的单位和个人。

2. 开立支票存款账户，申请人必须使用其本名，并提交能证明其身份的合法证件。

3. 支票存款账户的开立和支票的领用，应当有可靠的资信，并存入一定的资金。

4. 开立支票存款账户，申请人应当预留其本名的签名式样和印鉴。

（二）支票的记载事项

1. 支票的绝对应记载事项。支票的绝对应记载事项包括：①表明"支票"的字样；②无条件支付的委托；③确定的金额；④付款人名称；⑤出票日期；⑥出票人签章。支票上未记载前述规定事项之一的，支票无效。

为了便于商事交易，发挥支票灵活性的特点，我国《票据法》第 86、87 条规定，支票金额、收款人名称可以授权补记。支票金额可以由出票人授权补记；支票上未记载收款人名称的，经出票人授权，可以补记。该等事项在未补记前，支票不得使用。

2. 支票的相对应记载事项。支票的相对应记载事项包括：付款地和出票地。支票上未记载付款地的，付款人的营业场所为付款地；票上未记载出票地的，出票人的营业场所、住所或者经常居住地为出票地。

（三）出票的其他要求

为规范支票行为，《票据法》规定，出票人签发的支票金额不得超过其付款时在付款人处实有的存款金额，即不得签发空头支票。支票的出票人不得签发与其预留本名的签名式样或者印鉴不符的支票，使用支付密码的，出票人不得签发支付密码错误的支票。否则，该等支票无效。

三、支票的付款

支票限于见票即付，不得另行记载付款日期。另行记载付款日期的，该记载无效。支票的持票人可以随时向出票人请求付款。但是我国《票据法》同时规定，支票的持票人应当自出票日起 10 日内提示付款；异地使用的支票，其提示付款的期限按照中国人民银行的规定办理。超过提示付款期限的，付款人可以不予付款。但是，付款人不予付款的，出票人仍应对持票人承担票据责任。

付款人在对支票进行审查之后，出票人在付款人处的存款足以支付支票金额的，付款人应当在当日足额付款。

付款人依法支付支票金额的，对出票人不再承担受委托付款的责任，对持票人不再承担付款的责任。但是，付款人恶意或有重大过失付款的除外。

四、支票适用汇票的法律规定

支票作为票据的一种，具有各类票据的共同属性和特征，因此，我国《票据法》第3条规定，支票的背书、付款行为和追索权的行使，除第四章支票的规定外，适用本法第二章有关汇票的规定。支票的出票行为，除第四章支票的规定外，适用本法第24、26条关于汇票的规定。

第五节 涉外票据的法律适用

一、涉外票据的概念

涉外票据，是指出票、背书、承兑、保证、付款等行为中，既有发生在中华人民共和国境内的行为，又有发生在中华人民共和国境外的行为的票据。随着国际交往的不断加强，涉外票据的应用越来越多。

二、涉外票据的法律适用

涉外票据的法律适用，依照《票据法》第五章的规定确定。中华人民共和国缔结或者参加的国际条约同《票据法》有不同规定的，适用国际条约的规定，但是，中华人民共和国声明保留的条款除外。《票据法》和中华人民共和国缔结或者参加的国际条约没有规定的，可以适用国际惯例。

1. 票据债务人民事行为能力的法律适用。票据债务人的民事行为能力，适用其本国法律。票据债务人依照其本国法律为无民事行为能力人或者为限制民事行为能力人而依照行为地法律为完全民事行为能力人的，适用行为地法律。

2. 汇票、本票出票时记载事项的法律适用。汇票、本票出票时的记载事项适用出票地法律。支票出票时的记载事项适用出票地法律，经当事人协议，也可以适用付款地法律。

3. 票据背书、承兑、付款和保证行为的法律适用。票据的背书、承兑、付款和保证行为，适用行为地法律。

4. 票据追索权行使期限的法律适用。票据追索权的行使期限适用出票地法律。

5. 票据提示期限、有关拒绝证明方式、出具拒绝证明期限的法律适用。票据的提示期限、有关拒绝证明的方式、出具拒绝证明的期限，适用付款地法律。

6. 票据丧失时，失票人请求保全票据权利的程序的法律适用。票据丧失时，失票人请求保全票据权利的程序，适用付款地法律。

本章练习题

1. 简述票据的概念及其性质。
2. 票据的功能有哪些?
3. 简述票据行为的概念和特征。
4. 简述票据权利的概念和种类。
5. 票据的伪造与变造有何区别?
6. 简述票据抗辩制度。
7. 什么是汇票? 其绝对应记载事项有哪些?
8. 简述汇票出票行为的法律效力。
9.《票据法》对汇票的转让背书有哪些规定?
10. 行使追索权的实质要件有哪些?
11. 什么是本票? 其绝对应记载事项有哪些?
12. 什么是支票? 其绝对应记载事项有哪些?
13. 比较汇票、本票、支票的异同。

第十六章　劳动与社会保障法

📶 学习目的与要求

　　劳动与社会保障法是与全体社会成员有着密切关系的法律制度，它涉及劳动关系、社会保险、社会救助、社会福利和社会优抚等关系到人们基本生活的诸多法律问题。通过本章学习，应掌握劳动法和社会保障法的基本知识与制度，并具备分析、解决常见劳动争议案件的基本技能。

第一节　劳动法概述

一、劳动法的概念和调整对象

　　劳动法是指调整劳动关系以及与劳动关系有密切联系的其他关系的法律规范的总称。它除了包括第八届全国人民代表大会常务委员会第八次会议于 1994 年 7 月 5 日通过，自 1995 年 1 月 1 日起施行的《中华人民共和国劳动法》之外，还包括其他各种规范性文件中有关调整劳动关系以及与劳动关系有密切联系的其他关系的法律规范。

　　我国《劳动法》的调整对象是劳动关系以及与劳动关系有密切联系的其他关系。其中，劳动关系是主要的调整对象。

　　（一）劳动关系

　　劳动关系是指为了实现劳动过程而在劳动者与用人单位之间发生的关系。《劳动法》第 2 条规定："在中华人民共和国境内的企业、个体经济组织（以下统称用人单位）和与之形成劳动关系的劳动者，适用本法。国家机关、事业组织、社会团体和与之建立劳动合同关系的劳动者，依照本法执行。"据此，《劳动法》调整的劳动关系包括两个方面：①发生在企业或经济组织中的劳动关系；②发生在国家机关、事业单位和社会团体中的劳动合同关系。值得注意的是，国家与国家工作人员之间的关系不是劳动关系，因为它与职工和企业之间的劳动关系的法律性质不同，应由《公务员法》调整；事业单位和社会团体的劳动人事制度比较复杂，是否存在劳动关系应以用人单位与劳动者是否建立了劳动合同关系为界定标准。

　　（二）与劳动关系有密切联系的其他社会关系

　　与劳动关系有密切联系的其他社会关系，也叫做劳动附随关系。从性质上说，劳动附随关系不是劳动关系，但是它们和劳动关系有着密切的联系。在劳动附随关系中，有的是劳动关系形成的必要前提关系，有的是劳动关系的直接后果，有的是伴随劳动关系而产生的关系。由于这些关系都与劳动关系有着密切的联系，所以也是《劳动法》的调整对象。这些关系主要有四类：①劳动力管理关系，即国家劳动人事部门与用人单位，以及职工之间因招工、调配和培训劳动力而发生的关系；②社会保险关系，即国家社会保险机构与用人单位以及职工之间因实施劳动保险而发生的关系；③劳动争议处理关系，即劳动争议仲裁机构或人民法院与企业、事业单位和职工之间因处理劳动争议而发生的关系；④劳动监察关系，即国家劳动监察机关和工会组织同用人单位之间，因监督、检查劳动法律法规的执行而发生的法律关系。

二、劳动法的基本原则

劳动法的基本原则是指集中体现劳动法的本质和基本精神，主导整个劳动法制定全过程，为劳动法调整劳动关系及与劳动关系有密切联系的关系时所应体现的总的指导思想和遵循的基本准则。

1. 公民享有劳动权利和承担劳动义务原则。我国《宪法》规定，劳动是有劳动能力的公民的权利和义务。这准确地表述了劳动的法律性质和国家对劳动的基本态度。公民享有劳动权利和承担劳动义务原则的基本含义如下：①每一个有劳动能力的公民均有参加劳动的权利，国家通过各种方式创造就业条件，促进就业，保障公民劳动权利的实现；②劳动是一切有劳动能力公民的法定义务，每一个有劳动能力的公民都应该参加劳动，完成劳动任务或者工作任务；③每一个有劳动能力的公民均有义务遵守劳动纪律和职业道德，提高职业技能，执行劳动安全卫生规程。

2. 参加民主管理原则。劳动者参加民主管理是体现劳动者当家做主权利的法律制度，是从法律上保护社会主义劳动者的主人翁地位，也是充分调动劳动者的积极性、主动性、智慧和创造力的前提条件。参加民主管理原则主要体现为：①通过《宪法》及有关法律确定经济组织的民主管理制度；②赋予劳动者以集会、结社权；③确认职工代表大会的法律地位。

3. 各尽所能、按劳分配原则。该原则也是我国《宪法》的具体规定。这一原则的基本要求为：①每一个具有劳动能力的公民，都有平等的劳动权利和义务，都应尽自己的能力为社会劳动，社会则以劳动为尺度，按照劳动的数量和质量分配个人消费品，即多劳多得，少劳少得，不劳不得；②实行同工同酬，劳动者不分性别、年龄、民族和种族，均能以等量劳动取得等量报酬。

4. 劳动者享有劳动保护和休息权利的原则。劳动保护权是指劳动者在安全卫生的条件下进行工作的权利，用人单位有义务提供合乎安全卫生标准的劳动条件。休息权是指劳动者在经过一定时间的劳动之后，获得充分休息的权利。这两项权利都是劳动权的有机组成部分，是保护劳动者在劳动过程中的身体健康和生命安全以及恢复劳动能力所必不可少的条件。

5. 劳动者享有获得物质帮助权利的原则。物质帮助是指劳动者在暂时或永久丧失劳动能力时有获得物质帮助的权利，可以使劳动者在生、老、病、死、残等情况下，其本人或其亲属能够获得基本的生活保障。在我国，物质帮助权主要表现为劳动者能够获得社会保险的各种待遇，享受国家提供的社会救济等福利。

6. 男女平等、民族平等原则。这一原则主要表现为：在招工时，不得歧视妇女和少数民族的劳动者；男女之间、不同民族之间应一视同仁；在劳动和工作调配上，要根据实际情况给予妇女必要的照顾，根据政策对少数民族职工予以适当安排；在工资津贴方面坚持同工同酬。

第二节　劳动合同

一、劳动合同的概念

劳动合同，又称劳动契约、劳动协议。我国《劳动法》第 16 条规定："劳动合同是劳动者与用人单位确立劳动关系、明确双方权利和义务的协议。建立劳动关系应当订立劳动合同。"由此可见，劳动合同是调整劳动关系的基本法律形式，也是确立劳动者与用人单位劳动关系的基本前提，在《劳动法》中占据核心的地位。

二、劳动合同的内容

劳动合同的内容即劳动合同的基本条款，我国劳动合同的内容可以分为必备条款和约定条款。

必备条款，是劳动法对劳动合同内容的一般要求，即劳动合同一般应当具有的条款。《劳动合同法》第 17 条规定，劳动合同应当具备以下条款：①用人单位的名称、住所和法定代表人或者主要负责人；②劳动者的姓名、住址和居民身份证或者其他有效身份证件号码；③劳动合同期限；④工作内容和工作地点；⑤工作时间和休息休假；⑥劳动报酬；⑦社会保险；⑧劳动保护、劳动条件和职业危害防护；⑨法律、法规规定应当纳入劳动合同的其他事项。没有必备条款，提供劳动合同文本的用人单位应负法律责任。

需要注意的是，劳动合同中缺少必备条款中的一些条款并不必然无效。《劳动合同法》第 18 条规定："劳动合同对劳动报酬和劳动条件等标准约定不明确，引发争议的，用人单位与劳动者可以重新协商；协商不成的，适用集体合同规定；没有集体合同或者集体合同未规定劳动报酬的，实行同工同酬；没有集体合同或者集体合同未规定劳动条件等标准的，适用国家有关规定。"这里的"劳动条件等标准"即工时、休息休假、工资、劳动定额、劳动安全卫生等劳动条件的标准，国家在这些方面有大量的法律法规，在合同没有约定时可以直接适用。

约定条款是法律对于劳动合同内容的提示性规定，当事人可以选择适用。《劳动合同法》第 17 条第 2 款规定："劳动合同除前款规定的必备条款外，用人单位与劳动者可以约定试用期、培训、保守秘密、补充保险和福利待遇等其他事项。"为防止用人单位滥用约定条款，《劳动合同法实施条例》第 13 条作出了一项禁止性规定："用人单位与劳动者不得在劳动合同法第 44 条规定的劳动合同终止情形之外约定其他的劳动合同终止条件。"

三、劳动合同的效力

（一）劳动合同的生效

劳动合同的生效，是指具备有效要件的劳动合同按其意思表示的内容产生了法律效力，此时劳动合同的内容才对签约双方具有法律约束力。

《劳动合同法》第 16 条第 1 款规定："劳动合同由用人单位与劳动者协商一致，并经用人单位与劳动者在劳动合同文本上签字或者盖章生效。"《劳动合同法》并没有明确区分劳动合同的成立和生效。一般来说，双方在劳动合同上签字或者盖章即代表劳动合同成立并生效，但是，双方当事人根据特定的需要，在劳动合同中对生效的期限或者条件作出特别约定的，则当事人约定的期限或条件一旦成立，劳动合同即生效。

（二）劳动合同的无效

无效的劳动合同是指当事人虽然签订，但是国家不承认其法律效力的劳动合同。一般合同一旦依法成立，就具有法律约束力，但是无效合同即使其成立，也不具有法律约束力，不发生履行效力。《劳动合同法》第 26 条规定，下列劳动合同无效或者部分无效：

1. 以欺诈、胁迫的手段或者乘人之危，使对方在违背真实意思的情况下订立或者变更劳动合同的。欺诈是指一方故意告知对方虚假情况，或者故意隐瞒真实情况，诱使另一方作出错误意思表示的行为。胁迫是指一方以给另一方及其亲友的生命健康、荣誉、名誉、财产等造成损害为要挟，迫使另一方作出违背真实意愿的意思表示的行为。乘人之危，是指一方利用另一方的危难处境或紧迫需要，迫使另一方作出违背真实意愿的意思表示行为。这与《合同法》中规定的欺诈、胁迫、乘人之危属于合同可撤销情形不同。

2. 用人单位免除自己的法定责任、排除劳动者权利的。实践中，用人单位以劳动者放弃法定权利作为签订劳动合同的条件，如工资低于最低工资标准、不给上社会保险，甚至约定"工伤概不负责"等，其意图就是要免除其法定责任，这些条款均是无效的。

3. 违反法律、行政法规强制性规定的。

关于劳动合同无效的认定主体，《劳动合同法》第 26 条第 2 款规定，对劳动合同的无效或者部分无效有争议的，由劳动争议仲裁机构或者人民法院确认。

四、劳动合同的履行和变更

劳动合同的履行，是指劳动合同双方当事人按照合同的约定完成各自义务的行为。《劳动合同法》第 29 条规定，用人单位与劳动者应当按照劳动合同的约定，全面履行各自的义务。所谓全面履行，是指劳动者和用人单位应当按照劳动合同的约定全面履行合同项下的义务，包括实际履行、亲自履行和协作履行等内容。

劳动合同的变更，是指劳动合同依法订立后，在合同尚未履行或者尚未履行完毕之前，经用人单位和劳动者双方当事人协商同意，对劳动合同内容作部分修改、补充或者删减的法律行为。依法成立的劳动合同具有约束力，双方必须履行劳动合同约定的义务，任何一方当事人均不能擅自变更劳动合同的内容。但是，这并不意味着劳动合同不可以变更，在符合法定或约定的情况下，合同当事人可以对合同的内容进行变更。《劳动合同法》第35条规定，用人单位与劳动者协商一致，可以变更劳动合同约定的内容。变更劳动合同，应当采用书面形式。变更后的劳动合同文本由用人单位和劳动者各执1份。

五、劳动合同的解除

劳动合同的解除，是指在劳动合同有效成立以后，当解除的条件具备时，因当事人一方或双方的意思表示，使劳动合同向将来消灭的行为。劳动合同的解除方式可分为协议解除和单方解除。协议解除，即劳动合同经当事人双方协商一致而解除。单方解除，即享有单方解除权的当事人以单方意思表示解除劳动合同。它不必经过对方当事人的同意，只要解除权人将解除合同的意思表示直接通知对方，或经过人民法院或仲裁机构向对方主张，即可发生合同解除的效果。按照行使单方解除权的主体不同，可分为劳动者单方解除和用人单位单方解除。

（一）当事人双方协商一致解除

《劳动合同法》第36条规定，用人单位与劳动者协商一致，可以解除劳动合同。当事人双方协商解除劳动合同，要符合以下条件：①双方当事人之间的劳动合同依法成立且生效；②协商解除是在被解除的劳动合同依法订立生效之后、尚未全部履行之前；③双方自愿、平等协商达成一致意见，任何一方当事人不得采取暴力、威胁等手段强制对方解除劳动合同；④双方均有权提出解除劳动合同。

（二）劳动者单方解除劳动合同

劳动者在符合法律规定的情形下，可以单方解除劳动合同。

1. 提前30日书面通知解除和试用期内提前3日通知解除。《劳动合同法》第37条规定，劳动者提前30日以书面形式通知用人单位，可以解除劳动合同。劳动者在试用期内提前3日通知用人单位，可以解除劳动合同。之所以赋予劳动者辞职权，首要目的在于保护劳动者的择业自主权。

2. 随时解除劳动合同。劳动者随时解除劳动合同又称即时辞职，是指劳动者无须向用人单位预告就可随时通知解除劳动合同。《劳动合同法》第38条第1款规定，有下列情形之一的，劳动者可以随时通知解除劳动合同：①未按照劳动合同约定提供劳动保护或者劳动条件的；②未及时足额支付劳动报酬的；③未依法为劳动者缴纳社会保险费的；④用人单位的规章制度违反法律、法规的规定，损害劳动者权益的；⑤因本法第26条第1款规定的情形致使劳动合同无效的；⑥法律、行政法规规定劳动者可以解除劳动合同的其他情形。

3. 立即解除劳动合同。《劳动合同法》第38条第2款规定，用人单位严重违法、劳动者人身自由和人身安全受到威胁时，劳动者可以立即解除劳动合同而不需要事先通知用人单位。这主要包括两种情形：①用人单位以暴力、威胁或者非法限制人身自由的手段强迫劳动者劳动；②用人单位违章指挥、强令冒险作业危及劳动者人身安全。

（三）用人单位单方解除劳动合同

用人单位单方解除劳动合同的首要法律效果是使劳动合同向将来发生消灭，已经履行的劳动合同仍然有效，用人单位必须按照约定支付劳动报酬。如果用人单位是在劳动者无过错的情形下解除劳动合同的，还应当向劳动者支付经济补偿金。

1. 因劳动者过错，用人单位单方解除劳动合同。《劳动合同法》第 39 条规定，劳动者有下列情形之一的，用人单位可以解除劳动合同：①在试用期间被证明不符合录用条件的；②严重违反用人单位的规章制度的；③严重失职，营私舞弊，给用人单位造成重大损害的；④劳动者同时与其他用人单位建立劳动关系，对完成本单位的工作任务造成严重影响，或者经用人单位提出，拒不改正的；⑤因本法第 26 条第 1 款第 1 项规定的情形致使劳动合同无效的；⑥被依法追究刑事责任的。

2. 劳动者无过失，用人单位解除劳动合同。《劳动合同法》第 40 条规定，有下列情形之一的，用人单位提前 30 日以书面形式通知劳动者本人或者额外支付劳动者 1 个月工资后，可以解除劳动合同：①劳动者患病或者非因工负伤，在规定的医疗期满后不能从事原工作，也不能从事由用人单位另行安排的工作的；②劳动者不能胜任工作，经过培训或者调整工作岗位，仍不能胜任工作的；③劳动合同订立时所依据的客观情况发生重大变化，致使劳动合同无法履行，经用人单位与劳动者协商，未能就变更劳动合同内容达成协议的。

3. 经济性裁员。经济性裁员是指用人单位由于生产经营状况发生变化而出现劳动力过剩，通过一次性辞退部分劳动者，以改善生产经营状况的一种手段。《劳动合同法》第 41 条规定，有下列情形之一，需要裁减人员 20 人以上或者裁减不足 20 人但占企业职工总数 10% 以上的，用人单位提前 30 日向工会或者全体职工说明情况，听取工会或者职工的意见后，裁减人员方案经向劳动行政部门报告，可以裁减人员：①依照《企业破产法》规定进行重整的；②生产经营发生严重困难的；③企业转产、重大技术革新或者经营方式调整，经变更劳动合同后，仍需裁减人员的；④其他因劳动合同订立时所依据的客观经济情况发生重大变化，致使劳动合同无法履行的。可是在裁减人员时，应当优先留用下列人员：①与本单位订立较长期限的固定期限劳动合同的；②与本单位订立无固定期限劳动合同的；③家庭无其他就业人员，有需要扶养的老人或者未成年人的。

第三节　劳动基准

一、劳动基准的基本法理

劳动基准，即法定最低劳动标准，是指劳动者在劳动关系中所得劳动条件的最低法定标准。其含有下述要点：

1. 它是关于劳动条件的标准，即劳动者因向用人单位提供劳动力而有权获得劳动力再生产条件的标准，或者说，是用人单位因使用他人劳动力而有义务向劳动者提供劳动力再生产条件的标准。

2. 它是仅适用于劳动关系存续过程中的劳动标准，劳动关系确立前和终止后劳动者所得利益未在其中。

3. 它是最低劳动标准，用人单位向劳动者提供的劳动力再生产条件可以等于或高于而不得低于此标准的要求。

4. 它是法定劳动标准，既不由劳动合同约定，也不由用人单位内部劳动规则规定，而只能由国家以规范性文件规定。

劳动基准的内容包括工时、休假、工资、劳动安全卫生、女工和未成年工特殊劳动保护等多方面。劳动基准的水平，在经济发展的基础上，也呈现出逐步提高的趋势。劳动基准作为《劳动法》中的强行性法律规范，具有必须执行和遵守的效力，遵守劳动基准是劳动关系当事人的法定义务，而无论劳动合同、集体合同和用人单位内部劳动规则约定与否，并且劳动合同、集体合同和用人单位内部劳动规则都不得作出与劳动基准相抵触的约定。不仅如此，劳动基准的效力还具有一种保底性约束力。即是说，劳动基准是对劳动者所得劳动条件作出的保底规定，是为劳动者应得利益规定一条保底线，用人单位给劳动者提供的劳动条件不得低于但可以等于或者高于劳动基准的水平。

二、工作时间和休息休假基准

（一）工作时间

工作时间，是指劳动者为履行劳动义务，在法定限度内应当从事劳动或工作的时间。一般而言，工作时间包括每日应工作的时数和每周应工作的天数，它们分别称为工作日和工作周。

《劳动法》规定，劳动者每日工作时间不超过8小时，平均每周工作时间不超过44小时。基于工作性质和工作职责限制的，也可实行不定时工作制度，但平均每周不得超过44小时。用人单位应当保证劳动者每周至少休息1日。

延长工作时间是指职工根据单位的要求，在标准工作日以外或法定节假日内进行工作。我国《劳动法》实行限制延长工作时间制度。《劳动法》第41条规定："用人单位由于生产经营需要，经与工会和劳动者协商后可以延长工作时间，一般每日不得超过1小时；因特殊原因需要延长工作时间的，在保障劳动者身体健康的条件下延长工作时间每日不得超过3小时，但是每月不得超过36小时。"延长工作时间的，用人单位必须依法支付工资报酬。

（二）休息休假

休息休假又称为休息时间，是劳动者在国家规定的法定工作时间以外自行支配的时间，包括每天的休息时数、每周的休息天数和其他节假日。根据《劳动法》的规定，休息时间主要有以下几种：

1. 工作日内的间歇时间。工作日内的间歇时间，是指劳动者在一个工作日内的休息时间和用膳时间。间歇时间的长短可由用人单位根据具体情况来确定，在同一用人单位因工作岗位和工作性质的不同也可能有差别，一般休息 1～2 小时，最少不能少于半小时。间歇时间应规定在工作 4 小时后开始，不计入工作时间。

2. 两个工作日之间的休息时间。两个工作日之间的休息时间，是指劳动者在一个工作日结束后至下一个工作日开始前的休息时间。我国实行 8 小时工作制，劳动者享有的两个工作日之间的休息时间一般为 15～16 小时。

3. 休息日。休息日又称公休假日，是劳动者工作满一个工作周以后的休息时间。《劳动法》第 38 条规定，用人单位应当保证劳动者每周至少休息 1 日。

4. 法定假日。我国每年的法定假日为：①元旦：1 月 1 日；②春节：农历除夕、正月初一、初二；③清明节：农历清明当日；④劳动节：5 月 1 日；⑤端午节：农历端午当日；⑥中秋节：农历中秋当日；⑦国庆节：10 月 1～3 日。共 11 天。

5. 年休假。指法律规定的劳动者工作满一定的工作年限后，每年享有的保留工作带薪连续休假。年休假包括基本年休假和补加年休假。具体时间由国家根据不同的工种和劳动的繁重程度分别规定。

6. 探亲假。指与父母或配偶分居两地的职工，每年享有的与父母或配偶团聚的假期。规定探亲假的目的是适当解决职工同亲属长期远居两地的探亲问题。对于享受探亲假的条件和探亲假期，我国《关于职工探亲待遇的规定》有具体规定。

三、工资基准

工资也称"薪酬"，是指用人单位依据国家有关规定或者劳动合同的约定，以货币形式直接支付给本单位劳动者的劳动报酬，包括计时工资、计件工资、奖金、津贴和补贴、延长工作时间的工资报酬以及特殊情况下支付的工资等。工资虽然是用人单位基于劳动者履行劳动义务而支付的劳动报酬，用人单位享有工资自主分配权，但国家对这种工资自主分配权也进行了适当的限制，设定了最低工资标准。

（一）最低工资标准

最低工资，是指劳动者在法定工作时间内提供正常劳动的前提下，用人单位应依法支付的最低劳动报酬。

最低工资由法律允许的若干种劳动报酬项目组成，但是下列项目不能成为最低工资的组成部分：①延长工作时间的工资；②中班、夜班、高温、低温、井下、有毒有害等特殊工作环境、条件下的津贴；③法律、法规和国家规定的劳动者福利待遇等。

确定和调整最低工资标准所应综合参考的因素包括：①劳动者本人及平均赡养人口的最低生活费用；②社会平均工资水平；③劳动生产率；④就业状况；⑤地区之间经济发展水平的差异。

（二）工资支付保障

工资支付保障是保障劳动者获得其全部的应得工资的制度。与最低工资制度相比，工资支付保障制度所保护的对象已不仅仅限于最低工资，而是扩及劳动者的全部应得工资，并且从工资额的确定转到对工资支付的规范。其主要内容为：

1. 用人单位支付工资必须遵循货币支付、直接支付、全额支付、定期支付、定地支付、优先支付、紧急支付等规则。

2. 在特殊情况下，必须按照国家规定按计时工资标准或其一定比例支付工资，如职工在法定工作时间内依法参加社会活动期间，职工法定休息日节假日期间，非职工原因造成的停工停产期间等。

3. 禁止非法扣除工资。只有在法定情况下，才可以扣除工资；在法定禁止扣除工资的情况下，不得作允许扣除工资的约定；即使在法定允许扣除工资的情况下，每次扣除工资额也不得超出法定限度。

4. 工资基金管理。国家要求用人单位依法设置用于一定时期内给全体职工支付劳动报酬的工资基金，并对各用人单位的工资基金提取、储存和使用实行统一管理，使用人单位的工资支付有直接来源和可靠保障。

5. 欠薪支付保障。即在用人单位拖欠职工工资时为保障劳动者取得所欠工资而采取的特别措施。

四、劳动安全卫生基准

劳动安全和劳动卫生，统称劳动保护，是指用人单位对劳动者在劳动过程中的安全和健康的保护。

（一）劳动安全技术规程

劳动安全技术规程是指国家为了保护劳动者在劳动过程中的安全，防止由于工作场所各种"物"的物理性质或者化学性质引发伤亡事故，而制定的各种安全保护措施的规章制度。

我国各行各业需要共同遵守的劳动安全技术规程主要有以下几个部分：①工厂安全技术规程；②建筑安装工程安全技术规程；③矿山安全技术规程。

（二）劳动卫生规程

劳动卫生规程是指国家为了保护劳动者在劳动过程中的健康，防止有毒有害物质的危害和预防职业病的发生所采取的各种防护措施的规章制度。为了预防、控制和消除职业病危害，防治职业病，保护劳动者健康及相关权益，2001 年 10 月 27 日，第九届全国人民代表大会常务委员会第二十四次会议通过了《职业病防治法》，并于 2011 年 10 月 27 日进行了修正。

法律规定关于劳动卫生的基本要求，概括起来主要有以下几个方面：①防止有毒物质危害；②防止粉尘危害；③防止噪音和强光危害；④防止电磁辐射危害；⑤防暑降温、防冻取暖和防潮湿；⑥通风和照明；⑦卫生保健。

（三）女职工和未成年工特殊劳动保护

对女职工的特殊保护，是指根据妇女的生理特点以及教育子女的需要而采取的有关保护女工在劳动中安全与健康的措施的总称。其主要内容包括：禁止安排女职工从事矿山井下、国家规定的第四级体力劳动强度的劳动和其他禁忌从事的劳动；不得安排女职工在经期从事高处、低温、冷水作业和国家规定的第三级体力劳动强度的劳动；不得安排女职工在怀孕期间从事国家规定的第三级体力劳动强度的劳动和孕期禁忌从事的劳动；对怀孕 7 个月以上的女职工，不得安排其延长工作时间和夜班劳动；女职工生育享受不少于 90 天的产假；不得安排女职工在哺乳未满 1 周岁的婴儿期间从事国家规定的第三级体力劳动强度的劳动和哺乳期禁忌从事的其他劳动，不得安排其延长工作时间和夜班劳动。

未成年工是指年满 16 周岁，未满 18 周岁的劳动者。未成年工的特殊保护是针对未成年工处于生长发育期的特点，以及接受义务教育的需要，而采取的特殊劳动保护措施。其主要内容包括：①禁止安排未成年工从事有害未成年人健康成长的劳动；②禁止安排未成年工延长工作时间和进行夜班作业；③对未成年工定期健康检查；④实行未成年工的使用和特殊保护登记制度。

第四节　劳动争议处理

一、劳动争议的概念和分类

劳动争议，是指劳动关系的当事人之间因执行劳动法律、法规和履行劳动合同而发生的纠纷，即劳动者与所在单位之间因劳动关系中的权利义务而发生的纠纷。

根据争议涉及的权利义务的具体内容，可将其分为以下几类：①因确认劳动关系发生的争议；②因订立、履行、变更、解除和终止劳动合同发生的争议；③因除名、辞退和辞职、离职发生的争议；④因工作时间、休息休假、社会保险、福利、培训以及劳动保护发生的争议；⑤因劳动报酬、工伤医疗费、经济补偿或者赔偿金等发生的争议；⑥法律、法规规定的其他劳动争议。

二、劳动争议处理的原则

1. 着重调解原则。调解是纠纷解决机构通过在争议当事人之间进行调停，使其就争议的解决自愿达成一致，以维护当事人之间关系的和谐，避免矛盾激化。由于劳动争议的特殊性，调解的方式尤其重要，有利于维护劳动关系的和谐稳定，特别是在劳动关系的存续期间。调解不仅是劳动争议处理的一个独立程序，而且调解原则也贯穿于劳动仲裁和诉讼程序之中。

2. 合法、公正、及时原则。合法原则是指劳动争议的处理要严格依法进行，无论是调解、仲裁还是诉讼，都应遵照法定程序，这是案件获得公正处理的保证。公正原则就是要平等地对待劳动者和用人单位，裁判的结果应当公正，不偏不倚，在案件的审理过程中也应注意平等地对待双方，给与其同等的表达意见和辩论的机会。及时原则要求尽快、迅速地处理劳动争议，避免久拖不决的现象。劳动争议的及时处理对于劳动者特别重要，因为这可能直接关系到劳动者的基本生存需要，如拖欠劳动报酬案件应予以及时处理。

3. 三方原则。这一原则要求劳动行政机关、企业用工方和工会组织共同协调、处理劳动争议。《劳动争议调解仲裁法》第8条再次重申了三方原则："县级以上人民政府劳动行政部门会同工会和企业方面代表建立协调劳动关系三方机制，共同研究解决劳动争议的重大问题。"

三、劳动争议处理机制

劳动争议处理机制是由各种劳动争议处理机构和相互衔接的争议处理程序共同构成的解决劳动争议的制度体系。根据《劳动争议调解仲裁法》的规定，我国现行的劳动争议处理机制的基本框架是：

1. 协商和解。劳动争议发生后，当事人可以自行协商和解，也可以请工会或者第三方共同与用人单位协商和解。

2. 调解。当事人不愿协商、协商不成或者达成和解协议后不履行的，可以向调解组织申请调解。无论和解还是调解都不是劳动争议处理的必经程序。

3. 劳动仲裁。当事人不愿调解、调解不成或者达成调解协议后不履行的，可以向劳动争议仲裁委员会申请仲裁。劳动仲裁是劳动争议处理机制的核心，原则上是处理劳动争议的必经程序（只有以下两种情形可以不经过仲裁程序而直接进入法院司法程序：①劳动者凭明确的工资欠条追索劳动报酬的，可直接向法院起诉；②劳动者追索劳动报酬、工伤医疗费、经济补偿金和赔偿金已达成调解协议的，可据此向法院申请支付令）。经劳动仲裁的案件区分两种情况作不同处理：

（1）《劳动争议调解仲裁法》第47条规定，下列劳动争议，除本法另有规定的外，仲裁裁决为终局裁决，裁决书自作出之日起发生法律效力：①追索劳动报酬、工伤医疗费、经济补偿或者赔偿金，不超过当地月最低工资标准12个月金额的争议；②因执行国家的劳动标准在工作时间、休息休假、社会保险等方面发生的争议。这两种情形可称为有限制的"一裁终局"。

（2）对于《劳动争议调解仲裁法》第47条以外的情形，仲裁裁决作出后，并非立即生效，自裁决作出之日起15日内，双方当事人均可起诉，在此期限内无人起诉的，仲裁裁决始生效。

4. 诉讼。劳动者不服仲裁裁决、用人单位不服仲裁机构对《劳动争议调解仲裁法》第47条以外情形所作出的仲裁裁决，可以依法向法院起诉。

我国现行的劳动争议处理体制为"一调一裁二审"和"一调一裁"并存的机制。对部分劳动争议案件实行有限制的"一裁终局"，是《劳动争议调解仲裁法》对劳动争议处理机制最重大的改革举措。在此之前的体制是对于所有的劳动争议案件，只要当事人双方不服仲裁裁决均可起诉。这一修改的目的是为了简化劳动争议处理的程序，防止用人单位缠诉，减轻法院负担，使劳动者能够获得迅速及时的救济，同时也为当事人保留必要的进一步寻求救济的程序权利。新规则实际上进一步加强了劳动争议仲裁在劳动争议处理机制中的核心地位，并且更倾向于对劳动者的保护。

第五节 社会保障法概述

一、社会保障的概念

社会保障是指国家立法强制规定的，由国家和社会出面举办，对公民在年老、疾病、伤残、失业、生育、死亡、遭遇灾害、面临生活困难时给予物质帮助，旨在保障公民个人和家庭基本生活需要并提高生活水平，实现社会公平和社会进步的制度。该定义涵盖了以下内容：①社会保障具有强制性，由国家立法强制规定和实施；②举办社会保障是国家和社会的责任；③社会保障是对公民在年老、疾病、伤残、失业、生育、死亡、遭遇灾害、面临生活困难时给予的帮助；④保障水平主要是满足公民的基本生活需要，但在某些项目上也具有提高公民生活水平的功能；⑤社会保障的价值在于实现社会公平和社会正义。

二、社会保障法的概念和调整对象

社会保障法，是指调整社会保障关系的法律规范的总称。我国的社会保障法律规范既包括以社会保障项目命名的法律、法规，也包括其他法律、法规中有关社会保障的法律规范以及具有法律效力的规章、决定、指示等规范性文件。

社会保障法的调整对象是社会保障关系。社会保障关系是在国家和社会组织、筹措、运营、发放及监督管理社会保障基金过程中保障主体间形成的关系。社会保障关系从不同的角度可以进行不同的分类。依其内容不同，可以分为社会保险关系、社会福利关系、社会救助关系、社会优抚关系；依社会保障的体制来划分，可以分为社会保障管理关系、社会保障资金筹集关系、社会保障给付关系、社会保障资金运营关系、社会保障监督关系等；从主体上划分，社会保障关系涉及国家与社会成员之间的关系、社会保障机构与政府之间的关系、社会保障机构与全体社会成员之间的关系、社会保障机构与用人单位之间的关系等。

三、社会保障法的宗旨

1. 保障基本人权。社会保障法的首要目的，就是要保障公民的生存权。因此，我国《宪法》一方面规定公民有劳动的权利和义务，另一方面又规定公民在年老、疾病或者丧失劳动能力的情况下有从国家和社会获得物质帮助的权利。社会保障法就是将《宪法》规定的生存权具体落实，给生存权的实现提供必要的所得保障和福利保障的法律制度。

2. 保障社会公平。社会公平是人类社会发展中客观产生的一种共同需要，但在市场经济体制中，市场竞争机制所决定的收入分配机制，必然导致社会成员之间的收入分配不均等，甚至出现过度贫富差别。为了解决这一社会问题，就需要运用国家和社会的力量对经济活动进行干预，将社会共同创造的价值和社会共同负担的责任在全体社会成员中合理地分配，其主要方式就是强制推行社会保障制度，调节贫富之间的差距。因此，社会保障法是实现公平的收入分配调节法，是贫富差别的节制法。

3. 保障社会安全。社会保障是维护社会安全的重要防线，是各国社会安全体系中最普遍、最常用、效果最好的机制和制度。它通过对没有生活来源者、贫困者、遭遇不幸者和失业者提供帮助，保障其基本生活需要，消除其不安全感，对经济和社会的发展起着"安全网"的作用。

四、社会保障法的基本原则

社会保障法的基本原则是集中反映社会保障法的本质，贯穿社会保障法律规范始终，并对整个社会保障法律体系起主导作用的根本准则，是社会保障法的灵魂和核心所在。社会保障法应遵循以下原则：

1. 保障基本需要的原则。保障全体公民的基本生活需要，并在此基础上提高生活水平，是宪法所确认和保护的公民生存权的基础。社会保障法在各国的产生，主要是为了克服各种风险或灾难所造成的公民基本生活所面临的困境。因此，保障基本需要，是由社会保障的性质、职能和作用所决定的。

2. 保障水平与经济发展相适应原则。经济发展水平越高，创造的社会物质财富越多，可供社会分配的消费品也就越多，因此，经济发展水平决定着社会保障的水平。从世界范围看，各国的社会保障所确定的保障项目、保障对象、筹资的税率及缴费比例、社会保障水平，均与各国经济发展阶段和经济发展水平相适应。

3. 权利与义务相统一原则。权利与义务相统一是指享受权利必须承担相应的义务，而履行了义务就应当享有相应的权利。社会保障法律关系实质上是权利义务关系。当社会成员遇到困难或有其他法定条件而获得社会保障金时，他便处于权利主体地位。但要成为权利主体，必须按照法律的规定缴纳一定的社会保障费用，并按照法定缴纳程序履行，此时他便成为义务主体。所以，不履行法定义务则不能享受法定权利，权利和义务是统一的。

第六节　社会保障制度

社会保障制度是国家通过立法而制定的社会保险、救助、补贴等一系列制度的总称。其作用在于保障全体社会成员基本生存与生活需要，特别是保障公民在年老、疾病、伤残、失业、生育、死亡、遭遇灾害、面临生活困难时的特殊需要。我国的社会保障体系由社会保险、社会救助、社会福利和社会优抚四方面构成。

一、社会保险

（一）社会保险的概念和特征

社会保险是指国家为了预防和分担年老、失业、疾病以及死亡等社会风险，实现社会安全，而强制社会多数成员参加的具有所得再分配功能的非营利性的社会安全制度。《中华人民共和国社会保险法》已由中华人民共和国第十一届全国人民代表大会常务委员会第十七次会议于 2010 年 10 月 28 日通过，于 2011 年 7 月 1 日起施行。社会保险的特征为：

1. 社会性。社会保险的社会性表现为：①保险对象的社会性；②保险经费的来源具有社会性；③社会保险的管理和运行具有社会性。

2. 保险性。社会保险的保险性表现为：①社会保险费用与被保险人承担的社会风险相关联。②社会保险制度建立的基础是风险分担。被保险人通过参加社会保险，形成风险共担的团体，以满足社会风险事故所造成的经济需要。

3. 强制性。社会保险具有强制性，具体表现为：①社会保险关系的建立具有强制性；②社会保险费用的缴纳具有强制性；③请求社会保险待遇给付的条件具有强制性。

（二）享受社会保险待遇的条件

1. 具备被保险人和受益人的资格。我国的被保险人范围，原则上已把各种用人单位、各种用工形式的职工包括在内，并要求在条件成熟时扩展到职工以外的劳动者。作为受益人的职工亲属，应当是本人没有主要生活来源而职工对其负有供养义务者，多数为直系亲属，还包括配偶和旁系亲属。

2. 实际发生法定的社会保险事故。社会保险事故，是指劳动者年老、失业、伤残、疾病、生育等劳动风险事故。只有在保险事故已实际发生的情况下，被保险人和受益人才有权实际获得社会保险待遇。

（三）计算社会保险待遇的依据

计算社会保险待遇的依据，是指在确定给予劳动保险待遇之后，进而确定给付数额的依据。当前，我国确定社会保险待遇数额的依据有：

1. 工资。据以确定保险待遇数额的工资主要有三种：①职工个人月工资；②本单位月平均工资；③社会月平均工资。为了保障保险待遇免受物价上涨等因素的影响，有的保险待遇项目有必要部分地同社会月平均工资挂钩。

2. 工龄。所谓工龄，是指职工自与单位建立劳动关系起，以工资收入为主要来源或全部来源的工作时间。对计算社会保险待遇有法律意义的只是连续工龄和缴费工龄。连续工龄，是指依法能够连续计算之工龄，它包括本单位工龄以及依法可连续计算的以前在其他单位的工龄。缴费工龄，是指实行社会保险缴费制度以来，已由用人单位和劳动者依法缴纳保险费的工龄。

3. 保险费。凡规定职工本人应当交纳保险费的保险项目，其所享有的权利应受到本人投保年限和缴费总额的制约。

4. 国家宏观政策。保险待遇的规定接受宏观政策的调节，对国家提倡的行为给予优惠待遇，反之则限制其享受保险待遇。

（四）社会保险基金

社会保险基金，是指为了使社会保险有可靠的资金保障，国家通过立法要求全社会统一建立的，用于支付社会保险待遇的专项资金。用此种资金购置的资产及其增值部分也属于社会保险基金的范围。它一般按不同险种分别单独建立，如养老保险基金、失业保险基金、工伤保险基金、医疗保险基金等。

社会保险基金统筹是指在社会范围内，对社会保险基金的各种来源和用途作出统一的规定、规划和安排，并据此对社会保险基金进行统一的收支、管理和运营，以保证其收支平衡、合理使用和安全、保值、增值，充分发挥其社会保障职能。

社会保险基金的法定来源有：①用人单位按本单位工资总额的一定百分比定期缴纳的保险费；②劳动者按本人工资额的一定百分比或按规定的数额定期缴纳的保险费；③政府财政的补贴；④社会保险基金的增值性收入；⑤社会保险基金所获得的捐赠和其他收入。

在我国目前实行的养老、失业、工伤、医疗和生育五项保险中，养老保险和医疗保险实行社会统筹和个人账户相结合，失业保险要求企业和职工都缴费，这三项最重要的社会保险项目是国家、用人单位和劳动者个人三方负担的。对于工伤和生育两项保险，劳动者个人不缴纳社会保险费。

二、社会救助

社会救助，是指国家和社会对由于各种原因而陷入生存困境的公民，给予财物接济和生活扶助，以保障其最低生活需要的制度。

社会救助作为社会保障体系的一个组成部分，具有不同于社会保险的保障目标。社会保险的目标是预防劳动风险，而社会救助的目标则是缓解生活困难。因此，社会救助呈现下述特征：

1. 对象具有选择性和动态性。即公民只有在基本生活发生困难并经调查认定的情况下，才能成为社会救助的对象，而能够正常生活的公民则不需要社会救助。

2. 权利义务具有单向性。即在社会救助法律关系中，公民只是享受救助的权利主体，国家和社会只是提供救助的义务主体。也就是说，公民只要符合社会救助的条件就有权申请和得到救助，而无须承担与此相对应的义务；国家和社会对符合社会救助条件的公民必须提供救助，而不能要求受救助者事先或事后作某种给付。

3. 保障标准具有低层次性和地域性差别。即社会救助只是解决公民的生存问题，所给予的物质帮助仅限于维持最低生活需要。在不同地区，由于社会经济发展水平不同，维持最低生活需要的标准也就不同，社会救助的标准当然也就不一样。

三、社会福利

社会福利，是指国家和社会为维持和提高公民的一定生活质量而提供一定物质帮助，以满足公民的共同和特殊生活需要的社会保障制度。较之社会保障的其他形式，社会福利具有下述特征：

1. 社会福利的保障水平处于较高层次。即社会福利的保障目标，不是为了济贫，也不是为了维持公民的最低生活水平或基本生活水平，而是通过提供物质帮助使公民的生活质量不断得到改善和提高。

2. 社会福利是国家和社会单向提供的物质帮助。即国家和社会向公民提供社会福利待遇，一般无需以公民对国家和社会履行相应义务或作出相应贡献为代价。

3. 社会福利是普惠性的物质帮助。即社会福利在一定范围内人人有份，有的福利项目可以在一定地区范围内人人有份，有的福利项目可以在特殊群体范围内人人有份，有的福利项目可以在特定单位范围内人人有份。

4. 社会福利待遇的分配实行一致标准。即社会福利待遇在一定范围内按一致的标准进行分配，而不考虑享受福利者之间的贫富差别和贡献大小。

四、社会优抚

社会优抚，是指国家和社会对有特殊贡献者及其家属提供褒扬和优惠性质的物质帮助，以保障其生活不低于当地一般生活水平的制度。社会优抚的主要特征有：

1. 社会优抚的对象是法定特殊群体。即社会上对国家和社会有特殊贡献者及其家庭。这种特殊贡献，主要是为维护国家利益和社会公共利益而牺牲个人利益，如服兵役、因公牺牲、因公伤残等。

2. 社会优抚的直接责任主体是政府和社区组织。即社会优抚的各种手段都以政府有关部门实施为主，社区组织实施为辅；社会优抚的资金来源以财政支出为主，以社会统筹为辅。

3. 社会优抚具有褒扬性。即社会优抚体现了国家和社会对作出特殊贡献者的赞扬和奖励以及对自我牺牲和无私奉献精神的表彰和倡导。

4. 社会优抚具有优待性。即社会优抚是向优抚对象提供比较优厚的待遇，以保障优抚对象的生活稍高于或不低于当地群众的平均生活水平。

本章练习题

1. 简述劳动法的概念及调整对象。
2. 简述我国《劳动法》的基本原则。
3. 《劳动合同法》规定的劳动合同的必备条款有哪些？
4. 《劳动合同法》规定的劳动合同的约定条款有哪些？
5. 《劳动合同法》规定的无效劳动合同有哪些？
6. 《劳动合同法》规定的劳动者单方面解除劳动合同的情形有哪些？
7. 《劳动合同法》规定的用人单位单方面解除劳动合同的情形有哪些？
8. 用人单位依据经济性裁员辞退劳动者有哪些限制条件？
9. 简述我国劳动基准的主要内容。
10. 简述我国劳动争议的处理机制。
11. 简述社会保险的概念和特征。
12. 简述我国的社会保险项目。
13. 简述我国的社会保障制度。

第四编　宏观调控法律制度

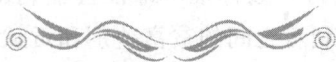

第十七章　国有资产管理法

学习目的与要求

　　国有资产是指属于国家所有的一切财产和财产权利的总和。通说认为，国有资产分为资源性国有资产、行政事业单位占用的国有资产和经营性国有资产三类。本章全面阐述了经营性国有资产，即企业国有资产的管理制度。通过本章的学习，应该了解国有资产管理的内涵，重点掌握国有资产管理的一系列基本法律制度。

第一节　国有资产管理法概述

一、国有资产

（一）国有资产的内涵

　　国有资产，是指属于国家所有的一切财产和财产权利的总和，是国家所有权的客体。具体而言，国有资产包括国家依法或依权力取得和认定的财产，国家资本金及其收益所形成的财产，国家向行政和事业单位拨入经费形成的财产，对企业减税、免税和退税等形成的资产以及接受捐赠、国际援助等所形成的财产。

（二）国有资产的分类

　　国有资产范围很广，存在于各个经济领域当中。为了对国有资产进行规范和法律管理，可以对国有资产按照不同的标准，进行不同的划分。

　　1. 按照国有资产的基本属性，可以分为资源性国有资产和非资源性国有资产。资源性国有资产，是指通过开发能够带来一定经济价值的国有资源。这种资源属于国家专有，经过开发利用可以产生收益。非资源性国有资产是指自然资源以外的国有资产。

　　2. 按照是否将国有资产投入经营，可以分为经营性国有资产和非经营性国有资产。经营性国有资产，是指由企业占有、使用的，以市场配置为主，用于生产经营的资产，也称企业国有资产。非经营性国有资产，是指由国家机关、事业单位和社会团体占有、使用的，用于国家公务和社会公益事业的国有资产，以及尚未启用的国有资产。这种资产不投入生产经营，具有非增值性。

3. 按照国有资产的存在形式，可以分为有形国有资产和无形国有资产。有形国有资产是指具有价值形式和实物形式的国有资产，例如土地、房屋、机器设备和各种原材料等。无形国有资产是指不具有独立形式，而是以权利形式蕴含和表明经济价值的国有资产，例如专利权、商标权和厂商名称权等。

二、国有资产管理

（一）国有资产管理的内涵

国有资产管理，是指国家对国有资产所有权的行使，管理权限的划分，资产的保值增值，收益的享有、处分等进行的监督。

（二）国有资产管理的任务

国有资产在我国数量庞大，构成我国社会总资产的主体成分，以国有资产为支撑点的国有经济是我国国民经济的基本支柱。如何管理好国有资产并在市场机制中充分发挥国有资产效益，是市场经济条件下国家的一项重要职能。根据《企业国有资产监督管理暂行条例》、《事业单位国有资产管理暂行办法》和《行政单位国有资产管理暂行办法》，国有资产管理担负的主要任务有：确保国有资产的国家所有权不被侵犯；优化国有资产结构；保障国有资产的良性循环和不断增值；正确处理国家所有权人与企业、事业单位使用权人之间的关系；维护国有资产使用单位的合法权益。

三、国有资产管理法

国有资产管理法是调整在管理和利用国有资产过程中所发生的经济关系的法律规范的总称。

目前，我国尚没有统一的《国有资产管理法》，国家在调整国有资产管理关系的各个环节制定了一系列法规、规章，形成了我国现有的国有资产管理法律制度，主要有：《国有资产评估管理办法》（1991 年国务院发布）、《企业国有资产产权登记管理办法》（1996 年国务院发布）、《国务院稽察特派员条例》（1998 年国务院公布）、《国有企业监事会暂行条例》（2000 年国务院发布）、《企业国有资产监督管理暂行条例》（2003 年国务院发布）、《国有资产产权界定和产权纠纷处理暂行办法》（1993 年国有资产管理局发布）、《企业国有资产产权登记管理办法实施细则》（2000 年财政部发布）、《国有资产评估项目备案管理办法》（2001 年财政部发布）、《行政单位国有资产管理暂行办法》（2006 年财政部发布）、《事业单位国有资产管理暂行办法》（2006 年财政部发布）、《企业国有产权转让管理暂行办法》、《集体企业国有资产产权界定暂行办法》、《国有资本保值增值结果计算与确认办法》、《国有企业法律顾问管理办法》等。

第二节　国有资产管理的基本制度

一、国有资产管理体制

（一）国有资产管理代表机关

根据《国有资产管理条例》规定，我国对国有资产管理实行分级代表制，即国务院，省、自治区、直辖市政府，设区的市和自治州政府的三级代表制度，明确了中央和地方政府对国有资产的代表权及利益，实现了分级管理向分级代表的转变。

1. 国务院代表国家对关系国民经济命脉和国家安全的大型国有及国有控股、国有参股企业，重要基础设施和重要自然资源等领域的国有及国有控股、国有参股企业，履行出资人职责。国务院履行出资人职责的企业，由国务院确定、公布。

2. 省、自治区、直辖市人民政府和设区的市、自治州级人民政府分别代表国家对由国务院履行出资人职责以外的国有及国有控股、国有参股企业，履行出资人职责。其中，省、自治区、直辖市人民政府履行出资人职责的国有及国有控股、国有参股企业，由省、自治区、直辖市人民政府确定、公布，并报国务院国有资产监督管理机构备案；其他由设区的市、自治州级人民政府履行出资人职责的国有及国有控股、国有参股企业，由设区的市、自治州级人民政府确定、公布，并报省、自治区、直辖市人民政府国有资产监督管理机构备案。

（二）国有资产监督管理机构

国务院国有资产监督管理机构是代表国务院履行出资人职责、负责监督管理企业国有资产的直属特设机构。省、自治区、直辖市人民政府国有资产监督管理机构，设区的市、自治州级人民政府国有资产监督管理机构是代表本级政府履行出资人职责、负责监督管理企业国有资产的直属特设机构。

国有资产监督管理机构主要负责以下事项：①依照《公司法》等法律、法规，对所出资企业履行出资人职责，维护所有者权益；②指导推进国有及国有控股企业的改革和重组；③依照规定向所出资企业派出监事会；④依照法定程序对所出资企业的企业负责人进行任免、考核，并根据考核结果对其进行奖惩；⑤通过统计、稽核等方式对企业国有资产的保值增值情况进行监管；⑥履行出资人的其他职责和承办本级政府交办的其他事项。

二、企业负责人管理制度

（一）对企业负责人的任免或者建议任免

根据所出资企业的不同类型，国有资产监督管理机构任免或者建议任免所出资企业负责人主要包括以下几项：①任免国有独资企业的总经理、副总经理、总会计师及其他企业负责人；②任免国有独资公司的董事长、副董事长、董事，并向其提出总经理、副总经理、总会计师等的任免建议；③依照公司章程，提出向国有控股的公司派出的董事、监事人选，推荐国有控股的公司的董事长、副董事长和监事会主席人选，并向其提出总经理、副总经理、总会计师人选的建议；④依照公司章程，提出向国有参股的公司派出的董事、监事人选。

（二）对企业负责人的考核

根据《企业国有资产监督管理暂行条例》规定，对企业负责人考核的内容主要包括：①国有资产监督管理机构应当建立企业负责人经营业绩考核制度，与其任命的企业负责人签订业绩合同，根据业绩合同对企业负责人进行年度考核和任期考核。②国有资产监督管理机构应当依照有关规定，确定所出资企业中的国有独资企业、国有独资公司的企业负责人的薪酬；依据考核结果，决定其向所出资企业派出的企业负责人的奖惩。

（三）建立违规企业负责人的责任制度

根据相关法律规定，违规企业负责人的责任制度主要包括以下内容：

1. 国有资产监督管理机构不按规定任免或者建议任免所出资企业的企业负责人，或者违法干预所出资企业的生产经营活动，侵犯其合法权益，造成企业国有资产损失或者其他严重后果的，对直接负责的主管人员和其他直接责任人员依法给予行政处分；构成犯罪的，依法追究刑事责任。

2. 所出资企业中的国有独资企业、国有独资公司未按照规定向国有资产监督管理机构报告财务状况、生产经营状况和国有资产保值增值状况的，予以警告；情节严重的，对直接负责的主管人员和其他直接责任人员依法给予纪律处分。

3. 国有及国有控股企业的企业负责人滥用职权、玩忽职守，造成企业国有资产损失的，应负赔偿责任，并对其依法给予纪律处分；构成犯罪的，依法追究刑事责任。

4. 国有及国有控股企业的企业负责人，如果对企业国有资产损失负有责任受到撤职以上纪律处分的，5年内不得担任任何国有及国有控股企业的企业负责人；造成企业国有资产重大损失或者被判处刑罚的，终身不得担任任何国有及国有控股企业的企业负责人。

三、企业重大事项管理制度

根据《国有资产管理条例》的规定，国有资产监督管理机构对国有企业的下列重大事项行使管理权：

1. 负责指导国有及国有控股企业建立现代企业制度，审核批准其所出资企业中的国有独资企业、国有独资公司的重组、股份制改造方案和所出资企业中的国有独资公司的章程。

2. 依照法定程序决定其所出资企业中的国有独资企业、国有独资公司的分立、合并、破产、解散、增减资本、发行公司债券等重大事项。其中，重要的国有独资企业、国有独资公司分立、合并、破产、解散的，应当由国有资产监督管理机构审核后，报本级人民政府批准。

3. 依照《公司法》的规定，派出股东代表、董事参加国有控股公司、国有参股公司的股东会、董事会；国有控股公司、国有参股的公司股东会、董事会决定公司的分立、合并、破产、解散、增减资本、发行公司债券、任免企业负责人等重大事项时，国有资产监督管理机构派出的股东代表、董事应当按照国有资产监督管理机构的指示发表意见、行使表决权。国有资产监督管理机构派出的股东代表、董事应当将其履行职责的有关情况及时向国有资产监督管理机构报告。

4. 决定其所出资企业的国有股权转让。其中，转让全部国有股权或者转让部分国有股权致使国家不再拥有控股地位的，应报本级人民政府批准。

5. 依照国家有关规定组织协调所出资企业中的国有独资企业、国有独资公司的兼并破产工作，并配合有关部门做好企业下岗职工安置等工作。

6. 依照国家有关规定拟订所出资企业收入分配制度改革的指导意见，调控所出资企业工资分配的总体水平。

7. 对所出资企业中具备条件的国有独资企业、国有独资公司进行国有资产授权经营。

四、企业国有资产管理制度

《企业国有资产监督管理暂行条例》第 30 条规定，国有资产监督管理机构依照国家有关规定，负责企业国有资产的产权界定、产权登记、资产评估监管、清产核资、资产统计、综合评价等基础管理工作。国有资产监督管理机构协调其所出资企业之间的企业国有资产产权纠纷。

（一）国有资产产权界定

1. 国有资产产权界定的内涵。国有资产产权界定是指国家依法划分国有资产的所有权和经营权、使用权等产权归属，明确产权主体行使权利的财产范围及管理权限的一种法律行为。国有资产产权界定包括两方面的内容：①国有资产所有权界定，即界定是否属于国家所有的资产；②与国有资产所有权相关的、由国有资产所有权权能分离产生的其他产权的界定，即界定国有资产各类经营、使用、管辖主体行使资产占有、使用和收益权及依法处分权的界限、范围和关系。

国有资产产权界定是对国有资产的所有权和经营权、使用权等产权归属进行确认的一种法律行为。进行产权界定，对于明确企业中国有资产与非国有资产的界限，维护国有资产产权，防止国有资产流失和深化产权制度改革具有重要作用。产权界定应当遵循"谁投资、谁拥有产权"的原则。在界定过程中，既要维护国有资产所有者及经营使用者的合法权益，又不得侵犯其他财产所有者的合法权益。

2. 企业国有资产界定办法。根据《国有资产产权界定和产权纠纷处理暂行办法》规定，不同类型企业的国有资产按照下列办法界定：

（1）全民所有制企业中的下列资产，应界定为国有资产：①有权代表国家投资的部门和机构以货币、实物以及所有权属于国家的土地使用权、知识产权等向企业投资，形成的国家资本金；②全民所有制企业运用国家资本金及在经营中借入的资金等所形成的税后利润，经国家批准留给企业作为增加投资的部分以及从税后利润中提取的盈余公积金、公益金和分配利润等；③以全民所有制企业和行政事业单位（以下统称全民单位）担保，完全用国内外借入资金投资创办的或完全由其他单位借款创办的全民所有制企业，其收益积累的净资产；④全民所有制企业接受馈赠形成的资产；⑤在实行《企业财务通则》、《企业会计准则》（简称"两则"）以前，全民所有制企业从留利中提取的职工福利基金、职工奖励基金和"两则"实行后用公益金购建的集体福利设施而相应增加的所有者权益；⑥全民所有制企业中党、团、工会组织等占用企业的财产，不包括以个人缴纳党费、团费、会费以及按国家规定由企业拨付的活动经费等结余购建的资产。

（2）集体所有制企业中的下列资产应界定为国有资产：①全民单位以货币、实物和所有权属于国家的土地使用权、知识产权等独资（包括几个全民单位合资，下同）创办的以集体所有制名义注册登记的企业单位的资产，但依国家法律、法规规定或协议约定并经国有资产管理部门认定的属于无偿资助的除外；②全民单位用国有资产在非全民单位独资创办的集体企业（以下简称集体企业）中的投资以及按照投资份额应取得的资产收益留给集体企业发展生产的资本金及其权益；③集体企业依据国家规定享受税前还贷形成的资产，其中属于国家税收应收而未收的税款部分；④集体企业依据国家规定享受减免税形成的资产中列为"国家扶持基金"等投资性的减免税部分；⑤集体企业改组为股份制企业时，改组前税前还贷形成的资产中国家税收应收而未收的税款部分和各种减免税形成的资产中列为"国家扶持基金"等投资性的减免税部分界定为国家股；⑥供销、手工业、信用等合作社中由国家拨入的资本金（含资金或者实物）；⑦集体企业和合作社改组为股份制企业时，国有土地折价部分形成的国家股份或其他所有者权益。

（3）中外合资经营企业中的下列资产应界定为国有资产：①中方以国有资产出资投入的资本总额，包括现金、厂房建筑物、机器设备、场地使用权、无形资产等形成的资产；②企业注册资本增加，按双方协议，中方以分得利润向企业再投资或优先购买另一方股份的投资活动中所形成的资产；③可分配利润及从税后利润中提取的各项基金中中方按投资比例所占的相应份额，不包括已提取用于职工奖励、福利等分配给个人消费的基金；④中方职工的工资差额；⑤企业根据中国法律和有关规定按中方工资总额的一定比例提取的中方职工的住房补贴基金；⑥企业清算或完全解散时，馈赠或无偿留给中方继续使用的各项资产。

（4）中外合作经营企业中国有资产所有权的界定参照有关中外合资企业的原则办理。

（5）股份制企业中的下列资产应界定为国有资产：①国家机关或其授权单位向股份制企业投资形成的股份，包括现有已投入企业的国有资产折成的股份，构成股份制企业中的国家股；②全民所有制企业向股份制企业投资形成的股份，构成国有法人股；③股份制企业公积金、公益金中，全民单位按照投资应占有的份额；④股份制企业未分配利润中，全民单位按照投资比例所占的相应份额。

（6）联营企业中国有资产所有权的界定参照有关股份制企业的原则办理。

3. 国有资产产权界定的组织实施与程序。国有资产产权界定工作，按照资产的现行分级分工管理关系，由各级国有资产管理部门会同有关部门进行。

（1）全民单位的各项资产及对外投资，由全民单位首先进行清理和界定，其上级主管部门负责督促和检查。必要时也可以由上级主管部门或国有资产管理部门直接进行清理和界定。

（2）全民单位经清理、界定属于国有资产的部分，按财务隶属关系报同级国有资产管理部门认定。

（3）经认定的国有资产，须按规定办理产权登记等有关手续。

占用国有资产的其他单位的产权界定，可以参照上述程序办理。

4. 国有资产产权纠纷的处理程序。

（1）全民所有制单位之间对国有资产的经营权、使用权等发生争议而产生的纠纷，应在维护国有资产权益的前提下，由当事人协商解决。协商不能解决的，应向同级或共同上一级国有资产管理部门申请调解和裁定，必要时报有权管辖的人民政府裁定，国务院拥有最终裁定权。

上述全民单位对国有资产管理部门的裁定不服的，可以在收到裁定书之日起15日内，向上一级国有资产管理部门申请复议，上一级国有资产管理部门应当自收到复议申请之日起60日内作出复议决定。

（2）全民所有制单位与其他经济成分之间发生的产权纠纷，由全民所有制单位提出处理意见，经同级国有资产管理部门同意后，与对方当事人协商解决。协商不能解决的，依司法程序处理。

（二）国有资产产权登记

1. 国有资产产权登记的内涵。国有资产产权登记是指国有资产管理部门代表政府对占有国有资产的各类企业的资产、负债、所有者权益等产权状况进行登记，依法确认产权归属关系的行为。产权登记与产权界定、评估是紧密相连的法律行为，界定、评估是登记的前提，登记则是对界定、评估结果的确认。通过国有资产产权登记，一方面可以明确国家对哪些资产拥有所有权，另一方面也明确了企业对哪些资产拥有经营使用权。

国有资产产权登记对加强国有资产监督管理，防止国有资产流失有十分重要的意义。因此，国有独资企业、国有独资公司、国家控股企业、国有参股企业以及以其他形式占有国有资产的企业，都应当向国有资产监督管理机构办理国有资产产权登记。

2. 国有资产产权登记机关及其职责。根据《企业国有资产产权登记管理办法实施细则》规定，企业国有资产产权登记机关是县级以上各级政府中负责国有资产管理的部门。财政部主管全国产权登记工作，统一制定产权登记的各项政策法规。产权登记按照"统一政策、分级管理"的原则由县级以上政府中负责国有资产管理的部门按产权归属关系组织实施。

产权登记机关依法履行下列职责：①依法确认企业产权归属，理顺企业集团内部产权关系；②掌握企业国有资产占有、使用的状况；③监管企业的国有产权变动；④检查企业国有资产经营状况；⑤监督国家授权投资机构、国有企业和国有独资公司的出资行为；⑥备案企业的担保或资产被司法冻结等产权或有变动事项；⑦在汇总、分析的基础上，编报并向同级政府和上级产权登记机关呈送产权登记与产权变动状况分析报告。上级产权登记机关指导下级产权登记机关的产权登记工作。

3. 企业国有资产产权登记的分类。

（1）设立产权登记。新设立的占有和使用国有资产的企业应当在批准成立后的30日内，向国有资产管理部门开办产权登记，并提交批准设立文件，国有资产总额及其来源证明，已办妥的土地、房产证明复印件及其他应提交的文件资料。

（2）占有产权登记。已经设立的所有占有、使用国有资产的企业均应办理产权登记。登记的内容包括：①出资人名称、住所、出资金额及法定代表人；②企业名称、住所及法定代表人；③企业的资产、负债及所有者权益；④企业实收资本、国有资本；⑤企业投资情况；⑥国务院国有资产管理部门规定的其他事项。国有资产管理部门向企业核发的国有资产产权登记表，是企业的资信证明文件。

（3）变动产权登记。企业发生下列变动情形之一的，应当自变动之日起30日内办理变动产权登记：①企业名称、住所或者法定代表人改变的；②国有资本占企业实收资本比例发生变化的；③企业分立、合并或者改变经营形式的；④有国务院国有资产管理部门规定的其他变动情形的。只有办理了产权变更登记后才能去工商行政管理部门办理有关变更登记。

（4）注销产权登记。企业发生下列情形之一的，应当自该情形发生之日起30日内办理注销产权登记：①企业解散、被依法撤销或者被依法宣告破产的；②企业转让全部产权或者企业被划转的；③有国务院国有资产管理部门规定的其他情形的。申办时应填报注销产权登记表，并提交相关的证明和文件。

4. 企业国有资产产权登记的年度检查制度。企业应当于每一年度终了后90日内，向国有资产监督管理机构提交财务报告和国有资产经营年度报告书，办理产权年度检查登记。

国有资产管理部门对审查合格的企业，根据产权登记的不同类型，核发产权登记表，对审定的变动登记表予以换发，对注销登记的予以收回，对年底产权的检查签署年度检查意见。

（三）国有资产评估

1. 国有资产评估的内涵。国有资产评估，是指对国有资产某一时点的价格进行评定估算。国有资产评估的目的在于正确体现国有资产的价值量，保护国有资产所有者和经营者、使用者的合法权益。1991年11月16日国务院发布了《国有资产评估管理办法》，1992年7月18日国家国有资产管理局又发布了《国有资产评估管理办法施行细则》，2011年8月11日财政部发布了《资产评估机构审批和监督管理办法》，这三部法规对搞好国有资产评估管理工作起到了重要作用。

国有资产评估应当遵循真实性、科学性、可行性原则，依照国家规定的标准、程序和方法进行评定和估算。评估人员应当具备足够的专业知识和工作经验，采用科学的方法，作出准确的评估结论。同时，评估工作所依据的数据和资料必须客观、真实，要实事求是。

2. 国有资产评估的适用范围。国有资产占有单位有下列情形之一的，应当对国有资产进行评估：①整体或者部分改建为有限责任公司或者股份有限公司；②以非货币资产对外投资；③合并、分立、清算；④除上市公司以外的原股东股权比例变动；⑤除上市公司以外的整体或者部分产权（股权）转让；⑥资产转让、置换、拍卖；⑦将整体资产或者部分资产租赁给非国有单位；⑧确定涉讼资产价值；⑨法律、法规规定的其他需要进行评估的事项。

经各级人民政府及其授权部门批准，对整体企业或者部分企业资产实行无偿划转，国有独资企业、行政事业单位下属的独资企业（事业单位）之间的合并、资产（产权）划转、置换和转让的，可以不进行资产评估。

国有资产占有单位收购非国有资产、与非国有单位置换资产、接受非国有单位以实物资产偿还债务的，对其非国有资产也应当进行评估。国有资产占有单位有其他经济行为，而当事人认为需要的，可以进行资产评估。国有资产评估范围包括：固定资产、流动资产、无形资产和其他资产。

3. 国有资产评估的管理和程序。国有资产评估工作，按照国有资产管理权限，由国有资产管理行政主管部门负责管理和监督。国有资产评估的组织工作，按照占有单位的隶属关系，由行业主管部门负责。国有资产管理行政主管部门和行业主管部门不直接从事国有资产评估业务。

目前，财政部是资产评估行业主管部门，制定资产评估机构管理制度，负责全国资产评估机构的审批和监督管理。各省、自治区、直辖市财政厅（局）负责本地区资产评估机构的审批和监督管理。中国资产评估协会负责全国资产评估行业的自律性管理，协助财政部审批和监督管理全国资产评估机构。各省、自治区、直辖市、计划单列市资产评估协会负责本地区资产评估行业的自律性管理，协助省级财政部门审批和监督管理本地区资产评估机构。

占有单位委托资产评估机构进行资产评估时，应当如实提供有关情况和资料。资产评估机构应当对占有单位提供的有关情况和资料保守秘密。资产评估机构进行资产评估，实行有偿服务。资产评估收费办法，由国务院国有资产管理行政主管部门会同财政部门、物价主管部门制定。

国有资产评估按照下列程序进行：

（1）申请立项。进行资产评估的占有单位，经其主管部门审查同意后，应当向同级国有资产管理行政主管部门提交资产评估立项申请书，并附财产目录和有关会计报表等资料。国有资产管理行政主管部门应当自收到资产评估立项申请书之日起 10 日内进行审核，并作出是否准予资产评估立项的决定，通知申请单位及其主管部门。

（2）资产清查。申请单位收到准予资产评估立项通知书后，可以委托资产评估机构评估资产。

（3）评定估算。受占有单位委托的资产评估机构应当在对委托单位的资产、债权、债务进行全面清查的基础上，核实资产账面与实际是否相符，经营成果是否真实，据以作出鉴定，并向委托单位提出资产评估结果报告书。

（4）验证确认。委托单位收到资产评估机构的资产评估结果报告书后应当报其主管部门审查；主管部门审查同意后，报同级国有资产管理行政主管部门确认资产评估结果。国有资产管理行政主管部门应当自收到占有单位报送的资产评估结果报告书之日起45日内组织审核、验证、协商，确认资产评估结果，并下达确认通知书。占有单位对确认通知书有异议的，可以自收到通知书之日起15日内向上一级国有资产管理行政主管部门申请复核。上一级国有资产管理行政主管部门应当自收到复核申请之日起30日内作出裁定，并下达裁定通知书。占有单位收到确认通知书或者裁定通知书后，应当根据国家有关财务、会计制度进行账务处理。至此，资产评估工作全部结束。

五、企业国有资产监督制度

国有独资公司、国有控股、参股公司属于有限责任公司或股份有限公司，其国有资产监督制度适用《公司法》有关监事会的规定。对国有企业中的重点大型企业国有资产的监督则适用国务院发布的《国有企业监事会暂行条例》（以下简称《监事会条例》）和《国务院稽察特派员条例》。

（一）国有重点大型企业的监事会制度

国有重点大型企业的监事会由国务院派出，对国务院负责，代表国家对国有重点大型企业的国有资产保值增值状况实施监督。

1. 国有重点大型企业监事会的组成。国有重点大型企业监事会由主席1人、监事若干人组成。监事会成员不少于3人。监事会主席由国务院任命，其职责主要有：①召集、主持监事会会议；②负责监事会的日常工作；③审定、签署监事会的报告和其他重要文件；④应当由监事会主席履行的其他职权。监事分为专职监事和兼职监事，专职监事从有关部门和单位中选任，兼职监事由国务院有关部门、单位派出的代表和企业职工代表担任。监事每届任期3年，其中监事会主席和专职监事不得在同一企业连任。

2. 国有重点大型企业监事会的职责。国有重点大型企业监事会以财务监督为核心，根据有关法律、行政法规和财政部的有关规定，对企业的财务活动及企业负责人的经营管理行为进行监督，以确保国有资产及其权益不受侵犯。监事会依法履行下列职责：①检查企业贯彻执行有关法律、行政法规和规章制度的情况；②检查企业财务，查阅企业的财务会计资料及与企业经营管理活动有关的其他资料，验证企业财务会计报告的真实性、合法性；③检查企业的经营效益、利润分配、国有资产保值增值、资产运营等情况；④检查企业负责人的经营行为，并对其经营管理业绩进行评价，提出奖惩、任免建议。

　　监事会一般每年对企业定期检查 1~2 次，并可以根据实际需要不定期地对企业进行专项检查。企业应当定期向监事会报送财务会计报告，并及时报告重大经营管理活动情况。监事会每次对企业进行检查结束后，应当及时作出检查报告。

　　（二）国有重点大型企业的稽察特派员制度

　　稽察特派员是代表国家对国有重点大型企业行使监督权力的人员。为加强对国有大型企业的财务监督，评价国有重点大型企业主要负责人员的经营管理业绩，国务院决定向国有重点大型企业派入稽察特派员。稽察特派员与被稽察企业的关系是监督与被监督的关系。稽察特派员以财务监督为核心，对企业财务进行监督，对企业负责人员的经营业绩进行评价，不参与、不干预被稽察企业的经营管理活动。稽察特派员由国务院派出，对国务院负责。

　　1. 稽察特派员的职责。根据规定，稽察特派员履行下列职责：①检查被稽察企业主要负责人员贯彻执行有关法律、法规和国家政策的情况；②查阅被稽察企业的财务报告、会计凭证、会计账簿等会计资料以及与企业经营管理活动有关的其他一切资料，验证被稽察企业的财务报告等资料是否真实地反映其财务状况，主要包括资产负债情况、还债能力、获利能力、利润分配、资产运作、国有资产保值增值等；③监督被稽察企业是否发生侵害国有资产所有者权益的情况；④对被稽察企业主要负责人员的经营管理业绩进行评价，对被稽察企业主要负责人的奖惩、任免提出建议。

　　2. 稽察特派员的任职条件和管理。稽察特派员由国务院任免，一般由部级、副部级国家工作人员担任。为了保证稽察特派员履行职责，更好地开展工作，国家为稽察特派员配备了助理，并设立了有关工作管理机构。稽察特派员和稽察特派员助理的任期为 3 年，可以连任，但是对同一企业不得连任。一名稽察特派员一般负责 5 个企业的稽察工作，一般每年到被稽察企业稽察 2 次，也可以不定期地到被稽察企业进行专项稽察。

　　稽察特派员的派出实行回避原则，不得派入其原来管辖行业内的企业，也不得派入其近亲属担任高级管理职务的企业。稽察特派员不得在任何企业兼职。稽察特派员履行职责所需经费，列入国家预算，稽察特派员和稽察特派员的助理不得接受被稽察企业的任何馈赠、报酬、福利待遇；不得在被稽察企业报销费用；不得参加有可能影响公正履行职责的宴请、娱乐、旅游等活动；不得通过稽察工作为自己、亲友或者其他人牟取私利；不得向被稽察企业透露稽察情况；不得泄露在稽察工作中了解和掌握的被稽察企业的商业秘密。

第三节　违反国有资产管理法的法律责任

一、违反企业国有资产产权界定的法律责任

　　发生属于产权界定范围的情形，国有资产占用单位隐瞒不报或串通作弊，导致国有资产权益受损的，产权界定主管机关可以根据情节轻重，对占用单位的主管人员和

直接责任人员给予通报批评、罚款等处罚。除此之外，还需补办产权界定手续。

产权界定主管机关的工作人员违反界定职责，利用职权谋取私利或者玩忽职守，造成国有资产损失的，国有资产管理部门和有关部门应按照干部管理权限，给予责任人员行政处分，触犯刑法的，提交司法机关处理。

对于违反产权界定及纠纷处理程序，国有资产管理部门可以单独或会同有关部门给予责任人员行政处罚。

二、违反企业国有资产产权登记的法律责任

根据相关法律规定，企业有下列行为之一的，由国有资产管理部门责令改正、通报批评，可以处以 10 万元以下罚款，并提请政府有关部门对企业领导人员和直接责任人员按照规定给予纪律处分：①在规定期限内不办理产权登记的；②隐瞒真实情况、未如实办理产权登记的；③不按照规定办理产权年度检查登记的；④伪造、涂改、出卖或者出借国有资产产权登记表的。

国有资产管理部门工作人员在办理产权登记中玩忽职守、徇私舞弊、滥用职权、谋取私利，构成犯罪的，依法追究刑事责任；尚不构成犯罪的，依法给予行政处分。

三、违反企业国有资产评估的法律责任

占有单位提供虚假情况和资料，或者与资产评估机构串通作弊，致使资产评估结果失实的，国有资产管理行政主管部门可以宣布资产评估结果无效，并可以根据情节轻重，单处或者并处下列处罚：①通报批评；②限期改正，并可以处以相当于评估费用以下的罚款；③提请有关部门对单位主管人员和直接责任人员给予行政处分，并可以处以相当于本人 3 个月基本工资以下的罚款。

资产评估机构作弊或者玩忽职守，致使资产评估结果失实的，国有资产管理行政主管部门可以宣布资产评估结果无效，并可以根据情节轻重，对该资产评估机构给予下列处罚：①警告；②停业整顿；③吊销国有资产评估资格证书。

国有资产管理行政主管部门或者行业主管部门工作人员利用职权谋取私利，或者玩忽职守，造成国有资产损失的，国有资产管理行政主管部门或者行业主管部门可以按照干部管理权限，给予行政处分，并可以处以相当于本人 3 个月基本工资以下的罚款。

四、违反企业国有资产监督的法律责任

监事会成员有下列行为之一的，依法给予行政处分或者纪律处分，直至撤销监事职务；构成犯罪的，依法追究刑事责任：①对企业的重大违法违纪问题隐匿不报或者严重失职的；②与企业串通编造虚假检查报告的；③泄露企业的商业秘密，利用监事职权谋取私利的；④以任何形式接受企业报酬或者接受财物的。

企业有下列行为之一的，对直接负责的主管人员和其他直接责任人员，依法给予纪律处分，直至撤销职务；构成犯罪的，依法追究刑事责任：①拒绝、阻碍监事会依法履行职责的；②拒绝、无故拖延向监事会提供财务状况和经营管理情况等有关资料的；③隐匿、篡改、伪报重要情况和有关资料的；④有阻碍监事会监督检查的其他行为的。

本章练习题

1. 国有资产如何分类？
2. 简述企业负责人管理制度的基本内容。
3. 全民所有制企业中应当界定为国有资产的资产有哪些？
4. 企业应当办理变动产权登记的情形有哪些？
5. 国有资产占有单位应当进行评估的情形有哪些？
6. 简述国有重点大型企业的监事会制度。
7. 简述稽察特派员的概念及其职责。
8. 违反企业国有资产监督的法律责任有哪些？

第十八章 税 法

📶 **学习目的与要求**

　　税收是我国财政收入的重要支柱，也是国家宏观调控的重要经济杠杆，税收与每一个人的利益息息相关。随着我国社会主义市场经济的不断发展，税收法制建设也日趋完善。通过本章的学习，要求学生了解我国的税制建设及立法历程，理解税收的涵义，具体掌握增值税、消费税、营业税、企业所得税、个人所得税等几种重要的税收制度，并能运用所学知识处理相关实务。

第一节 税法概述

一、税收的涵义

　　税收是政府为了满足社会公共需要，凭借政治权力，强制、无偿地取得财政收入的一种形式。理解税收的概念可从以下几方面把握：

　　1. 税收是国家取得财政收入的一种重要工具，其本质是一种分配关系。国家要行使职能必须有一定的财政收入作为保障。取得财政收入的手段多种多样，如税收、发行货币、发行国债、收费、罚没，而税收收入是大部分国家取得财政收入的主要形式。我国自1994年税制改革以来，税收收入占财政收入的比重基本维持在90%以上。在社会再生产过程中，分配是连接生产与消费的必要环节，在市场经济条件下，分配主要是对社会产品价值的分割。税收处于社会再生产的分配环节，解决的是分配问题，因而它体现的是一种分配关系。

　　2. 国家征税的依据是政治权力，它有别于按要素进行的分配。国家通过征税，将一部分社会产品由纳税人所有转变为国家所有，因此征税的过程实际上是国家参与社会产品分配的过程。国家与纳税人之间形成的这种分配关系与社会再生产中的一般分配关系不同。分配问题涉及两个基本问题：一是分配的主体；二是分配的依据。税收分配是以国家为主体所进行的分配，而一般分配则是以各生产要素的所有者为主体所进行的分配；税收分配是国家凭借政治权力进行的分配，而一般分配则是基于生产要素所进行的分配。

　　3. 征税的目的是满足社会公共需要。公共财政论在我国20世纪90年代中后期兴起，是新时期政府职能转变和资源配置模式转换对财政体制提出新要求的产物。市场和财政作为同一社会下两种不同的资源配置方式，它们的目的和目标是共同的，即都是为了满足社会需要。不过，由于机制和作用的不同，二者又有所分工：通过市场满足个人需要，通过财政满足社会共同需要。国家征税的目的是满足国家提供公共产品的需要，其中包括政府弥补市场失灵，促进公平分配等需要。同时，国家征税也要受到所提供公共产品规模和质量的制约。

4. 税收具有无偿性、强制性和固定性的形式特征。税收特征，亦称"税收形式特征"，是指税收分配形式区别于其他财政分配形式的质的规定性。税收特征是由税收的本质决定的，是税收本质属性的外在表现，是区别税与非税的外在尺度和标志，也是古今中外税收的共性特征。税收的形式特征通常概括为税收"三性"，即无偿性、强制性和固定性。

（1）税收的无偿性。这是指国家征税以后对具体纳税人既不需要直接偿还，也不需要付出任何直接形式的报酬，纳税人从政府支出所获利益通常与其支付的税款不完全成一一对应的比例关系。无偿性是税收的关键特征，它使税收明显地区别于国债等财政收入形式，决定了税收是国家筹集财政收入的主要手段，并成为调节经济和矫正社会分配不公的有力工具。

（2）税收的强制性。这是指税收是国家凭借政治权力，通过法律形式对社会产品进行的强制性分配，而非纳税人的一种自愿交纳，纳税人必须依法纳税，否则会受到法律制裁。强制性是国家权力在税收上的法律体现，是国家取得税收收入的根本前提，也是与税收的无偿性特征相对应的一个特征。正因为税收具有无偿性，才需要通过税收法律的形式规范征纳双方的权利和义务，对纳税人而言，依法纳税既是一种权利，更是一种义务。

（3）税收的固定性。这是指税收是国家通过法律形式预先规定了对什么征税及其征收比例等税制要素，并保持相对的连续性和稳定性，虽然税制要素的具体内容也会因经济发展水平、国家经济政策的变化而进行必要的改革和调整，但这种改革和调整也总是要通过法律形式事先规定，而且改革调整后要保持一定时期的相对稳定。基于法律的税收固定性始终是税收的固有形式特征，税收固定性对国家和纳税人都具有十分重要的意义；对国家来说，可以保证财政收入的及时、稳定和可靠，可以防止国家不顾客观经济条件和纳税人的负担能力，滥用征税权力；对于纳税人来说，可以保护其合法权益不受侵犯，增强其依法纳税的法律意识，同时也有利于纳税人通过税收筹划选择合理的经营规模、经营方式和经营结构等，降低经营成本。

税收"三性"是一个完整的统一体，它们相辅相成、缺一不可。其中，无偿性是核心，强制性是保障，固定性是对强制性和无偿性的一种规范和约束。

二、税法概述

（一）税法的概念

税法是国家制定的用以调整税收关系的法律规范的总称。它是国家及纳税人依法征税、依法纳税的行为准则，其目的是保障国家利益和纳税人的合法权益，维护正常的税收秩序，保证国家的财政收入。

（二）税法的体系

改革开放 30 多年来，我国税收制度先后经历了几次大的调整，初步建立起了适应社会主义市场经济要求的复合税制体系。改革开放初期，税收立法主要围绕涉外税制的建立、两步"利改税"方案的实施和 1984 年工商税制改革展开。1994 年，我国启动了新中国成立以来规模最大、范围最广、内容最深刻、力度最强的工商税制改革。这主要包括：全面改革流转税；对内资企业实行统一的企业所得税；统一个人所得税；调整、撤并和开征其他一些税种。1994 年的工商税制改革初步确定了市场经济下我国税收制度的基本格局，在此后的十几年间，随着社会主义市场经济的不断完善，我国又推行以费改税、内外资企业所得税合并、增值税的转型为主要内容的税制改革。至此，我国已经初步建立了适应社会主义市场经济体制需要的税收制度，对于保证财政收入，加强宏观调控，深化改革，扩大开放，促进经济与社会的发展，起到了重要的作用。

1. 我国现行税制包括实体法和程序法两部分。就实体法而言，按其性质和作用大致分为五类：

（1）流转税类。包括增值税、消费税、营业税和关税。主要在生产、流通或者服务业中发挥调节作用。

（2）资源税类。包括资源税、土地增值税和城镇土地使用税。主要是对因开发和利用自然资源差异而形成的级差收入发挥调节作用。

（3）所得税类。包括企业所得税和个人所得税。主要是在国民收入形成后，对生产经营者的利润和个人的纯收入发挥调节作用。

（4）特定目的税类。包括城市维护建设税、车辆购置税、耕地占用税和烟叶税。主要是为了达到特定目的，对特定对象和特定行为发挥调节作用。

（5）财产和行为税类。包括房产税、车船税、印花税和契税。主要是对某些财产和行为发挥调节作用。

上述税种，除企业所得税、个人所得税是以国家法律的形式发布实施外，其他各税种都是经全国人民代表大会授权立法，由国务院以暂行条例的形式发布实施的。这些税收法律、法规组成了我国的税收实体法体系。

2. 除税收实体法外，我国对税收征收管理适用的法律制度，是按照税收管理机关的不同而分别规定的：由税务机关负责征收的税种的征收管理，按照全国人大常委会发布实施的《税收征收管理法》执行；由海关机关负责征收的税种的征收管理，按照《海关法》及《进出口关税条例》等有关规定执行。

上述税收实体法和税收征收管理的程序法的法律制度构成了我国现行税法体系。

三、税法的构成要素

从法理上讲，法的要素包括规则、原则和概念。在此，税法的构成要素仅指实体税法的构成要素，而非法理意义上的构成要素，即各种单行税法具有的共同的基本要素的总称。税法的构成要素一般包括：纳税义务人、征税对象、税目、税率、纳税环节、纳税期限、纳税地点、税收特别措施等项目。

1. 纳税义务人。纳税义务人又叫纳税主体，是税法规定的直接负有纳税义务的单位和个人。任何一个税种首先要解决的就是国家对谁征税的问题。

与纳税义务人紧密联系的两个概念是代扣代缴义务人和代收代缴义务人。前者是指虽不承担纳税义务，但依照有关规定，在向纳税人支付收入、结算货款、收取费用时有义务代扣代缴其应纳税款的单位和个人。如果代扣代缴义务人按规定履行了代扣代缴义务，税务机关将支付一定的手续费。反之，未按规定代扣代缴税款，造成应纳税款流失或将已扣缴的税款私自截留、挪用、不按时缴入国库，一经税务机关发现，将要承担相应的法律责任。代收代缴义务人是指虽不承担纳税义务，但依照有关规定，在向纳税人收取商品或劳务收入时，有义务代收代缴其应纳税款的单位和个人。

2. 征税对象。征税对象又叫课税对象、征税客体，指税法规定的对什么征税，是征纳税双方权利义务共同指向的客体或标的物，是区别一种税与另一种税的重要标志。如消费税的征税对象是消费税条例所列举的应税消费品，房产税的征税对象是房屋等。征税对象是税法最基本的要素，因为它体现着征税的最基本界限，决定着某一种税的基本征税范围。征税对象按其性质的不同，通常可划分为流转额、所得额、财产、特定行为等四大类，通常也因此将税收分为相应的四大类，即流转税（或称商品和劳务税）、所得税、财产税、行为税。

3. 计税依据。计税依据又叫税基，是据以计算征税对象应纳税款的直接数量依据，它解决对征税对象课税的计算问题，是对课税对象的量的规定。计税依据按照计量单位的性质划分，有两种基本形态：价值形态和物理形态。价值形态包括应纳税所得额、销售收入、营业收入等；物理形态包括面积、体积、容积、重量等。以价值形态作为税基，又称为从价计征，即按征税对象的货币价值计算。而从量计征则是直接按征税对象的自然单位计算。

4. 税目。税目是在税法中对征税对象分类规定的具体的征税项目，它反映具体的征税范围，是对课税对象质的界定。设置税目的目的首先是明确具体的征税范围，凡列入税目的即为应税项目，未列入税目的，则不属于应税项目。其次，划分税目也是贯彻国家税收调节政策的需要，国家可根据不同项目的利润水平以及国家经济政策等制定高低不同的税率，以体现不同的税收政策。

5. 税率。税率是对征税对象的征收比例或征收额度。税率是计算税额的尺度，也是衡量税负轻重与否的重要标志。我国现行的税率主要有：

（1）比例税率。即对同一征税对象，不分数额大小，规定相同的征收比例。比例税率在适用中又可分为三种具体形式：单一比例税率、差别比例税率、幅度比例税率。比例税率具有计算简单、税负透明度高、有利于保证财政收入、有利于纳税人公平竞争、不妨碍商品流转额或非商品营业额扩大等优点，符合税收效率原则。但比例税率不能针对不同的收入水平实施不同的税收负担，在调节纳税人的收入水平方面难以体现税收的公平原则。

（2）累进税率。累进税率是指随着征税对象数量增大而随之提高的税率，即按征税对象数额的大小划分为若干等级，不同等级的课税数额分别适用不同的税率，课税数额越大，适用税率越高。累进税率一般在所得课税中使用，可以充分体现对纳税人收入多的多征、收入少的少征、无收入的不征的税收原则，从而有效地调节纳税人的收入，正确处理税收负担的纵向公平问题。具体来讲，累进税率又分为全额累进税率和超额累进税率、全率累进税率和超率累进税率。

（3）定额税率。即按征税对象确定的计算单位，直接规定一个固定的税额。目前采用定额税率的有资源税、城镇土地使用税、车船税等。

6. 纳税环节。主要指税法规定的征税对象在从生产到消费的流转过程中应当缴纳税款的环节。纳税环节有广义和狭义之分。广义的纳税环节指全部课税对象在再生产中的分布情况。狭义的纳税环节特指应税商品在流转过程中应纳税的环节。商品从生产到消费要经历诸多流转环节，各环节都存在销售额，都可能成为纳税环节。但考虑到税收对经济的影响、财政收入的需要以及税收征管的能力等因素，国家常常对在商品流转过程中所征税种规定不同的纳税环节。按照某种税征税环节的多少，可以将税种划分为一次课征制或多次课征制。合理选择纳税环节，对加强税收征管、有效控制税源、保证国家财政收入的及时、稳定、可靠，方便纳税人生产经营活动和财务核算，灵活机动地发挥税收调节经济的作用，具有十分重要的理论和实践意义。

7. 纳税期限。纳税期限是指税法规定的关于税款缴纳时间方面的限定。税法关于纳税期限的规定，有三个概念：①纳税义务发生时间。纳税义务发生时间，是指应税行为发生的时间。②纳税期限。纳税人每次发生纳税义务后，不可能马上去缴纳税款。税法规定了每种税的纳税期限，即每隔固定时间汇总一次纳税义务的时间。纳税人的具体纳税期限，由主管税务机关根据纳税人应纳税额的大小分别核定；不能按照固定期限纳税的，可以按次纳税。③缴库期限。即税法规定的纳税期满后，纳税人将应纳税款缴入国库的期限。

8. 纳税地点。主要是指根据各个税种纳税对象的纳税环节和有利于对税款的源泉控制而规定的纳税人（包括代征、代扣、代缴义务人）的具体纳税地点。

9. 税收特别措施。包括税收减免和税收重课措施。税收减免主要是对某些纳税人和征税对象采取减少征税或者免予征税的特殊规定。税收重课措施，是以加重税负为内容的税收特别措施，如税款的加成、加倍征收等。

第二节　实体税法

一、增值税法

增值税法是指国家制定的用以调整增值税征收与缴纳之间权利及义务关系的法律规范。现行增值税法的基本规范，是 2008 年 11 月 10 日国务院颁布的《增值税暂行条例》。

（一）增值税的概念及特点

增值税是以商品（含应税劳务）在流转过程中产生的增值额作为计税依据而征收的一种流转税。按照我国关于增值税的规定，增值税是对在我国境内销售货物或者提供加工、修理修配劳务以及进口货物的企业单位和个人，就其货物销售或提供劳务的增值额和货物进口金额为计税依据而课征的一种流转税。

增值税得以推广，最主要的原因是其改变了传统的流转税按全额道道重复征税的做法，对每一生产流通环节的增值额进行征税，由此产生了一些自身独特的功能。

1. 保持税收中性，有利于促进专业化协作生产的发展。根据增值税的计税原理，流转额中的非增值因素在计税时需被扣除，以避免重复征税。因此，对同一商品而言，无论流转环节的多与少，只要增值额相同，税负就相等，不会影响商品的生产结构、组织结构和产品结构。

2. 普遍征收，有利于保证财政收入及时、稳定地增长。从增值税的征税范围看，对从事商品生产经营和提供劳务的所有单位和个人，在商品增值的各个生产流通环节向纳税人普遍征收。

3. 税收负担由商品最终消费者承担。虽然增值税是向企业主征收，但企业主在销售商品时又通过价格将税收负担转嫁给下一生产流通环节，最后由最终消费者承担。

4. 实行价外税制度。在计税时，作为计税依据的销售额中不包含增值税税额，这样有利于形成均衡的生产价格，并有利于税负转嫁的实现。这是增值税与传统的以全部流转额为计税依据的流转税或商品课税的一个重要区别。

（二）增值税法的主要内容

1. 纳税义务人。根据《增值税暂行条例》的规定，凡在中华人民共和国境内销售或者进口货物、提供应税劳务的单位和个人都是增值税纳税义务人。单位，是指企业、行政单位、事业单位、军事单位、社会团体及其他单位。个人，是指个体工商户和其他个人。

另外，增值税实行凭专用发票抵扣税款的制度，客观上要求纳税人具备健全的会计核算制度和能力。为了既简化增值税计算和征收，又减少税收征管漏洞，将增值税纳税人按会计核算水平和经营规模分为一般纳税人和小规模纳税人两类纳税人，分别采取不同的增值税计税方法。

2. 征税范围。现行增值税征收范围的一般规定包括：销售或者进口的货物，提供的加工、修理修配劳务。除了上述的一般规定以外，《增值税暂行条例》还规定了属于征税范围的特殊行为，包括视同销售货物行为、混合销售行为以及兼营非增值税应税劳务行为的处理。

3. 税率和征收率。我国增值税采用比例税率，按照一定的比例征收。为了发挥增值税的中性作用，原则上增值税的税率应该对不同行业、不同企业实行单一税率，称为基本税率。实践中为照顾一些特殊行业或产品也增设了一档低税率。

增值税一般纳税人销售或者进口货物，提供加工、修理修配劳务，除低税率适用范围和销售个别旧货适用低税率外，税率一律为17%，这就是通常所说的基本税率。增值税一般纳税人销售或者进口下列货物，按13%的低税率计征增值税：①粮食、食用植物油；②自来水、暖气、冷气、热水、煤气、石油液化气、天然气、沼气、居民用煤炭制品；③图书、报纸、杂志；④饲料、化肥、农药、农机、农膜；⑤国务院及其有关部门规定的其他货物。

纳税人出口货物的税率为零，但是国务院另有规定的除外。税率为零不是简单地等同于免税。出口货物免税仅指在出口环节不征收增值税，而零税率是指对出口货物除了在出口环节不征增值税外，还要对该产品在出口前已经缴纳的增值税进行退税，使该出口产品在出口时完全不含增值税税款，从而以无税产品进入国际市场。当然我国目前并非对全部出口产品都完全实行零税率。我们为了调节出口产品结构，根据经济形势的变化规定了出口退税率，对大部分出口产品实行零税率，而对某些出口产品也并非完全实行零税率。

增值税对小规模纳税人采用简易征收办法，对小规模纳税人适用的税率称为征收率。自2009年1月1日起，小规模纳税人增值税征收率由过去的6%和4%一律调整为3%。

4. 应纳税额的计算。

（1）销售货物和提供应税劳务。我国目前对增值税一般纳税人采用的计税方法是国际上通行的购进扣税法，即先按当期销售额和适用税率计算出销项税额（这是对销售金额的征税），然后对当期购进项目已经缴纳的税款（所含税款）进行抵扣，从而间接计算出对当期增值额部分的应纳税额。其计算公式为：

$$当期应纳税额 = 当期销项税额 - 当期进项税额$$
$$= 当期销售额 \times 适用税率 - 当期进项税额$$

销售额是指纳税人销售货物或者提供应税劳务向购买方收取的全部价款和价外费用。特别需要强调的是，尽管销项税额也是销售方向购买方收取的，但是增值税采用价外计税方式，用不含税价作为计税依据，因而销售额中不包括向购买方收取的销项税额。

纳税人购进货物或者接受应税劳务（以下简称"购进货物"或者"应税劳务"）支付或者负担的增值税额，为进项税额。进项税额是与销项税额相对应的另一个概念。在开具增值税专用发票的情况下，它们之间的对应关系是，销售方收取的销项税额就是购买方支付的进项税额。对于任何一个一般纳税人而言，由于其在经营活动中既会发生销售货物或提供应税劳务，又会发生购进货物或接受应税劳务，因此，每一个一般纳税人都会有收取的销项税额和支付的进项税额。增值税的核心就是用纳税人收取的销项税额抵扣其支付的进项税额，其余额为纳税人实际应缴纳的增值税税额。

根据《增值税暂行条例》的规定，准予从销项税额中抵扣的进项税额，限于下列增值税扣税凭证上注明的增值税税额和按规定的扣除率计算的进项税额：从销售方取得的增值税专用发票上注明的增值税额；从海关取得的海关进口增值税专用缴款书上注明的增值税额。

小规模纳税人销售货物或者应税劳务，实行按照销售额和征收率计算应纳税额的简易办法，并不得抵扣进项税额。其应纳税额计算公式是：

应纳税额＝销售额×征收率

（2）进口货物。纳税人进口货物，按照组成计税价格和《增值税暂行条例》规定的税率计算应纳税额。我们在计算增值税销项税额时直接用销售额作为计税依据或计税价格就可以了，但在计算进口产品增值税时，我们不能直接得到类似销售额这么一个计税依据，而需要通过计算而得，即要计算组成计税价格。组成计税价格是指在没有实际销售价格时，按照税法规定计算出作为计税依据的价格。进口货物计算增值税组成计税价格和应纳税额计算公式为：

组成计税价格＝关税完税价格＋关税＋消费税

应纳税额＝组成计税价格×税率

5. 免税项目。《增值税暂行条例》规定的免税项目包括：①农业生产者销售的自产农产品。②避孕药品和用具。③古旧图书。古旧图书，是指向社会收购的古书和旧书。④直接用于科学研究、科学试验和教学的进口仪器、设备。⑤外国政府、国际组织无偿援助的进口物资和设备。⑥残疾人组织直接进口的供残疾人专用的物品。⑦销售的自己使用过的物品。自己使用过的物品，是指其他个人自己使用过的物品。

二、消费税法

消费税法是指国家制定的用以调整消费税征收与缴纳之间权利及义务关系的法律规范。现行消费税法的基本规范，是 2008 年 11 月 5 日经国务院第三十四次常务会议修订通过并颁布、自 2009 年 1 月 1 日起施行的《中华人民共和国消费税暂行条例》，以及 2008 年 12 月 15 日财政部、国家税务总局第 51 号令颁布的《中华人民共和国消费税暂行条例实施细则》）。

（一）消费税的概念及特点

消费税是指对消费品和特定的消费行为按消费流转额征收的一种商品税。消费税以消费品为课税对象，在此情况下，税收负担随价格转嫁给消费者，消费者是间接纳税人和实际负税人。消费税的征收具有较强的选择性，是国家贯彻消费政策、引导消费结构从而引导产业结构的重要手段，因而在保证国家财政收入、体现国家经济政策等方面具有十分重要的意义。具体来讲，我国消费税呈现以下特点：

1. 征收范围具有选择性。我国仅选择部分消费品征收消费税，而不是对所有消费品都征收消费税。我国消费税目前共设置 14 个税目，征收的具体品目采用正列举，征税界限清晰，征税范围是有限的。

2. 征税环节具有单一性。消费税的最终负担人是消费者，但是，为了加强源泉控制，防止税款流失，消费税的纳税环节主要确定在产制环节或进口环节。也就是说，应税消费品在生产环节或进口环节征税之后，除个别消费品的纳税环节为零售环节外，再继续转销该消费品不再征收消费税。这样，既可以减少纳税人的数量，降低税款征收费用和税源流失的风险，又可以防止重复征税。

3. 平均税率水平比较高且税负差异大。消费税属于国家运用税收杠杆对某些消费品进行特殊调节的税种。为了有效体现国家政策，消费税的平均税率水平一般定得比较高，并且不同征税项目的税负差异较大，对需要限制或控制消费的消费品，通常税负较重。我国现行消费税是同增值税相互配合而设置的。这种办法对某些需要特殊调节的消费品在征收增值税的同时，再征收一道消费税，从而形成了一种交叉调节的间接税体系。

4. 征收方法具有灵活性。消费税在征收方法上，既可以采用对消费品制定单位税额，依消费品的数量实行从量定额的征收方法，也可以采用对消费品制定比例税率，依消费品的价格实行从价定率的征收方法。

（二）消费税法的主要内容

1. 纳税义务人。在中华人民共和国境内生产、委托加工和进口《消费税暂行条例》规定的消费品的单位和个人，以及国务院确定的销售《消费税暂行条例》规定的消费品的其他单位和个人，为消费税的纳税人。

2. 征税范围。应税消费品的销售是征收消费税的主要环节，因消费税具有单一环节征税的特点，在生产销售环节征税以后，货物在流通环节无论再转销多少次，不用再缴纳消费税。生产应税消费品除了直接对外销售应征收消费税外，纳税人将生产的应税消费品换取生产资料、消费资料、投资入股、偿还债务，以及用于继续生产应税消费品以外的其他方面都应缴纳消费税。

委托加工应税消费品是指委托方提供原料和主要材料，受托方只收取加工费和代垫部分辅助材料加工的应税消费品。由受托方提供原材料或具有其他情形的，一律不能视同委托加工应税消费品。委托加工的应税消费品收回后，再继续用于生产应税消费品销售的，其加工环节缴纳的消费税款可以扣除。

单位和个人进口货物属于消费税征税范围的，在进口环节也要缴纳消费税。为了减少征税成本，进口环节缴纳的消费税由海关代征。

经国务院批准，自1995年1月1日起，金银首饰消费税由生产销售环节征收改为零售环节征收。

3. 税目与税率。按照《消费税暂行条例》的规定，2006年3月调整后，确定征收消费税的只有烟、酒、化妆品等14个税目，有的税目还进一步划分了若干子目。消费税采用比例税率和定额税率两种形式，以适应不同应税消费品的实际情况。具体如下：

表 18 - 1　消费税税目和税率

税　　目		税　　率
烟	卷烟	
	甲类卷烟	56% 加 0.003 元/支
	乙类卷烟	36% 加 0.003 元/支
	批发环节	5%
	雪茄烟	36%
	烟丝	30%
酒及酒精	白酒	20% 加 0.5 元/500 克（或者 500 毫升）
	黄酒	240 元/吨
	啤酒	
	甲类啤酒	250 元/吨
	乙类啤酒	220 元/吨
	其他酒	10%
	酒精	5%
化妆品		30%
贵重首饰及珠宝玉石	金银首饰、铂金首饰和钻石及钻石饰品	5%
	其他贵重首饰和珠宝玉石	10%
鞭炮、焰火		15%
成品油	汽油	
	含铅汽油	1.40 元/升
	无铅汽油	1.00 元/升
	柴油	0.80 元/升
	航空煤油	0.80 元/升
	石脑油	1.00 元/升
	溶剂油	1.00 元/升
	润滑油	1.00 元/升
	燃料油	0.80 元/升
汽车轮胎		3%
摩托车	气缸容量（排气量，下同）在 250 毫升（含 250 毫升）以下的	3%
	气缸容量在 250 毫升以上的	10%
小汽车	乘用车	
	气缸容量（排气量，下同）在 1.0 升（含 1.0 升）以下的	1%
	气缸容量在 1.0 升以上至 1.5 升（含 1.5 升）的	3%
	气缸容量在 1.5 升以上至 2.0 升（含 2.0 升）的	5%

续表

税　目		税　率
小汽车	气缸容量在 2.0 升以上至 2.5 升（含 2.5 升）的	9%
	气缸容量在 2.5 升以上至 3.0 升（含 3.0 升）的	12%
	气缸容量在 3.0 升以上至 4.0 升（含 4.0 升）的	25%
	气缸容量在 4.0 升以上的	40%
	中轻型商用客车	5%
高尔夫球及球具		10%
高档手表		20%
游艇		10%
木制一次性筷子		5%
实木地板		5%

4. 应纳税额的计算。

（1）生产销售环节应纳消费税的计算。在从价定率计算方法下，应纳消费税额等于销售额乘以适用税率。基本计算公式为：

应纳税额 ＝ 应税消费品的销售额 × 比例税率

在从量定额计算方法下，应纳税额等于应税消费品的销售数量乘以单位税额。基本计算公式为：

应纳税额 ＝ 应税消费品的销售数量 × 定额税率

在从价定率和从量定额复合计算方法下，基本计算公式为：

应纳税额 ＝ 应税销售数量 × 定额税率 ＋ 应税销售额 × 比例税率

（2）委托加工环节应税消费品应纳税的计算。企业、单位或个人由于设备、技术、人力等方面的局限或其他方面的原因，常常要委托其他单位代为加工应税消费品，然后，将加工好的应税消费品收回，直接销售或自己使用。这是生产应税消费品的另一种形式，也需要纳入征收消费税的范围。委托加工的应税消费品，由受托方在向委托方交货时代收代缴税款。

委托加工的应税消费品，按照受托方的同类消费品的销售价格计算纳税。没有同类消费品销售价格的，按照组成计税价格计算纳税。组成计税价格的计算公式为：

实行从价定率办法的：

组成计税价格 ＝ （材料成本 ＋ 加工费） ÷ （1 － 比例税率）

实行复合计税办法的：

组成计税价格 ＝ （材料成本 ＋ 加工费 ＋ 委托加工数量 × 定额税率） ÷ （1 － 比例税率）

（3）进口环节应纳消费税的计算。进口的应税消费品，于报关进口时缴纳消费税。纳税人进口应税消费品，按照组成计税价格和规定的税率计算应纳税额。计算方法如下：

实行从价定率计征的：

应纳税额＝组成计税价格×消费税比例税率

组成计税价格＝（关税完税价格＋关税）÷（1－消费税比例税率）

实行从量定额计征的：

应纳税额＝应税消费品数量×消费税定额税率

实行复合计税办法：

组成计税价格＝（关税完税价格＋关税＋进口数量×消费税定额税率）÷（1－消费税比例税率）

应纳税额＝组成计税价格×消费税税率＋应税消费品进口数量×消费税定额税率

三、营业税法

营业税法是指国家制定的用以调整营业税征收与缴纳之间权利及义务关系的法律规范。我国现行营业税法的基本规范，是2008年11月5日国务院第三十四次常务会议修订通过的《营业税暂行条例》和2011年10月28日财政部第65号令发布的《营业税暂行条例实施细则》。

（一）营业税的概念和特点

营业税是以在我国境内提供应税劳务、转让无形资产或销售不动产所取得的营业额为课税对象而征收的一种商品劳务税。

营业税是世界各国普遍征收的一种税收，是对企业的商品和劳务的营业收入额课征的税收，一般着眼于营业行为，只要纳税人发生了营业行为，就要对其征收营业税。

营业税是对企业商品和劳务课税的传统形式，其目的是为了取得财政收入，因而营业税的征税对象广泛，平均税率较低，且实行多环节课税。由此也反映出营业税的缺点，即存在重复课征和累积税负的问题。所以，在实行增值税的国家，营业税中的大部分已被增值税取代，保留下来的营业税的征收范围大幅缩小，目前世界各国的营业税一般只对服务业的某些部门征收。而且对一项经济活动而言，如果课征了增值税，就不征收营业税，反之亦然。

（二）营业税法的主要内容

1. 纳税义务人。在中华人民共和国境内提供应税劳务、转让无形资产或者销售不动产的单位和个人，为营业税的纳税义务人。

在现实生活中，有些具体情况难以确定纳税人，因此营业税法规定了扣缴义务人。

2. 税目。营业税的税目按照行业、类别的不同分别设置，现行营业税共设置了9个税目。

（1）交通运输业，包括陆路运输、水路运输、航空运输、管道运输和装卸搬运五大类。

（2）建筑业，指建筑安装工程作业等，包括建筑、安装、修缮、装饰和其他工程作业等项内容。

（3）金融保险业，指经营金融、保险的业务。金融是指经营货币资金融通活动的业务，包括贷款、融资租赁、金融商品转让、金融经纪业和其他金融业务。保险是指将通过契约形式集中起来的资金，用以补偿被保险人的经济利益的活动。

（4）邮电通信业，指专门办理信息传递的业务，包括邮政、电信。

（5）文化体育业，指经营文化、体育活动的业务。文化业包括表演、播映、经营游览场所和各种展览、培训活动，举办文学、艺术、科技讲座、讲演、报告会，图书馆的图书和资料的借阅业务等。体育业是指举办各种体育比赛和为体育比赛或体育活动提供场所的业务。

（6）娱乐业，指为娱乐活动提供场所和服务的业务，包括经营歌厅、舞厅、卡拉OK歌舞厅、音乐茶座、台球、高尔夫球、保龄球、网吧、游艺场等娱乐场所，以及娱乐场所为顾客进行娱乐活动提供服务的业务。

（7）服务业，指利用设备、工具、场所、信息或技能为社会提供服务的业务，包括代理业、旅店业、饮食业、旅游业、仓储业、租赁业、广告业和其他服务业。

（8）转让无形资产，指转让无形资产的所有权或使用权的行为，包括转让土地使用权、商标权、专利权、非专利技术，出租电影拷贝，转让著作权和转让商誉。

（9）销售不动产，指有偿转让不动产所有权的行为，包括销售建筑物或构筑物和其他土地附着物。

3. 税率。营业税按照行业、类别的不同分别采用不同的比例税率，具体规定为：交通运输业、建筑业、邮电通信业、文化体育业，税率为3%。服务业、销售不动产、转让无形资产，税率为5%。金融保险业税率为5%。娱乐业执行5%～20%的幅度税率。具体适用的税率，由各省、自治区、直辖市人民政府根据当地的实际情况在税法规定的幅度内决定。

4. 计税依据。营业税的计税依据是营业额，营业额为纳税人提供应税劳务、转让无形资产或者销售不动产，向对方收取的全部价款和价外费用。

5. 应纳税额的计算。营业税税款的计算比较简单。纳税人提供应税劳务、转让无形资产或者销售不动产，按照营业额和规定的适用税率计算应纳税额。计算公式为：

应纳税额 ＝ 营业额 × 税率

6. 税收优惠。根据《营业税暂行条例》的规定，下列项目免征营业税：①托儿所、幼儿园、养老院、残疾人福利机构提供的育养服务、婚姻介绍、殡葬服务。②残疾人员个人为社会提供的劳务。③学校和其他教育机构提供的教育劳务，学生勤工俭学提供的劳务。这里的"学校和其他教育机构"是指普通学校以及经地市级以上人民政府或者同级政府的教育行政部门批准成立、国家承认其学员学历的各类学校。④农业机耕、排灌、病虫害防治、植保、农牧保险以及相关技术培训业务，家禽、牲畜、水生动物的配种和疾病防治。⑤纪念馆、博物馆、文化馆、美术馆、展览馆、书画院、图书馆、文物保护单位举办文化活动的门票收入，宗教场所举办文化、宗教活动的门票收入。

四、企业所得税法

企业所得税法是指国家制定的用以调整企业所得税征收与缴纳之间权利及义务关系的法律规范。现行企业所得税法的基本规范，是 2007 年 3 月 16 日第十届全国人民代表大会第五次全体会议通过的《中华人民共和国企业所得税法》和 2007 年 11 月 28 日国务院第一百九十七次常务会议通过的《中华人民共和国企业所得税法实施条例》。

（一）企业所得税的概念和特点

企业所得税是对我国境内的企业和其他取得收入的组织的生产经营所得和其他所得征收的所得税。

所得税的特点主要是：①通常以纯所得为征税对象；②通常以经过计算得出的应纳税所得额为计税依据；③纳税人和实际负担人通常是一致的，因而可以直接调节纳税人的收入。

所得税的计税依据是应纳税所得，它以利润为主要依据，但不是直接意义上的会计利润，更不是收入总额。因此在计算所得税时，计税依据的计算涉及纳税人的成本、费用的各个方面，使得所得税计税依据的计算较为复杂。而且企业所得税在征收过程中，为了发挥所得税对经济的调控作用，也会根据调控的目的和需要，在税制中采取各种税收激励或限制措施，因而使所得税的计算更为复杂。

（二）企业所得税法的主要内容

1. 纳税义务人。企业所得税的纳税义务人是指在中华人民共和国境内的企业和其他取得收入的组织。《企业所得税法》第 1 条规定，除个人独资企业、合伙企业不适用《企业所得税法》外，凡在我国境内的企业和其他取得收入的组织（以下统称"企业"）均为企业所得税的纳税人，依照本法规定缴纳企业所得税。

企业所得税的纳税人分为居民企业和非居民企业。居民企业是指依法在中国境内成立，或者依照外国（地区）法律成立但实际管理机构在中国境内的企业；非居民企业是指依照外国（地区）法律成立且实际管理机构不在中国境内，但在中国境内设立机构、场所，或者在中国境内未设立机构、场所，但有来源于中国境内所得的企业。这是根据企业纳税义务范围的宽窄进行的分类。

2. 征税对象。企业所得税的征税对象是指企业的生产经营所得、其他所得和清算所得。

居民企业应就来源于中国境内、境外的所得作为征税对象。所得，包括销售货物所得、提供劳务所得、转让财产所得、股息红利等权益性投资所得，以及利息所得、租金所得、特许权使用费所得、接受捐赠所得和其他所得。

非居民企业在中国境内设立机构、场所的，应当就其所设机构、场所取得的来源于中国境内的所得，以及发生在中国境外但与其所设机构、场所有实际联系的所得，缴纳企业所得税。非居民企业在中国境内未设立机构、场所的，或者虽设立机构、场所但取得的所得与其所设机构、场所没有实际联系的，应当就其来源于中国境内的所得缴纳企业所得税。

3. 税率。企业所得税税率是体现国家与企业分配关系的核心要素。现行规定是：①基本税率为25%，适用于居民企业和在中国境内设有机构、场所且所得与机构、场所有关联的非居民企业。②低税率为20%，适用于在中国境内未设立机构、场所的，或者虽设立机构、场所但取得的所得与其所设机构、场所没有实际联系的非居民企业。

现行企业所得税基本税率设定为25%，与世界其他国家比较而言还是偏低的。这既充分考虑了我国财政承受能力，又考虑了企业负担水平。

4. 应纳税所得额。应纳税所得额是企业所得税的计税依据，按照《企业所得税法》的规定，应纳税所得额为企业每一个纳税年度的收入总额，减除不征税收入、免税收入、各项扣除，以及允许弥补的以前年度亏损后的余额。

企业的收入总额包括以货币形式和非货币形式从各种来源取得的收入，具体有销售货物收入、提供劳务收入、转让财产收入、股息、红利等权益性投资收益，以及利息收入、租金收入、特许权使用费收入、接受捐赠收入、其他收入。不征税收入主要包括财政拨款、依法收取并纳入财政管理的行政事业性收费、政府性基金和国务院规定的其他不征税收入。

《企业所得税法》规定，企业实际发生的与取得收入有关的、合理的支出，包括成本、费用、税金、损失及其他支出，准予在计算应纳税所得额时扣除。

亏损是指企业依照《企业所得税法》及其实施条例的规定，将每一纳税年度的收入总额减除不征税收入、免税收入和各项扣除后小于零的数额。根据规定，企业某一纳税年度发生的亏损可以用下一年度的所得弥补，下一年度的所得不足以弥补的，可以逐年延续弥补，但最长不得超过5年。

5. 应纳税额的计算。

（1）居民企业应纳税额的计算。基本计算公式为：

居民企业应纳税额 = 应纳税所得额 × 适用税率 - 减免税额 - 抵免税额

其中，抵免税额的最高限额为企业就来源于中国境外的所得，依照我国《企业所得税法》及其实施条例的规定计算出来的应纳税额。

（2）非居民企业应纳税额的计算。基本计算公式为：

应纳税额 = 应纳税所得额 × 实际征收率

对于非居民企业的所得，按照下列方法计算应纳税所得额：①股息、红利等权益性投资收益和利息、租金、特许权使用费所得，以收入全额为应纳税所得额；②转让财产所得，以收入全额减除财产净值后的余额为应纳税所得额；③其他所得，参照前两项规定的方法计算应纳税所得额。

实际征收率是指《企业所得税法》及其实施条例等相关法律、法规规定的税率，或者税收协定规定的更低的税率。

扣缴义务人在每次向非居民企业支付或者到期应支付所得时，应从支付或者到期应支付的款项中扣缴企业所得税。

6. 税收优惠。税收优惠，是指国家运用税收政策在税收法律、行政法规中规定对某一部分特定企业和课税对象给予减轻或免除税收负担的一种措施。税法规定的企业所得税的税收优惠方式包括免税、减税、加计扣除、加速折旧、减计收入、税额抵免等。

（1）免征与减征。企业的下列所得，可以免征、减征企业所得税：从事农、林、牧、渔业项目的所得；从事国家重点扶持的公共基础设施项目投资经营的所得；从事符合条件的环境保护、节能节水项目的所得；符合条件的技术转让所得。

（2）高新技术企业优惠。主要包括：①国家需要重点扶持的高新技术企业按15%的所得税税率征收企业所得税；②对在经济特区和上海浦东新区新设立的高新技术企业的过渡性税收优惠。

（3）小型微利企业优惠。小型微利企业按20%的所得税税率征收企业所得税。

（4）加计扣除优惠。主要包括：①企业为开发新技术、新产品、新工艺发生的研究开发费用，按照研究开发费用的50%加计扣除。②企业安置残疾人员所支付工资费用，按照支付给残疾职工工资的100%加计扣除。另外，符合条件的企业共同合作开发项目、企业委托给外单位进行开发的研发费用均可按照规定计算加计扣除等。

（5）创投企业优惠。创业投资企业采取股权投资方式投资于未上市的中小高新技术企业2年以上的，可以按照其投资额的70%在股权持有满2年的当年抵扣该创业投资企业的应纳税所得额。

（6）加速折旧优惠。企业的固定资产由于技术进步等原因，确需加速折旧的，可以缩短折旧年限或者采取加速折旧的方法。

（7）税额抵免优惠。税额抵免，是指企业购置并实际使用《环境保护专用设备企业所得税优惠目录》、《节能节水专用设备企业所得税优惠目录》和《安全生产专用设备企业所得税优惠目录》规定的环境保护、节能节水、安全生产等专用设备的，该专用设备的投资额的10%可以从企业当年的应纳税额中抵免；当年不足抵免的，可以在以后5个纳税年度结转抵免。

另外，按照相关法律、法规的规定，企业所得税还存在民族自治地方的优惠、非居民企业优惠、其他有关行业的优惠等。

五、个人所得税法

个人所得税法，是指国家制定的用以调整个人所得税征收与缴纳之间权利及义务关系的法律规范。现行个人所得税的基本规范是1980年9月10日第五届全国人民代表大会第三次会议通过、根据1993年10月31日第八届全国人民代表大会常务委员会第四次会议决定修改的《中华人民共和国个人所得税法》（2011年6月30日第六次修正），以及2011年7月19日修改的《中华人民共和国个人所得税法实施条例》。

（一）个人所得税的概念及征收模式

个人所得税是以自然人取得的各类应税所得为征税对象而征收的一种所得税，是政府利用税收对个人收入进行调节的一种手段。个人所得税的征税对象不仅包括个人，还包括具有自然人性质的企业。

一般说来，个人所得税的征收模式有三种：分类征收制、综合征收制和混合征收制。分类征收制，就是将纳税人不同来源、不同性质的所得项目，分别规定不同的税率征税；综合征收制，是对纳税人全年的各项所得加以汇总，就其总额进行征税；混合征收制，是对纳税人不同来源、不同性质的所得先分别按照不同的税率征税，然后将全年的各项所得进行汇总征税。三种不同的征收模式各有其优缺点。就第一种征收模式而言，其优点是对纳税人全部所得区分性质进行区别征税，能够体现国家的政治、经济与社会政策。缺点是对纳税人整体所得把握得不一定全面，容易导致实际税负的不公平。就第二种方式而言，其可以对纳税人的全部所得征税，从收入的角度体现税收公平的原则，但它不利于针对不同收入进行调节，不利于体现国家有关社会、经济政策。就第三种方式而言，其集中了前面两种的优点，既可实现税收的政策性调节功能，也可体现税收的公平原则。

目前，我国个人所得税的征收采用的是第一种模式，即分类征收制。在我国开征个人所得税之初，居民个人的收入水平比较低，收入来源比较单一，政府征税的目的主要在于对一部分居民畸高的收入进行调节。二十多年后的今天，我国居民个人的收入水平有了很大提高，而且收入的来源种类呈日益多样化趋势。因此对我国现行个人所得税制模式进行改革是一个方向，我国也初步确定把个人所得税制由分类征收制向分类与综合征税制相结合的模式转变。

（二）个人所得税法的主要内容

1. 纳税义务人。个人所得税的纳税义务人，包括中国内地的公民、个体工商业户，在中国有所得的外籍人员（包括无国籍人员），以及我国港澳台地区同胞。纳税义务人依据住所和居住时间两个标准，区分为居民和非居民，分别承担不同的纳税义务。

居民纳税义务人负有无限纳税义务。其所取得的应纳税所得，无论是来源于中国境内还是中国境外任何地方，都要在中国缴纳个人所得税。根据《个人所得税法》的规定，居民纳税义务人是指在中国境内有住所，或者无住所而在中国境内居住满1年的个人。

非居民纳税义务人，是指不符合居民纳税义务人判定标准（条件）的纳税义务人。非居民纳税义务人承担有限纳税义务，即仅就其来源于中国境内的所得，向中国缴纳个人所得税。

2. 应税所得项目及应税所得额。

（1）工资、薪金所得。工资、薪金所得，是指个人因任职或者受雇而取得的工资、薪金、奖金、年终加薪、劳动分红、津贴、补贴以及任职或者受雇有关的其他所得。工资、薪金所得，以每月收入额减除费用3500元后的余额，为应纳税所得额。

（2）个体工商户的生产、经营所得。个体工商户的生产、经营所得包括：个体工商户从事工业、手工业、建筑业、交通运输业、商业、饮食业、服务业、修理业及其他行业取得的所得；个人经政府有关部门批准，取得执照，从事办学、医疗、咨询以及其他有偿服务活动取得的所得等。个体工商户的生产、经营所得，以每一纳税年度的收入总额，减除成本、费用以及损失后的余额，为应纳税所得额。

个人独资企业、合伙企业的个人投资者以企业资金为本人、家庭成员及其相关人员支付与企业生产经营无关的消费性支出及购买汽车、住房等财产性支出，视为企业对个人投资者的利润分配，并入投资者个人的生产经营所得，依照"个体工商户的生产经营所得"项目计征个人所得税。

（3）企事业单位的承包经营、承租经营所得。企事业单位的承包经营、承租经营所得，是指个人承包经营或承租经营以及转包、转租取得的所得。承包项目可分多种，如生产经营、采购、销售、建筑安装等各种承包。转包包括全部转包或部分转包。对企事业单位的承包经营、承租经营所得，以每一纳税年度的收入总额，减除必要费用后的余额，为应纳税所得额。

（4）劳务报酬所得。劳务报酬所得，指个人独立从事各种非雇佣的劳务所取得的所得。如：设计、装潢、安装、制图、化验、测试、医疗、法律、会计、咨询、讲学、新闻、广播、翻译、审稿、书画、雕刻、影视、录音、录像、演出、表演、广告、展览、技术服务、介绍服务、经纪服务、代办服务等。劳务报酬所得，每次收入不超过4000元的，减除费用800元；4000元以上的，减除20%的费用，其余额为应纳税所得额。

（5）稿酬所得。稿酬所得，是指个人因其作品以图书、报刊形式出版、发表而取得的所得。将稿酬所得独立划归一个征税项目，而对不以图书、报刊形式出版、发表的翻译、审稿、书画所得归为劳务报酬所得，主要是考虑了出版、发表作品的特殊性。稿酬所得应当与一般劳务报酬相对区别，并给予适当优惠照顾。稿酬所得，每次收入不超过4000元的，减除费用800元；4000元以上的，减除20%的费用，其余额为应纳税所得额。

（6）特许权使用费所得。特许权使用费所得，是指个人提供专利权、商标权、著作权、非专利技术以及其他特许权的使用权取得的所得。特许权使用费所得，每次收入不超过4000元的，减除费用800元；4000元以上的，减除20%的费用，其余额为应纳税所得额。

（7）利息、股息、红利所得。利息、股息、红利所得，是指以个人拥有的债权、股权而取得的利息、股息、红利。利息、股息、红利所得以及偶然所得和其他所得，以每次收入额为应纳税所得额。

（8）财产租赁所得。财产租赁所得，是指个人出租建筑物、土地使用权、机器设备、车船以及其他财产取得的所得。财产租赁所得，每次收入不超过4000元的，减除费用800元；4000元以上的，减除20%的费用，其余额为应纳税所得额。

（9）财产转让所得。财产转让所得，是指个人转让有价证券、股权、建筑物、土地使用权、机器设备、车船以及其他财产取得的所得。财产转让所得，以转让财产的收入额减除财产原值和合理费用后的余额，为应纳税所得额。

（10）偶然所得。偶然所得，是指个人得奖、中奖、中彩以及其他偶然性质的所得。偶然所得应缴纳的个人所得税税款，一律由发奖单位或机构代扣代缴。

（11）经国务院财政部门确定征税的其他所得。除上述列举的各项个人应税所得外，其他确有必要征税的个人所得，由国务院财政部门确定。

3. 税率。个人所得税的税率按所得项目不同分别确定为：

（1）工资、薪金所得，适用 7 级超额累进税率，税率为 3% ~45%（见表 18 – 2）。

表 18 – 2　工资、薪金所得个人所得税税率表

级　数	全月应纳税所得额	税率（%）	速算扣除数
1	不超过 1500 元的	3	0
2	超过 1500 元至 4500 元的部分	10	105
3	超过 4500 元至 9000 元的部分	20	555
4	超过 9000 元至 35 000 元的部分	25	1005
5	超过 35 000 元至 55 000 元的部分	30	2755
6	超过 55 000 元至 80 000 元的部分	35	5505
7	超过 80 000 元的部分	45	13 505

（2）个体工商户的生产、经营所得和对企事业单位的承包经营、承租经营所得，适用 5% ~35% 的超额累进税率（见表 18 – 3）。个人独资企业和合伙企业的生产经营所得，也适用 5% ~35% 的 5 级超额累进税率。

表 18 – 3　个体工商户的生产、经营所得
和对企事业单位的承包经营、承租经营所得个人所得税税率表

级　数	全年应纳税所得额	税率（%）	速算扣除数
1	不超过 15 000 元的	5	0
2	超过 15 000 元至 30 000 元的部分	10	750
3	超过 30 000 元至 60 000 元的部分	20	3750
4	超过 60 000 元至 100 000 元的部分	30	9750
5	超过 100 000 元的部分	35	14 750

（3）稿酬所得。稿酬所得适用比例税率，税率为 20%，并按应纳税额减征 30%，故其实际税率为 14%。

（4）劳务报酬所得。劳务报酬所得适用比例税率，税率为 20%。对劳务报酬所得一次收入畸高的，可以实行加成征收，具体办法由国务院规定。

（5）特许权使用费所得，利息、股息、红利所得，财产租赁所得，财产转让所得以及偶然所得和其他所得，适用比例税率，税率为 20%。

4. 应纳税额的计算。依照税法规定的适用税率和费用扣除标准，各项所得的应纳税额计算公式为：

$$应纳税额 = 应纳税所得额 \times 适用税率$$

5. 税收优惠。根据《个人所得税法》的规定，下列各项个人所得，免纳个人所得税：省级人民政府、国务院部委和中国人民解放军军以上单位，以及外国组织、国际组织颁发的科学、教育、技术、文化、卫生、体育、环境保护等方面的奖金；国债和国家发行的金融债券利息；按照国家统一规定发给的补贴、津贴；福利费、抚恤金、救济金；保险赔款；军人的转业费、复员费；按照国家统一规定发给干部、职工的安家费、退职费、退休工资、离休工资、离休生活补助费；依照我国有关法律规定应予免税的各国驻华使馆、领事馆的外交代表、领事官员和其他人员的所得；中国政府参加的国际公约、签订的协议中规定免税的所得；经国务院财政部门批准免税的所得。

有下列情形之一的，经批准可以减征个人所得税：残疾、孤老人员和烈属的所得；因严重自然灾害造成重大损失的；其他经国务院财政部门批准减税的。

第三节　税收征收管理法

税收征收管理法是有关税收征收管理法律规范的总称。《中华人民共和国税收征收管理法》于 1992 年 9 月 4 日第七届全国人民代表大会常务委员会第二十七次会议通过，并于 1995 年 2 月 28 日、2001 年 4 月 28 日和 2013 年 6 月 29 日三次修订（正）。《中华人民共和国税收征收管理法实施细则》于 2013 年 7 月 18 日公布并于 2013 年 7 月 18 日起实施。税收征收管理的主要制度包括以下四个方面：

一、税务管理

（一）税务登记管理

税务登记是税务机关对纳税人的生产、经营活动进行登记并据此对纳税人实施税务管理的一种法律制度。税务登记又称纳税登记，它是税务机关对纳税人实施税收管理的首要环节和基础工作，是征纳双方法律关系成立的依据和证明，也是纳税人必须依法履行的义务。

我国税务登记制度大体包括以下内容：开业税务登记，变更、注销税务登记，停业、复业登记，外出经营报验登记。

（二）账簿凭证管理

账簿是纳税人连续记录各种经济业务的账册，凭证是据以登记账簿的书面证明。账簿凭证管理是税务登记后税收征管的又一重要环节。账簿凭证管理制度主要包账簿凭证设置、保管制度，发票管理，税控管理等。

（三）纳税申报管理

纳税申报是纳税人按照税法规定的期限和内容，向税务机关提交有关纳税事项书面报告的法律行为，是纳税人履行纳税义务、界定纳税人法律责任的主要依据，是税务机关税收管理信息的主要来源和税务管理的重要制度。主要涉及纳税申报的对象、纳税申报的内容、纳税申报的期限、纳税申报的要求、纳税申报的方式、延期申报管理等。

二、税款征收

税款征收是税收征收管理工作中的中心环节，是全部税收征管工作的目的和归宿，在整个税收工作中占据着极其重要的地位。

（一）税款征收的方式

税款征收方式是指税务机关根据各税种的不同特点、征纳双方的具体条件而确定的计算征收税款的方法和形式。税款征收的方式主要有：查账征收、查定征收、查验征收、定期定额征收、委托代征税款、邮寄纳税及其他方式。

（二）税款征收制度

1. 代扣代缴、代收代缴税款制度。扣缴义务人代扣、代收税款，并依照法律、行政法规规定的征收标准执行。税务机关按照规定付给扣缴义务人代扣、代收手续费。

2. 延期缴纳税款制度。纳税人和扣缴义务人必须在税法规定的期限内缴纳、解缴税款。纳税人因有特殊困难，不能按期缴纳税款的，经省、自治区、直辖市国家税务局、地方税务局批准，可以延期缴纳税款，但最长不得超过 3 个月。

3. 税收滞纳金征收制度。纳税人未按照规定期限缴纳税款的，扣缴义务人未按照规定期限解缴税款的，税务机关除责令限期缴纳外，从滞纳税款之日起，按日加收滞纳税款 0.05% 的滞纳金。

4. 减免税收制度。纳税人申请减免税，应向主管税务机关提出书面申请，并按规定附送有关资料。减免税的申请须经法律、行政法规规定的减税、免税审查批准机关审批。

5. 税额核定和税收调整制度。纳税人有不设置账簿、账目混乱、擅自销毁账簿、计税依据明显偏低等情形的，税务机关有权核定其应纳税额。企业或者外国企业在中国境内设立的从事生产、经营的机构、场所与其关联企业之间的业务往来，应当按照独立企业之间的业务往来收取或者支付价款、费用；不按照独立企业之间的业务往来收取或者支付价款、费用，而减少其应纳税的收入或者所得额的，税务机关有权进行合理调整。

6. 未办理税务登记的从事生产、经营的纳税人，以及临时从事经营纳税人的税款征收制度。此类纳税人由税务机关核定其应纳税额，责令缴纳。

7. 税收保全措施。税务机关有根据认为从事生产、经营的纳税人有逃避纳税义务行为的，可以在规定的纳税期之前，责令限期缴纳税款；在限期内发现纳税人有明显的转移、隐匿其应纳税的商品、货物以及其他财产迹象的，税务机关应责令其提供纳税担保。如果纳税人不能提供纳税担保，经县以上税务局（分局）局长批准，税务机关可以采取税收保全措施。

8. 税收强制执行措施。从事生产、经营的纳税人、扣缴义务人未按照规定的期限缴纳或者解缴税款，纳税担保人未按照规定的期限缴纳所担保的税款，由税务机关责令限期缴纳，逾期仍未缴纳的，经县以上税务局（分局）局长批准，税务机关可以书面通知其开户银行或者其他金融机构，从其存款中扣缴税款，或者扣押、查封、拍卖或者变卖纳税人财产，以拍卖或者变卖所得抵缴税款。

9. 欠税清缴制度。从事生产、经营的纳税人、扣缴义务人未按照规定的期限缴纳或者解缴税款的，纳税担保人未按照规定的期限缴纳所担保的税款的，由税务机关发出限期缴纳税款通知书，责令缴纳或者解缴税款的最长期限不得超过 15 日。

10. 税款的退还和追征制度。纳税人超过应纳税额缴纳的税款，税务机关发现后应当立即退还；纳税人自结算缴纳税款之日起 3 年内发现的，可以向税务机关要求退还多缴的税款并加算银行同期存款利息。因税务机关责任，致使纳税人、扣缴义务人未缴或者少缴税款的，税务机关在 3 年内可要求纳税人、扣缴义务人补缴税款，但是不得加收滞纳金。

11. 税款入库制度。税务机关依照税收法律、行政法规的规定，将应收的税款、滞纳金按照国家规定的税收征收管理范围和税款入库预算级次缴入国库。

三、税务检查

税务检查制度是税务机关根据国家税法和财务会计制度的规定，对纳税人履行纳税义务的情况进行的监督、审查制度。常见的税务检查的形式包括：重点检查、分类计划检查、集中性检查、临时性检查、专项检查等。

税务人员进行税务检查时，应当出示税务检查证和税务检查通知书。纳税人、扣缴义务人必须接受税务机关依法进行的税务检查，如实反映情况，提供有关资料，不得拒绝、隐瞒。税务机关对纳税人、扣缴义务人及其他当事人处以罚款或者没收违法所得时，应当开具罚没凭证。

四、法律责任

（一）违反税务管理基本规定行为的处罚

纳税人有下列行为之一的，由税务机关责令限期改正，可以处 2000 元以下的罚款；情节严重的，处 2000 元以上 1 万元以下的罚款：未按照规定的期限申报办理税务登记、变更或者注销登记的；未按照规定设置、保管账簿或者保管记账凭证和有关资料的；未按照规定将财务、会计制度或者财务、会计处理办法和会计核算软件报送税务机关备查的；未按照规定将其全部银行账号向税务机关报告的；未按照规定安装、使用税控装置，或者损毁或擅自改动税控装置的；纳税人未按照规定办理税务登记证件验证或者换证手续的。

纳税人不办理税务登记的，由税务机关责令限期改正；逾期不改正的，由工商行政管理机关吊销其营业执照。

纳税人未按照规定使用税务登记证件，或者转借、涂改、损毁、买卖、伪造税务登记证件的，处 2000 元以上 1 万元以下的罚款；情节严重的，处 1 万元以上 5 万元以下的罚款。

（二）纳税人、扣缴义务人未按规定进行纳税申报的法律责任

纳税人未按照规定的期限办理纳税申报和报送纳税资料的，或者扣缴义务人未按

照规定的期限向税务机关报送代扣代缴、代收代缴税款报告表和有关资料的，由税务机关责令限期改正，可以处 2000 元以下的罚款；情节严重的，可以处 2000 元以上 1 万元以下的罚款。

（三）偷税的法律责任

纳税人伪造、变造、隐匿、擅自销毁账簿、记账凭证，或者在账簿上多列支出或者不列、少列收入，或者经税务机关通知申报而拒不申报或者进行虚假的纳税申报，不缴或者少缴应纳税款的，是偷税。对纳税人偷税的，由税务机关追缴其不缴或者少缴的税款、滞纳金，并处不缴或者少缴的税款 50% 以上 5 倍以下的罚款；构成犯罪的，依法追究刑事责任。

（四）进行虚假申报或不进行申报行为的法律责任

纳税人、扣缴义务人编造虚假计税依据的，由税务机关责令限期改正，并处 5 万元以下的罚款。纳税人不进行纳税申报，不缴或者少缴应纳税款的，由税务机关追缴其不缴或者少缴的税款、滞纳金，并处不缴或者少缴税款 50% 以上 5 倍以下的罚款。

（五）逃避追缴欠税的法律责任

纳税人欠缴应纳税款，采取转移或者隐匿财产的手段，妨碍税务机关追缴欠缴的税款的，由税务机关追缴欠缴的税款、滞纳金，并处欠缴税款 50% 以上 5 倍以下的罚款；构成犯罪的，依法追究刑事责任。

（六）抗税的法律责任

以暴力、威胁方法拒不缴纳税款的，是抗税，除由税务机关追缴其拒缴的税款、滞纳金外，依法追究刑事责任。情节轻微，未构成犯罪的，由税务机关追缴其拒缴的税款、滞纳金，并处拒缴税款 1 倍以上 5 倍以下的罚款。

（七）不配合税务机关依法检查的法律责任

纳税人、扣缴义务人逃避、拒绝或者以其他方式阻挠税务机关检查的，由税务机关责令改正，可以处 1 万元以下的罚款；情节严重的，处 1 万元以上 5 万元以下的罚款。

（八）渎职行为的法律责任

税务人员利用职务上的便利，收受或者索取纳税人、扣缴义务人财物或者谋取其他不正当利益，构成犯罪的，依法追究刑事责任；尚不构成犯罪的，依法给予行政处分。税务人员徇私舞弊或者玩忽职守，不征或者少征应征税款，致使国家税收遭受重大损失，构成犯罪的，依法追究刑事责任；尚不构成犯罪的，依法给予行政处分。税务人员滥用职权，故意刁难纳税人、扣缴义务人的，调离税收工作岗位，并依法给予行政处分。税务人员对控告、检举税收违法违纪行为的纳税人、扣缴义务人以及其他检举人进行打击报复，依法给予行政处分；构成犯罪的，依法追究刑事责任。

本章练习题

1. 如何理解税收的概念和特征？
2. 如何理解税法的基本原则？
3. 税法的构成要素包括哪些？
4. 简述增值税的构成要素。
5. 简述消费税的构成要素。
6. 所得税有何特点？与流转税有何不同？
7. 简述企业所得税的构成要素。
8. 简述个人所得税的构成要素。
9. 税务检查的形式有哪些？
10. 什么是税收强制措施？主要条件有哪些？

第十九章 金融法

学习目的与要求

金融法作为经济法体系中的重要法律规范，其内容十分广泛。限于篇幅，本章仅就中国人民银行法、商业银行法、保险法及外汇管理法律制度加以论述。通过本章的学习，要求学生在全面了解我国金融法律制度的基础上，重点掌握中国人民银行的法律性质、职责及有关的货币政策，商业银行的设立、业务范围，保险合同及保险公司的法律特征，国家在经常项目和资本项目外汇管理方面的基本制度等内容，并能够在今后的工作实践中灵活运用相关制度。

第一节 金融法概述

一、金融法概述

金融，即货币资金的融通，是货币流通和信用分配活动的总称。金融业务就是货币流通、货币信用及银行信用等金融活动的直接反映和体现。实践中，主要的金融业务包括：货币的发行、流通和回笼，存款的吸收和支付，贷款的发放和收回，金银和货币的买卖，票据的承兑和贴现，银行的转账和结算，有价证券的发行和交易，国内外的汇兑往来以及各种财产、人身保险、融资租赁等。

金融法，是调整金融关系的法律规范的总称。金融关系是指金融机构在从事金融业务和金融管理过程中同其他金融主体之间发生的各种经济关系。在现代社会中，随着金融关系范围的不断扩大及复杂化，金融法的范围也日趋广泛，银行法、货币法、票据法、保险法、信托法、外汇法等都属于金融法的范畴。我国现行的金融法律、法规主要有：《中国人民银行法》、《商业银行法》、《保险法》，以及《票据法》、《证券法》、《支付结算办法》、《现金管理暂行条例》、《储蓄管理条例》、《外汇管理条例》、《金银管理条例》等，这些金融法律、法规构成了我国现行的金融法律体系，其对规范我国的金融秩序，促进国民经济健康发展发挥了重要的作用。

二、我国的金融体系

随着我国银行业与世界的接轨，现行的中国金融体系主要有八个层次：第一层次为中国人民银行，是我国的国家金融监管机关，主管全国的金融活动。第二层次包括银监会、保监会、证监会，均为我国金融业内实行分业管理的监管机构。第三层次为政策性银行，包括国家开发银行、进出口银行、农业发展银行，这些银行根据国家政策对国家需要支持的行业和项目发放贷款，进行投资。第四层次包括工商银行、农业银行、建设银行、中国银行在内的国家控股的股份制商业银行。这一层次的金融机构目前仍然是中国金融活动的主要承担者。第五层次为其他商业银行，如交通银行（国家控股）、民生银行、浦发银行等股份制商业银行，北京银行、河北银行等城市商业银行，河北汇融银行等农村商业银行。第六层次为一些非银行金融机构，主要包括在央行监管下的信托投资公司、租赁公司、财务公司等。第七层次为保险公司、证券公司等，这些机构主要从事保险和证券等经营活动。第八层次为外资银行等金融机构在中国设立的分支机构，如花旗银行、恒生银行、苏黎世保险公司、摩根大通等在中国设立的分支机构。目前我国金融体系已经在市场经济的推动下形成了"分业经营、分业管理"的经营管理体制，形成了"多元化、立体式"的结构格局。随着我国金融业的不断繁荣，竞争也在不断加剧，防范金融风险、完善金融监管体制等成为我国金融法制建设亟待解决的问题。

第二节　银行法

一、中国人民银行法

（一）中国人民银行的性质和法律地位

中国人民银行的性质是指中国人民银行区别于其他金融机构的根本属性。根据《中国人民银行法》第2条的规定，中国人民银行是我国的中央银行，是国务院的组成部门之一，既是特殊的金融机构又是特殊的国家行政机关。与一般的金融机构不同，中国人民银行的全部资本由国家出资，属于国家所有，同时为政府办理金融业务，在我国金融体制中居于核心地位，是我国的发行银行、政府的银行和银行的银行。与一般的国家行政机关不同，中国人民银行履行职能主要靠经济手段而不是靠行政手段，在履行职能时有自己的收入，并实行资产负债管理。

中国人民银行法律地位的实质是其独立性问题。根据《中国人民银行法》的规定，中国人民银行是在国务院领导下具有相对独立性的国家金融行政机关。它在国务院领导下依法独立执行货币政策，履行职责，开展业务，不受地方政府、各级政府部门、社会团体和个人的干涉。

（二）中国人民银行的职责

根据《中国人民银行法》第4条的规定，其具体职责主要包括：依法制定和执行货币政策；持有、管理、经营国家外汇储备、黄金储备；发布与履行其职责有关的命令和规章；经理国库；维护支付、清算系统的正常运行；负责金融业的统计、调查、分析和预测；发行人民币和管理人民币流通；从事有关国际金融活动及国务院规定的其他职责。

制定和执行货币政策是中国人民银行最重要的职责，为了执行货币政策可以依照《中国人民银行法》第四章的有关规定从事金融业务。

（三）中国人民银行的组织机构

与世界上大多数国家一样，我国的中央银行机构设置采用集中制模式。这一模式单独设立中央银行，根据需要设置多个分支机构，实行高度集中的统一管理，从而保证整个国家金融业监管的统一性。中国人民银行总行位于北京，并于2005年8月10日正式成立上海总部。中国人民银行根据履行职责的需要设立分支机构，作为中国人民银行的派出机构。中国人民银行对分支机构实行集中统一领导和管理。中国人民银行的分支机构根据中国人民银行的授权，负责本辖区的金融监督管理，承办有关业务。

中国人民银行设行长1人，副行长若干人。中国人民银行行长的人选，根据国务院总理的提名，由全国人民代表大会或者全国人民代表大会常务委员会决定，由中华人民共和国主席任免。中国人民银行副行长由国务院总理任免。中国人民银行实行行长负责制，行长领导中国人民银行的工作，副行长协助行长工作。

中国人民银行设立货币政策委员会，货币政策委员会是中国人民银行制定货币政策的咨询议事机构，应当在国家宏观调控、货币政策制定和调整中发挥重要作用。货币政策委员会的职责、组成和工作程序，由国务院规定，报全国人民代表大会常务委员会备案。当前货币政策委员会由中国人民银行和有关部门的领导及金融专家组成，设立主席、副主席各1人，主席由中国人民银行行长担任，副主席由主席指定。

（四）中国人民银行的货币政策

货币政策也就是金融政策，是指中国人民银行为实现其特定的经济目标而采用的各种控制和调节货币供应量和信用量的方针、政策和措施的总称。货币政策的实质是国家对货币的供应根据不同时期的经济发展情况而采取"紧"、"松"或"适度"等不同的政策趋向。

中国人民银行在保持货币币值稳定并以此促进经济增长的货币政策目标指导下，主要运用以下六种货币政策工具：

1. 存款准备金制度。金融机构应当按照中国人民银行确定的比率，从其吸收的存款中提取一定的金额，无息存入中国人民银行作为存款准备金，以保证客户提取存款和资金清算的需要。存款准备金本来是为保证金融机构的支付，不想却带来了调控货币总量的效果，反而淡化了其最初设立的用意。

金融机构不允许将其吸收的全部存款用于发放贷款，必须按照金融机构存款总额的一定比例即存款准备金率在中央银行保留一定的资金即存款准备金，以备客户提款，因此存款准备金制度有利于保证金融机构对客户的正常支付。同时，当中央银行降低存款准备金率时，金融机构可用于贷款的资金增加，市场的贷款总量和货币供应量也相应增加；反之，市场的贷款总量和货币供应量将相应减少。

2. 基准利率确定制度。基准利率是中央银行对商业银行和其他金融机构的存、贷款利率。我国的利率分三种：基准利率、商业银行利率、金融市场利率。其中基准利率在利率体系中起主导作用，各商业银行及其他金融机构都必须按此基准利率进行资金活动。中央银行根据货币政策目标来调整基准利率，以此调节金融市场上的资金供应量。

3. 再贴现制度。再贴现是指商业银行或其他金融机构将其所获得的未到期票据转让给中国人民银行，以获得一定的资金，即商业银行和中央银行间的票据买卖。中央银行可以通过提高或降低再贴现率来影响金融机构向中央银行借款的成本，从而影响货币供应量和市场的利率水平等其他经济变量。

4. 再贷款制度。再贷款是中国人民银行作为"银行的银行"向商业银行提供贷款。根据执行货币政策的需要，中国人民银行可以决定对商业银行贷款的数额、期限、利率和方式，以实现货币资金宏观管理。

5. 公开市场业务制度。中国人民银行通过在公开市场上买卖国债及外汇，调节货币供应量。

6. 其他货币政策工具。主要有特种存款、证券信用控制、不动产信用控制等货币政策工具。

（五）中国人民银行的业务

中国人民银行作为金融机关，其开展业务的宗旨在于调控宏观经济，促进经济增长，而不以营利为目的，不经营一般银行业务。中国人民银行的业务范围主要包括：集中存款准备金、确定中央银行基准利率、再贴现和再贷款、在公开市场上买卖国债和其他政府债券及外汇、经理国库、清算业务和经营证券等。但是，中国人民银行不得对政府财政透支，不得直接认购、包销国债和其他政府债券，不得向商业银行发放超过1年期的贷款和不得向任何单位和个人提供担保等。

（六）《中国人民银行法》对法律责任的规定

1. 对于违反货币管理规定的行为，如变造人民币，出售伪造、变造的人民币，或者明知是伪造、变造的人民币而运输；购买伪造、变造的人民币或者明知是伪造、变造的人民币而持有、使用；在宣传品、出版物或者其他商品上非法使用人民币图样；印制、发售代币票券，以代替人民币在市场上流通等，可对行为人处以行政拘留、罚款，构成犯罪的，依法追究刑事责任。

2. 对于违反中国人民银行纪律、业务规范的行为，如违法提供贷款、对单位和个人提供担保、擅自动用发行基金；中国人民银行的工作人员泄露国家秘密或者所知悉的商业秘密；中国人民银行的工作人员贪污受贿、徇私舞弊、滥用职权、玩忽职守等，可以要求负有直接责任的主管人员和其他直接责任人员承担损害赔偿责任、没收违法所得、罚款，构成犯罪的，可依法追究刑事责任。

二、商业银行法

（一）商业银行的概念

商业银行是指依《商业银行法》和《公司法》的规定设立的吸收公众存款、发放贷款、办理结算等业务的企业法人。商业银行是一种特殊的金融企业，是经营货币信用业务的金融企业法人。商业银行依法自主经营、自负盈亏，以追求利润最大化为经营目的。商业银行是我国金融体系的重要组成部分。

（二）商业银行的设立

1. 商业银行的设立。根据《商业银行法》第12条的规定，设立商业银行应当具备以下条件：①有符合《商业银行法》和《公司法》规定的章程。②有符合《商业银行法》规定的注册资本最低限额：设立全国性商业银行的注册资本最低限额为10亿元人民币，城市商业银行的注册资本最低限额为1亿元人民币，农村商业银行的注册资本最低限额为5000万元人民币；注册资本应当是实缴资本。国务院银行业监督管理机构根据审慎监管的要求可以调整注册资本最低限额，但不得少于以上规定的限额。③有具备任职专业知识和业务工作经验的董事和其他高级管理人员。有下列情形之一的，不得担任商业银行的高级管理人员：因犯有贪污、贿赂、侵占财产罪或者破坏社会经济秩序罪受刑事处罚的；担任因经营管理不善破产清算的公司、企业的董事或者厂长、经理，并对该公司、企业的破产负有个人责任的；担任因违法被吊销营业执照的公司、企业的法定代表人，并负有个人责任的；个人所负数额较大的债务到期未清偿的。④有健全的组织机构、管理制度、营业场所及相关防范措施。

设立商业银行，申请人应当向国务院银行业监督管理机构提交申请，并提交有关文件、资料。经批准设立的商业银行，由国务院银行业监督管理机构颁发经营许可证，并凭许可证向工商行政管理部门办理登记，领取营业执照。

2. 商业银行分支机构的设立。商业银行根据业务需要可以在我国境内外设立分支机构。设立分支机构必须经国务院银行业监督管理机构审查批准，发给经营许可证。分支机构在工商行政管理部门办理注册登记，领取营业执照。

商业银行的分支机构不具有法人资格。分支机构在总行授权范围内依法开展业务，其民事责任由总行承担。

（三）商业银行的组织机构

根据《商业银行法》规定，商业银行的组织机构包括股东会或者股东大会、董事会、行长或者总经理、监事会。其组织机构的性质、职权等适用《公司法》的有关规定。

（四）商业银行的业务范围

《商业银行法》从两方面对商业银行的业务范围作了规定：①商业银行可以经营的业务；②禁止商业银行经营的业务。根据《商业银行法》的规定，商业银行可以经营下列业务：存贷款业务，办理国内外结算，办理票据贴现，发行金融债券，代理发行、兑付、承销、买卖政府债券，同业拆借，提供信用证服务及担保，融资性中间业务，管理性中间业务，信息咨询业务，电子银行业务等。商业银行不得经营的业务有：不得从事信托投资业务，不得从事股票业务，不得投资于非自用不动产，不得向非银行金融机构投资，不得向企业投资。

（五）商业银行的变更、接管、解散和清算

1. 商业银行的变更。商业银行有下列变更事项之一的，须经过国务院银行业监督管理机构审查批准：合并，分立，变更名称、注册资本、总行或分支行所在地；变更持有资本总额或者股份总额5%以上的股东；调整业务范围；修改章程；更换董事长（行长）、总经理以及国务院银行业监督管理机构规定的其他变更事项。

2. 商业银行的接管。根据《商业银行法》规定，国务院银行业监督管理机构在商业银行已经发生或可能发生信用危机，严重影响存款人利益时，有权对其进行接管，并采取整顿和改组措施。自接管之日起由接管组织行使商业银行的经营管理权力，以恢复商业银行的正常经营能力。被接管的商业银行的债权债务关系不因接管而变化。

3. 商业银行的解散和清算。商业银行因分立、合并或者出现公司章程规定的解散事由需要解散的，应当向国务院银行业监督管理机构提出申请，并附解散的理由和支付存款的本金和利息等债务清偿计划，经国务院银行业监督管理机构批准后解散。

商业银行解散的，应当依法成立清算组，对商业银行进行清算，按照清偿计划及时偿还本金和利息等债务。商业银行不能清偿到期债务，经国务院银行业监督管理机构同意，由人民法院依法宣告破产。

4. 商业银行的合并与分立。商业银行的合并、分立，适用《公司法》。商业银行的合并与分立，应当经国务院银行业监督管理机构审查批准。

根据《商业银行法》第28条规定，任何单位和个人购买商业银行的股份总额5%以上的，应当事先经国务院银行业监督管理机构批准。

（六）违反《商业银行法》的法律责任

1. 违反《商业银行法》的行为。

（1）商业银行对存款人或其他客户造成财产损害的行为。如商业银行无故拖延、拒绝支付存款本金和利息；违反票据承兑等结算业务规定，不予兑现、不予收付入账，压单、压票或者违反规定退票；非法查询、冻结、扣划个人储蓄存款或者单位存款等行为，对存款人或其他客户造成财产损害。

（2）商业银行的其他违法行为。如未经批准设立分支机构；未按中国人民银行规定的比例交存存款准备金；未遵守资本充足率、存贷比例、资产流动性比例、同一借款人贷款比例、中国人民银行有关资产负债比例管理的有关规定；违反提高或者降低利率以及采用其他不正当手段，吸收存款、发放贷款；未经批准发行金融债券或者到境外借款；未经批准买卖政府债券或者买卖、代理买卖外汇；在境内从事信托投资和股票或者投资于非自用不动产；在境内向非银行金融机构和企业投资；提供虚假的或者隐瞒重要事实的财务会计报表；拒绝中国人民银行的稽查、检查监督；出租、出借经营许可证。

（3）借款人采取欺诈手段骗取贷款的行为。

2. 违反《商业银行法》须承担的法律责任。

（1）民事责任。商业银行对存款人或者其他客户造成损失的，应当承担支付迟延履行的利息及其他民事责任。商业银行工作人员违法发放贷款或者提供担保造成损失的，应承担全部或部分赔偿责任。

（2）行政责任。对商业银行的违法行为，由国务院银行业监督管理机构责令改正；有违法所得的，没收违法所得，并处以违法所得一定比例的罚款；没有违法所得的，处以一定数额的罚款；还可以依法责令停业整顿或者吊销其经营许可证。对商业银行违法行为负有直接责任的主管人员和其他直接责任人员，应给予行政处分。

（3）刑事责任。凡构成犯罪的，必须依法追究刑事责任。

第三节　保险法

一、保险法概述

（一）保险的概念和特征

保险是指投保人根据合同约定，向保险人支付保险费，保险人对于合同约定的可能发生的事故因其发生所造成的财产损失承担赔偿保险金责任，或者当被保险人死亡、伤残、疾病或者达到合同约定的年龄、期限时，承担给付保险金责任的行为。

保险作为一种金融活动，在经济上表现为一种特殊的经济补偿，在法律上表现为一种合同关系。保险的特征具体表现在：

1. 投保风险的潜在性。投保人和保险人之间所投保的危险事故是否发生具有偶然性、可能性和未来性，这是保险制度之所以存在的前提条件。

2. 保险的互助合作性。保险具有分散（或转移）危险、化解损失的功能。保险基金是通过筹集广大投保人的保险资金而形成的，为可能的保险理赔提供了雄厚的物质基础。

3. 保险损失赔付的强制性。一旦潜在的约定投保风险变为现实，保险人必须对投保人进行经济补偿。

（二）保险的分类

根据不同的标准，保险有以下分类：

1. 根据保险的实施形式，分为自愿保险和强制保险。强制保险即法定保险，是依据国家法令强制实施的保险，其保险标的多与人民生命、健康和国家重大经济利益有关。自愿保险是投保人在自愿基础上和保险人达成保险意愿而实现的一种保险。

2. 按照保险的标的，分为财产保险和人身保险。财产保险是财产或以财产利益为标的，以实物的毁损和利益的灭失为保险事故的各种保险。人身保险是以人的生命健康为标的，以人的生理意外事故为保险事故的保险。

3. 根据保险人承担的责任次序不同，分为原保险和再保险。原保险，又称第一次保险，是指保险人对被保险人因保险事故所致的损失直接承担原始赔偿责任的保险。再保险，又称分保险，是保险人将原始的保险责任再予以投保的保险。再保险的目的主要是分散风险、扩大承保能力、稳定经营。

4. 按照保险是否以营利为目的，分为社会保险和商业保险。社会保险是为了贯彻国家社会保障政策的需要，不以营利为目的而实行的一种福利保险。社会保险属法定保险，一般由社会保障立法予以规范，其费用主要来源于国家财政资金或企事业单位资金和经费。商业保险是以营利为目的的保险，属于社会保险以外的普通保险。

（三）保险法的概念和基本原则

保险法是调整保险关系的一切法律规范的总称。包括调整保险人与投保人、被保险人和受益人之间因保险合同的订立、变更、转让、履行、解除及承担法律责任过程中，规范保险业主体的设立、变更、消灭过程中，以及规范保险业主体内外组织活动过程中产生的各种权利义务的法律规范。现行的保险法律规范主要是指 2009 年 10 月 1 日开始实施的新《保险法》，还包括一些其他法律中调整保险关系的相关法律规范，如《海商法》中关于海上保险的规定等。

保险法的基本原则主要有：

1. 最大诚信原则。这一原则是民法中的诚信原则在保险法中的体现，要求保险活动当事人要向对方充分而准确地告知和保险相关的重要事实。保险活动中对当事人诚信的要求要高于一般的民事活动。实践中，这一原则更多地体现为对投保人或被保险人的一种法律约束，当投保人违反该原则时，保险人可解除合同或请求确认合同无效。

2. 保险利益原则。要求投保人对保险标的或被保险人具有法律上承认的经济利益，保险合同的订立和保险关系的存在必须以保险利益的存在为前提。

3. 损失补偿原则。保险人对保险标的发生的、保险责任范围内的损失要进行赔偿，用以弥补被保险人的损失。补偿只能以被保险人的实际损失为限，被保险人不能因损失获得额外的利益。

4. 近因原则。保险人只有在造成损失的最直接、最有效原因为承保范围内的保险事故时才承担保险责任，对承保范围外的原因引起的损失，不负赔偿责任。

二、保险合同

保险合同是投保人与保险人约定保险权利义务关系的协议。保险合同除具有一般双务、有偿和诺成合同的特征外，还具有要式合同、格式合同、射幸合同的特征。

（一）保险合同的一般规定

1. 保险合同的当事人。保险合同当事人是参与保险法律关系并享有权利、承担义务的人。通常指保险合同的缔约双方，即保险人和投保人。保险人是指与投保人订立保险合同，并承担赔偿或者给付保险金责任的保险公司。投保人是指与保险公司订立保险合同并承担支付保险费义务的法人、自然人或其他组织。

保险合同的当事人除保险人和投保人外，还包括被保险人和受益人。被保险人是其财产和人身受保险合同保障，享有保险金请求权的人。被保险人可以是投保人自己，也可以是第三人。受益人是指在人身保险合同中由被保险人或投保人指定的享有保险金请求权的人。受益人可以是被保险人和投保人，也可以是第三人。

2. 保险合同的订立。保险合同的订立，须经过要约和承诺两个阶段。投保人向保险人提出订立保险合同的要求，亦即投保；保险人同意投保人加入保险，亦即承保。经过上述两个阶段，保险合同即告成立。

保险合同的内容主要包括基本条款和特约条款。基本条款包括：当事人姓名及住所、保险标的、保险金额、保险费、保险责任、违约责任和争议解决条款等。保险合同的特约条款主要包括两类：一类是关于限制或扩大保险人承担保险责任的条款；一类是约束被保险人或投保人行为的条款。

保险合同一般采用格式合同，由保险单、投保单、暂保单和保险凭证及相关文件组成。但是，经投保人和保险人协商同意，也可以商定协议书或商定某些条款。我国《保险法》规定，保险人必须向投保人说明保险合同的条款。特别是关于保险人的免责条款，应当向投保人明确说明，由投保人选择是否接受。

3. 保险合同的履行。

（1）投保人和保险人的权利和义务。投保人的权利是指保险事故发生后，向保险人要求支付保险金的权利。投保人的义务包括：支付保费义务、如实告知义务、危险事故发生的通知义务和避免损失扩大义务。

保险人除了有权向投保人收取保险费以外，还可以对保险标的或投保人的有关情况进行调查或询问。保险人的义务主要包括保险金的赔付义务、向投保人解释保险条款的义务、对投保人的投保情况具有保密的义务等。

（2）保险理赔、索赔及保险代位权。①保险理赔。保险人收到投保人或被保险人或受益人要求给付保险金的请求后，应对保险事故的发生情况及其所造成的损失进行调查审核。对于属于保险责任的，保险人应按合同约定对请求人进行赔偿。②保险索赔。即在保险事故发生后，投保人或被保险人请求保险人履行义务的行为。根据《保险法》的规定，人寿保险诉讼时效为 5 年，其他保险的诉讼时效为 2 年。③保险代位权。保险人向被保险人支付保险金后，有权向对保险标的造成损害并负有赔偿责任的第三方进行追偿。

（二）财产保险合同

财产保险合同是以财产及其有关利益为保险标的的保险合同。财产保险合同是保险合同的常见类型之一。财产保险合同除具有一般保险合同的特征外，还具有下列特征：

1. 财产保险合同的保险标的是财产及其有关利益。根据《保险法》的规定，财产及有关利益包含的范畴十分广泛，其可能是运输工具、建筑工程等有形财产，也可能是有形或无形财产及相关利益，如损害赔偿责任、信用、保证等。

2. 财产保险合同成立的附条件性。财产保险合同具有要式合同的性质。只有在特定条件成就，即投保人交纳了保险费，并于保险合同责任范围和保险期内发生保险事故时，保险合同才在投保人和保险人之间产生法律效力，保险人才会依据合同向投保人或者被保险人支付保险金，履行经济赔偿义务。

3. 保险合同具有补偿性。作为商业保险，财产保险的基本目的在于补偿投保人或被保险人因保险事故的发生而遭受的经济损失。保险人履行保险责任的前提，必须是保险标的因保险事故而遭受了损失，如果投保人或被保险人并未遭受实际损失，保险人无需承担赔偿责任。此外，投保人或被保险人虽然可以通过财产保险合同获得保险补偿，但不能取得额外利益。

根据不同的标准，财产保险通常可分为财产损失保险、责任保险、信用保险与保证保险；家庭个人财产保险与企业经营财产保险；火险、运输保险、工程保险与农业保险等类型。

（三）人身保险合同

人身保险合同是以自然人的生命和身体健康为保险标的的保险合同。人身保险的保险人在被保险人投保后，根据约定在被保险人因保单载明的意外事故、灾难及年老等原因而发生死亡、疾病、伤残、丧失工作能力或退休等情形时，给付一定的保险金额或年金。人身保险合同具有以下特征：

1. 定额给付性。人身保险的保险金额不像财产保险那样能以保险标的的客观价值为根据，而是依被保险人对保险的需求程度和投保人的缴费能力来加以确定，是一种定额保险。所以，人身保险通常采用约定的给付方式，无论是保险期内保险事由发生，还是保险期满被保险人生存，保险人都应当按照约定的保险金额进行结付，不能有所增加或者减少。

2. 储蓄性。人身保险在为被保险人提供经济保障的同时还具有储蓄的性质。人身保险的保险费一般由危险保费和储蓄保费两部分组成。后者实际上是投保人存放于保险人处的储蓄存款，以预定利率在长期的缴费期内进行保费积累。人身保险的受益人不仅可以获得经济保障，而且可以取得投资带来的收益。

3. 长期性。相对于保险期限较短的财产保险，人身保险特别是人寿保险的保险期往往持续几年或几十年，有的甚至直至被保险人死亡。由此，人身保险在保费测算、偿付能力计算、责任准备金提留及资金运用、国家监管等方面都不同于财产保险。

根据不同的标准，人身保险通常可分为人寿保险、人身意外伤害保险与健康保险；一次性给付保险和分期给付保险；个人人身保险、团体人身保险与联合人身保险；利益分配保险和无利益分配保险等类型。

三、保险公司

保险公司是根据《保险法》、《公司法》等有关法律规定设立的经营保险业务的专业性公司。

（一）保险公司的设立

在我国，保险公司主要采用股份有限公司和国有独资公司等形式。

根据《保险法》的规定，设立保险公司应当具备下列条件：①主要股东具有持续盈利能力，信誉良好，最近3年内无重大违法违规记录，净资产不低于人民币2亿元。②有符合《保险法》和《公司法》规定的章程。③有符合《保险法》规定的注册资本。《保险法》规定，设立保险公司，其注册资本的最低限额为人民币2亿元，并且必须为实缴货币资本。保险监督管理机构根据保险公司业务范围、经营规模，可以调整其注册资本的最低限额。但是，不得低于2亿元的限额。④有具备任职专业知识和业务工作经验的董事、监事和高级管理人员。⑤有健全的组织机构和管理制度。⑥有符合要求的营业场所和与业务有关的其他设施。⑦法律、行政法规和国务院保险监督管理机构规定的其他条件。

设立保险公司，必须经保险监督管理部门批准，并到工商行政管理部门办理登记注册，领取营业执照。

（二）保险公司的变更和终止

保险公司在业务开展过程中，往往可能出于经营的需要而对相关事项进行变更。《保险法》规定，保险公司有下列变更事项之一的，须经保险监督管理机构批准：①变更名称；②变更注册资本；③变更公司或者分支机构的营业场所；④撤销分支机构；⑤公司分立或者合并；⑥修改公司章程；⑦变更出资额占有限责任公司资本总额5%以上的股东，或者变更持有股份有限公司股份5%以上的股东；⑧国务院保险监督管理机构规定的其他情形。保险公司变更董事长、总经理，应当报经保险监督管理部门审查其任职资格。

保险公司因下列原因而终止：①合并、分立或者公司章程规定的解散事由出现；②被政府主管部门依法撤销；③被人民法院依法宣告破产。保险公司终止，必须依法进行清算。

（三）保险公司的业务范围与监管

我国保险公司的业务范围限于财产保险业务和人身保险业务。但是，同一保险公司不得同时经营财产保险业务和人身保险业务。对于兼业经营的问题，《保险法》规定，保险公司的资金运用，限于银行存款、买卖政府债券、金融债券和国务院规定的其他资金运用形式。保险公司的资金不得用于设立证券经营机构和向企业投资。

保险公司的具体业务范围由保险监督管理部门核定。保险公司只能在核定的业务范围内从事保险经营活动。

保险公司经营保险业务，主要险种的基本条款和保险费率由保险监督管理部门制定，保险公司拟定的其他险种的保险条款和保险费率，应当报保险监督管理部门备案。保险监督管理部门有权检查保险公司的业务状况，以及财务和资金的运用状况，有权要求保险公司在规定的期限内提供有关的书面报告和材料。保险公司应当依法接受检查。保险监督管理部门对于保险公司违反《保险法》规定，损害社会公共利益，可能严重危及或者已经严重危及保险公司的偿付能力的，可以实行接管。

（四）保险代理人和保险经纪人

保险代理人是根据保险人的委托，向保险人收取代理手续费，并在保险人授权的范围内代为办理保险业务的单位和个人。保险经纪人是指受投保人的委托，基于投保人的利益，为投保人与保险人订立保险合同提供中介服务，并依法收取佣金的单位。保险代理人依据代理合同或授权书代理保险公司经营业务，代表保险公司的利益，在法律上对被保险人不负任何责任，其行为的后果由保险人承担。保险经纪人代表投保人向保险公司订立合理完善的保险合同，可合法代表投保人。保险经纪人在办理保险业务中因自己的过错，给投保人、被保险人或者保险人造成损失的，由保险经纪人承担赔偿责任。

四、违反《保险法》的法律责任

根据《保险法》的规定，投保人、被保险人或受益人进行保险欺诈活动（如投保人故意虚构保险标的，未发生保险事故而谎称发生保险事故，故意造成财产损失的保险事故，故意造成被保险人死亡、伤残或者疾病等人身保险事故等），构成犯罪的，依法追究刑事责任。保险公司及其工作人员故意编造未曾发生的保险事故进行虚假理赔，骗取保险金，构成犯罪的，依法追究刑事责任。

保险公司及其工作人员在保险业务中隐瞒与保险合同有关的重要情况，欺骗投保人、被保险人或者受益人，或者拒不履行保险合同约定的赔偿或者给付保险金的义务，构成犯罪的，依法追究刑事责任；尚不构成犯罪的，由保险监督管理机构责令改正，对保险公司处以 5 万元以上 30 万元以下的罚款；对有违法行为的工作人员，处以 2 万元以上 10 万元以下的罚款；情节严重的，限制保险公司业务范围或者责令停止接受新业务。

保险代理人或者保险经纪人在其业务中欺骗保险人、投保人、被保险人或者受益人，构成犯罪的，依法追究刑事责任；尚不构成犯罪的，由保险监督管理机构责令改正，并处以 5 万元以上 30 万元以下的罚款；情节严重的，吊销经营保险代理业务许可证或者经纪业务许可证。

擅自设立保险公司或者非法从事商业保险业务活动的，或超出核定的业务范围从事保险业务的，或未经批准擅自变更保险公司名称等事项的，由金融监管部门处理。

第四节　外汇管理法

一、外汇管理法概述

外汇是指以外币表示的可用于国际清偿的支付手段和资产，包括外国货币、外币支付凭证、外币有价证券、特别提款权、欧洲货币单位和其他外汇资产等。外汇管理，又称外汇管制，是指一国依法对其外汇收支、买卖、借贷、外汇汇率和外汇市场等进行的干预和限制。

外汇管理法是指调整外汇管理活动中发生的社会关系的法律规范的总称。这些法律规范主要存在于我国的相关行政法规和部门规章之中，如 1993 年 1 月中国人民银行发布的《银行外汇业务管理规定》，1994 年 3 月中国人民银行发布的《结汇、售汇及付汇管理暂行规定》，2002 年 9 月 9 日国家外汇管理局颁布《关于进一步调整经常项目外汇账户管理政策有关问题的通知》、《境内机构经常项目外汇账户管理实施细则》，1996 年 1 月 29 日国务院发布并于 1997 年 1 月 14 日和 2008 年 8 月 1 日两次修订的《外汇管理条例》等。这些法规的颁布和实施，对于加强外汇管理，保持国际收支平衡，促进国民经济健康发展发挥了重要作用。

二、经常项目外汇管理

经常项目是指在国际收支中经常发生的交易项目，主要包括贸易收支、劳务收支和单方面转移等。我国对经常项目外汇实行结汇、售汇制，具体制度包括：

境内机构的经常项目外汇收入必须调回境内，并按照国务院关于结汇、售汇及付汇管理的规定卖给外汇指定银行，或者经批准在外汇指定银行开立外汇账户；境内机构的经常项目用汇，应当按照国务院关于结汇、售汇及付汇管理的规定，持有效凭证和商业单据向外汇指定银行购汇支付。境内机构的出口收汇和进口付汇，应当依法办理核销手续。

属于个人所有的外汇，可以自行持有，也可以存入银行或者卖给外汇指定银行。个人因私用汇，在规定限额以内购汇，超过规定限额的，应当向外汇管理机关提出申请，外汇管理机关认为其申请属实的，可以购买。个人携带外汇进出境，应当向海关办理申报手续，超过规定限额的，还应当向海关出具有效证明。居住在境内的中国公民持有的外币支付凭证、外币有价证券等形式的外汇资产，未经外汇管理机关批准，不得携带或者邮寄出境。

驻华机构和来华人员由境外汇入或者携带入境的外汇，可以自行保存，可以存入银行或者卖给外汇指定银行，也可以持有效凭证汇出或者携带出境。驻华机构和来华人员的合法人民币收入，需要汇出境外的，可以持有关证明材料和凭证到外汇指定银行兑付。

三、资本项目外汇管理

资本项目是指国际收支中因资本的输入和输出而产生的外汇资产与负债的增减项目，包括直接投资、各类贷款、证券投资等。我国对资本项目仍实行较严格的管理制度：境内机构的资本项目外汇收入，除国务院另有规定外，应当调回境内，并应当按照国家有关规定在外汇指定银行开立外汇账户。卖给外汇指定银行的，须经外汇管理机关批准。境内机构向境外投资，在向审批主管部门申请前，由外汇管理机关审查其外汇资金来源，经批准后，按照国务院关于境外投资外汇管理的规定办理有关资金汇出手续。借用国外贷款，由国务院确定的政府部门、国务院外汇管理部门批准的金融机构和企业按照国家有关规定办理。金融机构在境外发行外币债券，须经国务院外汇管理部门批准，并按照国家有关规定办理，国家对外债实行登记制度。

四、金融机构外汇业务

金融机构经营外汇业务，须经外汇管理机关批准，并领取经营外汇业务许可证。未经外汇管理机关批准，任何单位和个人不得经营外汇业务。经批准经营外汇业务的金融机构，经营外汇业务不得超出批准的范围。经营外汇业务的金融机构应当按照国家有关规定为客户开立外汇账户，办理有关外汇业务，并按照国家有关规定交存外汇存款准备金，遵守外汇资产负债比例管理规定，以及建立呆账准备金。金融机构经营外汇业务，应当接受外汇管理机构的检查、监督。

五、人民币汇率和外汇市场管理

（一）人民币汇率管理

汇率是指一国货币与另一国货币相互折算的比率。汇率对一国的国际收支和经济发展有着很大影响。我国过去实行的是官方汇率和调剂市场汇率并存的双重汇率制度。1994 年以后，随着外汇管理体制的重大改革，实现了汇率并轨，人民币汇率开始实行以市场供求为基础的、单一的、有管理的浮动汇率制度。中国人民银行根据银行间外汇市场形成的价格，公布人民币对主要外币的汇率。各外汇指定银行对外挂牌买卖外汇的汇率都在中国人民银行公布的汇率及规定的幅度内浮动。我国现行的汇率制度既适应了社会主义市场经济发展的需要，也符合国际货币基金组织的要求，为我国最终实现人民币自由兑换创造了条件。

（二）外汇市场管理

外汇市场交易应当遵循公开、公平、公正和诚实信用的原则。在我国，外汇市场交易的币种和形式由国务院外汇管理部门规定和调整。目前允许交易的币种有人民币对美元、港元、日元和欧元等。交易的形式包括即期交易和远期交易。银行间的外汇市场只允许进行即期交易，即只能进行现汇买卖。银行与客户之间则允许进行远期外汇交易。

六、违反外汇管理的法律责任

（一）逃汇的法律责任

逃汇是指境内机构或者个人，将外汇擅自存放境外、擅自汇出或者带出境外，逃避国家外汇管理的行为。根据规定，以下行为均属于逃汇行为：违反国家规定，擅自将外汇存放在境外的；不按规定将外汇卖给外汇指定银行的；将外汇汇出或者携带出境的；未经外汇管理机批准，擅自将外币存款凭证、外币有价证券携带或邮寄出境等。对此，外汇管理机关视逃汇行为的方式和程度的不同而采取不同的处罚措施，具体有如下几种：责令限期调回外汇；强制收兑，并处逃汇金额 30% 以上 5 倍以下的罚款；构成犯罪的，依法追究刑事责任。

（二）套汇的法律责任

套汇是指境内机构或者个人采取一定方式私自向他人用人民币或者物资换取外汇或者外汇收益的行为。根据规定，以下行为均属于套汇行为：违反国家规定，以人民币支付或者以实物偿付应当以外汇支付的进口货款或者其他类似支出的；以人民币为他人支付在境内的费用并由对方付给外汇的；未经外汇管理机关批准，境外投资者以人民币或者境内所购物资在境内进行投资的；以虚假或者无效的凭证、合同、单据等向外汇指定银行骗购外汇等。对此，由外汇管理机关给予警告、强制收兑，并处非法套汇金额 30% 以上 3 倍以下的罚款；构成犯罪的，依法追究刑事责任。

（三）扰乱金融行为的法律责任

扰乱金融行为是指违反国家规定，经营外汇金融业务或者从事货币交易的行为。

根据规定，以下行为均属于扰乱金融行为：未经外汇管理机关批准，擅自经营外汇业务的；经营外汇业务的金融机构擅自超出批准的范围经营外汇业务或者违反人民币汇率管理、外汇存贷款利率管理或者外汇交易市场管理的；外汇指定银行未按规定办理结汇、售汇业务的；以外币在境内计价结算的；擅自以外汇作质押的；私自改变外汇用途等。对此，外汇管理机关可以责令停止违法行为、没收违法所得或处以罚款、强制收兑；构成犯罪的，依法追究刑事责任。

本章练习题

1. 什么是金融？我国目前的金融体系有何特点？
2. 简述中国人民银行的性质、法律地位及其职责。
3. 简述中国人民银行的货币政策及其业务范围。
4. 简述商业银行设立的条件及其业务范围。
5. 简述保险的概念和特征。
6. 简述人身保险合同的概念与特征。
7. 财产保险合同和人身保险合同有何异同？
8. 《保险法》的基本原则是什么？
9. 简述经常项目外汇管理及资本项目外汇管理的内容。

第五编　程序保障法律制度

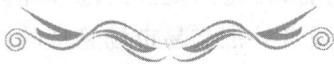

第二十章　经济仲裁与经济诉讼

学习目的与要求

经济仲裁与经济诉讼是解决经济纠纷的两种有效方式。通过本章的学习，了解经济仲裁的原则和特点，了解我国仲裁机构的设置，掌握经济仲裁的程序，理解经济诉讼的含义、经济诉讼的基本原则和制度，掌握经济诉讼管辖和经济诉讼程序的具体规定。

第一节　经济仲裁

一、仲裁概述

"仲"表示居中的意思，"裁"表示衡量、裁断的意思，从字面上看，"仲裁"就是居中裁判的意思。我国《仲裁法》第2条规定："平等主体的公民、法人和其他组织之间发生的合同纠纷和其他财产权益纠纷，可以仲裁。"仲裁，是指双方当事人根据仲裁协议将发生的民商事纠纷提交仲裁机构居中裁断的纠纷解决方式。经济仲裁是仲裁的一种，其范围相当广泛，如合同纠纷、商标纠纷、专利纠纷、税务纠纷、涉外经济纠纷，以及其他财产权益纠纷等。经济仲裁作为一种纠纷解决方式，具有灵活自主、专业性强、保密度高等特点。

二、仲裁法概述

（一）仲裁法的概念

所谓仲裁法，是指由国家制定或认可的，规范和调整仲裁法律关系的法律规范的总称。

仲裁法有广义和狭义之分。狭义的仲裁法，仅指仲裁法典，如我国1994年8月31日第八届全国人民代表大会常务委员会第九次会议通过的《中华人民共和国仲裁法》。广义的仲裁法除包括仲裁法典外，还包括其他制度中的相关法律规范，如《最高人民法院关于适用〈中华人民共和国仲裁法〉若干问题的解释》、《民事诉讼法》、《合同法》、《中外合资经营企业法》，以及我国参加的1958年联合国《承认及执行外国仲裁裁决公约》等法律和有关国际公约中关于仲裁的规定。

（二）仲裁法的基本原则

仲裁法的基本原则是指仲裁法所规定的，在仲裁活动中，仲裁机构、双方当事人和其他仲裁参与人必须遵循的基本准则。我国《仲裁法》的基本原则主要包括：

1. 自愿仲裁原则。自愿原则是仲裁制度的根本原则，是仲裁制度存在和发展的基础。仲裁的自愿原则主要体现在：①当事人是否将他们之间所发生的纠纷提交仲裁，由双方当事人自愿协商决定；②当事人将哪些争议事项提交仲裁，由双方当事人在法律规定的范围内自行约定；③当事人将他们之间的纠纷提交哪个仲裁委员会仲裁，由双方当事人自愿协商决定；④仲裁庭如何组成、由谁组成，由当事人自主选定；⑤双方当事人还可以自主约定仲裁的审理方式、开庭方式等有关的程序事项。

2. 根据事实和法律裁决原则。仲裁应当根据事实，符合法律规定，公平合理地解决纠纷。该原则主要体现在：仲裁庭对仲裁事项所作出的裁决应当建立在查证属实的证据基础之上；仲裁庭须保持中立，不偏不倚地对待各方当事人，依法仲裁。

3. 独立仲裁原则。《仲裁法》明确规定仲裁应依法独立进行，不受行政机关、社会团体和个人的干涉。独立仲裁原则体现在仲裁与行政脱钩，仲裁委员会独立于行政机关，与行政机关没有隶属关系，仲裁委员会之间也没有隶属关系。同时，仲裁庭独立裁决案件，仲裁委员会以及其他行政机关、社会团体和个人不得干预。

（三）仲裁法的基本制度

1. 协议仲裁制度。所谓协议仲裁制度，是指当事人协议将纠纷提交仲裁机构进行裁决的一种制度。协议仲裁制度的核心内容，就是仲裁协议。根据我国《仲裁法》的规定，当事人采用仲裁方式解决纠纷，应当双方自愿，达成仲裁协议。没有仲裁协议的一方申请仲裁的，仲裁委员会不予受理。当事人达成仲裁协议，一方向人民法院起诉的，人民法院不予受理，但仲裁协议无效的除外。仲裁委员会应当由当事人协议选定。协议仲裁制度既是当事人自愿原则的最根本体现，又是自愿原则在仲裁活动得以实现的最基本保证。

2. 一裁终局制度。所谓一裁终局制度，是指仲裁机构对申请仲裁的纠纷进行仲裁后，裁决立即发生法律效力，当事人不得就同一纠纷再申请仲裁或向人民法院起诉的制度。我国《仲裁法》明确规定，仲裁实行一裁终局的制度。裁决作出后，当事人就同一纠纷再申请仲裁或者向人民法院起诉的，仲裁委员会或人民法院不予受理。这一原则也体现了仲裁制度的快捷性和经济性特点。

3. 或裁或审制度。所谓或裁或审制度，是指争议发生前或发生后，当事人有权选择解决争议的途径，或者双方达成仲裁协议，将争议提交仲裁解决，或者争议发生后向人民法院提起诉讼，通过诉讼途径解决争议。该制度同时也是仲裁的独立性特征的体现。

三、仲裁组织

（一）仲裁协会

仲裁协会是仲裁行业协会的简称，是以仲裁机构和仲裁员为成员的自律性行业管理组织。我国《仲裁法》第 15 条规定："中国仲裁协会是社会团体法人。仲裁委员会是中国仲裁协会的会员。中国仲裁协会的章程由全国会员大会制定。中国仲裁协会是仲裁委员会的自律性组织，根据章程对仲裁委员会及其组成人员、仲裁员的违纪行为进行监督。中国仲裁协会依照本法和民事诉讼法的有关规定制定仲裁规则。"

（二）仲裁委员会

仲裁委员会是我国的常设性仲裁机构。根据我国《仲裁法》的规定，仲裁委员会可以在省、自治区和直辖市人民政府所在地的市设立，也可以根据需要在其他设区的市设立，不按行政区划层层设立。仲裁委员会由上述规定的市的人民政府组织有关部门和商会统一组建。设立仲裁委员会，应当经省、自治区、直辖市的司法行政部门登记。仲裁委员会的设立可以打破行政区划的限制，根据需要而设立。

仲裁委员会独立于行政机关，与行政机关没有隶属关系。仲裁委员会之间也没有隶属关系。

根据我国《仲裁法》第 11 条的规定，设立仲裁委员会，应当具备下列条件：①有自己的名称、住所和章程。②有必要的财产。③有该委员会的组成人员。根据《仲裁法》第 12 条的规定，仲裁委员会由主任 1 人、副主任 2~4 人和委员 7~11 人组成。仲裁委员会的主任、副主任和委员由法律、经济贸易专家和有实际工作经验的人员担任。仲裁委员会的组成人员中，法律、经济贸易专家不得少于 2/3。④有聘任的仲裁员。仲裁委员会应当从具备仲裁员资格的人员中聘任仲裁员，并按照不同的专业设置仲裁员名册。

根据《仲裁法》第 13 条的规定，仲裁委员会应当从公道正派的人员中聘任，仲裁员应当符合下列条件之一：①从事仲裁工作满 8 年的；②从事律师工作满 8 年的；③曾任审判员满 8 年的；④从事法律研究、教学工作并具有高级职称的；⑤具有法律知识、从事经济贸易等专业工作并具有高级职称或者具有同等专业水平的。

四、仲裁协议

（一）仲裁协议的概念

仲裁协议是指双方当事人自愿将他们之间已经发生或者可能发生的可仲裁事项提交仲裁裁决的书面协议。仲裁协议包括双方当事人在合同中订立的仲裁条款和以其他书面方式在纠纷发生前或者纠纷发生后达成的请求仲裁的协议。仲裁协议是仲裁委员会受理案件的前提条件。

（二）仲裁协议的内容

仲裁协议的内容直接关系到仲裁协议的效力以及仲裁能否顺利进行。根据《仲裁法》第 16 条的规定，仲裁协议的内容包括请求仲裁的意思表示、仲裁事项和选定的仲裁委员会。这三项内容必须同时具备，缺一不可。

（三）仲裁协议的效力

仲裁协议具有独立性，合同的变更、解除、终止或者无效，不影响仲裁协议的效力。仲裁庭有权确认仲裁协议的效力。当事人对仲裁协议的效力有异议的，可以请求仲裁委员会或者请求人民法院作出裁定。一方请求仲裁委员会作出决定，另一方请求人民法院作出裁定的，由人民法院裁定。当事人对仲裁协议的效力有异议的，应当在仲裁庭首次开庭前提出。

（四）仲裁协议无效的法定情形

根据我国《仲裁法》的规定，仲裁协议无效的情形如下：①以口头方式订立的仲裁协议无效；②约定的仲裁事项超出法律规定的仲裁范围的，仲裁协议无效；③无民事行为能力人或者限制民事行为能力人订立的仲裁协议无效；④一方采取胁迫手段，迫使对方订立仲裁协议的，该仲裁协议无效；⑤仲裁协议对仲裁事项没有约定或者约定不明确的，或者仲裁协议对仲裁委员会没有约定或者约定不明确，当事人对此又达不成补充协议的，仲裁协议无效。

（五）仲裁协议失效的法定情形

仲裁协议的失效不同于仲裁协议的无效，是指一项有效的仲裁协议因特定事由的发生而丧失其原有的法律效力。

仲裁协议的失效情形如下：①基于仲裁协议，仲裁庭作出的仲裁裁决已被当事人自觉履行或者被法院强制执行；②因当事人协议放弃已签订的仲裁协议而使仲裁协议失效；③附期限的仲裁协议因期限届满而失效；④基于仲裁协议，仲裁庭作出的仲裁裁决被法院裁定撤销或不予执行，该仲裁协议失效。

仲裁协议的无效或者失效致使仲裁协议不再具有法律约束力。当事人可以通过向法院提起诉讼的方式解决纠纷，也可以重新达成仲裁协议通过仲裁方式解决纠纷。

五、仲裁程序

（一）申请与受理

1. 申请。申请仲裁是启动仲裁程序的前提。申请仲裁，是指一方当事人根据仲裁协议，将经济纠纷提请仲裁机构进行仲裁的行为。当事人申请仲裁，应当向仲裁委员会递交仲裁协议、仲裁申请书及副本。

2. 受理。仲裁委员会收到仲裁申请书之日起5日内，经审查认为符合受理条件的，应当受理，并通知当事人；认为不符合受理条件的，应当书面通知当事人不予受理，并说明不予受理的理由。如果仲裁委员会在审查中发现仲裁申请书有欠缺，应当让申请人予以完备；如果认为仲裁协议需要补充，也应当让当事人补充协议。当事人弥补仲裁申请书的欠缺或者补充仲裁协议后，仲裁委员会自其递交已经完备的仲裁申请书或者补充仲裁协议之日起5日内予以受理。

（二）仲裁庭的组成

根据仲裁庭的组成人数和决议机制不同，可以分为合议仲裁庭和独任仲裁庭。合议仲裁庭是指由3名仲裁员组成的仲裁庭，即以集体合议的方式对争议案件进行审理并作出裁决。合议仲裁庭设首席仲裁员作为合议仲裁庭的主持者，其与其他仲裁员有同等的权利，但在裁决不能形成多数意见时，仲裁裁决则应当按照首席仲裁员的意见作出。独任仲裁庭是指由 1 名仲裁员组成的仲裁庭，即由 1 名仲裁员独任对争议案件进行审理并作出裁决。

当事人收到仲裁委员会的仲裁规则和仲裁员名册后，应约定仲裁庭的组成形式，并在仲裁规则规定的期间内加以确定。如果当事人没有在仲裁规则规定的期限内约定仲裁庭组成方式的，则由仲裁委员会主任指定。

（三）开庭和裁决

1. 开庭前的准备。开庭前的准备工作主要由秘书完成，包括宣布庭审纪律，查明相关人员的到庭情况等。

2. 宣布开庭。宣布开庭主要由首席仲裁员或者独任仲裁员完成，包括核对当事人、宣布案由、宣布仲裁庭组成人员和记录人员名单、告知当事人有关的仲裁权利义务、询问当事人是否提出回避申请。

3. 庭审调查。进行庭审调查是仲裁审理的重要环节，是依照法定程序调查案件事实，审核各种证据的过程，其中心任务是通过听取当事人陈述和审核所出示的证据，全面调查案件事实。在庭审调查中，质证是这一过程的核心。当事人经过充分质证后证据已得到核实，案情已经查清，即可终结庭审调查，进入当庭辩论阶段。

4. 庭审辩论。庭审辩论是指在仲裁庭的主持下，双方当事人就案件事实、法律适用等提出自己的主张和意见，进行言词辩论的过程。根据《仲裁法》第 47 条的规定，当事人在仲裁过程中有权进行辩论。辩论终结时，首席仲裁员或者独任仲裁员应当征询当事人的最后意见。

5. 仲裁庭评议。仲裁庭评议案件应当秘密进行。根据《仲裁法》第 53 条的规定，裁决应当按照多数仲裁员的意见作出，少数仲裁员的不同意见可以记入笔录。仲裁庭不能形成多数意见时，裁决应当按照首席仲裁员的意见作出。

6. 裁决。仲裁庭评议后，可以当庭作出仲裁裁决，也可以另定日期作出仲裁裁决。裁决书应当写明仲裁请求、争议事实、裁决理由、裁决结果、仲裁费用的负担和裁决日期。裁决书自作出之日起发生法律效力。

六、仲裁裁决的撤销与执行

（一）仲裁裁决的撤销

仲裁庭作出仲裁裁决后，任何一方当事人均可以自收到裁决书之日起 6 个月内向仲裁委员会所在地的中级人民法院提出撤销仲裁裁决的申请。根据《仲裁法》的规定，当事人提出证据证明裁决有下列情形之一的，可以向仲裁委员会所在地的中级人民法院申请撤销裁决：①没有仲裁协议的。"没有仲裁协议"是指当事人没有达成仲裁协议。仲裁协议被认定无效或者被撤销的，视为没有仲裁协议。②裁决的事项不属于仲裁协议的范围或者仲裁委员会无权仲裁的。婚姻、收养、监护、扶养、继承纠纷和依法应当由行政机关处理的行政争议不能仲裁。③仲裁庭的组成或者仲裁的程序违反法定程序的。"违反法定程序"是指违反《仲裁法》规定的仲裁程序和当事人选择的仲裁规则可能影响案件正确裁决的情形。④裁决所根据的证据是伪造的。⑤对方当事人隐瞒了足以影响公正裁决的证据的。⑥仲裁员在仲裁该案时有索贿、受贿、徇私舞弊、枉法裁决行为的。

此外，人民法院认定该裁决违背社会公共利益的，应当裁定撤销。

（二）仲裁裁决的执行

当事人一方在规定的期限内不履行仲裁裁决时，对方当事人有权请求被执行人住所地或者被执行的财产所在地的中级人民法院强制执行。当事人申请执行时应当向人民法院递交执行申请书，并向法院提交作为执行依据的生效的仲裁裁决书或仲裁调解书。

人民法院在收到申请执行人的执行仲裁裁决的申请后，经审查，符合执行条件的，应当立案执行，否则应当驳回执行申请。如果被执行人逾期不履行义务的，人民法院有权采取强制措施予以执行。

第二节　经济诉讼

一、诉讼与经济诉讼

（一）诉讼

诉讼，俗称打官司。根据《说文解字》的解释，"诉，告也"，即告诉、告发、控告之意；"讼，争也"，即争辩、言之于公的意思。诉讼作为一种解决社会冲突的法律机制，是指人民法院依照法律规定的程序和方式解决纠纷的活动。根据冲突和纷争的性质，通常把诉讼划分为民事诉讼、刑事诉讼和行政诉讼三种。民事诉讼是指人民法院依照法定程序和方式，在当事人和其他诉讼参与人的参加下，审理民事、经济纠纷案件的活动。刑事诉讼是指司法机关依照法定程序，在当事人和其他诉讼参与人的参加下，处理刑事案件的活动。行政诉讼是指人民法院依照法定程序和方式，在当事人和其他诉讼参与人的参加下，解决行政争议的活动。

（二）经济诉讼

我国法律体系中并没有专门的经济诉讼法典，但是却存在众多的经济诉讼法律规范，其主要散见于《刑事诉讼法》、《民事诉讼法》和《行政诉讼法》当中。因此，广义的经济诉讼是指所有产生于经济法调整的法律关系中的讼争。狭义的经济诉讼仅指平等主体之间发生的经济权益的讼争。本书所讲的经济诉讼属于狭义层面的经济诉讼。

二、经济诉讼的基本原则

经济诉讼的基本原则是指贯穿于经济诉讼活动始终，对经济诉讼程序起指导作用的基本准则。经济诉讼的基本原则主要包括：

1. 依法独立审判原则。人民法院在审理经济纠纷案件时，依照法律规定独立审判，不受行政机关、社会团体和个人的干涉。确立独立审判的原则，目的在于树立司法权威，公正审判，以保障当事人的合法权益。

2. 当事人平等原则。当事人平等原则是宪法中"公民在适用法律上一律平等"原则在经济诉讼中的具体体现，即当事人不分民族、种族、性别、职业、出身、宗教信仰、受教育程度、财产状况、居住年限，在经济诉讼活动中具有平等的诉讼地位，享有平等的诉讼权利。人民法院审理经济纠纷案件应当平等地保障当事人行使诉讼权利。

3. 辩论原则。辩论原则，是指经济诉讼的当事人就有争议的事项，在法院的主持下陈述自己的主张和意见，互相进行反驳和答辩，以维护自己合法权益。在诉讼活动中，当事人进行辩论，既可以采用口头形式，也可以采用书面形式。人民法院应当保障当事人充分行使辩论权。

4. 处分原则。处分原则，是指经济诉讼当事人有权在法律规定的范围内，对自己依法享有的民事权利和诉讼权利决定是否行使以及如何行使的原则。处分原则是民法中的当事人意思自治原则在经济诉讼中的具体体现，法院不得非法干预。

5. 诚信原则。诚信原则，即诚实信用原则，是指法院、当事人以及其他诉讼参与人在经济诉讼活动中必须公正、诚实和善意。诚信原则是诉讼关系多样化和复杂化的需要，是抑制恶意诉讼、弘扬社会主义道德风尚的必然要求。

6. 调解原则。调解原则，是指人民法院在审理经济案件时，根据当事人的意愿，依法进行调解的原则。调解是结案的一种有效方式，同判决具有同等重要地位。根据规定，调解必须在自愿、合法的前提下进行。

三、经济诉讼的基本制度

1. 合议制度。合议制度，是指由3名以上的审判人员组成合议庭，代表人民法院进行审理并作出裁判的制度。一审案件合议庭的组成有两种方式：①由审判员、陪审员共同组成；②由审判员组成合议庭。二审案件只能由审判员组成合议庭。合议庭的成员人数必须是单数。合议庭评议案件，实行少数服从多数的原则。评议应当制作笔录，由合议庭成员签名。评议中的不同意见必须如实记入笔录。

2. 回避制度。回避制度，是指审判人员和其他法定人员在遇有法律规定的情形时，退出对本案审理的制度。回避制度是为了保证案件获得公正审判而设立的一项制度。根据法律规定，回避的人员包括审判人员、书记员、翻译人员、鉴定人和勘验人等。回避的情形包括三种：①是本案的当事人或者当事人、诉讼代理人的近亲属的；②与本案有利害关系的；③与本案当事人有其他关系，可能影响对案件公正审理的。

3. 公开审判制度。公开审判制度，是指人民法院在审判活动中，除合议庭评议案件外，应当依法向社会公开的制度。公开审判制度是诉讼民主价值的体现，有利于促进和保障司法公正，增强司法裁判的公信力。公开审判制度有三种例外情形：①涉及国家秘密的案件；②涉及个人隐私的案件；③离婚案件和涉及商业秘密的案件，当事人申请不公开审理的。

4. 两审终审制度。两审终审制度，是指一个案件经过两级法院的审判即告终结的制度。目前我国实行两审终审制度。两审终审制度符合我国的基本国情，在司法实践中发挥了重大作用。

四、经济诉讼主体

1. 人民法院。人民法院是我国的审判机关，负责审理案件并作出裁判。我国人民法院体系分为四级：最高人民法院、高级人民法院、中级人民法院和基层人民法院。此外，我国还按照特殊行业系统设置专门人民法院，具体包括军事法院、海事法院、铁路运输法院等。根据法律规定，在我国，各级人民法院、铁路运输法院、海事法院都可以受理经济纠纷案件。

2. 当事人。当事人是指因民事、经济权利义务发生争议，以自己的名义进行诉讼，并与诉讼的结果具有直接利害关系的人。自然人、法人和其他组织都可以作为当事人。在不同的诉讼程序中，当事人的称谓也不尽相同。在第一审普通程序和简易程序中，称为原告、被告、共同诉讼人和第三人；在第二审程序中，称为上诉人和被上诉人；在特别程序中称为申请人、被申请人等。

原告，是指根据法律规定，以自己的名义向人民法院提起诉讼，从而启动诉讼程序的人。被告，是指原告诉称与其发生经济权益争议，由人民法院通知应诉的人。当事人一方或双方为2人以上，其诉讼标的是共同的或者属于同一种类，人民法院认为应当或者可以合并审理的诉讼为共同诉讼。共同诉讼中的主体为2人以上时，称为共同诉讼人。第三人分为有独立请求权的第三人和无独立请求权的第三人两种。有独立请求权的第三人是指在经济诉讼案件中，对他人之间的诉讼标的主张独立权利，从而参加到诉讼中来的人。无独立请求权第三人，是指在经济诉讼案件中，对他人之间的诉讼虽不主张独立的权利，但案件的处理结果与其有法律上的利害关系，从而参加到诉讼中来的人。

当事人享有广泛而平等的诉讼权利，同时也应承担相应的诉讼义务。当事人享有的诉讼权利包括：起诉权，反诉权，申请参加诉讼的权利，委托代理权，申请回避权，上诉权，申诉权，收集、提供证据的权利，辩论权，请求调解权，自行和解权，放弃或变更诉讼请求的权利，承认对方诉讼请求的权利，申请执行权，申请财产保全权等。当事人承担的义务有：遵守诉讼秩序和法庭纪律，履行生效判决书、裁定书和调解书等。

3. 其他诉讼参与人。其他诉讼参与人是指除当事人以外的诉讼参加人，具体包括诉讼代理人、证人、鉴定人、翻译人员。

五、经济诉讼的管辖

管辖，是指各级人民法院之间以及同级人民法院受理第一审经济诉讼案件的分工和权限。

（一）级别管辖

所谓级别管辖，是指各级人民法院之间受理第一审经济诉讼案件的分工和权限。除法律另有规定外，基层人民法院管辖第一审案件。中级人民法院管辖的案件有三类：第一类为重大涉外案件。所谓"重大涉外案件"，是指争议标的额大，或者案情复杂，或者居住在国外的当事人人数众多的涉外案件。第二类为在本辖区有重大影响的案件。第三类为最高人民法院确定由中级人民法院管辖的案件。具体包括：海事海商案件，专利纠纷案件，著作权纠纷案件，重大的涉港、澳、台民事案件，诉讼标的金额大或者诉讼单位属于省、自治区、直辖市以上的经济纠纷案件，证券虚假陈述民事赔偿案件。高级人民法院管辖在本辖区有重大影响的第一审案件。最高人民法院管辖在全国有重大影响的案件及最高人民法院认为应当由本院审理的案件。

（二）地域管辖

地域管辖，是指同级人民法院之间受理第一审经济诉讼案件的分工和权限。

1. 一般地域管辖。一般地域管辖，是指以当事人的所在地与法院辖区的关系来确定管辖法院。经济诉讼案件地域管辖的一般原则是"原告就被告"，即由被告住所地人民法院管辖。被告为公民的，其住所地为户籍所在地；住所地与经常居住地不一致的，由经常居住地人民法院管辖。被告为法人或其他组织的，其住所地一般为主要办事机构所在地。

2. 特殊地域管辖。特殊地域管辖，是指以诉讼标的所在地、被告住所地与法院辖区之间的关系所确定的管辖。特殊地域管辖是一个比较复杂的问题，根据《民事诉讼法》及相关司法解释，特殊地域管辖包括如下几种：

（1）因合同纠纷提起的诉讼，由被告住所地或合同履行地法院管辖。

（2）因保险合同纠纷提起的诉讼，由被告住所地或保险标的物所在地法院管辖；如果保险标的物为运输工具或运输途中的货物，则由被告住所地或运输工具登记注册地、运输目的地、保险事故发生地法院管辖。

（3）因票据纠纷提起的诉讼，由票据支付地或被告住所地法院管辖。

（4）因铁路、公路、水上、航空运输和联合运输合同纠纷提起的诉讼，由运输始发地、目的地或被告住所地法院管辖。

（5）因侵权行为提起的诉讼，由侵权行为地或被告住所地法院管辖。侵权行为地包括侵权行为实施地和侵权行为结果发生地。因产品质量不合格造成他人财产、人身损害而提起的诉讼，产品制造地、产品销售地、侵权行为地和被告住所地法院均有管辖权。

（6）因铁路、公路、水上和航空事故请求损害赔偿提起的诉讼，由事故发生地或车辆、船舶最先到达地、航空器最先降落地或被告住所地法院管辖。

（7）因船舶碰撞或其他海损事故请求损害赔偿提起的诉讼，由碰撞发生地、受碰撞船舶最先到达地、加害船舶被扣留地或被告住所地法院管辖。

（8）因海难救助费用提起的诉讼，由救助地或被救助船舶最先到达地法院管辖。

（9）因共同海损提起的诉讼，由船舶最先到达地、共同海损理算地或航程终止地法院管辖。

3. 专属管辖。专属管辖，是指法律规定的某些特殊类型的案件专门由特定的人民法院管辖，其他人民法院无权管辖，当事人也不得以协议的方式改变这种管辖。我国

《民事诉讼法》关于专属管辖的规定如下：

（1）因不动产纠纷提起的诉讼，由不动产所在地人民法院管辖。

（2）因港口作业发生纠纷提起的诉讼，由港口所在地人民法院管辖。

（3）因继承遗产纠纷提起的诉讼，由被继承人死亡时住所地或者主要遗产所在地人民法院管辖。

4. 协议管辖。协议管辖，是指由双方当事人依照法律规定，协议约定第一审案件的管辖法院。根据我国《民事诉讼法》的规定，合同或者其他财产权益纠纷的双方当事人可以在书面合同中协议选择被告住所地、合同履行地、合同签订地、原告住所地、标的物所在地等与争议有实际联系的地点的人民法院管辖，但不得违反级别管辖和专属管辖的规定。

5. 共同管辖和选择管辖。共同管辖，是指对同一诉讼，依据法律规定，两个或两个以上的法院都有管辖权。两个以上的法院都有管辖权的，原告可以向其中的一个法院申请，即选择管辖。因此，共同管辖和选择管辖是一个问题的两个方面。

（三）裁定管辖

1. 移送管辖和指定管辖。移送管辖，是指人民法院受理案件后，发现自己对该案件无管辖权，而将案件移送给有管辖权的法院审理。指定管辖，是指上级人民法院在法律规定的情形下，对某个具体的案件，指定其辖区内某个下级人民法院予以管辖。适用指定管辖的情形包括：①受移送的人民法院认为受移送的案件依照规定不属于本院管辖的；②有管辖权的法院由于特殊原因不能行使管辖权的；③两个以上的同级法院对管辖权发生争议，且协商不成的。

2. 管辖权转移。上级法院对下级法院管辖的第一审案件，认为由自己审理更为适宜，下级法院须将该案件转移给上级法院审理；下级法院对自己管辖的第一审案件，认为需要由上级法院审理的，报请上级法院同意后，可以将该案件转移到上级法院审理。上级法院对自己管辖的第一审案件，认为由下级法院审理更为适宜，可以将该案件交由下级法院管辖。

（四）管辖权异议

人民法院受理案件后，当事人对管辖权有异议的，应当在提交答辩状期间提出。人民法院对当事人提出的管辖权异议，应当审查。异议成立的，裁定将案件移送有管辖权的人民法院；异议不成立的，裁定驳回。对该驳回管辖权异议的裁定不服的，当事人可以依法上诉。人民法院对当事人提出的管辖权异议，未经审查或审查后尚未作出裁定的，不得进入该案的实体审理。

六、经济诉讼的证据制度

（一）证据概述

所谓证据，是指在经济纠纷诉讼中能够证明案件真实情况的各种事实资料。证据必须是客观存在的或者是对客观存在的客观反映，即不能是主观臆测；证据与待证事实之间必须具有关联性；证据的形式、收集和认定必须符合法律规定。我国经济纠纷诉讼中的证据包括 7 种形式：书证、物证、视听资料、证人证言、当事人陈述、鉴定结论、勘验笔录。

（二）证据保全

人民法院可以依职权或者根据申请人的申请，对可能灭失或以后难以取得的证据加以固定和保护。证据保全的目的在于防止因证据灭失或以后难以取得，给当事人举证、质证和法庭调查带来困难。

人民法院进行证据保全，可以根据具体情况，采取查封、扣押、拍照、录音、录像、复制、鉴定、勘验、制作笔录等方法。人民法院进行证据保全，可以要求当事人或者诉讼代理人到场。

证据一经保全，双方当事人均可加以利用，同时免除了当事人提供该证据的责任。经人民法院裁定保全的证据，与人民法院依职权调查收集的证据具有同等效力。

（三）证据的收集

证据收集的途径有两个：一是当事人举证；二是法院查证。证据收集以当事人举证为原则，法院查证为补充。根据谁主张谁举证的原则，当事人对自己提出的主张，有责任提供证据。当事人及其诉讼代理人因客观原因不能自行收集的证据，或者人民法院认为审理案件需要的证据，人民法院应当调查收集。

（四）举证时限和证据交换

所谓举证时限，是指当事人向法院提供证据的期限。举证时限可以由当事人协商一致，并经人民法院认可。举证时限也可以由人民法院指定，指定的期限不得少于 30 日，自当事人受到案件受理通知书和应诉通知书的次日起计算。当事人在举证期限内提交证据确有困难的，可以在举证期限内向法院申请延期举证，法院经审查后可以适当延长举证期限。当事人应当在举证期限内向人民法院提交证据材料，当事人在举证期限内不提交的，视为放弃举证权利。

证据交换，是指庭审前双方当事人在法官的主持下交流案件的事实和证据方面的信息。证据交换可经当事人申请启动，也可以由人民法院依职权对证据较多或者复杂疑难案件组织证据交换。证据交换一般不超过 2 次。但是重大、疑难和案情特别复杂的案件，人民法院认为确有必要再次进行证据交换的除外。

（五）质证与认证

质证，是指诉讼当事人、诉讼代理人在法庭的主持下，对所提供的证据进行出示、质疑、说明、辩驳等活动。证据应当在法庭上出示，并由当事人互相质证。未经质证的证据，不能作为认定案件事实的依据。质证采取一证一质、逐个进行的方法，也可以采取其他灵活的方法。

认证是指法庭对经过质证的各种证据材料的客观性、关联性和合法性进行审查判断，以决定是否作为认定案件事实的依据。

七、经济诉讼第一审程序

第一审程序，是指人民法院审理第一审经济纠纷案件的诉讼程序。根据审理案件的繁简程度不同，第一审程序分为普通程序和简易程序。

（一）普通程序

普通程序是审理第一审经济纠纷案件通常所适用的程序，是经济审判的基础性程序。普通程序可分为如下几个阶段：

1. 起诉和受理。起诉，是指公民、法人或其他组织在其合法权益受到侵犯或者发生争议时，请求人民法院通过审判，保护其合法权益的诉讼行为。根据《民事诉讼法》第 119 条的规定，起诉必须符合下列条件：①原告是与本案有直接利害关系的公民、法人和其他组织；②有明确的被告；③有具体的诉讼请求和事实、理由；④属于人民法院受理民事诉讼的范围和受诉人民法院管辖。原告向人民法院起诉应提交起诉状。

2. 审理前的准备。人民法院在受理案件后，开庭审理前，为保证开庭审理的顺利进行，应做好如下准备工作：①送达起诉状副本，被告提交答辩状并送达答辩状副本；②告知当事人诉讼权利与诉讼义务及合议庭的组成人员；③审阅诉讼资料，调查收集必要的证据；④追加当事人，通知和传唤其他诉讼参加人；⑤解决管辖权问题，如移送管辖、管辖权转移、指定管辖等；⑥预收诉讼费用；⑦组织当事人交换证据。

3. 开庭审理。开庭审理阶段是人民法院审判经济纠纷案件的核心环节。开庭审理分为庭审准备、法庭调查、法庭辩论、合议庭评议和宣告判决五个阶段。法庭辩论结束后，还可以进行调解，调解无效的，依法作出判决。判决可以当庭宣判，也可以定期宣判。当庭宣判的，应当在 10 日内发送判决书；定期宣判的，宣判后立即发给判决书。人民法院宣告判决时，必须告知当事人上诉的权利、上诉期限和上诉法院。上诉期限届满，双方当事人都没有上诉的，第一审人民法院的裁判即发生法律效力。

（二）简易程序

简易程序是相对于普通程序而言的。适用简易程序审理的案件，是事实清楚、权利义务关系明确、争议不大的经济纠纷案件。适用简易程序的法院仅限于基层法院及其派出法庭。适用简易程序的，原告可以口头起诉。当事人双方可以同时到基层人民法院或其派出法庭，请求解决纠纷。基层人民法院或其派出法庭可以立即审理，也可另定日期审理。基层人民法院及其派出法庭可以用简便方式随时传唤当事人、证人。适用简易程序审理的案件，除人民法院认为不宜当庭宣判的以外，应当当庭宣判。

八、经济诉讼第二审程序

第二审程序，是指当事人不服地方各级人民法院作出的未生效的第一审裁判，在法律规定的期限内向上一级人民法院提起上诉，上一级人民法院对案件进行审理所适用的程序。

（一）上诉的提起

当事人不服地方人民法院第一审判决的，有权在判决书送达之日起 15 日内向上一级人民法院提起上诉。当事人不服地方人民法院第一审裁定的，有权在裁定书送达之日起 10 日内向上一级人民法院提起上诉。上诉应当递交上诉状。

上诉状应当通过原审人民法院提出，并按照对方当事人或者代表人的人数提出副本。原审人民法院收到上诉状，应当在 5 日内将上诉状副本送达对方当事人，对方当事人在收到之日起 15 日内提出答辩状。人民法院应当在收到答辩状之日起 5 日内将副本送达上诉人。对方当事人不提出答辩状的，不影响人民法院审理。原审人民法院收到上诉状、答辩状，应当在 5 日内连同全部案卷和证据，报送第二审人民法院。

当事人直接向第二审人民法院上诉的，第二审人民法院应当在 5 日内将上诉状移交原审人民法院。

（二）上诉的审理

第二审人民法院应当对上诉请求的有关事实和适用的法律进行审查。第二审人民法院应当组成合议庭，开庭审理。经过阅卷、调查、询问当事人，在事实核对清楚后，合议庭认为不需要开庭审理的，也可以径行判决、裁定。

（三）上诉的裁判

第二审人民法院对上诉请求的有关事实和适用的法律进行审查后，依据下列原则判决：原判决认定事实清楚，适用法律正确的，判决驳回上诉，维持原判决；原判决适用法律错误的，依法改判；原判决认定事实错误，或者原判决认定事实不清，证据不足的，裁定撤销原判决，发回原审人民法院重审，或者查清事实后改判；原判决违反法定程序，可能影响案件正确判决的，裁定撤销原判决，发回原审人民法院重审。

第二审人民法院审理上诉案件，也可以进行调解。调解达成协议的，应当制作调解书，由审判人员、书记员署名，加盖人民法院印章。调解书送达后，原审人民法院的判决即视为撤销。

第二审人民法院的判决、裁定是终审的判决、裁定。

九、经济诉讼再审程序

再审程序是民事诉讼程序制度中的一项补救制度，其设立的目的在于纠正已经发生法律效力裁判中的错误。

（一）再审程序的提起

1. 当事人申请再审。当事人对已经发生法律效力的判决、裁定，认为有错误的，在判决、裁定发生法律效力后 2 年内可以向上一级人民法院申请再审。2 年后据以作出原判决、裁定的法律文书被撤销或者变更，以及发现审判人员在审理该案件时有贪污受贿、徇私舞弊、枉法裁判行为的，自知道或者应当知道之日起 3 个月内提出。当事人对已经发生法律效力的调解书，提出证据证明调解违反自愿原则或者调解协议的内容违反法律的，可以申请再审。经人民法院审查属实的，应当再审。

人民法院应当自收到再审申请书之日起 3 个月内审查，符合条件的，裁定再审；不符合条件的，裁定驳回申请。有特殊情况需要延长的，由本院院长批准。

2. 人民法院决定再审。各级人民法院院长对本院已经发生法律效力的判决、裁定，发现确有错误，认为需要再审的，应当提交审判委员会讨论决定。最高人民法院对地方各级人民法院已经发生法律效力的判决、裁定，上级人民法院对下级人民法院已经发生法律效力的判决、裁定，发现确有错误的，有权提审或者指令下级人民法院再审。

3. 人民检察院抗诉提起再审。最高人民检察院对各级人民法院已经发生法律效力的判决、裁定，上级人民检察院对下级人民法院已经发生法律效力的判决、裁定，发现有法律规定的再审事由的，应当提出抗诉。地方各级人民检察院可以向同级人民法院提出检察建议，并报上级人民检察院备案，也可以提请上级人民检察院向同级人民法院提出抗诉。人民检察院提出抗诉的案件，接受抗诉的人民法院应当自收到抗诉书之日起 30 日内作出再审的裁定。

（二）再审程序的审判

按照审判监督程序决定再审的案件，裁定中止原判决的执行。人民法院按照审判监督程序再审的案件，发生法律效力的判决、裁定是由第一审法院作出的，按照第一审程序审理，所作的判决、裁定，当事人可以上诉；发生法律效力的判决、裁定是由第二审法院作出的，按照第二审程序审理，所作的判决、裁定是发生法律效力的判决、裁定；上级人民法院按照审判监督程序提审的，按照第二审程序审理，所作的判决、裁定是发生法律效力的判决、裁定。人民法院审理再审案件，应当另行组成合议庭。人民检察院提出抗诉的案件，人民法院再审时，应当通知人民检察院派员出席法庭。

十、督促程序与公示催告程序

督促程序，是指对于给付金钱或有价证券的请求，人民法院根据债权人的申请，向债务人发出支付令，债务人在收到支付令之日起 15 日内不提出异议又不履行支付令的，债权人可以向人民法院申请执行。督促程序是督促债务人尽快清偿债务的一种简便迅速的程序。

公示催告程序，是指可以背书转让的票据持有人，因票据被盗、遗失或者灭失，可以向票据支付地的基层人民法院申请公示催告。申请人应当向人民法院递交申请书，写明票面金额、发票人、持票人、背书人等票据主要内容和申请的理由、事实。人民法院决定受理申请的，应当同时通知支付人停止支付，并在 3 日内发出公告，催促利害关系人申报权利。没有人申报的，人民法院应当根据申请人的申请，作出判决，宣告票据无效。判决应当公告，并通知支付人。自判决公告之日起，申请人有权向支付人请求支付。

十一、经济诉讼执行程序

经济诉讼执行程序是实现已确定的私权的程序。当事人一方拒绝履行发生法律效力的民事判决、裁定、调解书的，对方当事人可以向人民法院申请执行，也可以由审判员移送执行员执行。发生法律效力的民事判决、裁定，以及刑事判决、裁定中的财产部分，由第一审人民法院或者与第一审人民法院同级的被执行的财产所在地人民法院执行。执行员接到申请执行书或者移交执行书后，应当向被执行人发出执行通知，责令其在指定的期间履行，逾期不履行的，强制执行。

本章练习题

1. 经济仲裁的基本原则有哪些？
2. 什么是仲裁协议？仲裁协议的内容有哪些？
3. 简述仲裁庭的组成规则。
4. 撤销仲裁裁决的法定情形有哪些？
5. 经济诉讼的基本原则有哪些？
6. 经济诉讼的基本制度有哪些？
7. 什么是特殊地域管辖？简述特殊地域管辖的内容。
8. 什么是协议管辖？协议管辖的适用条件有哪些？
9. 什么是专属管辖？专属管辖的法律规定有哪些？
10. 当事人享有哪些诉讼权利？
11. 起诉的条件有哪些？
12. 简述经济诉讼程序。

参考文献

1. 侯丽艳、许彩云主编:《经济法》,科学出版社 2007 年版。

2. 朱崇实主编:《经济法》,厦门大学出版社 2007 年版。

3. 汪发元、唐立新主编:《经济法》,武汉大学出版社 2006 年版。

4. 李昌麒主编:《经济法学》,中国政法大学出版社 2007 年版。

5. 李昌麒主编:《经济法学》,法律出版社 2008 年版。

6. 王霞主编:《经济法学》,中国民主法制出版社 2004 年版。

7. 单飞跃主编:《经济法教程》,法律出版社 2006 年版。

8. 曲振涛主编:《经济法》,高等教育出版社 2000 年版。

9. 史际春主编:《经济法》,中国人民大学出版社 2005 年版。

10. 陈婉玲主编:《经济法概论》,中国检察出版社 2003 年版。

11. 邓超英主编:《经济法学》,中国地质大学出版社 2004 年版。

12. 刘文华、肖乾刚主编:《经济法律通论》,高等教育出版社 2000 年版。

13. 漆多俊主编:《经济法学》,高等教育出版社 2007 年版。

14. 叶朱主编:《经济法概论》,上海财经大学出版社 2007 年版。

15. 贵立义、林清高主编:《经济法概论》,东北财经大学出版社 2007 年版。

16. 赵威主编:《经济法》,中国人民大学出版社 2009 年版。

17. 刘天善、张力主编:《经济法教程》,清华大学出版社、北京交通大学出版社 2008 年版。

18. 徐杰主编:《经济法概论》,首都经济贸易大学出版社 2011 年版。

19. 戴凤岐主编:《经济法》,首都经济贸易大学出版社 2010 年版。

20. 刘泽海主编:《新编经济法教程》,清华大学出版社 2010 年版。

21. 曲振涛主编:《经济法教程》,高等教育出版社 2010 年版。

22. 黄少彬主编:《经济法概论》,科学出版社 2006 年版。

23. 钱晓英主编:《经济法概论》,电子工业出版社 2010 年版。

24. 王琳雯、李良雄主编:《经济法实务》,人民邮电出版社 2011 年版。

25. 张富强主编:《经济法》,法律出版社 2010 年版。

26. 杨紫烜主编:《经济法》,北京大学出版社、高等教育出版社 2010 年版。

27. 王欣:《公司法》,中国人民大学出版社 2008 年版。

28. 范健、王建文:《公司法》,法律出版社 2011 年版。

29. 姚海放：《新合伙企业法精解与运用》，中国法制出版社 2007 年版。

30. 刘春茂主编：《知识产权原理》，知识产权出版社 2002 年版。

31. 王莲峰：《商标法学》，北京大学出版社 2007 年版。

32. 黄晖：《商标法》，法律出版社 2004 年版。

33. 吴汉东主编：《知识产权法》，法律出版社 2004 年版。

34. 吴汉东主编：《知识产权法》，法律出版社 2011 年版。

35. 刘春田主编：《知识产权法》，高等教育出版社 2010 年版。

36. 王迁主编：《知识产权法教程》，中国人民大学出版社 2009 年版。

37. 冯晓青主编：《知识产权法》，中国政法大学出版社 2008 年版。

38. 吴志攀主编：《金融法概论》，北京大学出版社 2000 年版。

39. 张守文：《财税法学》，中国人民大学出版社 2011 年版。

40. 刘剑文主编：《税法学》，北京大学出版社 2007 年版。

41. 刘剑文主编：《财税法学》，高等教育出版社 2004 年版。

42. 刘剑文主编：《新企业所得税法十八讲》，中国法制出版社 2007 年版。

43. 刘剑文主编：《WTO 体制下的中国税收法治》，北京大学出版社 2006 年版。

44. 张庆等：《产品质量责任法律风险与对策》，法律出版社 2005 年版。

45. 谭玲主编：《质量侵权责任研究》，中国检察出版社 2003 年版。

46. 罗培新等：《最新证券法解读》，北京大学出版社 2006 年版。

47. 李智、吴民许主编：《新编证券法案例教程》，中国民主法制出版社 2008 年版。

48. 符启林主编：《证券法理论、实务、案例》，法律出版社 2007 年版。

49. 齐树洁主编：《破产法研究》，厦门大学出版社 2005 年版。

50. 王欣新：《破产法》，中国人民大学出版社 2007 年版。

51. 范健、王建文：《破产法》，法律出版社 2009 年版。

52. 李永军等：《破产法》，中国政法大学出版社 2009 年版。

53. 董安生主编：《票据法》，中国人民大学出版社 2009 年版。

54. 谢石松：《票据法学》，中国人民大学出版社 2009 年版。

55. 杨忠孝：《票据法论》，立信会计出版社 2009 年版。

56. 刘心稳：《票据法》，中国政法大学出版社 2008 年版。

57. 于莹：《票据法》，高等教育出版社 2008 年版。

58. 赵新华：《票据法论》，吉林大学出版社 2007 年版。

59. 王明锁：《票据法学》，法律出版社 2007 年版。

60. 谢怀栻：《票据法概论》，法律出版社 2006 年版。

61. 徐孟州主编：《票据法教学案例》，法律出版社 2006 年版。

62. 高子才主编：《票据法实务研究》，中国法制出版社 2005 年版。

63. 林嘉主编：《劳动法和社会保障法》，中国人民大学出版社 2009 年版。

64. 黎建飞：《劳动与社会保障法教程》，中国人民大学出版社 2007 年版。

65. 李景森、贾俊玲主编:《劳动法学》,北京大学出版社 2001 年版。

66. 王晓晔主编:《反垄断法》,法律出版社 2010 年版。

67. 孟雁北:《反垄断法》,北京大学出版社 2011 年版。

68. 周昀:《反垄断法新论》,中国政法大学出版社 2006 年版。

69. 江伟主编:《民事诉讼法》,中国人民大学出版社 2011 年版。

70. 张弘主编:《民事诉讼法》,武汉大学出版社 2010 年版。

71. 宋朝武主编:《民事诉讼法学》,中国政法大学出版社 2008 年版。

72. 刘东根、谢安平主编:《2011 年国家司法考试一本通:民事诉讼法与仲裁制度》,法律出版社 2010 年版。

73. 黄进等:《仲裁法学》,中国政法大学出版社 2008 年版。

74. 杨秀清:《协议仲裁制度研究》,法律出版社 2006 年版。

75. 乔欣:《仲裁权论》,法律出版社 2009 年版。

76. 乔欣:《仲裁法学》,清华大学出版社 2008 年版。

77. 乔欣主编:《比较商事仲裁》,法律出版社 2004 年版。

图书在版编目（ＣＩＰ）数据

经济法概论 / 侯丽艳，梁平，张文镔主编. —2版.—北京：中国政法大学出版社，2014.5
ISBN 978-7-5620-5364-4

Ⅰ．①经… Ⅱ．①侯… ②梁… ③张… Ⅲ．①经济法-中国 Ⅳ．①D922.29

中国版本图书馆CIP数据核字(2014)第075797号

出 版 者　中国政法大学出版社

地　　址　北京市海淀区西土城路25号

邮　　箱　fadapress@163.com

网　　址　http://www.cuplpress.com（网络实名：中国政法大学出版社）

电　　话　010-58908435(第一编辑部) 58908334(邮购部)

承　　印　保定市中画美凯印刷有限公司

开　　本　787mm×1092mm　1/16

印　　张　23.5

字　　数　500千字

版　　次　2014年5月第2版

印　　次　2019年8月第6次印刷

印　　数　19001~22000 册

定　　价　43.00元